人事・労務・総務担当者必携
業務マニュアル全書

何を　………　どんな書類を作成するのか

なぜ　………　どうして、その書類を作成するのか

だれが　………担当や関係者は

いつまでに　…作成、届出期限は

どこへ　………届出先監督官庁は

どのように　…添付書類は何が必要か、医師や事業主の証明は

お金は　………給付金や手当金、助成金、保険料や納付金はいくら

（法定様式・書式満載）

編者　社会保険労務士　阿知波浩平

は じ め に

　私は3年前に長いサラリーマン生活を終え個人で労務管理の事務所を開設しておりますが、私が会社を退職する際、私の職務を引き継ぐ後任者は人事・労務関係の業務をほとんど携わった経験がありませんでした。

　後任への引継ぎに当たっては、日々の業務、月業務、年間サイクル業務や留意事項、相談先監督官庁等簡単なマニュアルを作るとともに、退職前1ヶ月間は後任者の横に座り、説明し解説し部下への指示内容を助言し、又、本人自身も専門書を読んで勉強していたようですが業務の全体像を把握するのに苦労していたようです。

　専門書を読めば部分的な事は理解できても、会社の人事・労務担当者として、5W2Hを把握し、人事労務業務の全体像を把握し理解するのが困難なようでした。

　例えば、

WHAT	何を………	どんな書類を作成するのか
WHY	なぜ………	どうしてその書類を作成し届出するのか
WHO	だれが……	自分が担当するのか他部門が担当するのか、又、労働組合や従業員代表との協議、協定が必要か否か、その他関係者は
WHEN	いつまでに…	作成、届出期限は
WHERE	どこへ………	提出先監督官庁先は
HOW TO	どのように…	添付書類や付属書類は何が必要か、医師や事業主の証明は必要か否か
HOW MUCH	お金は………	給付金や手当金、助成金はいくら支給されるのか 又、保険料や納付金はいくら支払う必要があるのか

　今回本書を出版するきっかけになりましたのは、前述の事柄があり、何か幅広い簡単なマニュアル本がないものかと専門の書店等で探しましたが、専門的な人事、労務、社会保険の本は数多く出版されているものの、人事、労務について浅く広く掲載した本が見当たりませんでした。

　従って、人事、労務担当者として、どのような事柄のときに、何をしなければならないか、又なぜしなければならないかを、羅列式に掲載し、法定様式や書式もできるだけ多く網羅し編集してみました。

　本書を読んでいただき法定様式や書式をみることにより、書類の詳細な正しい記載の仕方が分からなくても、イメージとして大筋が理解でき、人事、労務業務の全体像がつかめるのではと確信しています。

　従って本書では、次のような事柄は極力省きました。

・法律制定の趣旨や法律の歴史的経緯や背景の説明。

はじめに

- どの法律の、どの条文や条項に関係し該当するかの説明。又、法律的に専門的な説明や解釈。
- 各事項の細部及び詳細な説明。（概要のみの掲載…詳細は関係官庁担当者に教えて頂ける。）
- 例外的な取扱い事項や特殊な事項、限られた企業のみに適用される事項等。
- 法定様式や書式の正しい記載の仕方や記載例。
 （詳しい解説や記載の仕方は監督官庁担当者が親切に教えて頂ける。）
- 「賃金や賞与」、或いは「人事評価や昇進・昇格」等については考慮要素のみ取り上げ、具体的な数字や手法は省略。（企業によって実態や運用が違う為。）

 又、「教育・訓練」や「各種助成金」についても大筋の分類程度に留め、詳細は省略。（教育・訓練や助成金については、種類も多く個々に説明しきれない為。）
- 企業がそれぞれ取り入れている企業年金等（厚生年金基金や確定拠出年金等）の説明。
- 健康保険の法定様式類は全国健康保険協会用を掲載し、健康保険組合の法定様式は省略。（組合によって若干様式が違うため。）

 又、法定様式について、掲載した様式にとらわれず、項目さえ網羅されておれば任意の書式でもよいものがあるので詳しくは関係官庁に確認して下さい。（例、賃金台帳とか労働者名簿等）

本書では次のような方に特に読んで頂き活用して頂ければ幸いです。

- 中小企業の人事・労務・総務担当者
 ………現在の業務内容と本書を比較し業務や手続に漏れがないかの確認。
- 新たに人事部門や労務部門、総務部門に配属された社員
 ………人事労務業務を当面広く、浅く知るために。
- 大企業の人事・労務部門に籍を置く社員
 ………人事、労務部門に籍を置いても、大企業の場合は一部の業務のみ担当している場合が多く、全体像を把握している人は少ない。人事労務部門の中での自分のポジションや位置づけの確認と同じ部門の他の担当者との業務内容の把握と連携の確認。
- 工場長や管理監督者
 ………数十人から数百人を管理監督する工場長や工場管理部門の方は指揮・管理する立場から時間外労働の規制や安全衛生等の法規制の諸問題。或いはパート社員や期間従業員、人材派遣労働者を多数受け入れている工場や店舗は、書面交付や雇い止めの諸問題、期間満了に伴う諸問題等を事前に理解し、その方策を人事部門との連携の中で取り組む参考冊子として。
- 労働組合の出先の支部役員をしている方
 ………労働組合の幹部や専従職員は、相当程度のことは分かっていても、出先の支部役員は自分の仕事との合間に行うのが労働組合活動であり、余り詳しいことは分からない人が多いと思われる。人事・労務業務の全体像を把握することにより、出先での団体交渉や労使懇談会等の参考資料として。

はじめに

- 小・零細企業の経営者
    - ………小・零細企業の経営者はどんなことでも経営者が自ら行わなければならない。又、小・零細企業でも労務管理は重要であり、辞典、参考書的に備え付けて戴きたい。
    何をしなければならないかが分かれば、詳しいことは関係官庁に聞けば詳しく教えて頂ける。
- 社会保険労務士やその他コンサルタント業を行っている方
    - ………中小企業の顧問をしている社会保険労務士等の方が、顧問先での事業主や人事・労務担当者へのアドバイス資料や参考冊子として活用。

（私の職務経歴）

　私は、上場企業の本社人事課長や出先支社の人事総務課長として労働組合との団体交渉やリストラ、特殊株主問題、同和問題等の人権問題など、多くの大企業が潜在的に抱える問題事象について長く関わってきました。又、50歳代には長年努めていた会社を自主退職し、中小企業の総務部長として転職し、会社のトイレ掃除（トイレは会社の裏の顔でありトイレを見ればその家や会社の体質や品格が分かる。又、どんな仕事でもノウハウがありバカにしてはいけない。）をはじめとして、些細な仕事から経営の中枢に関わる仕事まで、職務の幅の広さや種類の多さ等多種多様な実務経験を積んできました。

　その実践経験を踏まえ本書を作りましたので、実務的に必ずお役に立てるものと確信しております。

（自主退職、転職の理由）

　長年勤めていた企業が約1000人のリストラを計画し、そのリストラの実施本部事務局長として労働組合との交渉を踏まえリストラを敢行。リストラが完了した時点で自主退職し人材銀行を通じて転職。

　リストラにより1000人の社員の生活権を奪ったことについては、断腸の思いでありリストラの実施当事者として、その会社にそのまま在籍することは私の人生観に合わない為に自主退職。

本書関係法令

労政関係

1. 労働基準法
2. 労働安全衛生法
3. 労働契約法
4. 最低賃金法
5. 育児休業、介護休業等育児又は家族介護を行う労働者の福祉に関する法律
    （略　育児・介護休業法）
6. 雇用分野における男女の均等な機会及び待遇の確保等に関する法律
    （略　男女雇用機会均等法）
7. 賃金の支払いの確保等に関する法律
8. 短時間労働者の雇用管理の改善等に関する法律
    （略　パートタイム労働法）

労働保険関係

1. 労働者災害補償保険法（略　労災保険法）
2. 雇用保険法
3. 労働保険の保険料の徴収等に関する法律（略　労働保険徴収法）

職業安定関係

1. 雇用対策法
2. 職業安定法
3. 労働者派遣事業の適正な運営の確保及び派遣労働者の就業条件の整備等に関する法律
    （略　労働者派遣法）
4. 高年齢者等の雇用の安定等に関する法律
5. 障害者の雇用の促進等に関する法律
6. 次世代育成支援対策推進法

社会保険関係

1. 健康保険法
2. 厚生年金保険法

3. 国民健康保険法
4. 国民年金法

その他の法令

1. 自動車損害賠償保障法（略　自賠法）
2. 道路交通法
3. 所得税法
4. 身元保証に関する法律
5. 消防法
6. 出入国管理及び難民認定法

項　目	第1章	募集・選考・採用・再雇用・退職・解雇・転籍
	第2章	出向・人材派遣の受入・請負・業務委託
	第3章	怪我・病気・死亡
	第4章	住所変更・結婚・出産・育児・子育て支援・介護・被扶養者の増減
	第5章	社会保険料・労働保険料（雇用・労災）の徴収、変更、納付
	第6章	労使協定・安全衛生・障害者・高齢者・女性・外国人
	第7章	人事評価・昇給・昇進・昇格・賞与
	第8章	給与計算・賞与計算・年末調整
	第9章	助成金・奨励金
	第10章	その他の労務管理事項等

目　　次

第1章　募集・選考・採用・再雇用・退職・解雇・転籍

1. 募集 ……………………………………………………………………………………22
    1.1　募集要項等の確定と準備 …………………………………………………………22
    1.2　求人票の作成と求人活動 …………………………………………………………23
2. 選考・合否案内 ………………………………………………………………………25
    2.1　選考 …………………………………………………………………………………25
    2.2　合否決定 ……………………………………………………………………………27
    2.3　合否案内 ……………………………………………………………………………27
    2.4　入社に関連した案内（合格者のみ） ……………………………………………27
3. 新規学卒者の求人申込手続・採用選考日程一覧 …………………………………29
4. 採用 ……………………………………………………………………………………30
    4.1　入社式の準備と教育訓練カリキュラムの作成 …………………………………30
    4.2　入社式・教育訓練・配属 …………………………………………………………31
    4.3　各種届出、書類の作成 ……………………………………………………………34
5. 再雇用 …………………………………………………………………………………35
    5.1　定年後再雇用契約 …………………………………………………………………35
    5.2　期間の定めのある雇用契約の更新の場合 ………………………………………37
6. 退職・解雇 ……………………………………………………………………………38

	6.1	退職・解雇の種類 ……………………………………………………38
	6.2	退職者より提出又は返還させるもの ……………………………40
	6.3	退職者等に対する確認、説明事項（共通事項）…………………41
	6.4	退職に伴う共通手続 ………………………………………………42
	6.5	退職事由別の手続と取扱い ………………………………………43

7. 転籍 …………………………………………………………………………45

	7.1	退職日と入社日の間は空白を設けない …………………………45
	7.2	年次有給休暇、退職金をどうするか ……………………………45

8. パート社員、期間従業員を採用又は退職・解雇するとき …………46

	8.1	健康保険・厚生年金・雇用保険の適用 …………………………46
	8.2	労働条件に関する文書の交付 ……………………………………47
	8.3	短時間雇用管理者の選任 …………………………………………47
	8.4	雇用期間の定めのある者に対する締結、更新、雇い止めについての留意事項 ……………………………………………………………47
	8.5	採用、退職、解雇手続 ……………………………………………48

第2章　出向・人材派遣の受入・請負・業務委託

1. 出向、人材派遣、請負、業務委託の違い ……………………………49
2. 出向 …………………………………………………………………………51

	2.1	出向させることができる要件 ……………………………………51
	2.2	指揮命令・服務規程・労働時間等 ………………………………52
	2.3	給与・賞与・社会保険（健康保険、厚生年金、雇用保険）退職金等の勤続年数加算や福利厚生等の取扱い ……………………52
	2.4	労災保険・安全衛生・時間外労働時間の限度等の扱い ………52
	2.5	労働組合との協議、報告 …………………………………………52
	2.6	出向先開拓の方法 …………………………………………………52
	2.7	出向契約の内容（出向に関する覚書）…………………………53
	2.8	出向者への内示と教育 ……………………………………………54
	2.9	出向者フォロー ……………………………………………………54
	2.10	出向後の内部体制の構築 ………………………………………55
	2.11	配慮事項 …………………………………………………………55
	2.12	出向方針の決定から出向者の選定内示、出向後の事務処理、出向者フォローまでの流れ …………………………………55
	2.13	経営環境の悪化や事業所や事業部門閉鎖により多数の社員を出向させる場合

3. 人材派遣の受入 ··· 57
- 3.1 派遣受入禁止業務 ··· 57
- 3.2 派遣受入れ可能期間 ··· 57
- 3.3 派遣受入れ可能期間を超える受入の制限 ··· 57
- 3.4 派遣受入れ可能期間制限規定が適用されない業務 ··· 57
- 3.5 派遣契約遵守事項 ··· 58
- 3.6 派遣受入れ企業の雇用の努力義務 ··· 58
- 3.7 無届業者からの派遣労働者の受入禁止 ··· 59
- 3.8 派遣受入企業が行うべき確認事項と派遣受入の流れ ··· 59
- 3.9 派遣受入企業の労働基準法等の規制 ··· 59

4. 請負・業務委託 ··· 60

第3章　怪我・病気・死亡

1. 保険の適用区分 ··· 61
2. 業務上の怪我・死亡（労災保険適用） ··· 61
- 2.1 業務上認定の考え ··· 61
- 2.2 業務上認定の具体例 ··· 61
- 2.3 事故報告 ··· 62
- 2.4 怪我の場合の保険給付の内容と手続 ··· 62
- 2.5 死亡の場合の保険給付・その他の内容と手続 ··· 66
- 2.6 業務上災害が第三者行為の場合 ··· 68

3. 通勤途上の怪我・死亡（労災保険適用） ··· 70
- 3.1 通勤の定義 ··· 70
- 3.2 逸脱、中断は通勤とはならない ··· 70
- 3.3 通勤災害の保険給付 ··· 71

4. 業務外の病気・怪我・死亡（通勤途上の怪我・死亡は除く） ··· 72
- 4.1 怪我、病気による保険給付の内容と手続 ··· 72
- 4.2 障害が残ったとき ··· 74
- 4.3 死亡したとき ··· 75
- 4.4 業務外の事故が第三者行為の場合 ··· 76

第4章　住所変更・結婚・出産・育児・子育て支援・介護・被扶養者の増減

1. 住所変更 ……………………………………………………………………………79
2. 結婚 …………………………………………………………………………………79
   2.1　氏名が変わったとき ………………………………………………………79
   2.2　配偶者を被扶養者等にするとき …………………………………………79
   2.3　結婚により住所が変わったとき …………………………………………80
3. 出産 …………………………………………………………………………………81
   3.1　被扶養者である配偶者が出産した時 ……………………………………81
   3.2　本人（労働者）が出産したとき …………………………………………81
4. 育児休業 ……………………………………………………………………………82
   4.1　休業申出の許可 ……………………………………………………………82
   4.2　休業期間 ……………………………………………………………………83
   4.3　賃金の支払義務 ……………………………………………………………84
   4.4　育児休業期間中、健康保険・厚生年金保険料支払免除 ………………84
   4.5　休業期間中の保険給付（雇用保険育児休業給付）………………………84
   4.6　休業終了後の保険給付（雇用保険育児休業者職場復帰給付金）………86
   4.7　休業終了後の届出 …………………………………………………………86
   4.8　育児休業を終了した後に給料が低下した場合 …………………………86
   4.9　助成金 ………………………………………………………………………87
5. 子の看護休暇 ………………………………………………………………………87
   5.1　対象 …………………………………………………………………………87
   5.2　休暇日数 ……………………………………………………………………87
   5.3　賃金の支払い義務 …………………………………………………………87
6. 子育て支援 …………………………………………………………………………87
   6.1　子育て中の短時間勤務制度・時間外労働の制限 ………………………87
   6.2　子育て中の短時間勤務支援助成金 ………………………………………88
   6.3　一般事業主行動計画策定届出 ……………………………………………88
   6.4　職業家庭両立推進者の選任 ………………………………………………89
7. 介護休業 ……………………………………………………………………………89
   7.1　休業申出の許可 ……………………………………………………………89
   7.2　休業期間 ……………………………………………………………………90

7.3　賃金の支払い義務 ………………………………………………………………90
　7.4　休業期間中の保険給付（雇用保険介護休業給付）……………………………90

8. 介護休暇、時間外労働の制限 ……………………………………………………91
　8.1　休暇日数 …………………………………………………………………………91
　8.2　賃金の支払義務 …………………………………………………………………92
　8.3　介護休暇の対象から除外される者 ……………………………………………92
　8.4　時間外労働の制限 ………………………………………………………………92

9. 被扶養者の増減 ………………………………………………………………………92
　9.1　妻・子・孫・父母を新たに被扶養者にするとき ……………………………92
　9.2　被扶養者から外すとき（除外）………………………………………………93

第5章　社会保険料・労働保険料（雇用・労災）の徴収、変更、納付

1. 健康保険料・厚生年金保険料・介護保険料・児童手当拠出金 ………………94
　1.1　保険料徴収適用対象者（被保険者資格取得対象者）………………………94
　1.2　保険の種類と保険料率、保険料の負担 ………………………………………94
　1.3　保険料計算の基礎となる賃金及び賞与 ………………………………………95
　1.4　毎月給料より徴収する保険料の算出方法、算出時期等（標準報酬月額の決定・改定）……………………………………………………………………………95
　1.5　賞与支給時の保険料の徴収 ……………………………………………………99
　1.6　保険料の納付 ……………………………………………………………………99

2. 雇用保険料 ……………………………………………………………………………100
　2.1　保険料徴収適用対象者（被保険者資格取得対象者）………………………100
　2.2　保険料算定の基礎となる賃金とは ……………………………………………100
　2.3　保険料率及び保険料負担 ………………………………………………………100
　2.4　保険料納付方法 …………………………………………………………………101

3. 労災保険料 ……………………………………………………………………………101
　3.1　保険料の負担 ……………………………………………………………………101
　3.2　保険料算定の基礎となる賃金及び対象者 ……………………………………101
　3.3　保険料率及び保険料 ……………………………………………………………101
　3.4　保険料納付方法 …………………………………………………………………102

4. 労働保険料（雇用保険料・労災保険料）の申告・納付 …………………………102
　4.1　保険年度 …………………………………………………………………………102
　4.2　申告・納付単位 …………………………………………………………………102

4.3　概算・確定保険料の計算 ·· 103
　　4.4　申告・納付 ·· 103
　　4.5　年度更新・申告・納付の流れ ··· 104
　　4.6　賃金総額が大幅に増加することが見込まれたとき ··················· 104
　　4.7　概算保険料の分割納付 ·· 104
　　4.8　経理上の処理 ··· 105

第6章　労使協定・安全衛生・障害者　高齢者・女性・外国人

1. 勤務に関する事項 ·· 106
　　1.1　就業規則及び就業規則の付属規定を変更したとき ··················· 106
　　1.2　時間外労働・休日労働をさせるとき（残業、休日出勤） ··········· 106
　　1.3　事業場外で労働をさせる場合（営業マン等）で、みなし労働時間制を導入するとき ·· 107
　　1.4　宿直又は日直勤務をさせるとき ·· 108
　　1.5　一年単位の変形労働時間制を導入するとき ···························· 109
　　1.6　フレックスタイム制を導入するとき ···································· 111
　　1.7　裁量労働制・在宅勤務・一ヶ月単位の変形労働時間制について ·· 112

2. 賃金・貯蓄金に関する事項 ··· 112
　　2.1　給料より旅行積立金、寮費、互助会費等を天引きするとき ······· 112
　　2.2　給料を労働者の指定する銀行口座に振り込む場合 ··················· 113
　　2.3　最低賃金未満で雇用する場合 ··· 113
　　2.4　社内預金制度等を導入するとき ·· 114

3. 安全衛生に関する事項 ··· 115
　　3.1　大・中企業の安全衛生管理体制の構築（事業場が50人以上の場合） ········· 115
　　3.2　小・零細企業の安全衛生管理体制の構築（事業場が50人未満の場合） ····· 117
　　3.3　安全運転管理者の選任 ·· 118
　　3.4　健康診断 ·· 120
　　3.5　事業場内等で危険有害な業務や物質（特定化学物質や放射線等）を扱う場合 ··· 120
　　3.6　防火管理者の選任 ·· 120

4. 障害者・高齢者・女性・外国人に関する事項 ···························· 121
　　4.1　障害者等に関する事項 ·· 121
　　4.2　高齢者に関する事項 ··· 125

  4.3 女性に関する事項 …………………………………………………126
  4.4 外国人に関する事項 ………………………………………………127

第7章　人事評価・昇給・昇進・昇格・賞与

1. 運用の原則 ……………………………………………………………………129
  1.1 定期的に行なう ……………………………………………………129
  1.2 できるだけ客観的な運用を行う …………………………………129
  1.3 三者が納得する運用を行う ………………………………………129
  1.4 方法や基準は、できるだけ公表（全社員に周知しておく）…129
2. 人事評価（能力評価）………………………………………………………130
  2.1 人事評価の目的 ……………………………………………………130
  2.2 人事評価の反映と活用 ……………………………………………130
  2.3 評価の手法 …………………………………………………………130
3. 昇給 ……………………………………………………………………………131
  3.1 賃金体系 ……………………………………………………………131
  3.2 賃金の決定 …………………………………………………………132
  3.3 定昇とベア …………………………………………………………132
  3.4 労働組合との協議又は各社員への説明 …………………………132
4. 昇進（役職）・昇格（社内職能資格級）…………………………………133
  4.1 役職と社内職能資格級の違い ……………………………………133
  4.2 決定方法 ……………………………………………………………133
  4.3 対応 …………………………………………………………………134
  4.4 反映 …………………………………………………………………135
5. 賞与 ……………………………………………………………………………135
  5.1 賞与の算出要素 ……………………………………………………135
  5.2 計算式 ………………………………………………………………135
  5.3 賞与テーブル ………………………………………………………136
  5.4 計算 …………………………………………………………………136
  5.5 他社との比較 ………………………………………………………136
  5.6 労働組合との協議又は各社員への説明 …………………………136

第 8 章　給与計算・賞与計算・年末調整

1. 給与計算 ··138
    1.1　給与計算の準備 ···138
    1.2　給与計算及び給与支払い明細書の作成 ··139
2. 年次有給休暇の管理と法定付与日数 ··139
    2.1　法定付与日数及び繰越年数 ···139
    2.2　年次有給休暇の管理 ··140
    2.3　年次有給休暇と有給休暇（特別休暇）の違い ·······························140
3. 賞与計算 ··141
    3.1　準備 ···141
    3.2　変更事項の確認 ··141
    3.3　賞与計算及び賞与支払い明細書の作成 ··141
    3.4　差し引き賞与額を銀行振込み手配、又は賞与封筒に現金封入 ·····141
    3.5　賞与支給日に各社員に賞与封筒もしくは賞与支払明細書配布 ·····141
    3.6　賞与支払届提出 ··141
4. 年末調整 ··142
    4.1　社内案内 ···142
    4.2　確認 ···143
    4.3　年末調整計算及び給与所得の源泉徴収票の作成、配布等 ············143
5. その他法定調書の作成提出 ··143

第 9 章　助成金・奨励金

1. 売上高や生産量が急激に減少し労働者を休業させるとき ···················144
2. 高齢者（60歳～65歳未満）・障害者又は母子家庭の母を採用したとき ··145
3. 労働者のキャリア形成の促進の為の教育訓練等を実施するとき ······145
4. 障害者等を雇用しているとき ··146
5. 短時間労働者に対し正社員に近い待遇改善を行うとき ·····················147
6. その他の助成金・奨励金制度 ··147

第10章　その他の労務管理事項等

1. **会社車両・マイカー管理** ……………………………………………………………149
    1.1　交通事故による加害者（運転者）の責任 ……………………………………149
    1.2　交通事故や重大な違反事項の容認等による会社（使用者・安全運転管理者）の責任 ……………………………………………………………………149
    1.3　会社車両・マイカーの管理 ……………………………………………………150
    1.4　安全運転の啓蒙 …………………………………………………………………151
2. **交通事故を起こしたときの対応** ……………………………………………………151
    2.1　運転者の対応 ……………………………………………………………………151
    2.2　会社の対応（会社の車両やマイカーで業務上事故を起こしたとき） ……152
    2.3　会社の社員が業務上交通事故で怪我や死亡したとき ………………………153
3. **支店、営業所を開設したとき** ………………………………………………………153
    3.1　手続 ………………………………………………………………………………153
    3.2　備付書類 …………………………………………………………………………155
4. **社長に代わって人事部長等の名前で手続するとき** ……………………………155
5. **会社の所在地や名称が変更になったとき** ………………………………………155
6. **教育訓練・講習** ………………………………………………………………………155
    6.1　目的別分類 ………………………………………………………………………156
    6.2　講習実施者の分類 ………………………………………………………………156
    6.3　講師陣 ……………………………………………………………………………157
    6.4　手法 ………………………………………………………………………………157
    6.5　実施場所 …………………………………………………………………………157
    6.6　教育訓練体系の構築と記録 ……………………………………………………157
    6.7　勤怠の扱い ………………………………………………………………………157
7. **寄宿舎に関する事項** …………………………………………………………………158
    7.1　寄宿舎とは ………………………………………………………………………158
    7.2　寄宿舎の自治 ……………………………………………………………………158
    7.3　寄宿舎規則の作成 ………………………………………………………………158
    7.4　届出 ………………………………………………………………………………158

目　　次

（補足）法定様式書類等の頒布等について

Ⅰ．法定様式書類の多くは、関係官庁で無償頒布している。
　　・労働基準監督署で無償頒布…労働基準法・労働安全衛生法・労働者災害補償法関係の書類
　　・公共職業安定所で無償頒布…雇用保険法・職業安定法関係の書類
　　・社会保険事務所で無償頒布…健康保険法・厚生年金法関係の書類
　　・税務署で無償頒布　　　　　…所得税関係の書類
　　・警察署で無償頒布　　　　　…安全運転管理者関係の書類
Ⅱ．「賃金台帳」や「労働者名簿」は各地域の労働基準協会で有償で頒布している。
　　又、労働者名簿について、独自に記載項目を追加し、（例、資格、役職等、人事管理上その企業にとって必要な項目を追加）企業単独で書式を作成し使用している場合が多い。
Ⅲ．本書での賃金台帳兼源泉徴収簿とは法定様式の「賃金台帳」（様式167頁掲載）と「源泉徴収簿」（様式340〜341頁掲載）を合体したものであり、一般の企業では「賃金台帳兼源泉徴収簿」を使用している場合が多い。
　　又、最近は人事マスター等（人事のデータベース）でコンピュータ管理している場合がほとんどと思われる。…人事のデータ項目（391〜394頁参照）

法定様式・指定書式・書式見本

労働基準法・安全衛生法等の関係

　　（　様　式　名　）……………………………………………………………………………（頁）
1. 労働条件通知書（一般労働者用）……………………………………………………160〜161
2. 労働条件通知書（パート労働者、期間雇用労働者用）……………………………………162
3. 嘱託再雇用労働契約書………………………………………………………………………163
4. 退職証明書……………………………………………………………………………………164
5. 解雇理由証明書………………………………………………………………………………165
6. 労働者名簿……………………………………………………………………………………166
7. 賃金台帳………………………………………………………………………………………167
8. 精神又は身体の障害者の最低賃金適用除外許可申請書…………………………………168
9. 継続雇用制度の対象となる高年齢者に係る基準に関する労使協定………………………169
10. 解雇予告除外認定申請書……………………………………………………………………170
11. 労働者死傷病報告（死亡・休業の場合）……………………………………………………171
12. 労働者死傷病報告（治療のみの場合）………………………………………………………172

13. 就業規則（変更）届	173
14. 意見書	174
15. 時間外休日労働に関する協定届	175
16. 事業場外労働に関する協定届	176
17. 事業場外労働に関する協定書	177
18. 断続的な宿直又は日直勤務許可申請書	178
19. 1年単位の変形労働時間制に関する協定届	179
20. 1年単位の変形労働時間に関する労使協定書	180
21. 賃金控除・銀行振込・雇用保険給付に関する協定書	181
22. 貯蓄金管理に関する協定届	182
23. 貯蓄金管理協定書	183
24. 預金管理状況報告	184
25. 寄宿舎設置移転変更届	185
26. 寄宿舎規則（変更）届	186
27. 同意書	187
28. 統括安全衛生管理者・安全管理者・衛生管理者・産業医選任報告	188
29. 定期健康診断結果報告書	189
30. 適用事業報告	190

労働者災害補償保険法・労働保険徴収法関係

1. 療養補償給付たる療養の給付請求書	192
2. 療養補償給付たる療養の費用請求書	193
3. 療養補償給付たる療養の給付を受ける指定病院等（変更）届	194
4. 休業補償給付支給請求書・休業特別支給金支給申請書	195〜198
5. 障害補償給付支給請求書	199〜200
6. 葬祭料請求書	201
7. 遺族補償年金支給請求書	202
8. 第三者行為災害届	203〜206
9. 念書（兼同意書）	207
10. 療養給付たる療養の給付請求書	208〜209
11. 休業給付支給請求書・休業特別支給金支給申請書	210〜213
12. 障害給付支給請求書	214〜215
13. 葬祭給付請求書	216
14. 通勤災害に関する事項	217

目　次

15．遺族年金支給請求書 …………………………………………………………………218
16．労働保険概算・確定保険料申告書 …………………………………………………219
17．労働保険継続事業一括認可・追加・取消申請書 …………………………………220
18．労働保険代理人選任・解任届
　　労働者災害補償保険代理人選任・解任届（労働基準監督署提出）
　　雇用保険被保険者関係届出事務等代理人選任・解任届（公共職業安定所提出） ……………221
19．労働保険保険関係成立届 ……………………………………………………………222
20．労働保険名称、所在地等変更届 ……………………………………………………223

雇用保険法関係

1．雇用保険被保険者資格取得届……………………………………………………………226
2．雇用保険被保険者資格喪失届・氏名変更届……………………………………………227
3．再就職手当支給申請書……………………………………………………………………228
4．就職届………………………………………………………………………………………229
5．雇用保険被保険者離職証明書 ………………………………………………………230～231
6．雇用保険被保険者六十歳到達時等賃金証明書…………………………………………232
7．高年齢雇用継続受給資格確認票・（初回）高年齢雇用継続給付支給申請書…………233
8．高年齢雇用継続給付・育児休業給付・介護休業給付の支給申請に係る承諾書………234
9．雇用保険被保険者休業開始時賃金月額証明書…………………………………………235
10．育児休業給付受給資格確認票・（初回）育児休業基本給付金支給申請書 ……………236
11．介護休業給付金支給申請書 ……………………………………………………………237
12．雇用保険事業所非該当承認申請書 ……………………………………………………238
13．事業所非該当承認申請調査書 …………………………………………………………239
14．雇用保険適用事業所設置届 ……………………………………………………………240
15．雇用保険事業主事業所各種変更届 ……………………………………………………241

職業安定法関係

1．求人申込書（一般労働者用）……………………………………………………………244
2．求人申込書（パート労働者用）…………………………………………………………245
3．事業所登録シート…………………………………………………………………………246
4．高卒用求人票………………………………………………………………………………247
5．高卒求人連絡状況…………………………………………………………………………248
6．応募前職場見学実施予定表………………………………………………………………249
7．中卒用求人票………………………………………………………………………………250

目次

8. 中卒求人連絡状況 ……………………………………251
9. 求人票（学生職業安定センター用）……………………252
10. 多数離職届 ……………………………………………253
11. 再就職援助計画 ………………………………………254
12. 事業規模の縮小等に関する資料 ………………………255
13. 計画対象労働者に関する一覧 …………………………256
14. 求職活動支援基本計画書 ………………………………257
15. 求職活動支援書 ……………………………………258〜259
16. 特定求職者雇用開発助成金支給申請書 ………………260
17. 特定求職者雇用開発助成金支給決定通知書 …………261
18. 障害者職業生活相談員選任報告書 ……………………262
19. 障害者雇用状況報告書 …………………………………263
20. 高年齢者雇用状況報告書 ………………………………264
21. 雇入れ離職に係る外国人雇用状況通知書 ……………265
22. 「機会均等推進責任者」の選任・変更届 ……………266
23. 一般事業主行動計画策定・変更届 …………………267〜269
24. 雇用調整金・中小企業緊急雇用安定助成金休業等実施計画（変更）届 ……270
25. 雇用調整金・中小企業緊急雇用安定助成金（休業等）支給申請書 ……271

健康保険法・厚生年金法関係

1. 健康保険・厚生年金保険被保険者資格取得届 ………274
2. 健康保険・厚生年金保険被保険者資格喪失届 ………275
3. 健康保険被扶養者（異動）届 …………………………276
4. 健康保険・厚生年金保険被保険者報酬月額算定基礎届（総括表）……277
5. 健康保険・厚生年金保険被保険者報酬月額算定基礎届 ……278〜279
6. 健康保険・厚生年金保険被保険者報酬月額変更届 …280
7. 健康保険被保険者証回収不能・滅失届 ………………281
8. 健康保険被保険者証再交付申請書 ……………………282
9. 年金手帳再交付申請書 …………………………………283
10. 厚生年金保険被保険者住所変更届 ……………………284
11. 健康保険・厚生年金保険被保者氏名変更届 …………285
12. 健康保険任意継続被保険者資格取得申出書 …………286
13. 健康保険任意継続被保険者資格喪失届 ………………287
14. 健康保険被保険者家族療養費支給申請書 …………288〜291

目　　次

15. 健康保険傷病手当金支給申請書……………………………………………292〜294
16. 健康保険被保険者・家族出産育児一時金支給申請書……………………295〜296
17. 健康保険被保険者・家族出産育児一時金差額申請書……………………297〜298
18. 各病院等の入院予約時などに妊婦と交わす直接支払制度合意文書……………299
19. 健康保険出産手当金支給申請書……………………………………………300〜301
20. 健康保険被保険者・家族埋葬料（費）支給申請書………………………302〜303
21. 交通事故、自損事故、第三者（他人）等の行為による傷病（事故）届……304〜305
22. 事故発生状況報告書………………………………………………………………306
23. 念書（被保険者用）………………………………………………………………307
24. 念書（相手方用）…………………………………………………………………308
25. 同意書………………………………………………………………………………309
26. 健康保険・厚生年金保険育児休業取得者申出書（新規・延長）………………310
27. 健康保険・厚生年金保険育児休業等取得者終了届………………………………311
28. 国民年金・厚生年金保険老齢給付裁定請求書……………………………312〜317
29. 国民年金・厚生年金保険・船員保険遺族給付裁定請求書………………318〜325
30. 国民年金・厚生年金保険・船員保険障害給付裁定請求書………………326〜329
31. 病歴・就労状況等申立書……………………………………………………330〜331
32. 健康保険・厚生年金保険被保者賞与支払届、総括表……………………………332
33. 健康保険・厚生年金保険被保者賞与支払届………………………………………333
34. 健康保険・厚生年金保険事業所関係変更（訂正）届……………………………334
35. 健康保険・厚生年金保険適用事業所所在地名称変更（訂正）届………………335

所得税・その他法令様式

1. 給与所得者の扶養控除等（異動）申告書…………………………………………338
2. 給与所得者の保険料控除申告書兼給与所得者の配偶者特別控除申告書………339
3. 給与所得・退職所得に対する所得税源泉徴収簿……………………………340〜341
4. 退職所得の受給に関する申告書・退職所得申告書………………………………342
5. 給与支払報告書………………………………………………………………………343
6. 給与所得の源泉徴収票………………………………………………………………343
7. 給与支払報告書（総括表）…………………………………………………………344
8. 退職所得の源泉徴収票・特別徴収票………………………………………………344
9. 報酬、料金、契約金及び賞金の支払調書…………………………………………345
10. 不動産の使用料等の支払調書………………………………………………………345
11. 給与所得の源泉徴収票等の法定調書合計表………………………………………346

12. 給与支払事務所等の開設、移転、廃止届出書（税務署用）·················347
13. 給与支払報告・特別徴収に係る給与所得者異動届出書·················348
14. 安全運転管理者に関する届出書·················349
15. 自動車の運転管理経歴書·················350
16. 履歴書·················351
17. 運転経歴証明書申込み用紙·················352
18. 身体障害者手帳·················353
19. 示談書·················354
20. 防火管理者選任（解任）届出書·················355

各種書式見本（法定様式以外）

1. 企業訪問受付票·················358
2. 健康保険被保険者資格取得証明書·················359
3. 健康保険被保険者資格喪失証明書·················360
4. 応募者宛採用内定通知書面（大学・短大生用）·················361
5. 採用内定承諾書（大学・短大生用）·················362
6. 応募者宛不採用通知書面（大学・短大生用）·················363
7. 学校宛採用内定通知書面（高校・中学生用）·················364
8. 学校宛不採用通知書面（高校・中学生用）·················365
9. 住所・通勤経路届·················366
10. マイカー通勤許可申請書·················367
11. 身元保証書·················368
12. 誓約書·················369
13. 振込承諾書·················370
14. 出向に関する覚書·················371〜373
15. 出向者の支給基準及び費用負担方法の取扱い·················374
16. 出向者の就業関係の事務取扱い·················375〜376
17. 出向先会社の会社概要・労働条件等·················377
18. 出向予定者の個人情報·················378
19. 介護休業申出書·················379
20. 育児休業申出書·················380
21. 子の看護休暇申出書·················381
22. 介護休暇申出書·················381
23. 育児・介護休業期間変更申出書·················382

24. 営業マン・管理・監督職勤務管理票 ……………………………………………………383
25. 年次有給休暇表 ………………………………………………………………………384

各種一覧表・参考資料
1. 全国健康保険協会（協会けんぽ）の被保険者の方の保険料額表（愛知県）…………386
2. 平成21年9月からの厚生年金保険料額表 ……………………………………………387
3. 地域別最低賃金一覧（47都道府県）……………………………………………………388
4. （財）産業雇用安定センター地方事務所所在地 ………………………………………389
5. 入国管理局地方事務所所在地一覧………………………………………………………390
6. コンピュータで人事管理するときの人事マスター項目（参考）…………………391～394
7. 人事・労務・総務年間業務 ………………………………………………………395～396
8. 人事・労務・総務関係業務の各管理者・推進者の選任・届出一覧……………………397

（注）　読み替え等について

Ⅰ．「社会保険事務所」は次ぎの通り読み替える

厚生年金・国民年金関係については

　　…平成22年1月より「日本年金機構地域年金事務所」

健康保険関係については

　　…平成21年10月より「全国健康保険協会地域窓口」

｝ 何れも元の社会保険事務所の中にある。

　　…保険の管掌が全国健康保険協会ではなく企業等の健康保険組合の場合は「健康保険組合」

Ⅱ．本書での賃金台帳兼源泉徴収簿とは法定様式の「賃金台帳」（様式167頁掲載）と「源泉徴収簿」（様式340〜341頁掲載）を合体したものであり、一般の企業では「賃金台帳兼源泉徴収簿」を使用している場合が多い。

　又、最近は全ての個人情報や人事情報・給与情報等をコンピュータの人事マスター（データベースの項目391〜394頁参照）に登録、把握し、管理、活用している場合が多い。

第1章　募集・選考・採用・再雇用・退職・解雇・転籍

1. 募集

1.1　募集要項等の確定と準備

①経営トップから指示

　経営者（社長や役員会の決定）からの指示や説明により、募集する人材の必要性と条件（技術・資格・職歴・経験・学歴・体力、性別、年齢等）を把握した上で募集が本当に必要か否か人事部内で検討。

　・社内間での人事の再配置で充足し、募集する必要がないか否か。
　・グループ企業内、関係会社からの出向の受入等で充足できるか否か。
　・財団法人産業雇用安定センター（所在地一覧389頁掲載）等からの出向等の受入等で充足できないか。
　・人材派遣会社からの人材受入で充足できないか。
　　これらで充足できなければ募集決定。

②募集要項の確定

　・職種別（又は専門職別）、勤務地別、配属先別、男女別、学歴専門課程別募集人員の確定。
　・新卒者（既卒者を含めるか否か）か中途採用者か。
　・総合職で募集するか一般職で募集するか。又、パート社員にするか期間雇用者にするか。

・学歴別、年齢別、総合職、一般職の給与額の範囲の確定。又、時給、日給額の確定。
③募集、選考、採用内定、入社式、教育訓練、配属までの大筋の日程作成
④募集から入社までの担当者の業務分担と面接者の選定

1.2 求人票の作成と求人活動

①**求人票の作成と提出**
　【提出先】
　・公共職業安定所…中途採用者、パート社員を募集する場合
　　＊高等学校・中学校の新規学卒者を募集する場合は先ず求人票を管轄する公共職業安定所に提出し、受付済みの求人票（様式247・250頁掲載）の写しを、企業が選択した高等学校、又は中学校に送付。募集する学校の選択権は募集する企業にある。
　・人材銀行…管理職や専門職を中心にした中途採用者を募集する場合
　・学生職業安定センター…大学、専門学校の新規学卒者を募集する場合
　・各大学…新規学卒者
　　（大学が提携している場合は、インターネットで各大学に一括して求人票送信可能なシステムがある。）
　・短大・専門学校…新規学卒者
　・高等学校・中学校…新規学卒者
　　（公共職業安定所が受付けた求人票の写しを送付）
　・財団法人産業雇用安定センター（所在地一覧389頁掲載）…中途採用者
　　（出向を中心に斡旋しているが、転籍出向も含めて斡旋仲介している）
　・民間の人材紹介事業…管理職や専門職を中心にした中途採用者を募集する場合
　　（但し、民間運営なので、採用した場合は年俸や給料を基準に、相当金額の斡旋料の支払を必要とする。）

②**求人内容についての年齢制限禁止**
　募集、採用に当たっては、原則として年齢制限を設けてはならない。（義務化）
　但し、次の場合は年齢制限を設けることができる。
　・18歳以上65歳以下とする条件。
　・新規学卒者を募集するとき。
　・自社の社員や職種について、特定の年齢層が少ないため、年齢構成の維持回復を図るため、特定の年令者のみ募集、採用するとき。
　・定年年齢の関係から、採用しても定年までに職業能力を形成し、その職種について能力を発揮できないため、一定の年令以下とする場合。
　・賃金が年令増加により漸増決定され、そのことが就業規則や労働協約に明示され、或いは社内賃金体系で確立されており、年令にかかわりなく一定の賃金以下で募集すると、採用した場

合、社内賃金体系以下になり、賃金について就業規則等の違反になる場合や、差別的待遇となってしまう場合。
　（例　年齢制限を設けた理由）
　　　　社内賃金体系から、求人票に示した賃金及び年齢は、社内賃金体系の範囲の中での賃金及び年齢となるため、必然的に年齢制限をした。
・体力、視力等加齢により一般的に低下する機能が、募集しようとする業務の遂行に不可欠であるため、一定の年令以下の者を募集するとき等。

③男性、又は女性のみの求人とするような内容の制限
　男女雇用機会均等法（正式法律名称　雇用の分野における男女の均等な機会及び待遇の確保等に関する法律）により雇用分野における男女の均等な機会及び待遇の確保を図らなければならない。
　従って次のような求人内容は行ってはならない。
・女性を募集の対象から排除すること。
・男性又は女性の採用人数を別々に設定すること。
・同じような職種について、女性に対し男性と異なる条件（採用年令とか女性の賃金を男性より低くする等）を付けること。
・「女性特に優遇」又は「男性特に優遇」と表示すること。
但し、次のような職種は「男性のみ募集」又は「女性のみ募集」という表示はできる。
（男性のみ募集可能な職種）
・危険有害な業務や坑内労働。
・守衛・警備員、体力を必要とする仕事等、職種の内容から男性に従事させることが適切な業務。
（女性のみ募集可能な職種）
・社会通念上多くが職についている職種。（会社の受付等）

【様式見本】
公共職業安定所に提出する「求人申込書」
　　　（一般社員用…様式244頁掲載）
　　　（パート社員用…様式245頁掲載）
　　　求人申込書と同時に「事業所登録シート」も提出（初回のみ）…様式246頁掲載
大学新卒者用求人票…各大学により様式はまちまち
学生職業安定センター用の求人票…様式252頁掲載
高等学校新卒者用求人票…様式247頁掲載
　・「高卒求人連絡状況」も添付。（様式248頁掲載）
　・応募前に企業が職場見学会を実施する場合は「応募前職場見学会実施予定表」（様式249頁掲載）を安定所に提出。
中学校新卒者用求人票…様式250頁掲載

・「中卒求人連絡状況」も添付（様式251頁掲載）

④求人活動

求人活動には次のような方法がある。

・各学校の学生課、就職指導部、進路指導部への求人の挨拶と打ち合わせ。（既卒者も含めて）
　【注　新規学卒者については後記3.「新規学卒者の求人申込み手続と採用選考日程一覧」の通り、求人活動日程等が制限されている。】
・新規学卒予定者については、高校生の場合は応募前職場見学会、大学生や専門学校生の場合はインターシップ制度による実施。（就業体験実習）
　（高校生の場合は「応募前職場見学実施予定表」（様式249頁掲載）を管轄公共職業安定所に提出する必要がある。）
・社員の内より、同じ学校のOBを選抜し、学生や大学教授へのアプローチ。
　（但し、中学や高校卒業予定者への直接のアプローチは禁止。）
・募集広告
　新聞、折込チラシ、求人誌等への求人広告。
・自社ホームページに求人要綱掲載。
・求人説明会（会社説明会）の実施。
・財団法人産業雇用安定センター（所在地一覧389頁掲載）への求人の打ち合わせ及び登録者の選定。
・公共職業安定所や人材銀行に対し、求職者へのリクエスト要請。
　イ．求人内容が求職者の内容と大筋合致する求職者に対し、公共職業安定所（又は人材銀行）でリストアップして頂き、公共職業安定所（又は人材銀行）より求職者に求人のリクエストがある旨通知をして頂く。
　ロ．公共職業安定所（又は人材銀行）の案内により求職者との面談に結びつける。
　ハ．求職者は必ずしも面談や入社の義務はなく、又、企業も面接やテストの結果、採用する義務はない。求職者及び企業が独自に選考し判断する。
・都道府県や商工会議所等が主催する求人説明会や面接会のイベントに参加。
・求人誌等が企画する各社求人説明会の求人イベントに参加。
・民間の職業紹介会社、人材斡旋会社へ紹介申込。

2. 選考・合否案内

2.1　選考

選考には次のようなものを複合的に使用し、必要とする人材を複数の採用担当者或いは募集配属部門の責任者が精査し選考する。

- 履歴書、職務経歴書、成績証明書等による書類選考
- 企業訪問受付票の内容（書式見本…358頁掲載）
- 学力試験（文系・理系別）や一般教養試験、作文等 ｝ 外部テスト会社から購入したものを
- 適正試験（ペーパーによる性格、適正試験） ｝ 分析委託。
- 専門技術等のペーパーテストや実技試験、或いはパソコン等の使いこなし試験等
 （エクセルやワード、三次元CAD等）
- 面接試験

①面接試験での留意事項

応募者に責任のない事項や、本来自由であるべき次のような事項は、応募者に質問しないよう配慮しなければならない。

- 応募者の本籍地に関する事や出生地域（県や市町村の範囲であれば可）に関する事。
 （注、本人や親・祖父母等の出身地域を聞かないこと。
 …同和問題が今だ潜在的に存在している以上、企業として差別の解消排除に積極的に取り組んでいかなければならない。）
- 親の勤務先とか収入や資産に関する事項
- 宗教や思想に関する事項
- 支持政党に関する事項
- 労働組合や社会運動に関する事項
- 女性について、結婚や出産、子育てに関する事項

②差別の内容

差別には次のようなものがあり、人事担当者のみならず、配属先部門長等が面接に同席する場合にも、面接する配属先部門長等に対して質問には充分注意、配慮するよう説明、指導すること。

部落差別（同和問題）、男女差別、年令差別、国籍・民族・人種の差別、思想信条による差別、宗教の差別、貧富の差別、身体障害者と健常者の差別、外見上や職業の偏見差別、学歴のみによる待遇の差別等

③差別と区別は違う

差別とは…上記②の場合
　　　例えば、身体障害者と健常者が同じような能力や業務実績があっても、健常者より身体障害者の方が給料が安い場合は差別である。

区別とは…辞書には「別々に分ける」とある。区別の定義は分からないが差別でない事柄が区別。従って差別を理解しないと何が区別か分からない。例えば、平社員より部長の方が給料が高いのは差別でなく区別である。又、同じ年代で能力や技能、業務実績が高ければ給料は高く、低ければ給料も低いのは差別ではなく、区別である。

2.2 合否決定

　面接試験やペーパーテスト等の総合評価表を作成し、合否、選別判定会議（担当役員や人事部長、人事課長）で決定。

2.3 合否案内

・メール、電話による合否案内。
・書面による合否案内。
　　大学新卒者や専門学校新卒者への書面案内
　　　　本人宛採用内定通知書（書式見本…361頁掲載）
　　　　　　　　同封　採用内定承諾書（書式見本…362頁掲載）
　　　　本人宛不採用通知書（書式見本…363頁掲載）
　　高等学校新卒者や中学校新卒者の学校への案内
　　　　学校宛採用内定通知書（書式見本…364頁掲載）
　　　　学校宛不採用通知書（書式見本…365頁掲載）…応募書類返却
　　※高校や中学生は会社より本人宛に文書のみならずメール等でも直接案内してはならない。

2.4 入社に関連した案内（合格者のみ）

①**合格者に知らせる内容**
・入社日及び集合時間、集合場所
・入社後配属までの大筋の日程
・入社日までにやっておいて欲しいこと
　　（例えば、運転免許の取得とか、語学のアップとか、パソコンの技術向上や専門的知識の事前習得とか。）
・入社日或いは入社日までに持参するもの
　　年金手帳（基礎年金番号通知書）、雇用保険被保険者証、住民票記載事項証明書
　　運転免許証のコピー、筆記具、印鑑、卒業証明書、身体障害者手帳等のコピー〔身体障害者を採用したとき（様式353頁掲載）等〕
　　（注、本人や親・祖父母等の出身地域が分かる戸籍謄本等は提出要求しないこと。…同和問題が未だ潜在的に存在している以上、企業として差別の解消排除に積極的に取り組んでいかなければならない。）
・入社日の服装
・入社式当日、マイカーによる出社可否
・入社式当日の昼食は会社で用意するのか、弁当持参なのか（弁当が持参出来なければ入社式の会場周辺のコンビニや飲食店があるか否か。）

- 入社前健康診断の実施案内
  健康診断実施日時、場所、食事可否等の注意事項。
- 寮や社宅があれば（入寮希望者に対し）
  布団や下着、服など荷物の持ち込み日、持ち込み場所、持込の方法。
  寮や社宅の間取りや洗面、風呂、トイレ等備付設備や備品、食堂の有無の案内。
  （洗濯機、炊事用具等の用意の有無）
  入寮できる日時。
- 入社式までの会社窓口の担当者
  担当者氏名、所属、電話番号、メールアドレス。

②新入社員代表者選定と事前打ち合わせ

　入社式で新入社員代表者に答辞を述べさせる場合は、代表者を選定し、代表者答辞を述べる者と、答辞の内容等について事前打ち合わせ。

3. 新規学卒者の求人申込み手続・採用選考日程一覧（21年度の場合）

（日付は年・地区により変わる場合があります）

		中学	高校	大学等 大学/短大/高専/専修/公共職業能力開発施設（高卒2年課程）
求人申込み	受付	6月22日以降		3月2日以降 （職業安定機関の取扱い）
	求人票の返却	求人受理時	7月1日以降	求人受理時 （職業安定機関の取扱い）
	提出書類	中卒用求人票	高卒用求人票	大卒等求人票 （職業安定機関の取扱い）
求人活動（連絡）	求人連絡	7月1日以降 （安定所が行う）	7月1日以降 （求人者が行う）	4月1日以降 （職業安定機関の取扱い）
	求人の公開	概ね10月以降	7月1日以降	
	求人要項	7月1日以降		
	学校訪問			
学校推薦		22年1月1日以降 （一部積雪地は12月1日以降） 安定所から求人者へ⊕職業相談票（乙）を送付	9月5日以降 （沖縄県は8月30日以降） 高校（または安定所）から求人者へ統一応募書類を送付	7月1日以降 （大学等申合せ）
選考		22年1月1日以降 （一部積雪地は12月1日以降） 22年1月20日 （愛知県の一斉選考日）	9月16日以降	
採用内定		選考日以降		10月1日以降 （大学等申合せ、企業倫理憲章、職業安定機関の取扱い）

（注1）専修学校の高等課程については、学校から要望があった場合は「高校」に準じた取扱いとなります。

平成21年度　大学等卒業予定者の採用・就職活動日程

	職業安定機関の取扱い	大学側申合せ	企業側倫理憲章
求人の受理	3月2日以降	各大学等の自主的判断	―
求人の公開 （学生への提示）	4月1日以降	各大学等の自主的判断	―
企業説明会	4月1日以降	年度当初後 （会場提供・協力）	―
学校推薦	―	7月1日以降	―
採用選考	―	―	―
採用内定	10月1日以降	10月1日以降	10月1日以降

4. 採用

4.1 入社式の準備と教育訓練カリキュラムの作成

①入社式設営の準備
　A．入社式式次第の作成
　　・入社式開会の辞
　　・社長祝辞
　　・人事担当役員挨拶
　　・新入社員代表者答辞
　　・辞令交付（又は労働条件通知書交付）
　　・その他（会社ビデオの試写等）
　　・入社式閉会の辞
　B．入社式の式場
　　・入社式会場の確保
　　・席の配置図
　　・入社式に必要な備品の準備と担当者の役割
　　　司会や入社式に出席する役員や新入社員の誘導の担当者。
　　　備品類を用意する担当者。
　　　　　マイク、演壇、演壇上の給水、花瓶、式次第の掲示、辞令を入れる表彰盆、
　　　　　ビデオ、OHP、パソコン（パワーポイント）等の備品。
　　　ビデオ、OHP、パソコンを操作する担当者等。
　　　その他予備要員。（緊急連絡要員等）

②**教育訓練カリキュラムの作成（内容下記の通り）**
　A．入社に関連する書類や人事に関する諸事項
　　・新入社員よりの提出書類の回収（前記2.4①の書類）
　　・入社に伴う提出書類等の説明
　　・就業規則又は労働協約の説明
　　・社会保険及び労働保険（労災保険・雇用保険）について説明
　　・会社の制度（社内職能資格級や役職等）について説明
　　・福利厚生制度
　　・労働組合について
　B．会社組織の説明と会社の沿革、社是、社訓、企業倫理、等
　C．社内・工場見学会

D．職場のマナーや社員の一般心得
　　E．安全衛生管理と労働災害防止
　　F．ISO（国際標準規格）やJIS規格（日本工業規格）について
　　　（認証取得している企業について）
　　G．改善提案制度やQC活動について
　　H．現場実習、体験実習（実習先の選定）
　　I．専門教育
　　　・営業・間接部門と技能・技術部門別
③入社式出席者及び各教科の教育訓練担当者へ講師の依頼
④新入社員個々の基本給、諸手当等賃金及び配属先の確定
⑤名札、書類等の準備（一人1冊又は一つ）
　・名札の作成（IDカード）
　・書類を入れる封筒
　・就業規則又は労働協約
　・会社概要
　・振込承諾書（給料の振込について）…書式見本370頁掲載
　・身元保証書（書式見本…368頁掲載）
　・誓約書（書式見本…369頁掲載）
　・住所・通勤経路届（書式見本…366頁掲載）
　・ノート
　・教育訓練カリキュラム（前記②）
　・入社式当日の通勤旅費精算書
　・辞令又は労働条件通知書　正社員用…様式見本160～161頁掲載
　　　　　　　　　　　　　　パート社員用…様式見本162頁掲載
　・名刺、社章

4.2　入社式・教育訓練・配属

①新入社員に入社式の説明、制服等の寸法合わせ
　入社式の手順等の説明と名札の配布着用、制服、作業服の寸法合わせ。
②入社式
　入社式式次第（前項4.1①A）に沿って入社式実施
③オリエンテーション
④各教育担当スタッフ、新入社員自己紹介
⑥入社に関連した資料及び就業規則その他の説明
　A．新入社員より提出書類回収

- 年金手帳（基礎年金番号通知書）
- 雇用保険被保険者証（中途採用者）
- 住民票記載事項証明書（戸籍謄本等は提出させない。）
- 運転免許証のコピー（必要により…営業マンなどで車を運転する職種）
- 卒業証明書
- 身体障害者を採用したとき…身体障害者手帳等のコピー（様式353頁掲載）
- 外国人を採用したとき…パスポート、外国人登録証のコピー
  　　　　　　　　　　　就労証明書（各地方の入国管理局発行のもの）　　等

　提出を求める理由も充分説明し、理解を得ておくこと。例えば身体障害者手帳のコピーを求めるのは、「障害者の雇用促進等に関する法律」（後記第6章4.1参照）に基づき提出を求めるものであることを身障者に個別に充分説明し理解を得ること。

B．入社に伴う提出書類等の内容と説明

- 平成　年分　給与所得者の扶養控除等（異動）申告書（様式…338頁掲載）

　提出しない時は"他に主たる所得がある者"と看做され、「給与所得の源泉徴収税額表の乙欄」を適用し、高い料率の源泉所得税を天引きしなければならない。

【提出すれぱれ「給与所得の源泉徴収税額表の甲欄」を適用し安い税率となる】

- 振込承諾書（給料の振込先）（書式見本…370頁掲載）
- 身元保証書（書式見本…368頁掲載）
- 住所・通勤経路届（書式見本…366頁掲載）
- マイカー通勤許可申請書（書式見本…367頁掲載）
  （マイカー通勤を認めている会社でマイカー通勤希望の社員のみ）
- 誓約書（書式見本…369頁掲載）
- 血液型の申告
  （万一労働災害等が発生した場合に備え、労働者名簿や健康診断書等に記載しておく為）
- 扶養家族がいる者は
  健康保険被扶養者（異動）届（様式…276頁掲載）
  家族手当支給申請書（家族手当支給制度がある場合その対象者のみ）

C．就業規則又は労働協約の説明

D．社会保険及び労働保険について説明

- 健康保険とは　　・厚生年金保険とは　　　・雇用保険とは　　　・労災保険とは

特に健康保険と労災保険の違いについて説明

　例えば、通勤途上の怪我は業務外ではあるが、保険の適用は労災保険になる等を具体的な事例と手続方法について説明。特に怪我をしたときは業務上、業務外、通勤途上にかかわらず会社に先ず一報を入れさせること。

詳しくは後記第3章参照

E．会社の制度について説明
　　　・福利厚生制度
　　　　体育施設、厚生施設やクラブ活動について
　　　　保養施設や契約旅館等について
　　　　企業が独自に取り入れている確定拠出年金や厚生年金基金等、企業年金制度
　　　　運動会や社員旅行について
　　　　社員互助会や旅行会の制度について
　　　　財産形成貯蓄制度について
　　　　持ち株会制度について
　　　　社内預金制度について
　　　　個人加入の自動車保険や生命保険の団体扱いと保険料給料天引きについて
　　　　その他福利制度の説明
　　　・通勤について
　　　　通勤定期券（又は通勤手当）の支給制度と手続
　　　　車通勤の可否とその手続
　　　　車通勤可を許可している会社については、マイカー通勤許可申請について説明（マイカー通勤許可申請書の書式見本…367頁掲載）
　　　・昼食等について
　　　　食堂や昼食費等の補助と制度について
　　F．会社組織の説明と会社の沿革、社是、社訓、企業倫理、等
　　G．会社取扱い商品や販売方法、原料や生産工程等の概略説明
　　H．労働組合について（組合幹部説明）
⑦社内見学会（工場見学、職場見学等）
⑧教育訓練カリキュラムの説明
　教育訓練カリキュラム表（前記4.1②D～I）に沿って講義場所と講義時間、講義内容、教官等について説明。
　　A．職場のマナーや社員の心得
　　B．安全衛生管理と労働災害防止
　　C．ISO（国際標準規格）やJIS規格（日本工業規格）について
　　　　（認証取得している企業について）
　　D．改善提案制度やQC活動について
　　E．現場実習、体験実習
　　F．専門教育
　　　・営業・間接部門と技能・技術部門別
　　G．作業服、制服の配布

⑨教育訓練カリキュラムに沿って各教科の教育訓練実施
⑩抱負、感想文の提出
　（内容）　教育訓練を終了し、その感想や今後の抱負
⑪教育訓練終了後新入社員を配属先各部門に引率し引渡し

4.3　各種届出、書類の作成

①全員が対象
　・労働者名簿の作成（履歴書等により）…様式166頁掲載
　・賃金台帳の作成（様式…167頁掲載）
　・源泉徴収簿の作成（様式…340～341頁掲載）
　　　コンピュータの人事マスター（データベース）等により管理している場合は履歴書等により必要項目入力
＊「労働者名簿」「賃金台帳」「源泉徴収簿」は掲載した様式にとらわれず。項目を網羅しておれば独自の様式で作成してもよい。
又、各地域の労働基準協会が有償頒布している用紙を購入し使用してもよい。
　・健康保険・厚生年金保険被保険者資格取得届作成提出…（様式…274頁掲載）
　　　提出先　　管轄する全国健康保険協会・年金事務所
　　　添付書類　年金手帳（基礎年金番号通知書）
　　　　　　　　被扶養者がいる場合は「健康保険被扶養者（異動）届」
　　　　　　　　（様式…276頁掲載）
　　　提出期限　採用後5日以内
　・雇用保険被保険者資格取得届作成提出（様式…226頁掲載）
　　　提出先　　管轄する公共職業安定所
　　　提出期限　採用月の翌月10日以内
②雇用保険の求職者給付等を受けていた者
　次ぎの書類を本人が安定所より交付を受け、会社が就職した証明をする。
　・就職届・証明書（様式…229頁掲載）
又、下記給付に該当すれば本人より書類の提出があるので、その申請書に会社が証明。
　・再就職手当支給申請書（様式228頁掲載）
　・常用就職支度手当支給申請書　　　・移転費支給申請書
③身体障害者等を採用し、賃金が最低賃金を下回る賃金で雇用する場合
　「精神又は身体の障害者の最低賃金適用除外許可申請書」（様式…168頁掲載）を事前に作成し、労働基準監督署に提出し許可を受ける。（詳細第6章2.3参照）
　　　提出先　管轄する労働基準監督署

5. 再雇用

5.1 定年後再雇用契約

　通称、高齢者雇用安定法（正式名称　高年齢者等雇用の安定等に関する法律）第9条の定めにより段階的に65歳まで雇用しなければならないことになっている。
　平成22年3月まで………63歳まで雇用
　平成25年3月まで………64歳まで雇用
　平成25年4月以降………65歳まで雇用
　その方法として定年年齢を60歳より65歳まで引上げれば具体的手続の必要性はない（但し、定年延長について就業規則の変更手続が必要）が、雇用するものの、60歳定年後は給与条件を引き下げ、身分も正社員ではなく嘱託として再雇用する場合は次の手続を必要とする。

①継続雇用制度の対象となる高年齢者に係る基準に関する労使協定書（様式見本…169頁掲載）の取り交し
　・内容　対象となる社員、給与の最低基準等
　・労働者代表と使用者の間で取り交し
　・労働基準監督署等への届出は不要

②労働基準監督署に就業規則の変更、届出
　次のような内容で就業規則の変更を行い、管轄労働基準監督署に「就業規則の変更届」（様式173頁掲載）及び「意見書」（様式174頁掲載）を提出し届出する。
　（変更内容例）
　定年後従業員が希望したときは嘱託社員として65歳まで再雇用する。再雇用期間は1年毎に契約を更新する。

③嘱託再雇用契約書の取り交わし（様式見本…163頁掲載）
　再雇用契約による労働条件（勤務時間や給与等）の内容について、再雇用を希望する労働者と取り交し。

④管轄公共職業安定所に次の書類を提出
A　60歳到達時
　・雇用保険被保険者60歳到達時等賃金証明書（様式232頁掲載）
　　添付書類　・賃金台帳（様式167頁掲載）
　　　　　　　・労働者名簿（様式166頁掲載）
　　　　　　　・出勤簿又はタイムカード
　　　　　　　・運転免許証の写し又は住民票記載事項証明書
　　提出期限　60歳に該当した日の翌日から起算して10日以内

第1章　募集・選考・採用・再雇用・退職・解雇・転籍

　B　60歳到達後2ヶ月経過毎（原則）
　　・高年齢雇用継続給付受給資格確認票・高年齢雇用継続給付支給申請書（様式233頁掲載）
　　　添付書類　・賃金台帳（様式167頁掲載）
　　　　　　　　・労働者名簿（様式166頁掲載）
　　　　　　　　・出勤簿又はタイムカード
　　　　　　　　・運転免許証の写し又は住民票記載事項証明書
　　提出期限　初回については最初の支給対象月の初日から起算して4ヶ月以内。
　　　【支給申請は原則労働者本人が直接行うことになっているが、本人に代わって事業主が申請する場合は労働組合又は労働者代表との書面協定（様式181頁掲載）をし、「高年齢雇用継続給付の支給申請に係る承諾書」（様式234頁掲載）を初回申請時管轄公共職業安定所に提出しなければならない。…多くの企業は事業主が代行している。】
　C　高年齢雇用継続基本給付金の給付金額
　　上記A．Bの手続を踏まえ、定年後給料支給額が定年前の給料支給額の75／100未満の場合に所定計算により高年齢雇用継続基本給付金が労働者に給付される。
　　（詳しい支給要件及び支給計算式は公共職業安定所に聞けば詳しく教えて頂ける。）
⑤会社が全国健康保険協会・年金事務所に提出
　　給与条件を引き下げる場合、通常は引下げ後3ヶ月経過後に「健康保険・厚生年金保険被保険者報酬月額変更届」を提出し、標準報酬月額を変更することになっているが、（第5章1.4③を参照）**60歳定年時に限り**、「健康保険・厚生年金保険被保険者報酬月額変更届」を提出するのではなく、「健康保険・厚生年金保険被保険者資格喪失届」を提出し、同時に、「健康保険・厚生年金保険被保険者資格取得届」を提出できることになっている。
　　この手続をすることにより健康保険・厚生年金保険料が定年後直ちに引下げられるとともに、「60歳前半の特別支給の在職老齢厚生年金」の支給条件が低くなり、給付を受けるのが定年後3ヶ月経過しなくても60歳定年時から受けられる可能性が高くなる。
　（提出書類）
　健康保険・厚生年金保険被保険者資格喪失届（様式275頁掲載）
　健康保険・厚生年金保険被保険者資格取得届（様式274頁掲載）
　　添付書類・就業規則の一部
　　　　　　　　60歳定年、その後再雇用することが明記されている部分をコピーし、その余白に「就業規則に相違ない」旨、会社印捺印。
　　　　　　・健康保険被保険者証
　　提出期限　60歳定年後5日以内
⑥**本人が年金事務所に提出**
　　60歳前半の特別支給の在職老齢厚生年金の給付手続。
　　「厚生年金保険老齢年金給付裁定請求書」（様式312頁～317掲載）を本人が提出。

5.2　期間の定めのある雇用契約の更新の場合（定年後再雇用者は除く）

①留意事項

下記を踏まえて有期雇用契約を更新しなければならない。（厚生労働省の基準）

「有期労働契約締結、更新及び雇い止めに関する基準（平20.1.23厚労省告示）

1	契約締結時に次の事項を明示しなければならない。 「更新の有無」「更新するかしないかの判断基準」
2	1年超継続勤務者の契約を更新しない場合又は3回以上契約更新した労働者には少なくとも期間満了日の30日前までに雇用契約の更新を行わない旨、予告しなければならない。（予め労働条件通知書に契約更新しない旨明示されている場合を除く）
3	契約を1回以上更新し、かつ、雇入れ日から1年超継続勤務者については、更新の際、労働者の希望を考慮して、契約期間をできるだけ長くするように努めなければならない。
4	雇い止めする場合は労働者の求めに応じ雇い止めの理由を明示しなければならない。

②契約期間2ヶ月以内の定めで雇用した者の契約更新後の社会保険の適用

　雇用期間が2ヶ月以内の定めで雇用した者（但し、1週間の所定労働時間が30時間以上ある者、又は一般社員の3／4以上所定労働時間がある者）を、契約満了後引き続き雇用し通算して契約期間が2ヶ月を超える場合、更新後の雇用期間の長短に関わらず健康保険・厚生年金保険の資格取得の手続を行わなければならない。

　全国健康保険協会・年金事務所に健康保険・厚生年金保険被保険者資格取得届（様式274頁掲載）を提出

　　添付書類　年金手帳（基礎年金番号通知書）

　　　　　　　被扶養者がいる場合は「健康保険被扶養者（異動）届」（様式276頁掲載）

　　提出期限　再雇用後5日以内

③契約期間31日未満の定めで雇用した者の契約更新による雇用保険の適用

　契約期間が31日未満の定めで雇用した者（但し、1週間の所定労働時間が20時間以上の者）が、契約更新などで雇用が31日以上見込まれたときは、雇用保険の資格取得手続きを行わなければならない。

　管轄公共職業安定所に雇用保険被保険者資格取得届を（様式226頁掲載）を提出。

　　添付書類　雇用保険被保険者証

　　　　　　　労働者名簿（様式…166頁掲載）

　　提出期限　契約月の翌月10日以内

　パート社員、期間従業員の雇用保険、健康保険・厚生年金保険の適用有無、文書の交付等詳細については後記8.を参照

6. 退職・解雇

6.1 退職・解雇の種類

①従業員側の都合による退職

自己都合退職・死亡退職・早期退職者優遇制度による退職。

②会社側の都合による退職

事業縮小や事業所閉鎖等による「整理解雇」や「希望退職」・倒産による解雇。

【整理解雇の要件】

A．整理解雇の必要性と回避努力の内容
- 現在及び数ヵ月後の売上の予測と、その売上を確保するための業務遂行上の適正人員と余剰人員。
- 現状及び数ヶ月後における財務内容及び回転資金の確保の見込み。
- 収入増加努力の見通し。
  営業拡大、不動産資産や保有有価証券の処分、在庫の縮減、不採算部門の整理統合、売却。
- 雇用の作出
  下請業務を自社の業務に切替、転籍、出向の実施、非正規従業員の整理実施。
- 雇用の確保・維持
  新規採用の中止、組織変更、不採算部門の縮小配転、残業規制、昇給停止、労働時間短縮による賃金減額、休業による一時帰休、操業短縮による生産調整
- 希望退職者の募集
- 退職勧奨

B．整理解雇の基準の合理性と整理解雇対象者の人選の妥当性

C．上記A．B等や整理解雇後の再就職斡旋の内容等について、従業員・組合への説明と協議

【希望退職者募集の留意点】

A．希望退職者募集基準を定めること。

B．希望退職者募集基準に沿って公平な取扱いをすること。

C．希望退職者募集に応じるように説得勧誘は、希望退職者募集基準に沿って行い、労働者の自由意思を抑圧しないように配慮しなければならない。

③懲罰等による解雇等

懲戒解雇・諭旨退職・退職勧奨による退職

A．懲戒解雇とは
  労働者を解雇する場合、解雇する30日以上前に解雇予告するか、30日分の平均賃金（解雇予告手当）を支払って解雇できることになっている。（＊平均賃金とは後記6.5③B参照）

この規定は、やむを得ない場合（事業の倒産や閉鎖等）を除いて使用者が安易に取り扱うと、解雇権の濫用、不当解雇として解雇が認められないケースも生じ、大きな労働問題に発展するので慎重に対処しなければならない。

しかしながら、一方で、労働者の不正や不行跡、金銭の着服や流用等により、その労働者が勤務すること自体が企業の職場秩序の維持や財産保全に問題がある場合は、予告もせず解雇しなければならない場合もある。

このような場合は後記6.5⑥Bの要領で、管轄労働基準監督署に申請し、認定を受けた場合に限り、使用者が意思表示した日に遡って即時懲戒解雇することができる。

予告解雇するにしても即時解雇するにしても、懲戒相当に該当する事案が生じたときは、

・先ず、労使共同で設置している懲罰委員会を開催し本人より弁明の機会を与えなければならない。懲罰委員会の制度がない場合は直属上司と人事部長等が、本人或いは関係者より事実の確認をし、又、確認した事項等について、本人より弁明の機会を与えなければならない。
・次に本人より弁明の内容を精査し、又、会社が把握した事実を基に、就業規則上の懲罰条項第何条に該当するかを照らし合わせ、懲戒解雇が相当であれば懲戒解雇を決定する。

懲戒解雇の場合一般的に就業規則等で退職金を支給しない定めになっている。

B．諭旨退職とは

懲戒解雇には該当しないが、就業規則や労働協約の懲罰規定の諭旨退職に該当し、職場に継続して在籍させることは難しい事を諭し退職をさせる。

C．退職勧奨とは

就業規則や労働協約の懲罰規定には該当しないが、職場に勤務させることにより、将来に亘って職場秩序の維持ができないとか、安全衛生上の確保が困難であるとか、労働を提供することが困難な場合に、退職を積極的にすすめ、退職させる。

④試用期間中の解職

試用期間を前提に採用した者が、当初本人より申出た力量や技量、勤務成績が劣り、或いは勤務態度や協調性や協力性に欠け、又は健康上の問題があり、引き続き正社員として勤務させるには問題がある場合に試用期間途中或いは試用期間満了をもって雇用契約を解除する。

但し、14日を超えて勤務した場合は30日前に予告するか平均賃金の30日分の予告手当を支給し解雇しなければならない。

【上記6.1退職・解雇の種類についての説明、次の著作本より一部引用】

　　　　　編者　日本経営者団体連盟事務局（現　日本経済団体連合会）

　　　　　冊子のタイトル　雇用調整の具体策

　　　　　報告者　　弁護士　今井徹　　弁護士　狩野祐光

⑤契約期間満了による退職

定年退職・契約期間満了による退職。（後記8.4参照）

6.2 退職者より提出又は返還させるもの

・退職届（解雇等は除く）
・健康保険被保険者証《健康保険証を紛失し提出できない者は「健康保険被保険者証回収不能・滅失届（様式281頁掲載）を提出》
・健康保険任意継続被保険者資格取得申出書（様式286頁掲載）
（任継続被保険者として継続加入希望者のみ…後記6.3②参照）
・雇用保険被保険者離職証明書（様式230～231頁掲載）…離職者氏名欄等に退職者署名捺印
・退職所得の受給に関する申告書（様式342頁掲載）…退職金がある場合

「退職所得の受給に関する申告書」を提出させることにより、次の範囲で退職金が源泉非課税の対象となる。

【退職所得の非課税額】（都道府県・市町村民税の特別徴収も同じ）

勤続年数	退職金非課税額	勤続年数	退職金非課税額	勤続年数	退職金非課税額
2年以下	80万円	15年	600	28年	1360万円
3年	120	16年	640	29年	1430
4年	160	17年	680	30年	1500
5年	200	18年	720	31年	1570
6年	240	19年	760	32年	1640
7年	280	20年	800	33年	1710
8年	320	21年	870	34年	1780
9年	360	22年	940	35年	1850
10年	400	23年	1010	36年	1920
11年	440	24年	1080	37年	1990
12年	480	25年	1150	38年	2060
13年	520	26年	1200	39年	2130
14年	560万円	27年	1290	40年	2200万円

　＊勤続41年以上は40年を超える1年毎に70万円加算
　＊障害者の場合は非課税額が別途加算
　＊上記表を超える退職金で課税対象となる場合の課税額計算は税務署及び市町村に確認。

・名札（IDカード）
・未使用の名刺
・これまで入手した取引先等の名刺
・ロッカーの鍵
・制服（社名入り作業服等）
・その他会社よりの貸与品（社章等）

6.3 退職者等に対する確認、説明事項（共通事項）

①業務の引継ぎ完了確認

業務の引継ぎが完了しているか退職者及びその上司に確認。

②退職後の健康保険について

退職後次のA～Cの保険に加入することができるが、どの保険を選択するかは退職者の選択。

A．健康保険任意継続被保険者に加入

在職中の健康保険に継続加入。但し、保険料については会社負担分も含めて全額個人負担。保険料額については全国健康保険協会に事前に確認。

《(「健康保険任意継続被保険者資格取得申出書」様式…286頁掲載）を提出させる。》

但し、継続して2ヶ月以上の被保険者期間があること。

B．国民健康保険に加入…在住市町村で本人が手続。

C．配偶者等（夫等）の健康保険の被扶養者として届出

（但し、所得制限等がある…後記第4章2.2①参照）

③退職後の健康保険傷病手当金ついて

退職時に健康保険の傷病手当金を受けている者には、退職後も療養の為、労務不能であれば引続き給付されることを説明。

但し、退職前1年間継続して健康保険の被保険者であった者に限られる。

【給付期間：原則、発病より1年6ヶ月。手続：後記第3章4.1⑤参照)】

④雇用保険求職者給付について

雇用保険被保険者離職証明書（様式230～231頁掲載）交付の手順及び公共職業安定所での雇用保険求職者給付までの流れや給付予想額、給付期間、待期期間等について説明。

⑤地方税（市町村民都道府県民税）について

毎月給料より天引きしていた地方税は退職後は天引できず普通徴収となる。該当市町村より自宅に通知が来たら指定日までに個人で直接支払わなければならない旨説明。

但し、1月～5月までに退職した者については、原則として、退職後5月までの徴収すべき未徴収地方税の全額を、会社は退職月の給料若しくは退職金から一括天引きし、納付しなければならない定めになっている旨説明。

⑥退職金について

退職金の計算額と源泉税額、及び支払い予定及び振込先の確認。

⑦「給与所得の源泉徴収票」・「退職所得の源泉徴収票・特別徴収票」の送付予定日

（様式…343頁下段掲載）　　（様式344頁下段掲載）

⑧退職証明書（様式164頁掲載）について

（解雇理由証明書の様式は165頁掲載）

但し、証明書を退職者が交付の請求をした場合に限る。

6.4 退職に伴う共通手続

①雇用保険手続

次の書類を作成し管轄公共職業安定所に提出し喪失手続を行う。

・雇用保険被保険者資格喪失届（様式227頁掲載）
　　添付書類　退職届
　　　　　　　労働者名簿（様式166頁掲載）
　　　　　　　（労働者名簿には退職年月日と退職事由を記入）
　　提出期限　退職の翌日から10日以内
・雇用保険被保険者離職証明書（様式230～231頁掲載）
　　添付書類　賃金台帳（様式167頁掲載）、出勤簿（タイムカード）
　　提出期限　退職の翌日から10日以内

公共職業安定所で受理したものを本人交付用の「雇用保険被保険者離職証明書」を本人宛送付。

②健康保険・厚生年金保険手続

次の書類を作成し全国健康保険協会・年金事務所に提出し、喪失手続等を行う。

・健康保険・厚生年金保険被保険者資格喪失届（様式275頁掲載）
　　添付書類　健康保険被保険者証
　　　　　　　〔退職した者が所在不明の為、連絡がとれず、健康保険被保険者証の回収が不可能な時は「健康保険被保険者証回収不能・滅失届」（様式281頁掲載）を提出。〕
　　提出期限　退職の翌日から5日以内
・健康保険任意継続被保険者資格取得申出書（様式286頁掲載）
　　（健康保険任意継続被保険者資格取得申出をした者に限る…前記6.3②参照）
　　提出期限　退職の翌日から20日以内
　　＊退職の翌日から20日以内に手続をしないと、特別の事情（通信交通手段の遮断等）がない限り健康保険任意継続被保険者資格取得することはできないので注意。

③地方税（市町村民都道府県民税）異動届

毎月給料より天引きしていた地方税の特別徴収は退職後は徴収できない為、下記届出書を該当市町村に提出し、該当社員が退職し特別徴収できない旨通知する。

但し、1月～5月までに退職した者については、原則として、退職後5月までの徴収すべき未徴収地方税の全額を、退職月の給料若しくは退職金から一括徴収し納付しなければならない。この場合も下記届出書により一括徴収した旨を記載作成し、該当市町村に提出し通知する。

　　該当市町村に提出　「給与支払報告特別徴収に係る給与所得者異動届出書」
　　　　　　　　　　　（様式348頁掲載…各市町村によって様式はまちまちであるが、記載項目は同じ内容）
　　提出期限　速やかに

④退職金の計算と支給（振込）

⑤退職所得の源泉徴収票・特別徴収票（様式344頁下段掲載）の作成送付

⑥給与所得の源泉徴収票（様式…343頁下段掲載）の作成送付

⑦健康保険被保険者資格喪失証明書（書式見本360頁掲載）の作成送付

（但し、証明書を退職者が請求した場合に限る。…国民健康保険等に加入する場合に提出書類として必要な市町村がある為。）

⑧退職証明書（様式164頁掲載）の作成送付

又、解雇した場合は解雇理由証明書（様式165頁掲載）を作成送付。

（但し、何れの証明書も退職者が請求した場合に限る。）

6.5　退職事由別の手続と取扱い

①自己都合による退職・早期退職優遇制度による退職・休職期間満了による退職・諭旨退職・退職勧奨による退職・期間満了による退職

　　前記6.2　6.3　6.4のみの手続。

以下②～⑥の退職事由や解雇は前記6.2　6.3　6.4の他に事前に次の手続を必要とする。

又、障害者を解雇したときは、その旨を管轄公共職業安定所に届出しなければならない。

②死亡退職

　　第3章2.5又は4.3により遺族に対し、死亡に伴う諸手続と内容を説明。

③事業縮小や事業所閉鎖等による整理解雇・希望退職

　A．下記イ、ロいずれかに該当する場合は次の書類を作成し提出。

　　提出書類　・「多数離職届」（様式253頁掲載）

　　　　　　　・「再就職援助計画」（様式254頁～256掲載）

　　　　　　　・「求職活動支援基本計画書」（様式257～259頁掲載）

　　提出先　　管轄公共職業安定所

　　提出期限　最初の離職者が生ずる1ヶ月以上前までに作成提出。

　イ．1ヶ月期間内に常用労働者が30人以上の離職が見込まれるとき。

　　　　（30人未満の場合、作成提出義務はないが、作成すれば再就職援助計画の認定を受けることが出来る。）

　ロ．「45歳以上の者」が「5人以上離職」すると見込まれるとき。

　B．本人へ予告による解雇通知書を交付

　　　解雇する30日以上前に解雇通知書を交付するか、平均賃金の30日分の予告手当を支給し即時解雇通知書を交付。

＊平均賃金とは次により計算（原則）…労災保険の給付基礎日額と同じ（後記第3章2.4③C参照）

<u>算定事由発生日以前3ヶ月間に支払われた賃金総額</u>
算定事由発生日以前3ヶ月間の総日数（暦日数）

月給制や日給月給の場合は算定事由発生日の直近の給料締切日前3ヶ月間

④倒産による解雇

本人へ解雇通知書を交付。

⑤試用期間中の解雇

試用期間が14日を超えて引続き使用した者には、解雇する1ヶ月以上前に解雇予告通知書を解雇予定者に交付する。直ぐに解雇するときは解雇通知書とともに平均賃金の30日分の予告手当を支給。

⑥懲戒解雇

A．予告解雇する場合若しくは平均賃金の30日分の予告手当を支給し解雇する場合

懲戒による解雇予告通知書を本人に交付するか、平均賃金の30日分の予告手当を支払、即時懲戒による解雇通知書を本人に交付。

B．解雇予告もせず解雇予告手当も支払わず即時解雇する場合

1. 解雇予告除外の条件

次のような場合で「解雇予告」の保護を与える必要のない重大或いは悪質な者。
- 会社の金銭や商品等を不正に流用し、私腹を肥やし、会社に多大の損害を与えた者。
- 職場の内外を問わず窃盗、横領、傷害致死等、刑法犯に該当する行為があった場合。
- 職場内外を問わず賭博、風紀紊乱、麻薬、その他著しい不行跡等により職場規律を乱し、或いは他の労働者に重大な影響を与えた場合。
- 採用する際、重大な経歴詐称等をした者。
- 他の企業に就職した者。
- 2週間以上無断欠勤し、度々出勤の督促をしても正当な理由もなく出勤しない者。

2. 申請

「解雇予告除外認定申請書」（様式…170頁掲載）及び「懲戒解雇に至るまでの経過報告書」を管轄労働基準監督署に提出し、認定を受ける。

Ⓐ 窃盗、横領等刑法犯逮捕起訴等の場合

添付書類　・逮捕容疑、起訴内容、管轄警察署名、担当警察官名等情報の内容を書面化したもの。
　　　　　・新聞の切り抜き等

Ⓑ 会社の金銭、商品の着服、流用等の場合

添付書類　・労働者本人の弁明の内容
　　　　　・労働者本人が記入した自認書

				・流用した金銭や商品の商品名、数量、期間、会社が被った損害金等の内訳書
				・事業場の管理体制や組織図
				・着服、流用が発覚した経緯
		ⓒ　度重なる無断欠勤や遅刻早退の場合
			添付書類　・タイムカード
				・出勤督促した経緯の内容
				・労働者本人の弁明の内容

7.　転籍

　手続上は転籍元企業の自己都合退職、転籍先は新規採用と同様に取り扱うものの、転籍先での給与面、労働条件のみならず、次の事項について転籍元の企業と転籍先の企業が事前に打ち合わせし、合意事項について書面の取り交しを行い、労働者にも充分説明し承諾（書面による承諾）を受けておくこと。

7.1　退職日と入社日の間は空白を設けない

　転籍元の退職日の翌日に転籍先の入社日とすること。
（理由）
　空白期間を設けてしまうと、その間の社会保険も未加入の空白期間となり、後日次のような問題が生じる。
①空白期間は国民健康保険、国民年金に加入しなければならない。
②空白期間があると健康保険任意継続被保険者になることができなくなる場合がある。
　具体的には、転籍後2ヶ月未満で退職した場合、空白期間があると健康保険任意継続被保険者の資格取得することができない。
　（健康保険任意継続被保険者になる条件…資格喪失日の前日までに、継続して2月以上連続して被保険者であること。）

7.2　年次有給休暇、退職金をどうするか

①年次有給休暇
　勤続年数が多くなれば、年次有給休暇付与日数は増加することになっているが、転籍元企業の勤続年数を加算した上で転籍先で年次有給休暇付与日数を計算するのか、転籍先では新入社員扱いとして転籍元の勤続年数は加算せず年次有給休暇付与日数の計算をするのか、どの方法で計算を行うのかを取り決めておく。

②退職金

退職金の扱いは次のどれにするのか。
　A．転籍元の退職金は転籍時に転籍元が労働者に退職金を支払い（退職金の清算）、転籍先は新入社員として新たに退職金の計算を適用する。
　B．転籍元の退職金は転籍時に転籍元が労働者に退職金を支払い（退職金の清算）、転籍先では、転籍元の勤続年数を加算した上で、転籍元で支払われた退職金を差し引いた上で退職金計算を行う。
　C．転籍元の退職金は労働者には支払わず、退職金に相当する額は転籍先企業に移管し、転籍先企業で転籍元企業の勤続年数を加算した上で退職金計算を行う。

　上記Cの場合は親会社、子会間等の転籍で、退職金計算基準がほぼ同じであり、且つ転籍労働者も安心できる環境、条件が備わっている場合に限る。

8. パート社員、期間従業員を採用又は退職・解雇するとき

　短時間労働者や期間従業員について、「短時間労働者の雇用管理の改善に関する法律」（パート労働法）、「労働基準法」「健康保険・厚生年金保険法」「雇用保険法」がそれぞれ違った取り決めをしている。

　本書では、それぞれの法律解釈は省略し、勤務日数、勤務時間と雇用契約期間の長さによりどんな取扱いを行わなければならないかを以下に説明。

8.1　健康保険・厚生年金・雇用保険の適用

不…不適用　　　健・厚…健康保険・厚生年金保険　　　雇…雇用保険

雇用契約／社会保険／所定労働時間	雇用契約期間					
	31日未満		31日以上2ヶ月以内		2ヶ月超	
	健・厚	雇	健・厚	雇	健・厚	雇
A．1週間の所定労働時間が20時間未満の者	不	不	不	不	不	不
B．1週間の所定労働時間が20時間以上30時間未満の者	不	不	不	適用	不	適用
C．1週間の所定労働時間が30時間以上あるもの。又は一般社員の所定労働時間の3／4以上の所定労働時間があるもの	不	不	不	適用	適用	適用

日々雇い入れられる者等は日雇特例被保険者となるので説明は省略。

但し、
- 上記B．は31日以上の雇用が見込まれない者が、契約更新などで雇用が31日以上見込まれたときは、雇用保険の適用となり被保険者の資格を取得する。
- 上記C．で雇用期間2ヶ月以内の期間でも、契約期間2ヶ月を超え、契約を更新するときは更新した日に健康保険・厚生年金保険の適用となり、被保険者資格取得する。

健康保険・厚生年金・雇用保険の適用対象者で被保険者資格取得手続は前記4.3①により手続を行う。

8.2　労働条件に関する文書の交付

　常時10人以上雇用（パート社員や期間従業員も含む）している企業は、パート社員や期間従業員も適用される就業規則を作成、届出をするとともに、労働条件を労働者に対し明確に明示した「労働条件通知書」（様式162頁掲載）を労働者に必ず交付しなければならない。
　（＊大・中企業を除いて実態はパート社員や期間従業員も適用される就業規則を作成している企業は少ないと思わる。トラブル防止のため少なくとも「労働条件通知書」は必ず作成交付しておく必要がある。）

【労働条件通知書に必ず明示しなければならない事項】
- 契約期間
- 契約期間満了後の更新の有無
- 賃金の決定、計算方法、支払い方法、賃金締切日、支払い時期
- 仕事の場所と仕事の内容
- 始業・終業時刻　時間外労働の有無、休憩、休日、休暇
- 昇給の有無
- 退職金の有無
- 賞与の有無

8.3　短時間雇用管理者の選任

　パート労働者を常時10人以上雇用する場合、短時間雇用管理者を選任し、パート労働者の雇用管理等を行わなければならない。（届出の必要はない）

8.4　雇用期間の定めのある者に対する締結、更新、雇い止めについての留意事項

　下記を踏まえて有期雇用契約をしなければならない。（厚生労働省の基準）
　「有期労働契約締結、更新及び雇い止めに関する基準（平20、1、23厚労省告示）

1	契約締結時に次の事項を明示しなければならない。「更新の有無」「更新するかしないかの判断基準」
2	1年超継続勤務者の契約を更新しない場合、又は3回以上契約更新した労働者には少なくとも期間満了日の30日前までに雇用契約の更新を行わない旨、予告しなければならない。（予め労働条件通知書に契約更新しない旨明示されている場合を除く）
3	契約を1回以上更新し、かつ、雇入れ日から1年超継続勤務者については、更新の際、労働者の希望を考慮して、契約期間をできるだけ長くするように努めなければならない。
4	雇い止めする場合は労働者の求めに応じ雇い止めの理由を明示しなければならない。

8.5 採用、退職、解雇手続

前記4.及び6.の通り

第2章　出向・人材派遣の受入・請負・業務委託

1．出向、人材派遣、請負、業務委託の違い

（定義）

出　　向…自社で労働させることを前提に雇用した自社の労働者を出向契約に基づき、出向先企業に就労させる。

　　　　　従業員としての地位は、出向元企業と出向先企業双方に雇用契約の地位を有す。

人材派遣…自己の雇用する労働者を当該雇用関係の下、他人（派遣先企業）の指揮命令を受けて、他人のために労働に従事させること。

　　　　　従業員としての地位は派遣元企業のみにあり、派遣先企業の従業員としての地位は存在しない。

　　　　　通称　人材派遣法

　　　　　正式名称　労働者派遣事業の適正な運営の確保及び派遣労働者の就業条件の整備に関する法律

請　　負…請負主が注文主から仕事を請け負い、自ら或いは自己の雇用する労働者を自らの指揮命令で請負った仕事を完成させる。

　　　　　（民法632条の条文）

　　　　　　請負は当事者の一方が、或る仕事を完成することを約し発注主がその仕事の結果に対して請負主に報酬を与えることを約することによりその効力を有する。

業務委託…受託者が委託者から業務の処理の委託を受け、自ら或いは自己の雇用する労働者を自ら指揮命令し委託を受けた業務の処理をする。

【厚生労働省告示】請負・業務委託により行われる事業とは

　労働者派遣事業と請負により行われる事業との区分に関する基準（昭和61年4月17日第37号）により、請負・業務委託と認められるためには厳しく要件が設定されている。

(図解)
出向

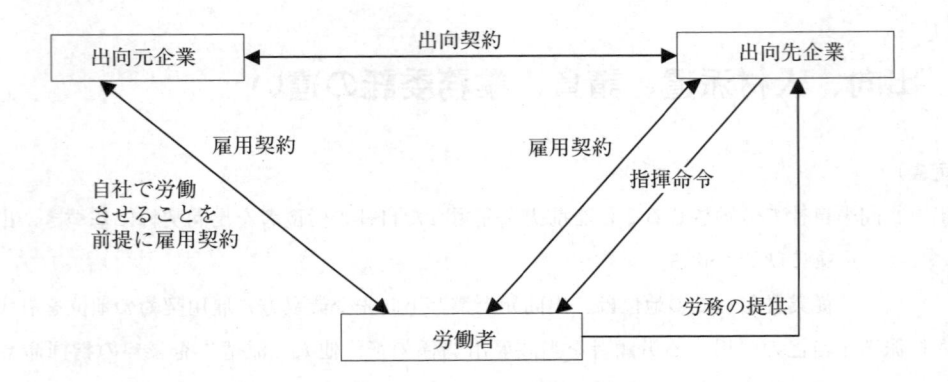

```
出向元企業 ←──── 出向契約 ────→ 出向先企業
   ↑ ↓                              ↑ ↑
   雇用契約      雇用契約      指揮命令
   自社で労働
   させることを
   前提に雇用契約
          ↘   ↓   ↑   ↙
              労働者    ────労務の提供────→
```

派遣

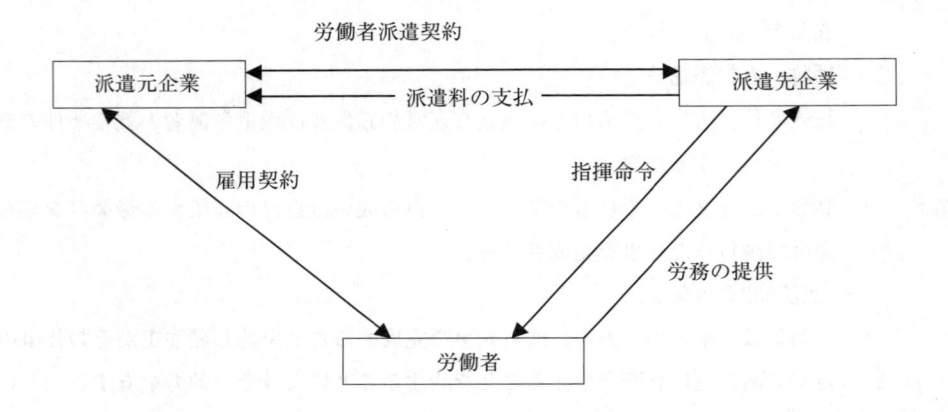

```
         ←──── 労働者派遣契約 ────
派遣元企業                          派遣先企業
         ────── 派遣料の支払 ─────→
   ↑ ↓                              ↑
   雇用契約                      指揮命令
          ↘                    ↗
              労働者    ──労務の提供──→
```

請負

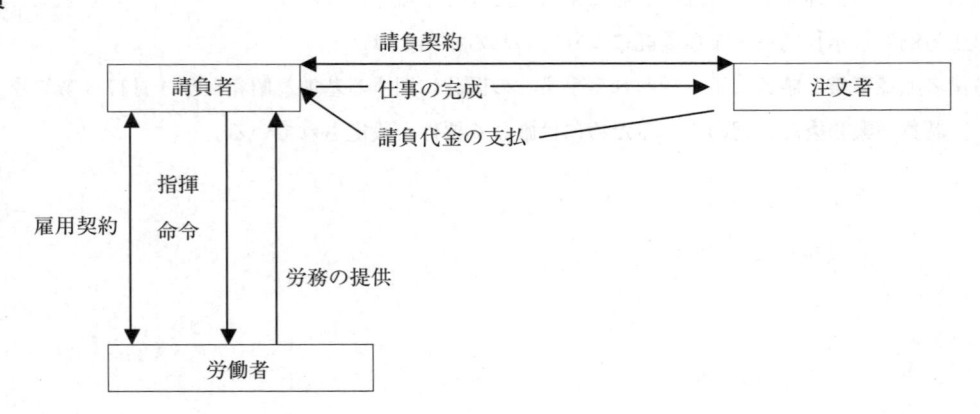

```
         ←──── 請負契約 ────
請負者   ───── 仕事の完成 ────→   注文者
         ←──── 請負代金の支払 ───
   ↑ ↓ ↑
 雇用  指揮  労務の
 契約  命令  提供
   ↘ ↓ ↗
    労働者
```

業務委託

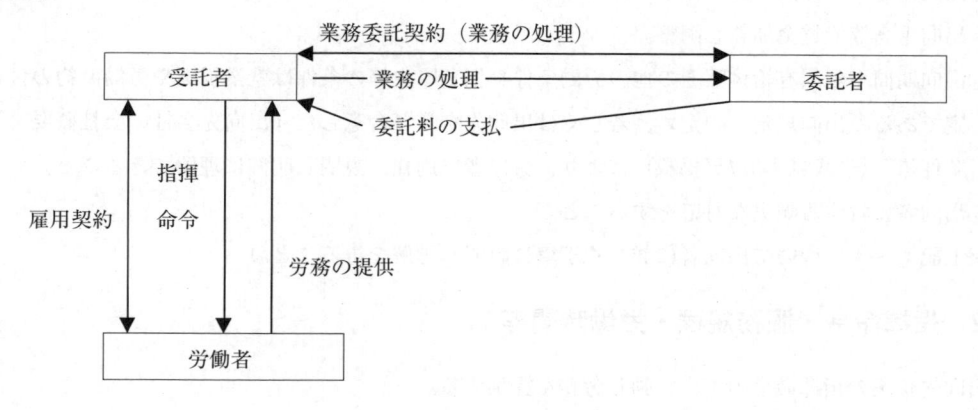

```
          業務委託契約（業務の処理）
受託者 ←――――――――――――――――→ 委託者
      ←―――― 業務の処理 ―――――
      ―――― 委託料の支払 ―――→
 ↕   ↕
雇用契約 指揮
    命令   労務の提供
 労働者
```

（具体例）

コンピューター関連業務について

①コンピュータの打ち込みや操作をしていた自社の社員を、出向契約により出向先企業の指揮命令下でコンピュータへ文書打ち込みの操作をさせる場合………**出向**

②コンピュータシステム開発のため人材派遣会社より人材の派遣を一定期間受入、**派遣先企業の指揮命令下**でコンピュータシステムの開発に従事させた場合。………**人材派遣**

③注文者よりコンピュータシステムの開発を請負、自己の社員を注文者の企業に派遣し、**請負者の指揮命令下**コンピュータシステムの開発完成まで勤務させる場合………**請負**

④コンピューターへ文書打ち込みのみの業務委託を受け、委託者の指揮命令を受けず、受託者事業主の指揮命令の下、委託者企業先でコンピュータへ文書打ち込みのみを行う場合。………**業務委託**

④自己の社員を委託者企業に勤務させ、委託者からの指揮命令の下、コンピュータへ文書打ち込みを行う場合………人材派遣法に定める要件に満たしていない場合は、労働者供給事業であり違法。（**偽装業務請負**）

2. 出向

出向とは期間の長・短にかかわらず、A企業に在籍のままB企業の指揮命令のもと労働の提供をさせること。

2.1 出向させることができる要件

①就業規則や労働協約に出向を命じることができることが明記されていること。
　　又は労働者の個別的同意や包括的同意を必要とする。
②出向の必要性と出向者の人選に合理性があること。

③出向先企業の労働時間、休憩、休日等の労働条件よりも出向元企業の方が条件が良い場合は、出向手当等で賃金加算し調整。
　④出向期間や年次有給休暇その他の労働条件や福利厚生等の条件は就業規則や労働協約の付属規定である「出向規定」の定め、若しくは出向先企業と合意した「出向先会社の会社概要・労働条件等」（書式見本377頁掲載）により、労働者に周知、説明し明確に理解できること。
　⑤出向者に対する誠実な対応をすること。
　（上記②〜④について出向者に詳しく丁寧に説明し理解を得ること。）

2.2　指揮命令・服務規程・労働時間等

　出向先企業の指揮命令の下、行動し労務を提供する。
　又、服務規程・安全衛生管理、労働時間・休憩・休日等についても原則、出向先企業の就業規則もしくは労働協約、その他出向先の規程による。

2.3　給与・賞与・社会保険（健康保険・厚生年金・雇用保険）退職金等の勤続年数加算や福利厚生等の取扱い

　原則として出向元企業の社員として出向元で行い、出向元の社員として同等に取り扱う。

2.4　労災保険・安全衛生、時間外労働時間の限度等の扱い

　原則として出向先の企業で適用する。（労災保険料は原則出向先企業で支払。）

2.5　労働組合との協議、報告

Ａ．出向元企業の労働組合に対して
　①労働組合と出向について包括的、総体的な協議と労使協定。
　②出向させる都度、労働組合に対し次の内容を事前に説明。
　　・出向の必要性と人選の結果
　　・出向先会社の会社概要・労働条件等（書式見本377頁掲載）
　　・出向期間
　　・出向期間中の処遇や待遇
　　・その他
Ｂ．出向先の労働組合
　　出向先企業自身が出向者を受け入れるに当たって、自社の労働組合に対して出向者の受入の趣旨と必要性について説明、報告し理解を得る。

2.6　出向先開拓の方法

①資料の作成

- 出向予定者全体のリストの作成。(人選と出向期間の決定)
- 出向予定者の個々の個人情報等の把握。(「出向予定者の個人情報」の作成…書式見本378頁掲載)

　年齢・性別・学歴・住所地・家族構成・賃金・社歴・役職・職歴・資格・免許・職務能力・健康状態・特技・性格・長所・短所・その他特記事項

②開拓先
- グループ企業、関係会社、取引先等
- 財団法人産業雇用安定センター(所在地一覧389頁掲載)
- 公共職業安定所や人材銀行の求人資料による企業
- 新聞、求人誌、チラシの求人情報による企業

③職種と勤務地の絞込み

④開拓行動

　上記①～③を踏まえ出向受入可能企業を訪問し、下記書類に基づき説明し出向要請交渉と出向条件を取り決めする。
- 出向候補社員の「出向予定者の個人情報」(書式見本378頁掲載)
- 「出向者の支給基準及び費用負担方法の取扱い」(書式見本374頁掲載)
- 「出向者の就業関係の事務取扱い」(書式見本…375頁～376掲載)
- 「出向先会社の会社概要・労働条件等」(書式見本377頁掲載)

2.7　出向契約の内容(出向に関する覚書)

　前記2.6④により出向元企業と出向先企業で事前打ち合わせした内容等により、「出向に関する覚書」(書式見本371頁～373頁掲載)を取り交わす。

①費用負担をどうするか【「出向者の支給基準及び費用負担方法の取扱い」(書式見本…374頁掲載)】

　給与・賞与・会社負担分の社会保険料、退職金の負担、その他福利厚生費用を出向元、出向先企業がどのように分担するか。

　A．出向先が出向元に対し出向者派遣を強く要望する場合。

　　(例えば、技術職や専門職を、出向先企業で技術指導や専門職養成指導者としてグループ内企業に対し出向派遣の支援要請をする場合等)

　　　原則として全額出向先企業が負担する。

　B．出向元が出向先に出向受入を強く要請する場合。

　　(例えば、経営環境の激変や事業所閉鎖等により、残業規制や配置転換しても余剰人員が生じるため、やむなく出向させる場合等。)

　　出向させる労働者の年齢、力量、職務経歴等について、出向先企業の労働者の賃金、賞与等に照らし合わせ、同等の金額を基準にして、その何パーセントを出向先が負担するか、出向元と出向先企業で事前に協議し、「出向に関する覚書」(書式見本371～373頁掲載)により取り決

②出向者の出向先での労働条件をどうするか

出向元企業の労働条件をベースに出向先での出向者の労働条件をどうするかを出向先企業と取り決める。

（出向先企業の労働時間、休憩、休日等の労働条件よりも出向元企業の方が条件が良い場合は、労働者に対し出向手当等で賃金加算し調整。）

・「出向先会社の会社概要・労働条件等」（書式見本377頁掲載）

③出向期間

何年何ヶ月出向させるか。

途中で出向契約を解除させる場合は、事前通知やその条件、ペナルティー等をどうするか。

又、出向期間の更新はどうするか。

④報告

出向先企業での毎月の勤務状況（出・欠勤や残業時間等）や人事考課等方法や報告、締め切り等をどうするか。

⑤その他

健康診断、労災事故等の扱い、年次有給休暇、その他の扱いは出向元企業か出向先企業か、どちらの企業の基準で取り扱うか等。

④⑤については出向先会社と取り決めた「出向者の就業関係の事務取扱い」（書式見本…375～376頁掲載）により行う。

2.8　出向者への内示と教育

①内示及び説明会（内容次の通り）

「出向先会社の会社概要・労働条件等」（書式見本377頁掲載）により説明。

・出向の内示（辞令の交付）
・出向の必要性と人選基準について
・出向期間
・出向先会社の会社概要、出向先での職種、勤務条件その他労働条件
・出向期間中の処遇及び待遇

②出向前教育

・ビジネスマナーや挨拶等の再教育
・営業又は技術等の基本知識
・安全衛生教育等

2.9　出向者フォロー

①定期連絡

人事部若しくは出向元部門長が出向者に対し、定期連絡し、職務上の悩みや、不満や問題点を吸い上げ、その解消に努める。

②社内情報提供

出向元企業の動向や情報、福利厚生等の変更等について、都度、在籍社員と同様に出向者にも連絡や情報提供を行う。

③**出向先企業への定期訪問**（人事担当者や出向元部門長が訪問）

・出向先企業の幹部との面談

出向先企業に定期訪問し、出向者について勤務実態や業務貢献、出向先企業の社員との協調性等について報告を受け、今後の課題や問題点等について出向先企業の幹部と協議。

・出向者との面談

上記出向先企業幹部との面談内容を伝えると共に、仕事の事や家族の事について問題や悩みがあれば相談に乗り対処する。

2.10　出向後の内部体制の構築

出向させた後の内部体制の構築のみならず、出向先から出向者が戻った時の内部体制についても事前検討しておく。

2.11　配慮事項

出向元企業の配慮事項

出向しない他の社員に対し、出向者が企業にとって決して不要な人材ではなく、出向を実施せざるを得ない企業の経営環境や余剰人員対策の趣旨を説明し、充分な理解を求め、出向する社員に対し激励の態度で示して頂くよう要請する。

出向先企業の配慮事項

社員に対し、自社が出向者を受け入れる趣旨と必要性を説明し、出向してきた人に対し、歓迎の姿勢で受け入れていただくよう要請する。

又、出向してくる人は、受入企業の取扱商品、風土や商慣習、仕事の内容、社員の名前や性格も分からないので、例え年配でも、又、職務経歴が長くてもその企業では新人である。

それを踏まえて対処、接触するように要請する。

2.12　出向方針の決定から出向者の選定内示、出向後の事務処理、出向者フォローまでの流れ

①就業規則や労働協約に"出向を命じることができる"ことが明記されていること。

就業規則に明記されていない場合は、管轄労働基準監督署に「就業規則変更届」（様式173頁掲載）を提出、届出すること。

就業規則変更届には、従業員代表の「意見書」（様式174頁掲載）を添付する必要がある。

②役員会や幹部会等で出向方針を決定。
③出向基準の策定と人選方法を決定。
④労働組合（又は従業員代表）への説明と協議合意

　　出向の必要性、出向基準、人選方法、出向人員、出向時期、出向期間、労働組合への通知方法等について労働組合に説明、協議し労使の合意を得る。
⑤出向者への説明と内示。
⑥出向前教育。
⑦発令（辞令交付）
⑧出向実施
⑨出向後の出向者へのフォロー
⑩出向先企業からの出向者の勤務状況、人事考課等の事務連絡の受理
⑪出向先企業に出向料を請求・受入（毎月）

2.13　経営環境の悪化や事業所や事業部門閉鎖により多数の社員を出向させる場合

　前記2.1～2.12を前提にし、次の手順も加える。
①部門別、職種別、役職別、出向対象者人数を役員会や幹部会等で決定。
②労働組合への説明と協議合意。
③出向先企業の開拓。
④次の階層別に説明会を開催。
　A．管理監督者（非組合員）への説明会の開催
　　　説明の内容については前記②労働組合への説明した内容に加え、次の事項についても説明し、理解と協力を求める。
　　・幹部会で決定した部門別出向者人数を各管理監督者に提示。
　　　　又、人数を提示した上で部門長に対して出向候補者社員の具体的な人選をリストアップさせ、一定期日までに人事部に報告させる。（秘密厳守）
　　・部門長より出向者に対し内示をする場合の注意事項や配慮事項を説明。
　B．一般社員を対象とした説明会の開催
⑤リストアップした出向候補者の一覧表作成
　　各管理監督者からリストアップされた出向候補者の氏名、性別、年齢、家族構成、住所、職務経歴、役職、資格、免許、性格等について人事部が一覧表を作成。
⑥出向候補者人選決定
　　開拓した出向先会社の職務内容、要望事項（年齢、性別、職務経歴、技量、資格、免許等）を踏まえ、出向候補者の中で一番マッチングしたものを抽出し出向者として人選決定。
⑦労働組合に出向先企業の会社概要、職務内容、労働条件、出向時期、出向期間、出向候補者の氏

名、所属、出向手当等を労働組合に呈示、通知。

労働組合に提示する「出向先会社の会社概要・労働条件等」の書式見本377頁掲載

3. 人材派遣の受入

派遣労働者の受入れは一時的もしくは臨時的必要業務について認めており、派遣労働者が常用労働者の代替とならないように規制されていることを理解した上で、派遣労働者を受け入れなければならない。

3.1 派遣受入禁止業務

次の業務の場合は派遣期間の長・短にかかわらず派遣労働者を受け入れてはならない。
　　　　①港湾運送業務　　②建設業務　　③警備業務　　④医療関係業務

3.2 派遣受入れ可能期間

(派遣受入可能期間)

①派遣先があらかじめ労働者の過半数で組織する労働組合（労働組合がない場合は労働者の過半数を代表する者）に対し、労働者派遣に係る期間の通知をし、その意見を聴いた上で期間を定める場合。……………………………………………………………………………………………最長3年
②上記①以外……………………………………………………………………………………最長1年

3.3 派遣受入れ可能期間を超える受入の制限

派遣受け入れ先企業の事業所は
　　　　①派遣就業場所ごと　　　　　②同一業務について
　　　　③派遣可能期間を超える期間、　④継続して
派遣可能期間を超えて労働者派遣を受け入れてはならない。
（派遣会社や、派遣労働者を変更しても派遣可能期間を超えれば派遣労働者を受け入れることはできない。）
　但し、・就業の場所や業務が違っておれば派遣労働者を新たに受け入れることはできる。
　　　　・又、派遣受入終了後3ヶ月を超える期間、派遣労働者を受け入れていなければ、再び派遣労働者を受け入れることができる。

3.4 派遣受入れ可能期間制限規定が適用されない業務

次の業務は前記3.2及び3.3の派遣可能期間の制限規定が適用されない
①次の26の専門業務。
　　・コンピュータシステム開発関連　　　　　・機械等の設計、製図関係

- 放送番組機器の操作等
- 事務用機器の操作
- 秘書の業務
- 市場調査・分析
- 対外取引文書の作成
- 添乗員や待合送迎等
- 建築設備の運転、整備等
- 科学技術研究、開発
- 書籍、写真等の製作編集
- 照明器具、家具等のデザイン考案相談
- 事務用機器等の指導業務
- 機械、金融商品等専門分野の契約業務
- 放送番組等の演出
- 通訳・翻訳・速記
- 文書等のファイリング
- 財務処理業務
- 電子機器その他用途の紹介説明業務
- 建物の清掃関係
- 受付・案内・駐車場管理等
- 事業実施の為の運営方法の企画立案業務等
- 商品・広告等のデザイン考案
- アナウンサー、放送番組の編集等
- 電話等による商品の勧誘、締結業務
- 放送番組等の大道具・小道具調達、制作等

② 1ヶ月の派遣受入れ日数が10日以下の派遣労働者。

3.5 派遣契約遵守事項

派遣可能期間が制限されている業務（前記3.4①の26の専門業務以外の業務）等については次の事項を守らなければならない。
① 派遣先は、派遣労働者を指定する行為をしないように努めなければならない。
② 派遣契約締結にあたって、派遣開始日と終了日を通知しなければならない。
③ 派遣契約締結当事者は次の事項を定めなければならない。

- 業務の内容
- 派遣就業の場所
- 派遣期間等

3.6 派遣受入れ企業の雇用の努力義務

派遣社員受入れ企業は、次の場合派遣社員の雇用の努力義務がある。
① 派遣可能期間の制限を超えて派遣労働者を使用する場合
派遣受入の企業は派遣終了後、当該労働者が派遣先に雇用されることを希望する労働者に対し、雇用契約の申込みをしなければならない。
（申込みの義務があるが、採用する義務はない。）
② 派遣受入実施期間（派遣期間1年以上）終了後、引続き同一就業場所で同一業務について正規労働者を雇用しようとする場合
派遣が終了した労働者が、派遣先に雇用されることを希望する場合、雇用契約の申込みをしなければならない。（申込みの義務があるが、採用する義務はない。）

3.7　無届業者からの派遣労働者の受入禁止

労働者の派遣を受け入れる場合、厚生労働大臣の届出又は許可受けた派遣事業主からのみ受け入ることができ、無許可又は届出をしていない派遣事業主からの労働者の派遣は受け入れてはならない。

3.8　派遣受入企業が行うべき確認事項と派遣受入の流れ

①派遣元事業主の派遣事業許可番号又は届出受理番号の確認。
②派遣元、派遣先事業主間で派遣契約内容の事前確認
　・派遣受入期間（派遣期間を更新する場合の方法）　　・人数
　・職種　　　　　　　　　　　　　　　　　　　　　・勤務場所
　・労働条件（勤務時間、休憩時間、残業の程度等）
　・受入労働者の人選条件（性別、年齢、資格、免許、技量、職務経歴等の条件）
　・派遣金額（時給、又は日給、残業した場合の派遣元に支払う金額）
③保険加入の事前確認
　　派遣元企業の健康保険、厚生年金保険、雇用保険、労災保険加入有無の事前確認と各保険の事業所番号の確認
③派遣元事業主、派遣候補者の人選決定
④派遣元企業が人選した派遣候補者が性別、技量、資格等適材な人材であるかの確認。
⑤派遣契約書の取り交しと派遣受け入れ管理台帳の作成（派遣元企業名や職種、期間等記載）及び派遣受入責任者の選任。
　　健康診断書、派遣労働者の履歴書等の複写したものを派遣元企業より入手し派遣労働者の個人情報等を把握。
⑥派遣受け入れ実施
⑦派遣元企業に勤務状況定期報告
　　出勤日数、休日出勤、残業時間、欠勤、遅刻、早退、等
⑧派遣元からの派遣料請求書の内容確認と支払い

3.9　派遣受入企業の労働基準法等の規制

派遣元は派遣労働者の使用者として労働基準法等の規制を受けるが、派遣受入企業も次の規制を受ける。

①労働基準法の　　　　　・公民権行使の保障
　　　　　　　　　　　　・労働時間、休日労働、時間外労働の制限
　　　　　　　　　　　　・育児、生理休暇　　等
②労働安全衛生法の　　　・特別安全衛生教育

　　　　　　　　　　　　・特定有害業務の特殊健康診断
　　　　　　　　　　　　・作業時間の制限
　　　　　　　　　　　　・病者の就業禁止　　　等
③男女雇用機会均等法の　・職場における性的な言動に起因する問題等に関する管理上の配慮義
　　　　　　　　　　　　　務
　　　　　　　　　　　　・妊娠及び出産後の健康管理に関する措置　　　等
＊派遣労働者が業務上災害で怪我や死亡したときは、派遣元、派遣先企業共に「労働者死傷病報
　告」（様式171頁又は172頁掲載）を遅滞なくそれぞれ管轄する労働基準監督署に提出しなければ
　ならない。
（業務上・通勤途上の怪我や死亡の取り扱いの詳細　第3章2・及び3参照）

4. 請負・業務委託

　請負や業務委託については、雇用関係に直接かかわるものではないので人事担当者が直接関わる必要性はないものの、自社の事業所や工場内で請負業務や委託業務をさせる場合は次の事項について担当部門に留意させておく必要がある。
①事業場内での安全衛生やその他のルール・規則等を請負事業主や業務受託事業主に説明し、出入りする請負企業や受託企業の社員に周知徹底させることを要請しておくこと。
　　例えば、事業場内の入場時間、閉門時間、出入り業者カードの扱い、名札IDカードの扱いと管理、車両の入門カードの扱いと管理、事業場内の交通ルールや安全衛生の規則、機密保持事項の外部流失防止等。
②請負業者や業務受託者の緊急連絡先の把握。
③出入りする請負業者や業務受託者の社員の個人情報について請負業者や業務受託者よりリストを提出させる。
　　氏名、年齢、性別、最近の健康診断結果、血液型、緊急連絡先等
④関係する部門への請負、業務委託内容、人数、氏名等の情報提供と留意事項の通知。
　但し、建設現場等においては、労働安全衛生法により、詳しく規則や規制が定められているので、本書では省略。
【上記第2章出向・人材派遣の受入・請負・業務委託についての説明、次の冊子より一部引用】
　編者　日本経営者団体連盟事務局（現　日本経済団体連合会）
　冊子のタイトル　雇用調整の具体策
　報告者　　　　　弁護士　今井徹　　弁護士　狩野祐光

第3章　怪我、病気、死亡

1. 保険の適用区分

　業務上による怪我、又は業務外の内、通勤途上の怪我は労災保険（労働者災害補償保険法の略）、業務外の内、通勤途上以外の怪我や疾病は健康保険を適用する。

　業務上の怪我や疾病
　業務外の怪我や疾病　　内、通勤途上による怪我　　　　　　　　…労災保険を適用
　　　　　　　　　　　　内、通勤途上以外による怪我や疾病…健康保険を適用

＊通勤途上の怪我は労務の提供に必然的に随伴するものであり、昭和48年法改正で労災保険の保護の対象になった。（但し、使用者の補償責任はない。）
＊炭鉱、石切り場で長期間従事した為、じん肺になった場合、怪我ではないが、業務上疾病として労災保険の適用が受けられる。（最近では石綿ばく路作業従事者による中皮腫疾患等が問題になっている。）

　以下、業務上怪我と表現している場合は、業務上疾病も含む。

2. 業務上の怪我・死亡（労災保険適用）

2.1　業務上認定の考え

　下記Ａ．Ｂ両方を満たさなければならない。
Ａ．業務遂行性
　①事業主の支配下にあり、業務に従事しているときの怪我や死亡。
　②休憩時間中又は営業時間外に事業場内で行動しているときの怪我や死亡。
　③事業場外業務活動中の怪我や死亡。
　　【但し、私的行為を行う為、事業場外での怪我は業務外】
　④職業性疾病
　　（炭鉱等でのじん肺や石綿ばく路作業従事者による中皮腫疾患等）
Ｂ．業務起因性
　　業務に起因して災害が発生し、その災害が起因となり怪我や死亡をした場合。

2.2　業務上認定の具体例

①業務に従事中の怪我。
②トイレや水を飲みに行く途中、事業場内で転倒し怪我。

③始業開始前又は終業後に着替えの為、事業場内の更衣ロッカーに行く途中、階段で転倒し怪我。
⑤出張中や営業活動等業務の必要性により外出中の怪我。
【但し、私的行為中（例、パチンコに行く途中等）の場合は業務外】
⑥業務上疾病

長期的に有害な業務に携わったことが原因で生ずる病気。

　　例・重量物を扱う業務…腰痛
　　　・粉じんが飛散する場所における業務…じん肺
　　　・石綿ばく路従事業務…中皮腫疾患等

業務上疾病については携わった業務の期間や内容を詳しく管轄労働基準監督署に報告し相談する必要がある。

2.3　事故報告

災害発生後速やかに管轄労働基準監督署に報告。

①労働者死傷病報告

労働者が労働災害や事業場内等で怪我や死亡をしたときは「労働者死傷病報告」（様式171頁掲載）により管轄労働基準監督署に速やかに報告しなければならない。

但し、休業日数が3日以内の怪我の場合は、3ヶ月毎にまとめて行う「労働者死傷病報告」（様式172頁に掲載）により報告。

（3ヶ月毎の締め切り区切り。3月末、6月末、9月末、12月末）

＊派遣労働者が怪我や死亡したときは、派遣元事業者のみならず、派遣受け入れ企業も管轄する労働基準監督署に速やかに報告しなければならない。

②事故報告

事業場内、その他付属建物内で、次の事故が発生した場合、労働者の怪我の程度や死亡の有無にかかわらず、「事故報告書…法定様式第22号」により管轄労働基準監督署に速やかに報告しなければならない。

　・火災、爆発の事故　　　　　　　　　　・ボイラーの破裂事故
　・その他労働安全衛生規則第96条に定める事故

2.4　怪我の場合の保険給付の内容と手続

①手続当事者

保険給付手続きは原則、労働者自身が行うことになっているが、仕事中の怪我であり、又、手続書類には会社が記入し証明する欄や項目があるので、会社の人事担当者が行うことが望ましい。

②療養補償給付

業務上怪我をした場合の療養行為の給付。

　A．手続

「療養補償給付たる療養の給付請求書」(様式192頁掲載) を労災保険指定病院に提出。病院より管轄労働基準監督署に提出。

＊労災保険指定病院でない病院等で治療を受けた場合は、一旦本人が治療費を立替払いし、後日「療養補償給付たる療養の費用請求書」(様式193頁掲載) に医師の証明を受け、管轄労働基準監督署に提出し現金給付を受ける。

＊通院に不便等の理由で病院を変わる場合は「療養補償給付たる療養の給付を受ける指定病院等（変更）届」(様式194頁掲載) を変更先病院に提出。病院より管轄する労働基準監督署に提出。

B．給付額　　全額給付（個人負担なし）

C．給付期間　治ゆするまで

③休業補償給付・休業特別支給金

休業期間中の賃金の代わりとして補償される給付。（労働基準法の休業補償を代替する保険給付）

A．支給要件

次のいずれも満たすこと。

・業務上の怪我により療養していること。

・療養の為労働することができない。（医師の証明が必要）

・休業期間中、賃金を受けていないこと。

・通算3日間の待期期間があること。（4日目より給付）

（3日間の待期期間中は労働基準法の規定により、事業主が休業補償を行わなければならない。）

B．支給手続

「休業補償給付支給請求書・休業特別支給金支給申請書」(様式195～198頁掲載) を管轄労働基準監督署に提出。

添付書類　休業前3ヶ月間の賃金台帳　出勤カード

C．給付額

イ．休業補償給付

1日つき給付基礎日額の60／100に相当する金額。（原則）

ロ．休業特別支給金

1日つき給付基礎日額の20／100に相当する金額。（原則）

＊給付基礎日額とは（原則）

<u>算定事由発生日以前（通常事故発生日）3ヶ月間に支払われた賃金総額</u>

算定事由発生日以前3ヶ月間の総日数（暦日数）

月給制や日給月給の場合は算定事由発生日の直近の給料締切日前3ヶ月間

D．給付期間

原則として給付期間に限度はない。

④障害補償給付

障害補償給付は、治ゆ後に症状が固定し障害状態になったとき、その障害により失われるであろう所得を補てんする給付。

A．給付内容・給付期間等

障害等級1級から7級　…障害補償年金

　　障害等級1級～7級に該当する障害状態のある間給付。

障害等級8級から14級…障害補償一時金（請求時1回のみ給付）

B．給付金額

障害補償年金・特別支給金等（障害等級1級～7級）

障害等級	障害補償年金（年間）	障害特別支給金（1回のみ）	障害特別年金（年間）
第1級	給付基礎日額の313日分	342万円	算定基礎日額の313日分
第2級	給付基礎日額の277日分	320万円	算定基礎日額の277日分
第3級	給付基礎日額の245日分	300万円	算定基礎日額の245日分
第4級	給付基礎日額の213日分	264万円	算定基礎日額の213日分
第5級	給付基礎日額の184日分	225万円	算定基礎日額の184日分
第6級	給付基礎日額の156日分	192万円	算定基礎日額の156日分
第7級	給付基礎日額の131日分	159万円	算定基礎日額の131日分

障害補償一時金・特別支給金等（障害等級8級～14級）

障害等級	障害補償一時金（1回のみ）	障害特別支給金（1回のみ）	障害特別一時金（1回のみ）
第8級	給付基礎日額の503日分	65万円	算定基礎日額の503日分
第9級	給付基礎日額の391日分	50万円	算定基礎日額の391日分
第10級	給付基礎日額の302日分	39万円	算定基礎日額の302日分
第11級	給付基礎日額の223日分	29万円	算定基礎日額の223日分
第12級	給付基礎日額の156日分	20万円	算定基礎日額の156日分
第13級	給付基礎日額の101日分	14万円	算定基礎日額の101日分
第14級	給付基礎日額の56日分	8万円	算定基礎日額の56日分

＊給付基礎日額とは（原則）

$$\frac{算定事由発生日以前（通常事故発生日）3ヶ月間に支払われた賃金総額}{算定事由発生日以前3ヶ月間の総日数（暦日数）}$$

第3章　怪我、病気、死亡

　　　月給制や日給月給の場合は算定事由発生日の直近の給料締切日前3ヶ月間
　＊算定基礎日額とは（原則）

$$\frac{\text{負傷又は発病の日以前1年間に支給された賞与}}{365日}$$

　C．支給手続
　　　「障害補償給付支給請求書」（様式199～200頁掲載）を管轄労働基準監督署に提出。
　＊「障害補償給付支給請求書」の様式は障害の内容により様式が違うので注意。
　　　添付書類　　エックス線写真等
　　　（初診時等の写真と、治ゆした症状及び障害が固定した時の写真の2枚）
　D．障害年金の併給調整
　　　労災保険の障害補償年金給付対象となった障害が、厚生年金保険又は国民年金保険の障害年金も給付される場合（後記⑤）は、労災保険の障害補償年金は100％給付されるものではなく、次のように減額される。
　　　　障害補償年金額×調整率＝労災保険障害年金給付額
　　　＊調整率　　国民年金及び厚生年金の両方の年金給付がある場合　　0.73
　　　　　　　　　国民年金のみの年金給付がある場合　　　　　　　　　0.88
　　　　　　　　　厚生年金のみの年金給付がある場合　　　　　　　　　0.86

⑤障害の場合の厚生年金保険等の障害年金等裁定請求
　労災事故による障害等級が厚生年金保険又は国民年金保険の障害等級1級から3級に該当する時は労災保険の障害補償年金が給付されるとともに厚生年金保険等からも障害年金が給付される。
　（労災保険の障害等級8級～14級に該当する場合は、厚生年金の障害等級4級以下（比較的軽い障害）に給付される障害手当金は給付されない。）
　A．裁定請求手続
　　　「厚生年金保険障害給付裁定請求書」（様式326～329頁掲載）を本人の所在地を管轄する年金事務所に提出。
　　　添付書類　・年金手帳（基礎年金番号通知書）
　　　　　　　　・障害厚生年金を受けるべき日の状態についての医師の診断書
　　　　　　　　・病歴、就労状況等申立書（様式330～331頁掲載）
　B．厚生年金障害年金の給付額………詳細は年金事務所に確認
　　　障害等級2級の場合（原則の給付計算式）
　　　　イ．平成15年3月以前の被保険者期間
　　　　　　平均標準報酬月額×7.125／1000×被保険者期間の月数
　　　　ロ．平成15年4月以後の被保険者期間
　　　　　　平均標準報酬月額（標準賞与額も加味）×5.481／1000
　　　　　　　　　　　　　　　　　　　×被保険者期間の月数

ハ．配偶者加給年金額

ニ．合計年金額＝イ＋ロ＋ハ

1級の場合（原則の給付計算式）

前記（イ＋ロ）×1.25＋ハ

3級の場合（原則の給付計算式）

前記（イ＋ロ）

2.5 死亡の場合の保険給付・その他の内容と手続

①遺族補償年金、特別支給金

A．給付要件

労働災害により労働者が死亡し、死亡当時、労働者の収入によって生計を維持していた妻、18歳以下の子供等に給付。（原則）

B．年金額、特別支給金等

遺族補償年金受給権者及び受給権者の生計を同じくしている受給資格者の遺族の合計人数に応じて、次の表に掲げる額。

遺族の合計人数	遺族補償年金額	遺族特別支給金	遺族特別年金
1人	給付基礎日額の153日分。但し、55歳以上の妻又は一定の障害のある妻は給付基礎日額の175日分	300万円	算定基礎日額の153日分。但し、55歳以上の妻又は一定の障害のある妻は算定基礎日額の175日分
2人	給付基礎日額の201日分		算定基礎日額の201日分
3人	給付基礎日額の223日分		算定基礎日額の223日分
4人以上	給付基礎日額の245日分		算定基礎日額の245日分

給付基礎日額・算定基礎日額とは前記2.4④B下段＊の通り。

C．支給手続

「遺族補償年金・遺族特別支給金・遺族特別年金支給申請書」（様式202頁掲載）を管轄労働基準監督署に提出。

添付書類　・死亡診断書又は死体検案書

・遺族の身分関係を証明する戸籍謄本等

・死亡した労働者の収入によって生計を維持していることが証明できる住民票等

D．労災保険の遺族年金の調整

厚生年金保険又は国民年金保険の遺族年金が給付される場合（後記③）は、労災保険の遺族補償年金は100％給付されるものではなく、次のように減額される。

労災保険遺族補償年金額×調整率＝労災保険遺族補償年金給付額

＊調整率　国民年金及び厚生年金の両方の年金給付がある場合　0.80

| 国民年金のみの年金給付がある場合 | 0.88 |
| 厚生年金のみの年金給付がある場合 | 0.84 |

②葬祭料

A．支給要件

　労働者が業務災害により死亡した場合、葬祭を行う者に対し支給。

　（葬祭を行う者とは葬祭を行った者とは限らない。葬祭を行うものと認められる者。）

B．支給金額

　次のいずれか高い金額を支給

　イ．315000円＋給付基礎日額の30日分

　ロ．給付基礎日額の60日分

　＊給付基礎日額とは前記2.4③C下段＊の通り。

C．支給手続

　「葬祭料請求書」（様式201頁掲載）を管轄労働基準監督署に提出。

　添付書類　死亡診断書又は市町村長の証明書

③厚生年金保険等の遺族年金裁定請求

　労災事故により死亡した時は、労災保険の遺族補償年金が給付されるとともに厚生年金からも遺族年金が給付される。

A．裁定請求手続

　「厚生年金保険遺族給付裁定請求書」（様式318〜325頁掲載）を遺族の所在地の管轄年金事務所に提出。

　添付書類　・死亡した者の年金手帳（基礎年金番号通知書）

　　　　　　・請求者の年金手帳（基礎年金番号通知書）

　　　　　　・死亡診断書又は死体検案書

　　　　　　・戸籍謄本もしくは住民票

　　　　　　　（死亡者と請求者の身分関係が明らかな書類）

B．厚生年金遺族年金の給付額（原則の給付計算式）…詳細は年金事務所に確認

　イ．平成15年3月以前の被保険者期間

　　　平均標準報酬月額×7.125／1000×被保険者期間の月数×3／4

　ロ．平成15年4月以後の被保険者期間

　　　平均標準報酬月額（標準賞与額も加味）×5.481／1000×被保険者期間の月数×3／4

　ハ．合計年金額＝イ＋ロ

④葬儀の手配

・葬儀について遺族と打ち合わせ。（葬儀執行について会社からの援助、協力申し入れ）

・会社の慶弔規定等の定めによる。

　　弔慰金（香典）の支給　　　　供花の献花

- 関係部門への葬儀の案内
- 弔電の打電
- 部門長、会社幹部、同僚、部下の葬儀出席

⑤遺族に対し死亡退職の諸事項の説明と手続

前記第1章6.により説明し手続する。

2.6　業務上災害が第三者行為の場合

　例えば、業務中に外部活動や出張等で車を運転し、他の車に追突され怪我や死亡したとき、被害者である労働者やその家族は①「労災保険の保険給付請求権」と②「加害者や車の所有者（運行支配者）に対し、損害賠償請求権」を同時に取得する。

　①②の双方から補償を受けることになると実際の損害額以上のてん補となるので、この不合理を未然に防ぐため、労災保険給付に一定の調整が加えられる。

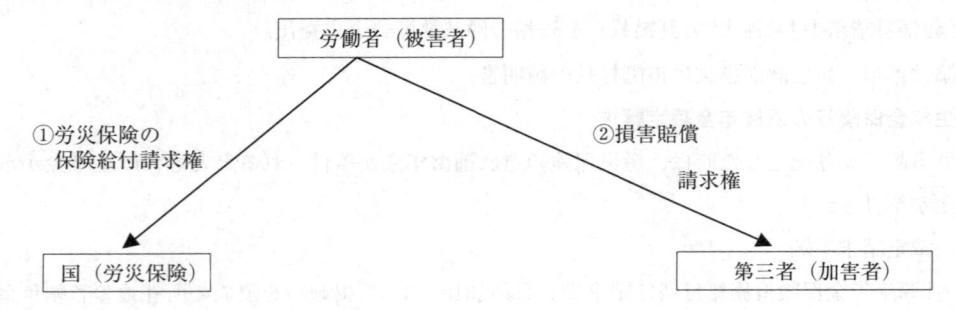

```
              労働者（被害者）
            ／              ＼
①労災保険の                 ②損害賠償
 保険給付請求権                請求権
    ↓                          ↓
国（労災保険）            第三者（加害者）
```

①調整方法

　A．労災保険の保険給付が先に行われた場合

　保険給付の価額の限度で保険給付を受けた者が、第三者（加害者）に対して有する損害賠償を国が取得（代位取得）する。これに基づき国は第三者（加害者）に対し保険給付の費用を請求する。（求償）

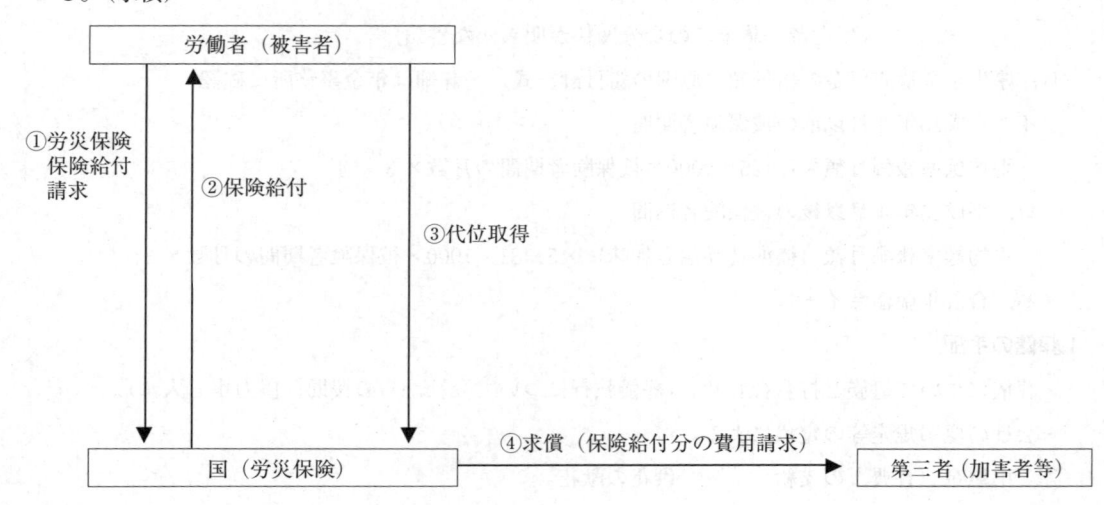

```
            労働者（被害者）
           ↑ ↑
①労災保険   ②保険給付
 保険給付          ③代位取得
 請求     
           ↓         
       国（労災保険） ──④求償（保険給付分の費用請求）──→ 第三者（加害者等）
```

B．第三者（加害者）が労働者（被害者）に対し先に損害賠償が行われた場合。

損害賠償額を限度に労災保険の保険給付はしない。（控除）…原則

労災保険の保険給付をするかしないかは、項目別に比較し、同一項目のみ保険給付をしない。

（例）治療を受け、障害が生じたときの損害賠償と労災保険給付との調整

（損害賠償項目）	（比較調整）	（労災保険給付項目）
治療費	⟷	療養補償給付
休業損害	⟷	休業補償給付（給付基礎日額の60／100）
後遺障害補償	⟷	障害補償給付（年金は災害発生後3年間の年金額累計が比較の限度）
慰謝料	⟶	（比較調整する項目なし）
車の損害等物的損害	⟶	（比較調整する項目なし）
合計損害賠償額		

＊休業特別支給金、障害特別支給金等は比較調整しない。

又、労働者（被害者）に過失があった場合は、加害者への損害賠償請求額は全額ではなく、過失割合により調整される。

②届出

労災保険給付を受けるときは、第三者の氏名、住所、被害や事故の状況を「第三者行為災害届」（様式203～206頁掲載）により管轄労働基準監督署に速やかに届出。

添付書類　・念書（兼同意書）　様式207頁掲載

・「労働者死傷病報告」　様式171頁掲載

・示談書（様式354頁掲載）のコピー（既に示談している場合）

・死亡診断書又は死体検案書（死亡の場合）

・戸籍謄本（死亡の場合）

・交通事故証明書（交通事故の場合）

・自賠責保険等の損害賠償等支払い証明書又は保険金支払い通知書

第三者（加害者等）と示談する時は、示談する前に労災保険給付と損害賠償の調整額等について（過失割合とか金額）管轄労働基準監督署と必ず事前に打ち合わせしておくこと。

③示談書の権利放棄条項

示談すると、一般的には下記のような権利放棄条項が記載されており、一旦示談すると示談後は第三者（加害者等）に異議申立出来ないことになっているので、示談する時は慎重に行わなければならない。

【示談書の権利放棄条項】

示談後どんな事情が生じても裁判上又は裁判外においても一切異議、請求申立てをしないことを誓約する。

示談書の様式354頁掲載（示談書の下段に権利放棄条項が記載されている。）

3. 通勤途上の怪我・死亡（労災保険適用）

3.1 通勤の定義

通勤とは、労働者が①就業に関し、②住居と③就業の場所との間を④合理的な経路及び⑤方法により往復することをいう。

①「就業に関し」とは
往復行為が業務上と密接な関連をもって行われていること。
②「住居」とは
労働者が居住して日常生活をする家屋。
- 一定の期間子供の看護の為、寝泊りしている病院から出勤する途中の災害は通勤途中。
- 交通ストライキや台風で一時的に通常の住居以外の場所（ホテル等）に宿泊する場合、その宿泊場所は住居。
- 友人宅でマージャンをして、翌朝そこから直接出勤する場合は、単なる私的行為の為、住居とはならない。
- 単身赴任者の場合は次の間も原則通勤途上の取り扱いをする。
    就業の場所と赴任先住居の間の事故
    就業の場所と帰省先住居の間の事故
    赴任先住居と帰省先住居の間の事故

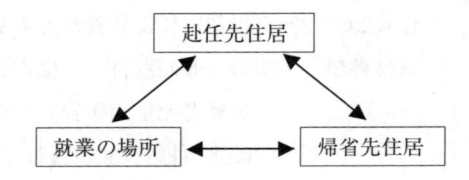

③就業の場所
業務を開始し終了する場所。
- 外勤営業でいくつかのお得意様を担当する者が、自宅から直接訪問先に向かい、そこから戻る場合は、最初の訪問先が業務の開始場所となり、最後の訪問先が業務の終了場所。

④合理的な経路
毎日住居と就業の場所との間を往復するための通常の交通経路。
- 通勤定期券の経路や通常の車の経路に限定されない。例えば、事故により電車が運休し別の経路の電車で迂回し出社や帰宅をする場合も合理的経路とされる。

⑤合理的な方法
公共交通機関の利用や自転車、自動車による通勤。

3.2 逸脱、中断は通勤とはならない

自宅と就業の場所の往復経路を「逸脱」又は「中断」した場合は、「逸脱」又は「中断」の間、及びその後の往復は通勤としない。
但し、「逸脱」又は「中断」が

第3章 怪我、病気、死亡

①ささいな行為の場合、ささいな行為中も通勤とする
　・通勤経路上の公衆トイレに立ち寄る。
　・通勤経路上の自動販売機でコーヒーを飲む。　等ごく短時間の行為中。
②日常生活上必要な行為でやむを得ない事由により行うための最小限のものである場合、「逸脱」又は「中断」の間を除き通勤とする。
　日常生活上必要な行為とは
　　イ．日用品の購入等
　　　　・スーパーで野菜や肉を購入
　　　　・クリーニング店に立ち寄る
　　　　・理容院に立ち寄る
　　ロ．選挙権行使の為、投票所での行動
　　ハ．病院で診察を受ける。

（例図）

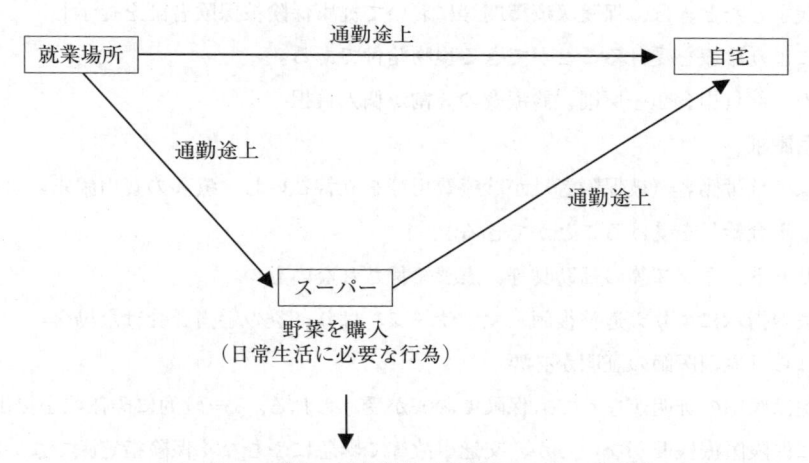

```
就業場所 ──通勤途上──────────→ 自宅
    ＼                        ↗
  通勤途上                  通勤途上
      ＼                  ／
       ↘ スーパー ↗
         野菜を購入
      （日常生活に必要な行為）
              ↓
```
スーパー内での事故は「逸脱」「中断中」の為、通勤途上とはならない。

※通勤途上の事故か否か微妙な場合は、事前に管轄労働基準監督署に確認しておく必要がある。

3.3　通勤災害の保険給付

　通勤災害に係る保険給付及び手続は業務上災害とほぼ同じであるが、各請求書は業務上災害の場合の様式とは違う。
【様式】療養給付たる療養の給付請求書（208～209頁掲載）
　　　　休業給付支給請求書・休業特別支給金支給申請書（210～213頁掲載）
　　　　障害給付支給請求書（214～215頁掲載）
　　　　遺族年金支給請求書（218頁掲載）

葬祭給付請求書（216頁掲載）

4. 業務外の病気・怪我・死亡（通勤途上の怪我・死亡は除く…労災保険を適用の為）

業務外の怪我や病気で或いは死亡をしたときは、健康保険法の定めにより各種給付が行われる。

但し、健康保険に加入していないアルバイト（2ヶ月以内の期間を定めて雇用される者等）は国民健康保険あるいは日雇特例被保険者に該当するので説明を省略。

4.1 怪我・病気による保険給付の内容と手続

①手続当事者

原則、被保険者（労働者）が行う。但し、療養の為休んだ期間の賃金支払いの有無の証明等は事業主が行わなければならない。従って企業の人事担当者が手続を行った方が望ましい。

②療養の給付

病気や怪我をしたときは、保険医療機関等において健康保険被保険者証を提示し、一部負担金を支払うことにより診療を受けることができる現物給付である。

被保険者の一部負担金額…原則、診療費の3割が個人負担

③療養の費用請求

次の場合は一旦労働者（被保険者）が診療費用等を立替払いし、療養の費用請求により全国健康保険協会より現金給付を受けることができる。

A．コルセット、ギブス等の補助具等、療養給付されないもの。

B．保険医の指示により柔道整復師、マッサージ、はり、灸の手当を受けた場合。
　　（これらは原則医師の証明が必要）
　　接骨院は医師の証明がなくても保険で診療が受けられる。（一般的に委任状を提出）

C．近くに保険医療機関がないとか、交通事故等で緊急にやむなく保険指定医でない医療機関で診察を受けた場合。

D．入社間もないため健康保険証が交付される前に、医療機関にかかり、医療機関で健康保険扱いして頂けない場合。
　　【健康保険証を直ちに提示できない場合、健康保険被保険者資格取得証明書（書式359頁掲載）を提出することにより前記②「療養の給付」扱いをしていただける病院もある。…後日病院に健康保険証提示】

E．遠くの出張先等で病気になり、医療機関に健康保険証を直ちに提示することができず、健康保険の取り扱いをして頂けない場合。

F．海外において傷病の診療等を受け、その費用を支払った場合。

上記D．Eについて、後日医療機関に健康保険証を提示し、前記②「療養の給付」に切り替えて

頂ける場合は当然療養の費用請求はできない。
　【手続】　健康保険被保険者療養費支給申請書（様式288〜291頁掲載）を全国健康保険協会に提出。
　　　　　添付書類　・コルセット、ギブス等補助具の場合
　　　　　　　　　　　　コルセット、ギブス代等の実費の領収書
　　　　　　　　　　　　補助具の装着が治療上必要と認められる医師の証明書
　　　　　　　　　・あんま、はり、灸は医師の同意書
　　　　　　　　　・海外における療養費に関しては、診療内容明細書（外国語による記載の場合は翻訳者の住所と氏名が明記された翻訳文を添付）

【療養の給付と療養の費用請求の仕組み】

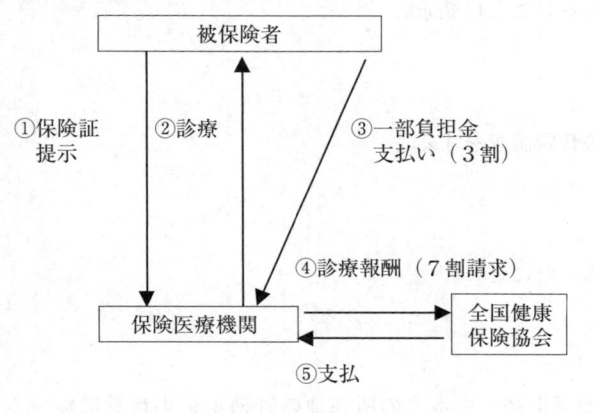

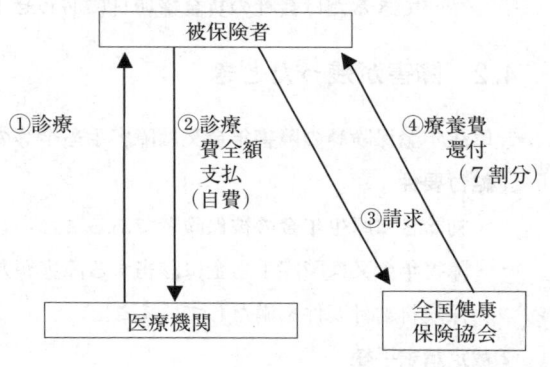

②保険医療機関等での「療養の給付」　　　　　　　「上記③B．C．D．Eの場合「療養の費用請求」

①保険証提示　②診療　③一部負担金支払い（3割）　　①診療　②診療費全額支払（自費）　③請求　④療養費還付（7割分）

被保険者 → 保険医療機関 → 全国健康保険協会
④診療報酬（7割請求）
⑤支払

被保険者 → 医療機関
被保険者 ← 全国健康保険協会

④届出
　業務外の怪我により健康保険で治療した時は「負傷原因書」を管轄する全国健康保険協会に提出。

⑤傷病手当金
　労働者（被保険者）が療養の為、労務不能の期間、給与等が得られない場合に労務不能期間中の生活を保障するための給付。
　A．給付期間
　　給付開始から1年6ヶ月。
　　但し、療養の為、労務不能となった日から起算して連続して3日以上（休祭日等の日も含めてよい）労務不能期間があること。給付はその翌日から給付。
　B．給付額
　　1日につき標準報酬日額の2／3に相当する金額を支給する。

標準報酬日額とは…標準報酬月額の１／30

標準報酬月額とは…後記第5章1.4参照

労務不能期間中に報酬の全部又は一部を受けている期間（例えば、年次有給休暇を使用した為、給料が減額されていない等）は傷病手当金は給付されない。

（給料の額が、傷病手当金給付計算額より少ないときは、その差額を支給。）

C．給付手続等

・給付手続

健康保険傷病手当金支給申請書（様式292～294頁掲載）に医師の証明を受け、全国健康保険協会に提出。

添付書類　出勤簿（タイムカード）…初回時のみ

賃金台帳…初回時のみ

・給付期間の単位

できるだけ会社の賃金締切日にあわせ１ヶ月ごとに請求。

4.2　障害が残ったとき

厚生年金保険等の障害年金又は障害手当金等の裁定請求をする。

①給付要件

・初診日に厚生年金の被保険者であること。

・障害年金又は障害手当金に該当する障害が残ったこと。

・保険料納付要件を満たしていること。

②裁定請求手続

「厚生年金保険障害給付裁定請求書」（326～329頁掲載）を本人の所在地の管轄年金事務所に提出。

添付書類　・年金手帳（基礎年金番号通知書）

・障害厚生年金又は障害手当金を受けるべき日の状態についての医師の診断書

・病歴、就労状況等申立書（330～331頁掲載）

③厚生年金障害年金又は障害手当金の給付額（原則の給付計算式）…詳細は年金事務所に確認。

A．障害年金（障害等級１級から３級）

障害等級２級の場合

イ．平成15年３月以前の被保険者期間

平均標準報酬月額×7.125／1000×被保険者期間の月数

ロ．平成15年４月以後の被保険者期間

平均標準報酬月額（標準賞与額も加味）×5.481／1000×被保険者期間の月数

ハ．配偶者加給年金額

ニ．合計年金額＝イ＋ロ＋ハ

1級の場合

　　上記（イ＋ロ）×1.25＋ハ

3級の場合

　　上記（イ＋ロ）

B．障害手当金（3級より軽い障害で障害手当金に該当する障害が残ったとき）

　　イ．平成15年3月以前の被保険者期間

　　　　平均標準報酬月額×7.125／1000×被保険者期間の月数×2

　　ロ．平成15年4月以後の被保険者期間

　　　　平均標準報酬月額（標準賞与額も加味）×5.481／1000×被保険者期間の月数×2

　　ハ．合計障害手当金額＝イ＋ロ

4.3　死亡したとき

①厚生年金保険等の遺族年金裁定請求

　A．支給される遺族の範囲

　　被保険者（労働者）であった者の死亡当時、その者によって生計を維持されていた次の者。

　　・配偶者（夫55歳以上　妻年齢不問）

　　・子（原則…18歳に達する日以後最初の3月31日までの子）

　　・父母（55歳以上）

　　・孫（18歳に達する日以後最初の3月31日までの孫）

　　・祖父母（55歳以上）

　B．支給の順位

　　　第一順位　配偶者と子　　　　第二順位　父母

　　　第三順位　孫　　　　　　　　第四順位　祖父母

　C．裁定請求手続

　　「厚生年金保険遺族給付裁定請求書」（様式318～325頁）を遺族の所在地の管轄年金事務所に提出。

　　添付書類　・死亡した者の年金手帳（基礎年金番号通知書）

　　　　　　　・請求者の年金手帳（基礎年金番号通知書）

　　　　　　　・死亡診断書又は死体検案書

　　　　　　　・戸籍謄本もしくは住民票

　　（死亡者と請求者の身分関係が明らかな書類）

　D．厚生年金保険遺族年金の給付額（原則）…詳細は年金事務所に確認

　　イ．平成15年4月1日前の被保険者期間

　　　　平均標準報酬月額×7.125／1000×被保険者期間の月数×3／4

　　ロ．平成15年4月1日以後の被保険者期間

平均標準報酬月額（標準賞与額も加味）×5.481／1000×被保険者期間の月数×3／4

　　ハ．イ＋ロ＝厚生年金保険の遺族年金額

②**健康保険被保険者埋葬料支給請求**
　A．給付要件
　　死亡当時被保険者（労働者）により生計を維持していた者であって埋葬を行うものに埋葬料が支給される。（生計の一部でも維持しておればよく、被扶養者とは限らない。又、葬祭を行う者とは葬祭を行った者とは限らない。葬祭を行うものと認められる者でよい。）
　B．給付金額
　　5万円
　C．支給手続
　　「健康保険被保険者埋葬料支給申請書」（様式302～303頁掲載）を全国健康保険協会に提出。

③**葬儀の手配**
　・葬儀について遺族と打ち合わせ。（葬儀執行について会社からの援助、協力申し入れ）
　・会社の慶弔慰規定等の定めによる
　　　弔慰金（香典）の支給　　　　供花の献花
　・関係部門への葬儀の案内
　・弔電の手配
　・部門長、会社幹部、同僚、部下の葬儀出席

⑤**遺族に対し死亡退職に伴う諸事項の説明と手続**
　前記第1章6.により説明し手続する。

4.4　業務外の事故が第三者行為の場合

　例えば、私用中に車を運転し、交通事故で車に追突され怪我や死亡したとき、被害者である労働者（被保険者）やその被扶養者は、①健康保険の保険給付請求権と②加害者や車の所有者（運行支配者）に対する損害賠償請求権を同時に取得する。双方から補償を受けることになると実際の損害額以上の補てんとなるので、この不合理を未然に防ぐため、健康保険給付に一定の調整が加えられる。

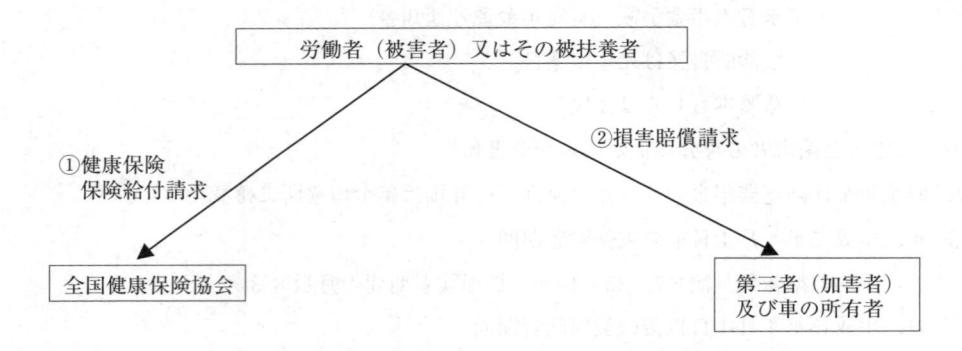

```
          ┌──────────────────────────────┐
          │ 労働者（被害者）又はその被扶養者 │
          └──────────────────────────────┘
         ↙                              ↘
①健康保険                            ②損害賠償請求
　保険給付請求
    ↓                                    ↓
┌──────────────┐                ┌──────────────┐
│ 全国健康保険協会 │                │ 第三者（加害者）│
│                │                │ 及び車の所有者  │
└──────────────┘                └──────────────┘
```

①調整方法

A．健康保険の保険給付が先に行われた場合

保険給付の価額の限度で保険給付を受けた者が、第三者（加害者）に対して有する損害賠償を全国健康保険協会が取得（代位取得）する。これに基づき全国健康保険協会は第三者（加害者）に対し保険給付の費用を請求する。（求償）

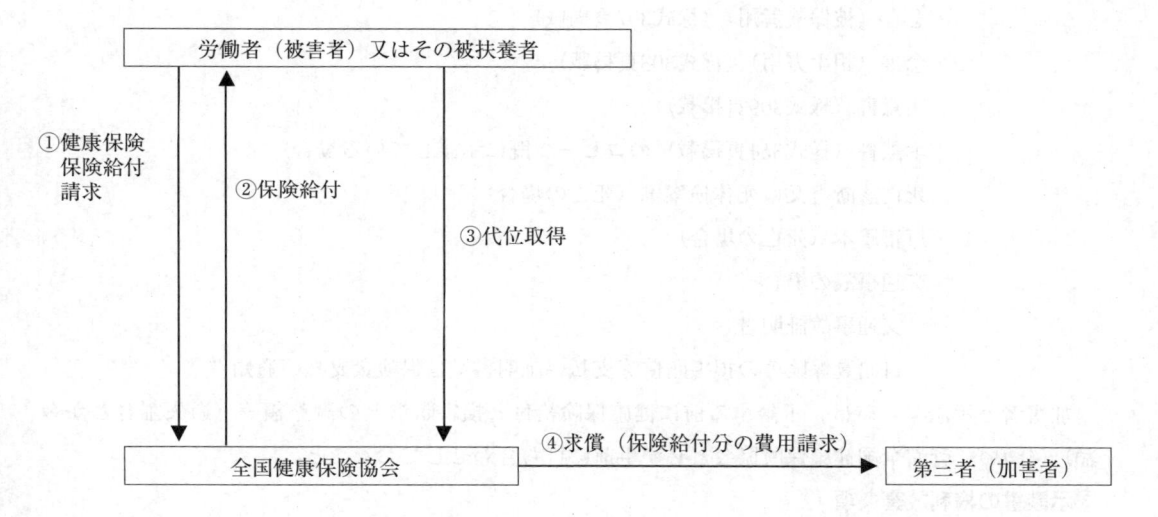

```
                    労働者（被害者）又はその被扶養者
        ↑                   ↓                  ↑
  ①健康保険            ②保険給付
   保険給付                              ③代位取得
   請求
        ↓                                      │
                全国健康保険協会  ──④求償（保険給付分の費用請求）──→  第三者（加害者）
```

B．第三者（加害者）が労働者（被保険者）又はその被扶養者に対し、先に損害賠償が行われた場合

損害賠償額を限度に健康保険の保険給付はしない。（控除）…原則

健康保険の保険給付をするかしないかは、項目別に比較し。同一項目のみ保険給付をしない。

（例）治療を受け、障害が生じたときの損害賠償と健康保険・年金保険との調整

加害者への 損害賠償項目	比較調整	健康保険・年金保険給付項目
治療費（全額）	←→	療養給付（健康保険）但し7割給付
休業損害（全額）	←→	傷病手当金（健康保険）但し2／3給付
後遺障害補償	←→	障害年金（厚生年金又は国民年金保険の障害年金は災害発生後3年間の年金額累計が比較の限度）
慰謝料	──→	比較調整する項目なし
車の損害等物件損害	──→	比較調整する項目なし
合計損害賠償額		

又、労働者（被害者）に過失があった場合は、加害者への損害賠償請求額は全額ではなく、過失割合により調整される。

②届出

健康保険給付を受けるときは、第三者の氏名、住所、被害や事故の状況を「交通事故、自損事故、第三者（他人）等の行為による傷病（事故）届」（様式304〜305頁掲載）により管轄全国健康保険協会に速やかに届出。

　　添付書類　・事故発生状況報告書（様式306頁掲載）
　　　　　　　・念書（被保険者用）（様式307頁掲載）
　　　　　　　・念書（相手方用）（様式308頁掲載）
　　　　　　　・同意書（様式309頁掲載）
　　　　　　　・示談書（様式354頁掲載）のコピー（既に示談している場合）
　　　　　　　・死亡診断書又は死体検案書（死亡の場合）
　　　　　　　・戸籍謄本（死亡の場合）
　　　　　　　・交通事故の場合
　　　　　　　　　交通事故証明書
　　　　　　　　　自賠責保険等の損害賠償等支払い証明書又は保険金支払い通知書

加害者と示談する時は、示談する前に健康保険給付と損害賠償との調整額等（過失割合とか金額）について管轄全国健康保険協会と必ず事前に打ち合わせしておくこと。

③示談書の権利放棄条項

示談すると、一般的には下記のような権利放棄条項が記載されており、示談後は異議申し立て出来ないことになっているので示談する時は慎重に行わなければならない。

【示談書の権利放棄条項】

示談後どんな事情が生じても裁判上又は裁判外においても一切異議、請求申立てをしないことを誓約する。

示談書様式354頁掲載（示談書の下段に権利放棄条項が記載されている）

第4章　住所変更・結婚・出産・育児・子育て支援・介護・被扶養者の増減

1. 住所変更

提出させる書類と処理。
①住所・通勤経路届（書式見本366頁掲載）
　・通勤手当額の変更（住所変更により通勤手当額が変更となる場合）
　・労働者名簿住所欄、新住所加筆・訂正
②給与所得者の扶養控除等（異動）申告書（様式338頁掲載）
　　賃金台帳兼源泉徴収簿の住所欄、新住所加筆・訂正もしくは人事管理をコンピュータ管理（人事マスター）している場合はコンピュータに修正入力。
③厚生年金保険被保険者住所変更届（様式284頁掲載）
　　年金事務所に提出。
④健康保険被保険者住所変更届
　　健康保険の管掌が健康保険組合の場合のみ。

2. 結婚

2.1　氏名が変わったとき

提出させる書類と処理。
①給与所得者の扶養控除等（異動）申告書（様式338頁掲載）
　　労働者名簿・賃金台帳兼源泉徴収簿の氏名欄加筆、訂正。人事管理をコンピュータで管理（人事マスター）している場合はコンピュータに修正入力。
②健康保険・厚生年金保険被保険者氏名変更（訂正）届（様式285頁掲載）
　　年金事務所に提出。
　　添付書類　健康保険被保険者証・年金手帳
③雇用保険被保険者氏名変更（訂正）届（様式227頁掲載）
　　管轄する公共職業安定所に提出
　　添付書類　雇用保険被保険者証

2.2　配偶者を被扶養者等にするとき

①健康保険の被扶養者申請

A．被扶養者にできる基準（原則）

主として、その生計の基礎を労働者（被保険者）により維持している者。

具体的には次のいずれの要件も満たしている者。（原則）

・被扶養者として配偶者の年間給与所得が130万円未満であることが見込まれること。

・被保険者と同一世帯に属していること。

・配偶者の年間収入が労働者（被保険者）の年間収入の１／２未満であること。

B．手続

健康保険被扶養者（異動）届（様式276頁掲載）を管轄する全国健康保険協会に提出。

添付書類　・健康保険被保険者証
　　　　　・収入額証明の為の市町村発行の所得証明書或いは配偶者がパート等で給与所得を得ている場合は勤務先発行の「給与所得の源泉徴収票」（様式343頁下段掲載）等
　　　　　・配偶者の年金手帳（配偶者を国民年金第３号被保険者に変更するため。）

②給与所得税の配偶者控除申告

A．配偶者控除にできる基準

配偶者の給与・賞与の年間所得金額（１月から12月まで）が103万円以下であること。

（年末調整のときの配偶者特別控除の対象者は給与・賞与の年間所得金額は103万円超から141万円未満の場合…第８章4.1②参照）

B．手続

給与所得者の扶養控除等（異動）申告書（様式338頁掲載）を提出させ源泉所得税の課税計算の変更をする。

③家族手当・住宅手当等

家族手当・住宅手当の支給基準は、それぞれの企業が定めている就業規則や労働協約或いは就業規則等の付属規定で定める家族手当支給基準や住宅手当支給基準により定められているので、その定めにより取り扱う。

家族手当支給基準に該当すれば「家族手当支給申請書」を提出させる。

2.3　結婚により住所が変わったとき

前記1.により処理

3. 出産

3.1 被扶養者である配偶者が出産した時

①健康保険

　A．次の書類を管轄する全国健康保険協会に提出

　　出生児の「健康保険被扶養者（異動）届」（様式276頁掲載）

　　　　添付書類　健康保険被保険者証

　B．「健康保険家族出産育児一時金支給申請書」（様式295～296頁掲載）を病院等の証明を受け全国健康保険協会に提出。

　　　　添付書類　分娩費用の領収書

　　　　　　　　　直接支払制度不合意文書控（様式299頁掲載）…直接払い不活用として署名

　　　　給付額　　一児につき原則42万円

　但し、分娩費用について本人が病院に支払うのではなく、病院が直接「診療報酬支払基金」を通じ全国健康保険協会に請求する制度に本人と病院で合意した場合は、給付額42万円と分娩費の差額は「健康保険被保険者出産育児一時金差額申請書」（様式297～298頁掲載）を全国健康保険協会に提出し差額のみ支給を受ける。

　　　　　　添付書類　分娩費明細書写

　　　　　　　　　　　直接支払制度合意文書控（様式299頁掲載）

②給与所得税の扶養控除申告

　「給与所得者の扶養控除（異動）申告書」（様式338頁掲載）を提出させ源泉所得税の課税計算の変更をする。（出生児を追加）

③家族手当・住宅手当等

　家族手当や住宅手当（家族数により変動の場合）の支給基準は、それぞれの企業が定めている就業規則や労働協約或いは就業規則等の付属規定で定める家族手当支給基準や住宅手当支給基準により取り扱う。

　家族手当支給基準に該当すれば「家族手当支給申請書」を提出させる。

3.2 本人（労働者）が出産したとき

①健康保険

　A．「健康保険被保険者出産育児一時金支給申請書」（様式295～296頁掲載）を病院等の証明を受け全国健康保険協会に提出。

　　　　添付書類　分娩費用の領収書

　　　　　　　　　直接支払制度不合意文書控（様式299頁掲載）…直接払い不活用として署名

給付額　一児につき原則42万円

但し、分娩費用について本人が病院に支払うのではなく、病院が直接「診療報酬支払基金」を通じ全国健康保険協会に請求する制度に本人と病院で合意した場合は、給付額42万円と分娩費の差額は「健康保険被保険者出産育児一時金差額申請書」（様式297～298掲載）を全国健康保険協会に提出し差額のみ給付を受ける。

添付書類　分娩費明細書写
　　　　　直接支払制度合意文書控（様式299頁掲載）

B．次の書類を管轄する全国健康保険協会に提出

健康保険出産手当金支給申請書（様式300～301頁掲載）

本人（労働者）が出産の為、労務に服さなかった期間の生活費として支給される給付。

・支給期間

出産の日以前42日間（多児妊娠の場合は98日）、及び出産の日の翌日以後56日間でその間に労務に服さなかった期間支給

但し、出産予定日より後に出産した時は、予定日と出産日の期間がプラスされる。

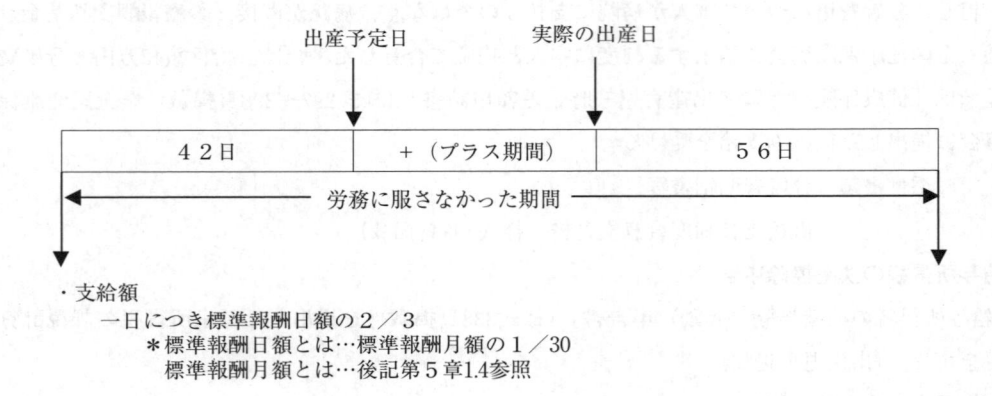

```
              出産予定日        実際の出産日
                 ↓                ↓
  ┌─────────────┬──────────────┬─────────────┐
  │   ４２日    │ ＋（プラス期間）│   ５６日    │
  └─────────────┴──────────────┴─────────────┘
  ←──────────── 労務に服さなかった期間 ────────────→
```

・支給額
　　一日につき標準報酬日額の２／３
　　　＊標準報酬日額とは…標準報酬月額の１／30
　　　　標準報酬月額とは…後記第５章1.4参照

②**本人（労働者）が出産し、本人の被扶養者とするとき**

（事情により出産児を夫の被扶養者にしないとき。）

前記①の他に前記3.1により手続を行う。

出産に関わる事項、賃金台帳兼源泉徴収簿や家族手当台帳に加筆、訂正。人事管理をコンピュータで管理（人事マスター）している場合はコンピュータに修正入力

4. 育児休業

4.1　休業申出の許可

①休業許可

次の場合は労働者に休業の許可をしなければならない。（原則）
【産前42日、産後56日は育児休業ではない。（産前、産後休暇）その後の休業を育児休業と言う。】
・労働者より事業主に対し「育児休業申出書」（書式見本380頁掲載）（「休業開始日」「休業終了日」を明らかにする）を提出させる。
・育児休業申出書は1ヶ月前に提出。

②休業予定日の変更
　A．休業開始予定日の変更
　　出産予定日前に子が出生した等、一定の理由がある場合は「育児休業期間変更申出書」（書式見本382頁掲載）により休業開始予定日前より休業することができる。（変更は1回限り）
　B．休業終了日の変更
　　休業終了の1ヶ月前までに労働者より「育児休業期間変更申出書」（書式見本382頁掲載）により休業終了予定日を変更することができる。（変更は1回限り）

②休業制限
育児休業は、原則として1回のみ。

③育児休業対象から除外される者
　A．雇用期間を定めて雇用される者の内、次ぎの者は除外。
　・雇用される期間が1年未満の者。
　・育児する子供が1歳到達日に、引続き雇用が見込まれない者。
　B．雇用期間の定めのない者の内、次の者は除外。
　（労使協定により次のものを育児休業できない者と取り決めた場合に限る。）
　・その事業主に継続して雇用された期間が1年未満の者。
　・合理的理由がある者。（例、育児休業の申出から1年以内に退職する者等。）

4.2　休業期間

子が1歳に到達するまでを限度とし、休業申出をした期間。
但し、次ぎの場合は育児休業の延長や再取得をすることができる。
①母のみならず父も育児休業を申し出た場合は、父は1歳2ヶ月まで育児休業することができる。（但し、父も1年が限度）…父の分として2ヶ月延長
　（例えば、母は子の1歳まで育児休業、父は母の職場復帰前後の子育て支援として子の11ヶ月から1歳2ヶ月まで育児休業。）
【注；産後（出産日は産前）56日間は産後休暇であり、育児休業ではない】
②1歳から1歳6ヶ月の間に子を当面預けることができない場合は1歳6ヶ月までを限度に育児休業を認めなければならない。（例えば、保育園の空き待ち状態等）

4.3 賃金の支払義務

育児休業期間中の賃金については事業主は支払い義務はない。

4.4 育児休業期間中、健康保険・厚生年金保険料支払免除

育児休業中は健康保険料、厚生年金保険料は免除される。

①保険料免除期間

　　子が3歳になるまでを限度として、育児休業期間中。

②免除期間中の標準報酬月額と保険料納付効力

　　免除期間中は保険料を納付していなくても、休業前の標準報酬月額による保険料が納付されたものとして扱い、保険料の納付効力を有する。

③手続

　　「健康保険・厚生年金保険育児休業取得者申出書」（様式310頁掲載）を管轄年金事務所に提出。

　　添付書類　なし

　　提出期限　育児休業開始前後速やかに。

4.5 休業期間中の保険給付（雇用保険育児休業給付）

①保険給付要件

次のいずれも満たすこと。

・被保険者（労働者）が1歳未満の子を養育するために休業したこと。

　　但し、1歳から1歳6ヶ月の間に子を当面預けることができない場合は1歳6ヶ月まで。（例えば、保育園の空き待ち状態等）

・休業開始前2年間に被保険者期間（＊）が通算して12月以上あること。

　　＊被保険者期間とは

　　　　被保険者加入期間ではなく、被保険者加入期間の内、1ヶ月に11日以上の賃金支払い基礎日数がある月が、12ヶ月以上あること。

　　　　被保険者加入期間－長期病気欠勤中の期間等＝被保険者期間

②保険給付額

　A．給付単位

　　休業開始日から1ヶ月単位ごと。

　B．給付額

　　一給付単位期間について、休業開始時賃金日額に支給日数を乗じて得た額の30／100に相当する額。（原則）

　　支給額＝休業開始時賃金日額×支給日数×30／100（給付率）

＊休業開始時賃金日額とは

$$\frac{育児休業開始日前の被保険者期間として計算された直前6カ月間の賃金総額}{180日}$$

③平成22年4月1日以降の扱い

　平成22年4月1日以降育児休業を開始した者については職場復帰給付金（後記4.6参照）を廃止し、育児休業のみとし育児休業の給付率も50／100に引き上げ。

④給付期間

　子が1歳に到達するまでを限度とし、休業を申出し休業した期間。

　【但し、産後（出産日は産前）56日間は産後休暇であり、育児休業ではない】

　但し、1歳から1歳6ヶ月の間に子を当面預けることができない場合は1歳6ヶ月までを限度に育児休業給付が受けられる。（例えば、保育園の空き待ち状態等）

⑤手続

　A．休業開始時

　　　次の書類を提出。

　　・雇用保険被保険者休業開始時賃金月額証明書（様式235頁掲載）を管轄公共職業安定所に提出。

　　・育児休業給付受給資格確認票（様式236頁掲載）

　　　　添付書類　　賃金台帳（様式167頁掲載）

　　　　　　　　　　労働者名簿（様式166頁掲載）

　　　　　　　　　　タイムカード（又は出勤簿）

　　　　提出期限　　育児休業を開始した日の翌日から起算し10日以内

　B．休業開始後

　　　　2ヶ月単位ごとに「育児休業基本給付金支給申請書」（様式236頁掲載）を管轄公共職業安定所に提出。

　　　　　添付書類　　支給対象期間の賃金台帳（様式167頁掲載）

　　　　　　　　　　　労働者名簿（様式166頁掲載）

　　　　　　　　　　　母子手帳のコピー

　　　　提出期限　　支給単位期間の初日から起算して4ヶ月を経過する日の属する月の末日まで。

　　　【支給申請は原則労働者本人が直接行うことになっているが、本人に代わって事業主が申請する場合は労働組合又は労働者代表との書面協定（様式181頁掲載）をし、「育児休業給付の支給申請に係る承諾書」（様式234頁掲載）を初回申請時管轄公共職業安定所に提出しなければならない。…多くの企業は事業主が代行している。】

4.6 休業終了後の保険給付（雇用保険育児休業者職場復帰給付金）

①給付要件

育児休業基本給付金に係る休業の期間中に被保険者として雇用されていた事業主に、休業を終了した日以後、引続いて6ヶ月以上雇用されていること。

＊育児休業を終了した日とは

原則1歳に満たない子を養育するための休業を終了した日。

＊6ヶ月以上雇用されるとは、実際に6ヶ月間就労しているか否かを問うものではなく、単に雇用されているだけで足りる。

②支給額

休業開始時賃金日額（前記4.5② B）×育児休業基本給付金の支給日数×20／100（給付率）

③支給申請

職場復帰後、6ヶ月を経過した日の翌日から起算して2ヶ月経過する日の属する月の末日までに「育児休業職場復帰給付金支給申請書」を管轄公共職業安定所に提出。

添付書類　・支給期間に係る賃金台帳（様式167頁掲載）
　　　　　・支給期間に係るタイムカード（又は出勤簿）

④平成22年4月1日以降の扱い

平成22年4月1日以降育児休業を開始した者については職場復帰給付金を廃止し、育児休業給付金（前記4.5参照）のみとし育児休業給付金の給付率も50／100に引き上げ。

4.7 休業終了後の届出

予定していた育児休業期間を途中で終了したときは、管轄全国健康保険協会・年金事務所に「健康保険・厚生年金保険被保険者育児休業等取得者終了届」（様式311頁掲載）を提出。

添付書類　なし

4.8 育児休業を終了した後に給料が低下した場合

育児休業終了後職場復帰した際、復帰後3ヶ月間の給料が従前に比べ低下した場合は、標準報酬月額が2等級以上低下しなくても保険料（標準報酬月額）を改定する。

（手続）

「健康保険・厚生年金保険被保険者報酬月額変更届」（様式280頁掲載）を管轄する全国健康保険協会・年金事務所に提出する。

添付書類　なし

詳しくは後記第5章1.4⑤参照

4.9　助成金

常用労働者数が100人以下の事業主は育児休業対象者が初めて出た場合に、5人目まで80万円から100万円事業主に助成される。

①助成金給付条件
・後記6.3「一般事業主行動計画」を策定し都道府県労働局長に届出していること。
・就業規則等で育児休業について規定があること。

②書類及び手続先
「育児・介護雇用安定等雇用助成金申請書」を財団法人21世紀職業財団地域事務所に提出。

5.　子の看護休暇

事業主は子の看護で休暇を申出た労働者に対し、子の看護休暇を与えなければならない。

5.1　対象

小学校の就学の始期に達するまでの子が病気、怪我による看護の為、労働者が事業主に申出ることにより休暇を与えなければならない。（子の看護休暇申出書…書式見本381頁上段掲載）

5.2　休暇日数

1年間に5労働日。（2人以上であれば年10日）

5.3　賃金の支払い義務

子の看護休業期間中、事業主は賃金支払い義務はない。

6.　子育て支援

6.1　子育て中の短時間勤務制度・時間外労働の制限

①3歳までの子を養育する労働者が
　A．短時間勤務（1日6時間）を希望した場合、事業主は短時間勤務に変更しなければならない。
　B．残業等所定外労働勤務の免除申出をした場合も、免除申出の日又は期間は残業等所定外労働の勤務を命令することはできない。
　　（但し、上記ＡＢとも常時100人以下の労働者を雇用する企業については、最長平成24年6月30日までの政令で定める施行日まで猶予。）

②小学校就学前の子を養育する場合
　　月24時間　年150時間を越えて時間外労働をさせてはならない。

6.2　子育て中の短時間勤務支援助成金

　子育て中の労働者に対し、短時間勤務制度を取り入れた場合に事業主に対し次ぎの助成金が支給される。

①短時間勤務制度（次ぎのいずれかの場合）
　・1日の所定労働時間を短縮する制度
　・週又は月の所定労働時間を短縮する制度
　・週又は月の所定労働日数を短縮する制度

②対象労働者（次ぎのいずれかの場合）
　・小学校3学年終了までの子を養育する労働者
　・小学校就学始期に達するまでの子を養育する労働者
　・3歳に達するまでの子を養育する労働者

③条件
　・後記6.3「一般事業主行動計画」を策定し都道府県労働局長に届出していること。
　　（雇用する労働者が100人以下の場合は努力義務）
　・就業規則等で短時間勤務制度について規定があること。

④助成金額
　　1人当り10万円から50万円。10人まで支給

⑤手続先
　　財団法人21世紀職業財団地域事務所

6.3　一般事業主行動計画策定届出

　子育てと仕事が両立できるよう事業主に対し行動計画を策定し雇用環境を整備するよう義務付けされている。
　但し、次ぎの企業については猶予期間がある。
　・101人以上300人以下の企業…平成23年3月31日までは努力義務
　　　　　　　　　　　　　　　　平成23年4月1日以降策定義務
　・100人以下の企業………………・当分の間努力義務

①行動計画の策定届出
　「一般事業主行動計画」（様式267～269頁掲載）を策定し都道府県労働局長に届出しなければならない。

②行動計画の内容
　・子育てと仕事が両立できる雇用環境の整備に関する自社企業の取り組み。

・上記以外の次世代支援対策に関する事項
③公表及び周知
　前記②についてのインターネット等による外部への公表
　前記②について従業員への周知（職場への掲示等）
④両立支援レベルアップ助成金の給付
　一般事業主行動計画の策定実施により、実施企業に対しコース別に次ぎの内容の助成金が給付される。
　　・育児・介護費用等補助コース
　　・代替要員確保コース
　　・子育て期の短時間勤務支援コース（詳細前記6.2の通り）
　　・休業中能力アップコース
　　・職場風土改革コース
　　・中小企業育児休業取得者発生による助成金（詳細前記4.9の通り）
　詳しい内容は各都道府県労働局雇用均等室又は財団法人21世紀職業財団地域事務所に問い合わせれば詳しく教えて頂ける。

6.4　職業家庭両立推進者の選任

　事業主は職業家庭両立推進者を選任するように努めること。

7.　介護休業

　介護を必要とする対象家族を労働者が直接介護する為の休業。

7.1　休業申出の許可

①休業許可
　次の場合に休業を許可しなければならない。（原則）
　　・労働者より事業主に対し「介護休業申出書」（書式見本379頁掲載）（「休業開始日」「休業終了日」を明らかにする）を提出させる。
　　・介護休業申出書は1ヶ月前に提出。
②休業終了予定日の変更
　休業終了予定日の1ヶ月前までに労働者より「介護休業期間変更申出書」（書式見本382頁掲載）により休業終了予定日を変更することができる。（変更は1回限り）
③介護休業対象から除外される者
　A．雇用期間を定めて雇用される者。
　　　・雇用される期間が1年未満の者。

B．雇用期間の定めのない者で次の者

労使協定により次のものを介護休業できない者と取り決めた場合。

・その事業主に継続して雇用された期間が1年未満の者。

・合理的理由がある者。（例、介護休業の申出から93日以内に退職する者等。）

7.2 休業期間

同一家族について93日を限度とし、休業を申出た期間。

7.3 賃金の支払い義務

介護休業期間中の賃金について事業主は支払い義務はない。

7.4 休業期間中の保険給付（雇用保険介護休業給付）

①保険給付要件

次のいずれにも該当すること。

・被保険者（労働者）が家族の介護の為、休業したこと。

・休業開始前2年間に被保険者期間（＊）が通算して12月以上あること。

＊被保険者期間とは

被保険者加入期間ではなく、被保険者加入期間の内、1ヶ月に11日以上の賃金支払い基礎日数がある月が12月以上あること。

（被保険者加入期間－長期病気欠勤中の期間等＝被保険者期間）

＊介護休業の対象となる家族

・配偶者、父母及び子、配偶者の父母

・被保険者と同居し、かつ扶養している祖父母、兄弟姉妹及び孫

②保険給付額等

A．給付単位

休業開始日から1ヶ月単位毎。

B．給付額

一給付単位期間について、休業開始時賃金日額に支給日数を乗じて得た額の40／100に相当する額。（原則）

支給額＝休業開始時賃金日額×支給日数×40／100

＊休業開始時賃金日額とは

$$\frac{介護休業開始日前の被保険者期間として計算された直前6カ月間の賃金総額}{180日}$$

C．給付期間

介護休業開始から3ヶ月間

③手続
　A．休業開始時
　　次の書類を提出。
　・雇用保険被保険者休業開始時賃金月額証明書（様式235頁掲載）を管轄公共職業安定所に提出。
　　　添付書類　賃金台帳（様式167頁掲載）
　　　　　　　　労働者名簿（様式166頁掲載）
　　　　　　　　タイムカード（又は出勤簿）
　　　提出期限　介護休業を開始した翌日から10日以内
　B．介護休業給付金の支給申請
　　　介護終了後、介護休業給付金支給申請書（様式237頁掲載）を管轄公共職業安定所に提出。
　　　添付書類　・労働者が会社に提出した「介護休業申出書」（書式見本379頁掲載）
　・介護対象家族の氏名、本人の続柄、性別、生年月日等が確認できる書類（住民票記載事項証明書等）
　・休業期間中の賃金台帳（様式167頁掲載）
　・タイムカード（出勤簿）
　・労働者名簿（様式166頁掲載）
　　　提出期限　休業終了日の翌日から起算して2ヶ月を経過する月の末日まで。
　　【支給申請は原則労働者本人が直接行うことになっているが、本人に代わって事業主が申請する場合は労働組合又は労働者代表との書面協定（様式181頁掲載）をし、「介護休業給付の支給申請に係る承諾書」（様式234頁掲載）を初回申請時管轄公共職業安定所に提出しなければならない。…多くの企業は事業主が代行している。】

8. 介護休暇、時間外労働の制限

前記7.の介護休業の他に労働者が要介護状態にある対象家族を介護するため労働者が申出すれば（介護休暇申出書…様式381頁下段掲載）次の通り介護休暇を与えなければならない。
（但し、常時100人以下の労働者を雇用する企業については、最長平成24年6月30日までの政令で定める施行日まで猶予）
又、時間外労働の制限も（後記8.4の通り）ある。

8.1　休暇日数

対象家族1人であれば年5日、2人以上であれば年10日。

8.2　賃金の支払い義務

介護休暇期間中の賃金について事業主は支払い義務はない。

8.3　介護休暇の対象から除外される者

①雇用期間を定めて雇用される者
②雇用期間の定めのない者で次の者
　労使協定により次のものを介護休業できない者と取り決めた場合。
　・その事業主に継続して雇用された期間が6ヶ月未満の者
　・合理的理由がある者。

8.4　時間外労働の制限

要介護状態にある対象家族を介護するため労働者が請求した場合、事業主は次の時間を超えて時間外労働を命じてはならない。
　　時間外労働限度時間　　1月24時間　　1年150時間以内

9.　被扶養者の増減

9.1　妻・子・孫・父母を新たに被扶養者にするとき

親族を扶養するとき、給与所得税と健康保険ではそれぞれ認められる基準が違う。

①給与所得税の扶養控除対象者とするとき
　A．扶養控除対象者にすることができる基準
　　次の条件を満たすこと。
　　・扶養しようとする者（労働者）と生計を一にする者。
　　・扶養控除対象者の年間所得が38万円以下の者。（1月～12月）
　　　（パート収入等給与所得のみの場合は103万円以下の者）
　B．手続
　　給与所得者の扶養控除（異動）申告書（様式338頁掲載）に扶養控除対象者の氏名、生年月日等を記入させ会社に提出させる。
　　その提出を受け、給与計算における源泉所得税計算の変更処理をする。

②健康保険の被扶養者にするとき
　A．被扶養者とすることができる基準（原則）
　　次の条件を満たすこと。
　　・主として被保険者（労働者）により生計を維持している者。

- 被扶養者の年間給与・賞与収入が130万円未満であること。
  （被扶養者が障害者等の場合、年間給与収入が180万円未満であること。）
- 被扶養者の年間収入が被保険者（労働者）の年間収入の１／２以下であること。

B．手続

健康保険被扶養者（異動）届（様式276頁掲載）を管轄する全国健康保険協会に提出。

添付書類　・健康保険被保険者証
　　　　　・被扶養者が16歳以上の者については在学証明書又は学生証写又は市町村が発行する非課税証明書あるいは源泉徴収票等を添付
　　　　　・被扶養者が配偶者の場合は配偶者の年金手帳（国民年金の第３号被保険者にするため）

③家族手当・住宅手当等

家族手当や住宅手当（家族数により変動の場合）の支給基準は、それぞれの企業が定めている就業規則や労働協約或いは就業規則等の付属規定で定める家族手当支給基準や住宅手当支給基準により取り扱う。

家族手当支給基準に該当すれば「家族手当支給申請書」を提出させる。

9.2　被扶養者から外すとき（除外）

①扶養家族が就職等により収入額が扶養基準（前記9.1参照）を上回った場合は、源泉所得税の扶養控除対象者又は健康保険の被扶養者より外さなければならない。

②手続
- 給与所得者の扶養控除（異動）申告書（様式338頁掲載）を提出させ、給与計算における源泉所得税計算の変更処理をする。
- 健康保険被扶養者（異動）届（様式276頁掲載）を管轄する全国健康保険協会に提出。
　添付書類　健康保険被保険者証

③家族手当・住宅手当等

家族手当や住宅手当（家族数により変動の場合）の支給基準は、それぞれの企業が定めている就業規則や労働協約或いは就業規則等の付属規定で定める家族手当支給基準や住宅手当支給基準により取り扱う。

家族手当支給基準により支給除外の対象に該当すれば「家族手当支給申請書（除外）」を提出させる。

第5章　社会保険料・労働保険料（雇用・労災）の徴収、変更・納付

1. 健康保険料・厚生年金保険料・介護保険料・児童手当拠出金

1.1　保険料徴収適用対象者（被保険者資格取得対象者）

健康保険・厚生年金保険被保険者資格取得者。

但し、次の者は健康保険・厚生年金保険被保険者資格取得対象者にはならず、適用除外。

①日々雇入れする者
②2ヶ月以内の期間を定めて雇用する者。
　但し、契約期間2ヶ月を超え、契約を更新するときは更新した日に被保険者資格取得者になる。
③パート社員については、1週間の所定労働時間が30時間未満、又は一般社員の所定労働時間の3／4未満の者。
（詳しくは第1章8.1参照）

1.2　保険の種類と保険料率、保険料の負担

次の料率に標準報酬月額又は賞与額を乗じた金額。但し、毎月の保険料については後記1.4により算出した額が給料より徴収する額であり納付する額である。

＊標準報酬月額とは…後記1.4による。
＊賞与額とは…後記1.5による

次ぎの健康保険料率は平成22年3月から適用する愛知県の場合

区分	健康保険料（愛知県の場合）	介護保険料	厚生年金保険料	児童手当拠出金
個人負担（労働者負担）	4.665%	0.75%	7.852%	なし
会社負担	4.665%	0.75%	7.852%	0.13%
合計	9.330%	1.50%	15.704%	0.13%

＊上記健康保険料の料率は全国健康保険協会管掌で愛知県の場合であり、都道府県別に保険料率が別々に決められている。
　健康保険組合の場合は規約により別途料率を定めることができる。
＊介護保険料は40歳以上65歳未満の被保険者（労働者）のみ適用し徴収する。

(40歳未満、65歳以上は給料より介護保険料は徴収しない。)

＊企業年金の一つである厚生年金基金の適用事業所は上記の他に、厚生年金基金の掛金も徴収する。

(但し、厚生年金保険料は老齢年金給付の報酬比例部分を厚生年金基金の掛金より徴収するため厚生年金保険料は安くなっている。)

1.3　保険料計算の基礎となる賃金及び賞与

賃金、給料、俸給、賞与その他いかなる名称であるかを問わず、労働者が労働の対償として受ける全てのもの。

①給料、報酬について判断の迷うもの。

　A．対象となるもの
　・住宅手当、通勤手当、通勤定期券（現物給付）、食事手当、休職手当
　・会社が１／３を超えて負担する昼食代や食事券
　・給与として支給される自社製品、
　・年４回以上支給される賞与

　B．対象とならないもの
　・実費弁償的な出張旅費、慶弔慰金や見舞金、制服・作業服代
　・年３回まで支給される賞与等

②賞与

３ヶ月を超える期間ごとに支給される賞与、期末手当等（賞与支給時に保険料を徴収……後記1.5参照）

1.4　毎月給料より徴収する保険料の算出方法，算出時期等（標準報酬月額の決定・改定）

次の計算により求めた報酬額を標準報酬月額等級表（等級区分）に当てはめ、該当する等級が「標準報酬月額」となり、徴収する保険料が決定される。
(標準報酬月額に前記1.2の保険料率を乗じたのが毎月徴収する保険料。)
　健康保険の場合　　　…47等級に区分（386頁掲載）
　厚生年金保険の場合…30等級に区分（387頁掲載）

①採用時（被保険者資格取得時）

　A．標準報酬月額の算出基礎
　採用時決めた給料、報酬額を標準報酬月額等級表に当てはめたものが毎月の保険料となる。

①月により定められている基本給や諸手当	定められている基本給、家族手当、通勤手当、住宅手当、管理職手当、職務手当等
②週、その他一定の期間により給料、諸手当が定められているとき	資格取得日（入社時）現在定められている給料÷その期間の総日数×30
③日、時間、出来高により報酬が定められているとき	資格取得した日に属する月前1月間に、当該事業所において同様の業務に従事し、かつ、同様の報酬を受ける者が受けた月報酬額の平均した額（残業手当、業績手当等）
④上記の方法で算定が困難なとき	資格取得した月前1月間にその地方で同様の業務に従事し、同様の報酬を受けた者の報酬額
⑤上記①〜④の2つ以上の給料、報酬を合算したものの場合	それぞれの算定方法で算定した額の合計額 （例、①基本給＋③平均残業手当＝報酬額）

B. 保険料適用開始月、終了月

資格取得した月（入社月）より適用し、資格を喪失した日（退職した翌日）に該当する月の前月までを適用し、保険料徴収を開始、終了する。（保険料の日割り計算は行わない。）

（例）2月21日に入社し4月20日に退職した場合　2月3月分保険料を徴収。

C. 届出

健康保険・厚生年金保険被保険者資格取得届（様式274頁掲載）に報酬額を記載し、全国健康保険協会・年金事務所に届出し、標準報酬月額の決定を受ける。

　　添付書類　年金手帳（基礎年金番号通知書）

　　　　　　　被扶養者（前記第4章9.1参照）のある人は「健康保険被扶養者（異動）届（様式276頁掲載）及びその添付書類

　　提出期限　資格取得日（採用日）から5日以内

②毎年7月に保険料を見直し（定時決定）

A. 見直し対象者

毎年7月1日現在で健康保険、厚生年金保険の被保険者。但し、次の者は見直しを行わない。

・見直しの年の6月1日〜7月1日の間に被保険者の資格を取得した者。

・見直しの年の7月〜9月までのいずれかの月において後記③「随時改定」、又は⑤「育児休業等を終了した際の改定」の規定により標準報酬月額が改定される者。

B. 見直しの算出基礎

4月、5月、6月に支払われた、給料や報酬額合計÷3ヶ月＝平均報酬額

3ヶ月間の平均報酬額に、標準報酬月額等級表（386〜387頁参照）に当てはめ標準報酬月額が決定される。但し、次のような場合は例外的な取り扱いをする。

・各月において給料や報酬の基礎となった日数（欠勤等によって給料等が支払われなかった日数を除いた日数…報酬支払基礎日数と言う）が17日未満の月がある場合は、その月を除いて計算。

・4月から6月すべてが17日未満の場合は、全国健康保険協会・年金事務所が決定する。

・育児休業中の者については、休業前の標準報酬月額と同額とする。

C．見直し保険料改定開始月

その年の9月分保険料より改定する。

D．届出

「健康保険・厚生年金保険被保険者報酬月額算定基礎届」（様式278～279頁掲載）を、全国健康保険協会・年金事務所に届出し、標準報酬月額の改定を受ける。

添付書類　健康保険・厚生年金保険被保険者報酬月額算定基礎届総括表（様式277頁掲載）

提出期限　毎年7月10日

③**昇給や降給した時の保険料の見直し（随時改定）**

A．改定対象者

昇給や降給により給料や報酬が変動した者。

但し、残業時間等の変動的要素による報酬や給料が変動しても見直しの対象としない。

B．算定要件

次のいずれの要件も満たしていること。

イ．固定的賃金（基本給や役職手当、職務手当等）の変動があったとき又は賃金体系の変更があったとき。

ロ．前記イにより変動、変更があった月以後3ヶ月の間、実際に支払われた給料、報酬額による標準報酬月額が、それまでの標準報酬月額に比較して、標準報酬月額等級表（386～387頁掲載）で2等級以上の差が生じたとき。

（昇給の時は、標準報酬月額等級表で2等級以上アップ、降給のときは2等級以上ダウンしている者。…基本給等が降給していても、残業手当等が大幅に増え、標準報酬月額が2等級以上アップした場合、保険料の改定は行わない。その逆の場合も標準報酬月額の改定は行わない）

ハ．変動、変更以後3月間の各月とも報酬支払基礎日数が17日以上あること。

＊随時改定は1年に1度とは限らない。随時改定要件に該当すれば、その都度見直しを行う。

（定期昇給が1月、ベースアップが10月の場合その都度行う。）

＊固定的賃金（基本給等）の変動幅は金額の多寡に拘わらず標準報酬月額の見直しを行う。

（例えば、昇給、降給が100円であっても見直しを行う。）

【具体例】

2月に基本給が100円アップした場合

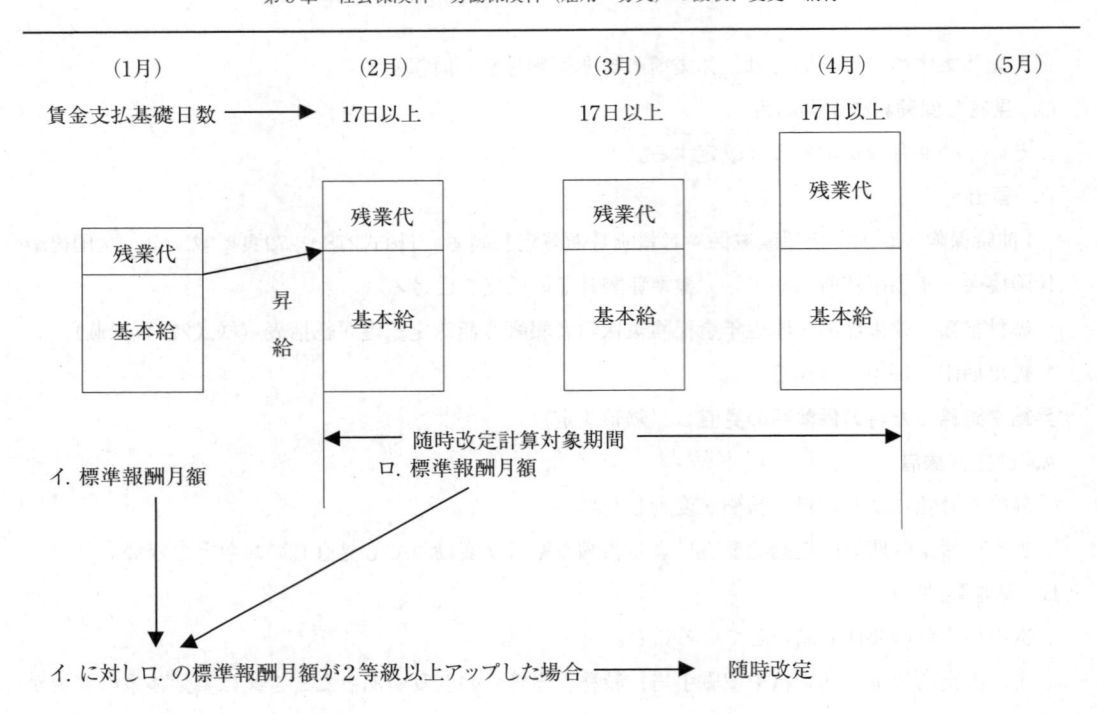

```
         (1月)           (2月)           (3月)           (4月)           (5月)

賃金支払基礎日数 ──→ 17日以上       17日以上       17日以上
```

[図：基本給と残業代の棒グラフ。1月から昇給し、2〜4月が随時改定計算対象期間。イ.標準報酬月額（1月）に対し ロ.標準報酬月額（2〜4月平均）が2等級以上アップした場合 → 随時改定]

イ.に対しロ.の標準報酬月額が2等級以上アップした場合 ──────→ 随時改定

　C. 保険料改定開始月

　　昇給又は降給後4ヶ月後の保険料より改定する。

　D. 届出

　　「健康保険・厚生年金保険被保険者報酬月額変更届」（様式280頁掲載）を、全国健康保険協会・年金事務所に提出し、標準報酬月額の改定を受ける。

　　提出期限　変動のあった月から3ヶ月経過後速やかに提出。

④**定年退職後、再雇用により給料が下がったとき。**

　随時改定手続で行うのではなく、定年による資格の喪失と、再雇用による資格の取得手続により、保険料の変更を行う。（従って健康保険被保険者証も替わる）

（関連事項　第1章5.1参照）

　添付書類　就業規則「定年年齢及び再雇用を定めた条項の部分」

　提出期限　定年退職後5日以内

⑤**育児休業を終了した後、給料が下がったとき**

　育児休業終了後職場復帰した際、従前に比べ給料が低下した場合は、標準報酬月額が1等級低下しても保険料を改定する。

　A. 見直し条件

　　次のいずれかの要件を満たしていること

　・被保険者が、育児休業していたこと。

　・育児休業を終了した日において、その育児休業に係る3歳未満の子を養育していたこと。

B．算定方法

　育児休業終了日の翌月以後3ヶ月間に受けた、給料、報酬の合計を3（3ヶ月）で除した金額を報酬月額とし、標準報酬月額の改定を行う。

　（報酬支払基礎日数が17日未満の月は除く）

C．保険料改定開始月

　育児休業終了日の翌月後4ヶ月後の保険料より改定する。

D．届出

　「健康保険・厚生年金保険被保険者報酬月額変更届」（様式280頁掲載）を、全国健康保険協会・年金事務所に提出し、標準報酬月額の改定を受ける。

　　提出期限　育児終了日の翌月後3ヶ月経過後速やかに提出

1.5　賞与支給時の保険料の徴収

　賞与の支払の都度、健康保険料（介護保険料も含む）・厚生年金保険料を徴収する。

①対象となる賞与とは

　3ヶ月を超える期間ごとに支給される賞与、期末手当等。

②保険料率

　毎月の給料、報酬額に適用する料率と同じ料率（前記1.2）を適用し徴収する。

③保険料算出の上限額及び端数処理

保険の種類	上限及び端数処理
健康保険料	年間賞与額540万円が上限。1000円未満切捨て
介護保険料	年間賞与額540万円が上限。1000円未満切捨て
厚生年金保険料	賞与1回につき150万円が上限。1000円未満切捨て

④届出

　下記書類を、全国健康保険協会・年金事務所に提出する。

・「健康保険・厚生年金保険被保険者賞与支払届」（様式333頁掲載）
・「健康保険・厚生年金保険被保険者賞与支払届総括表」（様式332頁掲載）

　　提出期限　賞与等支払った日から5日以内

1.6　保険料の納付

　毎月の保険料は翌日末日までに全国健康保険協会・年金事務所より送付される納入告知書及び納付書〔納付額＝会社負担分＋個人負担分（給料より徴収した分）〕により銀行経由、全国健康保険協会・年金事務所に納付。

2. 雇用保険料

2.1 保険料徴収適用対象者（被保険者資格取得対象者）

雇用保険被保険者資格取得者の内、次の者は保険料を徴収しない。

・65歳以上の被保険者及びその年の4月1日から翌年の3月31日までに65歳になる被保険者。

又、次の者は、雇用保険の一般被保険者にはならず、保険料を徴収しない。

① 1週間の所定労働時間が20時間未満の者。
② 1週間の所定労働時間が30時間未満で、継続して31日以上の雇用が見込まれない者。
　　（但し、31日以上の雇用が見込まれない者が、31日以上雇用が見込まれたときは、雇用保険の被保険者となり、保険料徴収の対象となる。）。
③ 新たに雇用した者で65歳以上の者。
④ 法人の代表者。
⑤ 法人の取締役や監査役。
　　（但し、従業員の身分を有し、労働の対価として給料を受けている場合はその給料が対象。）
⑥ 日々雇用される者。　　　　　　　　　｝これらの労働者は日雇労働被保険者となる場合があ
⑦ 30日以内の期間を定めて雇用される者。　　り、制度が別なので詳細説明省略

2.2 保険料算定の基礎となる賃金とは

事業主がその事業で使用する労働者に対して支払う賃金、給料、手当、賞与その他名称の如何に拘わらず、その労働の対価として支払う全てのもの。

【賃金とならないもの】

・実費弁償的なもの（出張旅費等）
・その他福利厚生的なもの。（慶弔慰金や見舞金、制服・作業服代、社員旅行積立援助金等）

2.3 保険料率及び保険料負担

保険料算定の基礎となる支払い賃金に対し、次の保険料率を乗じたのが保険料。

（平成22年度）

	一般の事業	農林水産・清酒製造の事業	建設の事業
会社負担	9.5／1000	10.5／1000	11.5／1000
労働者負担	6／1000	7／1000	7／1000
合計	15.5／1000	17.5／1000	18.5／1000

2.4 保険料納付方法

後記「4.労働保険料の申告・納付」参照。

3. 労災保険料

3.1 保険料の負担

全て会社負担であり、労働者負担はなし。

3.2 保険料算定の基礎となる賃金及び対象者

①事業主がその事業で使用する正規労働者のみならず、パート労働者、期間従業員、アルバイト等全ての労働者に対して支払う賃金、給料、手当、賞与その他名称の如何に拘わらず、その労働の対価として支払う全てのもの。(派遣受入れ社員は派遣元企業で適用)

又、出向社員についての労災保険は原則出向先企業であるものの、出向契約内容や労働実態により出向元企業か出向先企業か明確にしておく必要がある。

【賃金とならないもの】
・実費弁償的なもの(出張旅費等)
・その他福利厚生的なもの(慶弔慰金や見舞金、制服・作業服代、社員旅行積立援助金等)

②次の者の報酬等は保険料算定の対象にならい
・法人の代表者の報酬
・法人の取締役や監査役の報酬。
(但し、取締役、監査役であっても従業員の身分を有し、労働の対価として給料を受けている場合はその給料は保険料徴収対象。)

3.3 保険料率及び保険料

①**事業の種類ごとに料率が決められている。**

事業の種類を54に分類し、事業種類ごとに最高103／1000から最低3／1000(平成22年度)までに分けられている。(事業の種類により労働災害の多い業種は高く、低い業種は低い保険料率を設定)保険料率は3年に一度見直しされる。

又、上記率の他に全業種一率に一般拠出金として0.05／1000を加算。(石綿対策)

②**メリット制の適用**

A．趣旨

労働災害の多い(労災保険給付が多い)企業は料率を高く、低い企業は安い保険料にし、保険本来の機能と、企業に対し労働災害の減少に努めさせる趣旨。

B．次の何れの要件を満たした場合、メリット制を適用する。
 1. 適用事業（継続事業）
    保険年度の属する3月31日（基準日）までに、労災保険に係る保険関係が成立した後3年以上経過している事業であること。
    ＊保険年度とは後記4.1の通り
 2. 事業の規模
    前3保険年度中の「各保険年度」において次のいずれかに該当する事業。
    ・100人以上の労働者を使用する事業
    ・20人以上100人未満の労働者を使用する事業にあっては、災害度係数が0.4以上の事業。
     災害度係数とは
       労働者数×〔労災保険料率－非業務災害率（通勤災害分等）〕＝災害度係数

3.4 保険料納付方法

次記「4.労働保険料の申告・納付」参照。

4. 労働保険料（雇用保険料・労災保険料）の申告・納付

雇用保険料と労災保険料を合わせたものを労働保険料という。継続事業で一元適用事業の場合の労働保険料申告・納付方法は次の通り行う。（大多数の企業が該当）
＊継続事業とは…倒産等が生じない限り継続して行われる事業
        （継続事業に対し有期事業とは…ビル建設や道路工事等一定の事業目的が達成したら終了する事業）
＊一元適用事業とは…労災保険と雇用保険の保険関係を一つの保険関係として取扱い、保険料徴収事務を一元的に取り扱う。
        （一元適用事業に対し、二元適用事業とは…労災保険と雇用保険の保険関係を別個の保険関係として取扱い、保険料徴収事務を二元的に取り扱う事業。例えば、農林水産事業とか、港湾運送を行う事業等に限られた事業）
（建設現場等、工事が完了することにより事業が終了する場合の有期事業及び一人親方等が対象となる特別加入の保険料については説明を省略）

4.1 保険年度

「保険年度」は4月1日より翌年3月31日。

4.2 申告・納付単位

保険料の申告・納付単位は保険年度ごとに行う。

4.3　概算・確定保険料の計算

①**概算保険料とは**

　「保険年度」期間中に支払われる給料、賞与額等の賃金総額を推定し概算の保険料額を算出申告し、前払い納付する。

　保険料額計算にあたっては、雇用保険料・労災保険料それぞれ保険料計算の対象とならない賃金や対象者等があるので注意。

＊例えば、アルバイトや65歳以上の労働者の賃金は雇用保険料算出の対象にはならないが、労災保険料は算出対象）

＊出向者を受け入れている企業は、原則として労災保険料のみ出向者の賃金も含め計算。又雇用保険料は出向元の賃金に含めて計算。）

【除外する賃金や対象者】
　　雇用保険料…前記2.1　2.2参照
　　労災保険料…前記3.2参照

②**確定保険料とは**

　前年「保険年度」に実際に支払われた給料、賞与額等の賃金総額を集計算出し、確定した保険料額を申告・納付する。

　納付額は前記①の「概算保険料」と「確定保険料」の差額。確定保険料が概算保険料より少ない場合は、還付の手続ではなく、次の年度の概算保険料に充当する。

③**年度更新**

　継続事業では概算・確定保険料の申告を毎年繰り返すのでこの手続を「年度更新」という。

　年度更新のときの概算保険料は大幅な賃金総額の変動が見込まれない限り、概算保険料の計算の基礎となる賃金総額は前保険年度の確定保険料計算の基礎となった賃金総額と同額で計算する。

　（保険料の同額ではない。即ち労災保険料のメリット制（前記3.3②参照）や保険料率が変更になっている場合がある為。）

4.4　申告・納付

①**申告・納付方法**

　労働保険概算・確定保険料申告書（様式219頁掲載）を銀行経由して管轄都道府県歳入徴収官に提出し保険料を納付する。

②**申告・納付期間**

　毎年6月1日から7月10日まで

4.5　年度更新・申告・納付の流れ

平成20年度	平成21年度	平成22年度
	6／1から7／10 申告・納付期限	6／1から7／10 申告・納付期限
	平成21年度・年度更新	平成22年度・年度更新
	平成20年度確定保険料 平成21年度概算保険料（賃金総額は原則として20年度の確定保険料計算の基礎となった賃金総額と同額） を申告納付	平成21年度確定保険料 平成22年度概算保険料（賃金総額は原則として21年度の確定保険料計算の基礎となった賃金総額と同額） を申告納付

4.6　賃金総額が大幅に増加することが見込まれたとき

①増加額

　事業規模の拡大や賃金の大幅な上昇等により、保険料算定の基礎となる賃金総額の見込額が増加前の見込額（概算保険料の基礎となった賃金総額）の2倍を超えて増加する見込みとなったとき。

②申告・納付

　増加額が前記①の額になることが見込まれた日から30日以内に労働保険・増加概算保険料申告書（様式219頁掲載）を銀行経由して管轄都道府県歳入徴収官に提出し保険料を納付する。

4.7　概算保険料の分割納付

　概算保険料は一括して納付するのが原則であるが次の場合は分割して納付することが出来る。

　但し、確定保険料は分割納付することはできない。即ち確定保険料は既に申告し前払い納付している概算保険料と確定保険料の差額のみを納付するため。

①分割の要件

　概算保険料が40万円以上であること。

②分割回数及び納期限

　　第一期　　7月10日

　　第二期　　10月31日

　　第三期　　翌年1月31日

　三期の均等分割。1円未満の端数が生じたときはその端数は最初の期に加算する。

4.8 経理上の処理

　労働保険料は支払ったときは全額「法定福利費」として処理し、毎月の給料及び賞与より天引きした雇用保険料個人負担分は、徴収した月毎に「法定福利費」のマイナス勘定として仕訳。
（3月31日1年決算の場合）

第6章　労使協定・安全衛生・障害者・高齢者・女性・外国人

1. 勤務に関する事項

1.1　就業規則及び就業規則の付属規程を変更したとき

①届出義務の範囲

　一般的には就業規則本体の他に、就業規則の付属規程として次のような規程を設けている企業が多い。

　この付属規程も就業規則であり、規程を変更したときは就業規則の変更と同様に手続しなければならない。

　　例えば　・賃金規程　　　　　　　・退職金規程
　　　　　　・出張旅費規程　　　　　・慶弔慰規程
　　　　　　・育児・介護休業規程　　・子育て支援による短時間労働勤務規程
　　　　　　・家族手当支給規程　　　・住宅手当支給規程
　　　　　　・フレックスタイム規程　・コンピュータ管理規程
　　　　　　・個人情報保護規程　　　・車両管理規程
　　　　　　・性的いやがらせ防止規程（セクシャルハラスメント防止規程）

等賃金や就業上の取り決めや規制についての規程や規則

②届出

　就業規則（変更）届（様式173頁掲載）を管轄労働基準監督署に提出。

　　　添付書類　意見書（様式174頁掲載）

　　　　　　　　労働組合がある場合は労働組合の代表者、労働組合がない場合は、労働者の過半数を代表する者の変更意見。

　　　　　　　＊この意見書は「同意書」ではないので、反対の意見があっても、反対の意見書を添付して提出可能。

1.2　時間外労働・休日労働をさせるとき（残業・休日出勤）

①時間外労働の限度

　時間外労働とは、労働基準法に定める法定労働時間を超える労働が時間外労働。

　従って原則1週40時間、1日8時間を超える時間が時間外労働。又、時間外労働の限度は派遣労働者や出向受入れ社員にも適用になる。

1年単位の変形労働時間制とは…後記1.5参照

期間	時間外労働の限度	
	一般の勤務体制（原則）	1年単位の変形労働時間制
1週間	15時間	14時間
2週間	27時間	25時間
4週間	43時間	40時間
1ヶ月	45時間	42時間
2ヶ月	81時間	75時間
3ヶ月	120時間	110時間
1年間	360時間	320時間

＊時間外労働の限度は男女の差はないものの年少者とか健康上有害な業務・子育て期間中の労働者（前記4章6.1②参照）等については別途時間外労働の規制がある。

②時間外労働・休日労働に関する協定・届出

　時間外・休日労働させることについて事前に労使の間で協定を結び（時間外労働・休日労働に関する協定書）を結び、「時間外労働・休日労働に関する協定届」（様式175頁掲載）を管轄労働基準監督署に届出する。

　労働組合がなく、労使の間で「時間外労働・休日労働に関する協定書」を結んでいない場合は「時間外労働・休日労働に関する協定届」（様式175頁掲載）に

- 「労働者の過半数で代表する者の欄」には→労働者の過半数で代表する者が押印（又は署名）
- 「協定の当事者（労働者の過半数を代表する者の場合）の選出方法欄」には
  → 「挙手」或いは「選挙による投票」等、労働者代表の選出方法を記入し管轄労働基準監督署に届出する。

　届出期限　　時間外労働実施日前日まで

③有効期間

　原則1年以内とする。一般的には1年毎に協定し届出する。

1.3　事業場外で労働をさせる場合（営業マン等）で、みなし労働時間制を導入するとき

①みなし労働時間制とは

　営業マンなど、もっぱら事業場外で労働する労働者について労働時間を算定することが困難な場合に、所定労働時間労働したものとして取り扱う。

②導入する条件

- もっぱら事業場外労働の為、使用者の指揮監督が及ばず、労働時間の実態管理ができない職種。（もっぱら外部活動する外勤営業マン等）
- 訪問先や帰社時刻等、業務や勤務時間について上司等より指示、命令を受けないこと。又、業務時間等の記録を指示しないこと。

従って、社員個々の出社時間、帰社時間等を記録する「タイムカード」で時間管理はしない。タイムカードで管理するのではなく、時間管理できない勤怠管理票で管理する。
（勤怠管理票の書式見本）
　　　営業マン管理監督職勤務管理票（書式見本383頁掲載）
　但し、業務記録は所定労働時間の間に記録するよう指示はできる。
又、打ち合わせ等の為、毎朝会社への出社時間を指定し指示することもできる。帰社についても終業時間内に帰社を命じることもできる。

③協定の締結及び届出義務の条件

　当該業務活動（外勤の営業活動等）を遂行するため、みなし労働時間が通常所定労働時間を超えて労働することが予測される場合に、時間外労働時間も含めた、みなし労働時間を予め定めるとき。

　従って、当該業務活動（外勤の営業活動等）が所定労働時間の範囲で全て遂行できる場合は協定の締結及び届出の必要はない。

　但し、就業規則にはみなし労働時間制の対象者の職種、部門等を具体的に明記しておくこと。
（外部活動の場合、実態的に終業時間内ですべて業務を終了することは難しいと思われる。）

④労使協定の締結

　「事業場外労働に関する協定書」（様式見本177頁掲載）を事前に労使の間で結ぶ。

⑤届出

　「事業場外労働に関する協定届」（様式176頁掲載）を管轄労働基準監督署に提出。
　　　添付書類　「事業場外労働に関する協定書」（様式177頁掲載）
　尚、労働組合がない場合の「事業場外労働に関する協定届」（様式176頁掲載）の
　・「労働者の過半数で代表する者」の欄には→労働者の代表者が署名押印
　・「協定の当事者（労働者の過半数を代表する者の場合）の選出方法」欄には
　　→「挙手」或いは「選挙による投票」等、労働者代表の選出方法を記入する。
　届出期限　事業場外労働者のみなし労働実施日前日まで

⑥有効期間

　原則1年以内とする。一般的には1年毎に協定し届出する。

1.4　宿直又は日直勤務をさせるとき

　宿直や日直を断続的に勤務させる場合には、事前に管轄労働基準監督署の許可を受けなければならない。

①許可の基準

　A．勤務態様
　　・ほとんど労働する必要のない勤務（軽易、簡単、頻度が極端に少ないこと）
　　・通常の労働の継続がないこと。

B．宿・日直回数

　　宿直については週1回以内、日直については月1回以内

　C．設備

　　宿直については充分睡眠できる設備があること。

②**宿・日直手当額**

　宿・日直については時間外労働・休日労働としては扱わず、次の計算により宿・日直手当を支払う。

【計算基礎】

　宿直・日直勤務につくことが予定される同種の労働者の支払われる賃金の一人1日平均額の1／3以上であること。

＊計算から除外してもよい賃金

　　時間外労働手当・休日手当、家族手当、通勤手当、夜勤手当

　但し、宿直・日直の時間が著しく短いものは1／3を下回ってもよい。

③**日直者の代休等**

　日直者に代休や振替休日は付与する必要はない。

④**労使協定**

　労使協定の必要はない。

⑤**届出**

　「断続的な宿直又は日直勤務許可申請書」（様式178頁掲載）を管轄労働基準監督署に提出し事前に許可を求める。

　添付書類　宿・日直手当の算定基礎と計算書及び賃金一覧表

　　　　　　（宿直・日直勤務につくことが予定される同種の労働者の賃金内訳）

⑥**有効期間**

　一度届出し許可を受ければ有効期限はない。但し、対象労働者の賃金が増加し、1日の宿・日直手当の算出額がアップした場合は、宿・日直手当を変更しなければならない。

1.5　一年単位の変形労働時間制を導入するとき

　所定休日が隔週2日制（1週間目は1日、2週間目は2日、3週間目は1日、4週間目は2日休日…の繰り返し）の場合、休日が1日の週の時は、法的には週40時間労働に違反する。（1日の拘束時間8時間－休憩1時間＝所定労働（実働）時間が7時間でも7時間×6日労働＝42時間になる）

　しかしながら、年間の所定労働（実働）時間が、1週平均して40時間以下であれば法的に週40時間の範囲として認められている。これを「一年単位の変形労働時間制」という。

①年間所定労働（実働）時間の限度

365日（年間）÷7日（1週）×40時間＝年間所定労働（実働）時間の限度

≒2085時間が限度

（例）

1日の所定労働（実働）時間8時間の場合の休日

365日－（2085時間÷8時間）＝年間休日104日以上の設定が必要

年間の休日が100日の場合の1日の所定（実働）労働時間

2085時間÷（365日－100日）≒1日の所定（実働）労働時間7時間50分以下に設定しなければならない。

②年間労働日数の限度

年間280日が限度。（85日以上の休日設定が必要）

例　年間所定労働日（実働）280日と設定した場合

2085時間÷280日（年間85日の休日）≒1日の所定（実働）労働時間7時間25分以下に設定しなければならない。

③1日・1週の労働時間の限度（原則）

年間を通じて所定労働（実働）時間を定める必要もなく、業務の繁閑により次の限度の範囲の中で定めることもできる。

1日について10時間以内（繁忙期）

1週間について52時間以内（但し、対象期間が3ヶ月超の場合、4週続けて48時間を超えてはならない。）

繁忙期に上記労働時間を定めた場合は、閑散期は少ない労働時間を定め、年間通じて平均労働時間が週40時間以内であればよい。

④連続労働可能日数の限度

1週間について最低1日の休日を設けなければならないが、業務の繁閑により最大連続して12日間連続労働日とし、休日を設定させることもできる。

日	月	火	水	木	金	土
㊡	出	出	出	出	出	出
出	出	出	出	出	㊡	㊡

出…出勤日
㊡…会社休日日

⑤複数の一年単位の変形労働時間制の導入

適用対象者を明確に区分すれば、一つの事業場で対象労働者の異なるごとに複数の一年単位の変形労働時間制も導入できる。（営業部門用と工場現場用の違った二つの「一年単位の変形労働時間制」も導入することができる。

⑥労使協定の締結

「一年単位の変形労働時間制に関する労使協定書」（様式180頁掲載）を事前に労使の間で結ぶ。

⑦届出

「一年単位の変形労働時間制に関する協定届」(様式179頁掲載)を事前に労使の間で署名捺印し、管轄労働基準監督署に提出。

  添付書類 「一年単位の変形労働時間制に関する労使協定書」(様式180頁掲載)

  届出期限 一年単位の変形労働時間制の協定実施日前日まで

尚、労働組合がない場合の「一年単位の変形労働時間制に関する協定届」の

・「労働者の過半数で代表する者」欄には→労働者の代表者の署名押印
・「協定の当事者(労働者の過半数を代表する者の場合)の選出方法」欄には
 →「挙手」或いは「選挙による投票」等、労働者代表の選出方法を記入する。

⑧有効期間

1年間

1.6 フレックスタイム制を導入するとき

始業、就業の時刻を労働者の決定に委ね勤務させる場合。

①要件

就業規則を変更しフレックスタイム制の取り決め事項について定めておかなければならない。

②取り決め事項

・対象労働者の範囲
・清算期間(1ヶ月以内で始期、終期を定める)
・清算期間の総労働時間
 清算期間の総労働時間＝清算期間の所定(実働)労働時間≦法定労働時間
・標準となる1日の所定(実働)労働時間(年次有給休暇取得時の賃金の計算の基礎とする。)
・コアタイムの設定(勤務した日に、必ず勤務しなければならない時間帯)
・フレキシブルタイムの設定(勤務した日に、労働者の選択により勤務することができる時間帯)

③清算期間中の労働者の労働時間に過不足があった場合

 A．過剰の場合

  清算期間中の労働時間に過剰があった場合(清算期間中の所定労働時間＜清算期間中の実労働時間)次の清算期間に充当することはできない。

  従って過剰な労働時間は時間外労働に当たる。時間外労働は前記1.2により「時間外・休日労働に関する協定届」(様式175頁掲載)の届出が必要。

 B．不足の場合

  清算期間中に不足の労働時間があった場合、次の清算期間の総労働時間に上乗せして勤務させることができる。

④休憩時間

原則的に、コアタイム期間中に一斉に休憩を与えること。

⑤労使協定

　労使の間で、フレックスタイム制の協定書を締結。（取り決め事項前記②の通り）
管轄労働基準監督署への届出は不要。
　（有効期限）
　実施開始時期のみ協定書に明示し、有効期限の定めは不要。
⑥**就業規則変更届の提出**
　フレックスタイム制を導入する時は事前に就業規則を変更し、管轄労働基準監督署へ「就業規則変更届」（様式173頁掲載）を提出。（前記1.1参照）
　添付書類　意見書（様式174頁掲載）

1.7　裁量労働制・在宅勤務・1カ月単位の変形労働時間制について

　裁量労働制や在宅勤務にはさまざまな規制等、或いは条件や環境整備が必要であり、本書では詳細を省略。
　・裁量労働制とは…研究所やホワイカラーで対象業務を遂行するため知識、経験を有する労働者について業務の遂行を労働者の裁量に委ねる勤務体制。
　・在宅勤務とは……自宅で与えられた業務を遂行させ、労働させること。
　・1ヶ月単位の変形労働時間制とは
　　…1ヶ月以内の一定期間を平均し、1週間の労働時間が平均40時間以内の範囲において1日及び1週間の法定労働時間を超えて労働させることができる制度。
　　（例えば月の1日〜10日までは忙しい為1日9時間労働、11日〜30日は比較的暇なため1日7時間労働の勤務体制を敷く場合）
　　詳細は省略

2.　賃金・貯蓄金に関する事項

2.1　給料より旅行積立金、寮費、互助会費等を天引きするとき

　雇用保険料や社会保険料の本人負担分、あるいは所得税の源泉徴収や地方税特別徴収は給料より天引きすることは法的に認められているが、その他は原則として給料より天引きすることができない。
　但し、次のようなものについては、労使協定により給料より天引きすることができる。
①**天引きできるもの**
　労働組合費や社宅の個人負担分、寮費、社内斡旋購入物品の代金、互助会費、社内預金、旅行積立金、個人加入の団体天引きの生命保険料、傷害保険料、自動車任意保険料等。
②**天引きできないもの**

- 労働者が会社より借りた借金。
- 売掛金の未収金等、労働者が負担すべきでないもの。
- 第三者からの要請による回収金等。（裁判所からの給料差し押さえは天引きできる。）
- 不正に会社の金を労働者が流用したもの。

③協定書の締結

労使の間で、具体的に控除できる項目を列挙し、「賃金控除に関する協定書」（様式181頁掲載）を締結しなければならない。協定書に列挙していない項目は給料より天引きすることはできない。

但し、管轄労働基準監督署には届出る必要はない。

2.2　給料を労働者の指定する銀行口座に振り込む場合

給料は原則として労働者に「現金」で「直接」支払わなければならないが、次の手続を行うことにより会社より労働者が指定する銀行口座等に振り込むことができる。

①要件
- 労働者の意思又は同意に基づくこと。
- 労働者の指定する本人名義の口座に振り込む。
- 所定支払日に賃金の全額が払い出せる状況にあること。

②労使協定の締結

事前に「銀行振込に関する協定書」（様式181頁掲載）を労使の間で締結する。

（有効期限）

実施開始時期のみ協定書に明示し、有効期限の定めは不要。

銀行振込みに関する協定書は管轄労働基準監督署への届出は不要。

③口座振込みの同意

個々の労働者より、労働者が指定する、労働者本人名義の銀行口座等を「振込承諾書」（書式見本370頁掲載）に記入、捺印させ提出させることにより同意を求める。

2.3　最低賃金未満で雇用する場合

雇用するときは最低賃金以上の賃金で雇用しなければならないが、例外的に次ぎのような場合は最低賃金以下で雇用することができる。

最低賃金額は都道府県別に毎年定められている。（平成21年の道府県別の最低賃金額は388頁に掲載。）但し、産業別（特定業種）の最低賃金は別途定められている。

①最低賃金適用除外対象者（最低賃金未満で雇用できる者）
- 精神、又は身体の障害により著しく労働能力の低い者。
- 試みの試用期間中の者。
- 極めて軽易な業務に主として従事中の者等、厚生労働省令で定めるもの

②最低賃金対象となる賃金から除外する賃金

- ・臨時に支払われる賃金
- ・1ヶ月を超える期間ごとに支払われる賃金（賞与等）
- ・時間外、休日労働手当
- ・深夜労働がある場合、深夜割増手当（割増分のみ）
- ・精勤手当　　　　・通勤手当　　　　・家族手当

③月給や日給の場合の比較

最低賃金は現行、1時間当たりで定められているので、支給賃金が月給や日給で定められている場合は、賃金を時間当たりに換算して最低賃金額と比較する。

④最低賃金適用除外許可申請

「精神又は身体障害者の最低賃金適用除外申請書」（様式168頁掲載）により、適用除外を受けようとする対象労働者の「業務の種類」、「労働能力等の支障の程度」を具体的に明示し、事前に管轄労働基準監督署に提出し許可を受ける。

2.4　社内預金制度等を導入するとき

労働者の委託により、給料・賞与等の一部又は全部を社員預金等として天引きし、その預かり金を貯蓄金として管理運用する場合は、次の要領により行わなければならない。

①導入の要件
- ・強制貯蓄であってはならない。
- ・労働者より導入の要請があること。
- ・社内預金には一定の利子をつけなければならない。
- ・全労働者に社内預金制度を周知させなければならない。
- ・労働者より社内預金の返還を求められたときは、遅滞なく返還できること。

②預金者の範囲

所属する企業の労働者に限られる。次の者は預金することはできない。
- ・会社の役員　　　・退職労働者　　　・労働者の家族等

③預金の限度

預金の原資は、毎月支払われる賃金、賞与額が限度。

④受け払い及び残高の明示

受入、払戻の都度、受入額、又は払戻し額、及び差引残高を記録した書面を労働者に交付しなければならない。

⑤預金の保全方法

毎年3月31日における受入残高について、同日後1年間、次のいずれかの方法で貯蓄金の保全措置を講ずること。
- イ．受入残高について銀行その他の金融機関において保証締結する。
- ロ．受入残高について、預金を行う労働者を受益者とする信託契約を信託会社と締結。

ハ．預金残高を被担保債権とする質権又は抵当権設定する。　等
⑥規程の作成
　天引き、払い出し方法、利息、運用方法、保全方法等「貯蓄金管理に関する規程」を作成し事業場内に備付、労働者に周知させなければならない。
⑦労使協定の締結
　労使の間で「貯蓄金管理協定書」（様式183頁掲載）を事前に締結。
⑧届出
「貯蓄金に関する協定届」（様式182頁掲載）を管轄労働基準監督署に届出。
　　添付書類　「貯蓄金管理協定書」（様式183頁掲載）
⑨貯蓄金管理の定期報告
　Ａ．預金額、預金者数等の作成時点
　　毎年3月31日現在で記入
　Ｂ．報告方法
　　「預金管理状況報告」（様式184頁掲載）を管轄労働基準監督署に提出。
　Ｃ．報告期限
　　毎年4月30日まで

3. 安全衛生に関する事項

3.1　大・中企業の安全衛生管理体制の構築（事業場が50人以上の場合）

　事業場単位ごとに（企業全体ではない）一定規模以上の事業場にはそれぞれ衛生管理者、安全管理者等を選任し届出しなければならない。
①統括安全衛生管理者の選任
　Ａ．選任対象事業場
　　イ．100人以上雇用する運送業、清掃業、建設業、林業、鉱業
　　ロ．300人以上雇用する製造業、物の加工業、自動者整備業、機械修理業、電気業、水道業、通信業、燃料小売業、旅館業、ゴルフ場業、各種商品卸売業、各種商品小売業
　　ハ．1000人以上雇用するその他の業種、一般小売業等（前記ロ．の各種商品小売業は除く）
　　　統括安全衛生管理者は必ずしもその事業場内に所属していなくてもよい。
　Ｂ．職務
　　事業場内における安全管理者、衛生管理者及び技術的事項を管理する者への安全衛生への指揮及び統括管理。
　Ｃ．資格条件
　　安全衛生について指揮命令ができ、統括管理できるものであればよい。（特別の免許、資格

は不要)

　D．届出

　　選任したら14日以内に「統括安全衛生管理者選任報告」(様式188頁掲載)により管轄労働基準監督署に届出。

　添付書類　なし

②**安全管理者の選任**

　A．選任対象事業場

　　次の事業場内より1人以上選任(その事業場に所属すること)

　　イ．50人以上雇用する運送業、清掃業、建設業、林業、鉱業

　　ロ．50人以上雇用する製造業、物の加工業、自動者整備業、機械修理業、電気業、水道業、通信業、燃料小売業、旅館業、ゴルフ場業、各種商品卸売業、各種商品小売業

　　又、一定規模以上の事業場の場合は、安全管理者は職務を専任(安全管理業務のみの仕事)しなければならない。

　　　例　300人以上の建設業等…詳細は省略

　B．職務

　　事業場内における安全管理に係る技術的事項の管理。

　C．資格条件

　　・大学、高等専門学校において理科系等を卒業し3年以上労働安全の実務経験があること。

　　・高等学校において理科系等を卒業し5年以上労働安全の実務経験があること。

　D．届出

　　選任したら14日以内に「安全管理者選任報告」(様式188頁掲載)により管轄労働基準監督署に届出。

　添付書類　なし

③**衛生管理者の選任**

　A．選任対象事業場

　　全業種について50人以上雇用する事業場に1人以上選任。その事業場に所属すること。

　　又、一定規模以上の事業場の場合は、衛生管理者は職務を専任(衛生管理業務のみの仕事)しなければならない。…詳細は省略

　　(例)　1000人を超える労働者がいる事業場等。

　B．職務

　　事業場内における衛生管理に係る技術的事項を管理。

　C．資格条件

　　第1種衛生管理者の免許を受けた者。

　　「各種商品卸売業や各種商品小売業」又は前記②A．イ・ロ以外の小売業等「その他の業種」については第2種衛生管理者でもよい。

D．届出

選任したら14日以内に「衛生管理者選任報告」（様式188頁掲載）により管轄労働基準監督署に届出。

添付書類　衛生管理者免許証のコピー等

④**産業医の選任**

50人以上雇用する事業場単位ごとに、次の通り産業医を選任し、「産業医選任報告」（様式188頁掲載）により管轄労働基準監督署に届出。

添付書類　医師免許証のコピー

提出期限　選任すべき事由が発生した日から14日以内

⑤**作業主任者の選任**

危険又は有害な一定の作業については、次の通り作業主任者を選任しなければならない。（事業規模の大小や業種に関係なく、次の作業を行う場合）

A．危険、有害な一定の作業とは

労働安全衛生法施行令第6条の定めるもの…詳しくは省略

（例）・高圧室内作業　　・ボイラー取り扱い作業

・木材加工用機械を5台以上保有する作業場等

B．資格条件

都道府県労働局長の免許を受けた者、又は技能講習を終了した者。

C．届出

不要

3.2　小・零細企業の安全衛生管理体制の構築（事業場が50人未満の場合）

事業場単位ごとに10人以上50人未満雇用する事業場には安全衛生、又は衛生についての推進者を選任しなければならない。

①**安全衛生推進者の選任**

A．選任対象事業場業種

運送業、清掃業、建設業、林業、鉱業、製造業、物の加工業、自動者整備業、機械修理業、電気業、水道業、通信業、燃料小売業、旅館業、ゴルフ場業、各種商品卸売業、各種商品小売業

B．職務

事業場内における安全衛生に係る管理。

C．資格条件

安全衛生について、実務に従事した経験年数が次の通りあること。

大学、高等専門学校卒業後1年以上

高等学校卒業後3年以上

　　　　その他 5 年以上

　　又は厚生労働省労働基準局長が定める講習を終了した者。

　D．届出

　　不要

②衛生推進者の選任

　A．選任対象事業場の業種

　　次の事業以外の業種。

　　運送業、清掃業、建設業、林業、鉱業、製造業、物の加工業、自動者整備業、機械修理業、電気業、水道業、通信業、燃料小売業、旅館業、ゴルフ場業、各種商品卸売業、各種商品小売業

　　具体的には一般小売業や屋内的作業で非工業的業種

　B．職務

　　事業場内における衛生についての業務

　C．資格条件

　　衛生について、実務に従事した経験年数が次の通りあること。

　　　大学、高等専門学校卒業後 1 年以上

　　　高等学校卒業後 3 年以上

　　　その他 5 年以上

　　又は厚生労働省労働基準局長が定める講習を終了した者。

　D．届出

　　不要

③作業主任者の選任

危険又は有害な一定の作業については、次の通り作業主任者を選任しなければならない。

（事業規模の大小や業種に関係なく、次の作業を行う場合）

　A．危険、有害な一定の作業とは

　　労働安全衛生法施行令第 6 条の定めるもの…詳しくは省略

　　（例）・高圧室内作業　　・ボイラー取り扱い作業

　　　　　・木材加工用機械を 5 台以上保有する作業場等

　B．資格条件

　　都道府県労働局長の免許を受けた者、又は技能講習を終了した者。

　C．届出

　　不要

3.3　安全運転管理者の選任

　次に定める車を使用する事業所は自動車の安全な運転に必要な業務を行わせるため安全運転管理

者等を選任しなければならない。

安全運転管理者は専任ではなく、職務は兼務してもよい。

①選任事業所

次のいずれかの自動車を使用する事業場の場合に選任

・乗車定員11人以上の自動車は１台以上使用　　・その他の自動車は５台以上使用

＊労働者が個人で所有し、通勤以外に使用しないマイカー通勤の車は含めない。

＊自動車とは原動機付自転車は含めない。

＊自動車の台数換算は企業全体ではなく、事業所単位毎。

②選任数

安全運転管理者を１名、次の場合は副安全運転管理者も選任しなければならない。

・使用する自動車20台以上39台まで…副安全運転管理者を１名選任

・使用する自動車40台以上59台まで…副安全運転管理者を２名選任

以下20台増すごとに１名増加

③資格要件

次のいずれの要件も満たしていなければならない。

Ａ．20歳以上であること。

Ｂ．自動車の運転管理に関し２年以上実務経験を有する者、又は、自動車の運転管理に関しこれと同等以上の能力を有すると公安委員会が認定する者。

Ｃ．次のいずれにも該当しない者。

・過去２年以内に公安委員会より安全運転管理者等の解任命令を受けたことのある者。

・過去２年以内に次の違反をしたことのある者。

イ．ひき逃げ、酒酔い、酒気帯び運転の違反をした者。

ロ．無免許、麻薬使用等の違反をした者。

ハ．最高速度違反や積載制限違反や放置駐車の下命や容認、或いは上記イ．ロ．等の下命や容認をした者。

④届出

「安全運転管理者に関する届出書」（様式349頁掲載）を自動車を管理する事業所を管轄する警察署に提出。

添付書類　・自動車の運転管理経歴書（様式350頁掲載）又は安全運転管理者等資格認定申請書

・履歴書（様式351頁掲載）

・住民票（本籍記載のもの）

・自動車安全運転センターが発行する運転経歴証明書

（自動車安全運転センターへの交付申請書の様式352頁掲載）

④講習受講の義務

安全運転管理者は年１回公安委員会の指定する講習会に出席し、受講しなければならない。

受講した内容等を安全運転管理に活用し、運転者の安全運転教育・啓蒙を行わなければならない。

3.4　健康診断

①定期健康診断
　A．実施回数
　　　常時使用する全従業員に対し1年に1回定期に行う。(派遣受け入れ労働者は派遣元企業で実施)
　B．結果報告
　　　常時50人以上労働者を使用する事業所は実施の都度「定期健康診断結果報告書」(様式189頁掲載)を管轄労働基準監督署に提出。
　C．健康診断の結果通知と保健指導
　　　健康診断の結果は労働者個々に結果通知するとともに、必要があると認める労働者に対し、医師又は保健婦による保健指導を行う。
　D．医師等の意見聴取と記録
　　　健康診断結果に異常の所見がある労働者については、事業者は医師又は歯科医師の意見を聴き、その意見を勘案して必要があるときは就業上の措置を講じなければならない。
　　　又、医師より聴取した意見は健康診断個人票に記載しなければならない。

②特定業務従事者の健康診断
　主に深夜業や坑内労働に従事する労働者に対しては、配置換え時及び6ヶ月に1回定期に健康診断をおこなわなければならない。(派遣受け入れ労働者も実施)

③特定有害業務従事者の特殊健康診断
　特定有害業務に従事する労働者については上記①②とは別に特殊健康診断を行わなければならない。(派遣受け入れ労働者も実施)
　対象となる業務や診断項目は労働安全衛生法で詳しく定められているが本書では省略。

3.5　事業場内等で危険有害な業務や物質(特定化学物質や放射線等)を扱う場合

　届出や申請、許可、報告、特殊健康診断等については労働安全衛生法等で膨大、且つ細部にわたって定められているので、本書では説明省略。(詳しくは管轄労働基準監督署に聞けば詳しく教えて頂ける。)

3.6　防火管理者の選任

　一定規模以上の建物では、防火管理の実施が義務付けられている。
①対象建物
　・特定防火対象物の建物全体の収容人員が30人以上の建物 (非難困難施設は10人以上)

・非特定防火対象物の建物全体の収容人員が50人以上の建物。

　　特定防火対象物とは…飲食店やホテルなど不特定多数の人が出入りする用途の建物。

　　非特定防火対象物…特定の者しか出入りしない用途の建物。

②**防火管理者の選任、届出**

　前記①の建物は防火管理者を選任し、管轄消防署に「防火管理者選任届」(様式355頁掲載)により届出しなければならない。

　　防火管理者の資格…消防署が行う防火管理講習会修了者等。

③**消防計画**

　防火管理者は次の内容の「防火に係る消防計画」を作成し、法令・規定及び作成した「防火に係る消防計画」に従って適正に行わなければならない。

・火災予防の自主点検
・消防用設備(消火器等)の点検整備
・避難施設の維持管理
・自衛消防組織
・自衛消防活動
・自衛消防訓練等
・その他詳しくは管轄消防署に確認相談し作成し実施。

(補足)　＊一定数量以上の危険物(灯油、重油、ガソリン等危険物の種類により数量が決められている。)を貯蔵や保管し取り扱いをする場合は、危険物取扱者の免許状(種類甲種、乙種、丙種)を有しているものを置かなければならない。(詳細は省略)

　　　　＊大規模建物(1万m²以上)は防災管理者も選任し届出しなければならない。(詳細は省略)

4. 障害者・高齢者・女性・外国人に関する事項

4.1　障害者等に関する事項

　障害者等とは………身体障害者のみならず知的障害者や精神障害者も含む。

①**障害者等を採用したとき**

　A．採用した労働者に対して

　　身体障害者手帳(様式353頁掲載)等のコピーの提出を求める。

　B．助成金の申請

　　公共職業安定所等からの紹介により、身体障害者等を雇用したときは「特定求職者雇用開発助成金支給申請書」(様式260頁掲載)を管轄公共職業安定所に提出。

　　但し、1年以上雇用継続が見込まれる者。(採用した企業に助成金が給付される)

　　　　添付書類　・賃金台帳（様式167頁掲載）
　　　　　　　　・出勤簿（タイムカード）
　　　　　　　　・雇用保険被保険者資格取得届確認通知書
　　　　　　　　・労働者名簿（様式166頁掲載）
　　（助成金給付額）
　　　１週間の所定労働時間が20時間以上30時間未満の短時間労働者の場合
　　　　　　　　　　　　　　　　　　　　　　　　　　30万円から90万円
　　　１週間の所定労働時間が30時間以上の労働者の場合　50万円から240万円
②障害者雇用状況報告
　雇用労働者数が56人以上（企業全体）の事業主は、毎年6月1日現在の「障害者雇用状況報告書」（様式263頁掲載）を6月30日までに管轄公共職業安定所に提出し報告。（障害者等の雇用の有無に拘わらず報告。）
③障害者雇用率と給付金の申請又は納付金の申告
　事業主は、障害者である労働者の数が、次に定める法定雇用障害者数以上の障害者を雇用しなければならない。
　法定雇用障害者数を超えて雇用している場合は、「調整金等の給付」申請を、下回っている場合は「納付金等」を納付申告しなければならない。
　又、各計算は事業所毎ではなく、企業全体で計算する。
　A. 法定雇用障害者数（雇用義務が生じる障害者数）
　　（各月の常用労働者数－除外率相当労働者数）×法定障害者雇用率1.8／100
　　　　　　　　　　＝各月の法定雇用障害者数（56人ごとに1人障害者を雇用）
　　上記計算は次により行う
　　＊各月の常用労働者数とは
　　　　週30時間以上の労働者総数
　　　（平成22年7月1日より週20時間以上の労働者総数）
　　＊重度障害者等は1人につき2人としてカウント
　　＊短時間労働者（1週間の労働時間が30時間未満の常用労働者）の重度障害者については2人を1人としてカウント、重度でない短時間労働者は0人としてカウント。
　　＊除外率相当労働者とは
　　　　障害者が就業することが困難と認められる職種が相当の割合を占める業種ごとに5％から80％。（平成22年7月より適用の除外率）
　　　（例）　・卸・小売業・一般製造業は除外率0％
　　　　　　　・建設業は常用労働者数の20％
　　＊計算期間　毎年4月より翌年3月までの1年間累計
　B. 給付金又は納付金の額

イ．障害者雇用調整金
・対象事業主

常用労働者301人以上の労働者を雇用する事業主で法定雇用率を上回っている事業主に対して障害者雇用調整金を支給。

（平成22年7月1日より201人以上の労働者を雇用する事業主で法定雇用率を上回っている事業主。）

・雇用調整金額

調整金の額＝（雇用障害者数－法定雇用障害者数）×27000円

＊雇用障害者数とは

4月から翌年3月までの各月ごとに雇用する障害者の数を年間累計した数。（例　4月から翌年3月まで10人の障害者が在籍しておれば120人）

＊法定雇用障害者数

前記A．により求めた各月の法定雇用障害者数の4月から翌年3月までの年間累計の数。

ロ．障害者雇用報奨金
・対象事業主

常用労働者300人以下の労働者を雇用する事業主で雇用障害者数が一定数上回っている事業主に障害者雇用報奨金を支給。

（平成22年7月1日より200人以下の労働者を雇用する事業主で法定雇用率を上回っている事業主。）

・報奨金額

報奨金の額＝（雇用障害者数　－　一定数）×21000円

＊雇用障害者数とは

4月から翌年3月までの各月ごとに雇用する障害者の数を年間累計した数。（例　4月から翌年3月まで10人の障害者が在籍しておれば120人）

＊一定数とは

4月から翌年3月まで各月累計常用労働者数×4％の人数と、72人のいずれか多い数。

ハ．障害者雇用納付金
・対象事業主

常用労働者301人以上の労働者を雇用する事業主で法定雇用率を下回っている事業主は障害者雇用納付金を支払わなければならない。

（平成22年7月1日より201人以上の労働者を雇用する事業主で法定雇用率を下回っている事業主）

・納付金額

納付金額＝（法定雇用障害者数－雇用障害者数）×50000円

＊法定雇用障害者数
　　前記A．により求めた各月の法定雇用障害者数の4月から翌年3月までの年間累計の数。
＊雇用障害者数とは
　　4月から翌年3月までの各月ごとに雇用する障害者の数を年間合計した数。（例　4月から翌年3月まで2人の障害者が在籍しておれば24人）

C．支給申請・又は申告納付
　イ．常用労働者数301人以上（平成22年7月1日より201人以上）雇用し、法定雇用率が未達成になった事業主。
　　「障害者雇用納付金申告書」を毎年5月15日までに独立行政法人高齢・障害者雇用支援機構（窓口は各都道府県の社団法人障害者雇用促進協会・雇用開発協会）に提出。
　　　添付書類　・障害者雇用状況等報告書　障害者名簿（指定用紙）
　ロ．「障害者雇用調整金」又は「障害者雇用報奨金」受給の対象となった事業主。
　　「障害者雇用調整金支給申請書」又は「障害者雇用報奨金支給申請書」を独立行政法人高齢・障害者雇用支援機構（窓口は各都道府県の社団法人障害者雇用促進協会・雇用開発協会）に提出。
　　　添付書類　・障害者雇用状況等報告書　障害者名簿（指定用紙）
　　　提出期限　毎年7月31日まで

④障害者雇用推進者の選任
常用労働者数が56人以上雇用する事業主は障害者を積極的に雇用するため「障害者雇用推進者」を選任しなければならない。（届出の必要はない。）

⑤障害者職業生活相談員の選任
事業主は次により、障害者職業生活相談員を選任しなければならない。
　A．選任事業所
　　　5人以上の身体障害者、知的障害者、精神障害者を雇用する事業所。
　B．職務
　　　障害者の適職の選定、能力開発向上等の職務の内容や設備、作業環境整備、職場生活についての障害者への相談指導等。
　C．資格
　　　独立行政法人高齢・障害者雇用支援機構が実施する障害者職業生活相談員資格認定講習を終了した者等。（受講申込み窓口は各都道府県の社団法人障害者雇用促進協会・雇用開発協会に提出。）
　D．届出
　　　「障害者職業生活相談員選任報告書」（様式262頁掲載）を管轄する公共職業安定所に届出。
　E．助成金の申請

障害者職業生活相談員を選任したときは条件が備われば助成金の給付を受けることができる。(第9章4.2参照)

⑤障害者を解雇したとき

障害者である労働者を解雇したときは、速やかに、その旨を管轄公共職業安定所に届出しなければならない。(自己都合による退職は届出不要)

4.2 高齢者に関する事項

①定年後再雇用契約をするとき

通称、高齢者雇用安定法(正式名称 高年齢者等雇用の安定等に関する法律)第9条の定めにより段階的に65歳まで雇用しなければならないことになっている。

　平成25年3月まで………64歳まで雇用
　平成25年4月以降………65歳まで雇用

その方法として定年年齢を60歳より65歳まで引上げれば具体的手続の必要性はないが、雇用するものの、60歳定年後は給与条件を引き下げ、身分も正社員ではなく嘱託社員として再雇用する場合は次の手続を必要とする。

A．「継続雇用制度の対象となる高年齢者に係る基準に関する労使協定」(様式見本169頁掲載)の取り交し。

B．個々の対象労働者と嘱託再雇用労働契約書(様式163頁掲載)の取り交わし。

C．その他手続
　　会社や本人が行うべき公共職業安定所への手続等の詳しいことは、前記第1章5.1を参照。

②60歳以上の者を雇用したとき

但し、1年以上継続雇用が見込まれる者。

(助成金の申請)

公共職業安定所からの紹介により、満60歳以上の者を雇用したときは「特定求職者雇用開発助成金支給申請書」(様式260頁掲載)を管轄公共職業安定所に提出。

(高齢者を採用した企業に助成金が給付される)

　添付書類　・賃金台帳(様式167頁掲載)
　　　　　　・出勤簿(タイムカード)
　　　　　　・雇用保険被保険者資格取得届確認通知書
　　　　　　・労働者名簿(様式166頁掲載)

(助成金給付額)

1週間の所定労働時間が20時間以上30時間未満の労働者の場合
　大企業30万円　中小企業60万円

1週間の所定労働時間が30時間以上の労働者の場合

大企業50万円　　中小企業90万円
③雇用状況報告
　常用雇用労働者が30人以上（企業全体）の事業所は毎年6月1日現在、継続雇用制度等高年齢者の雇用に関する状況を「高年齢者雇用状況報告書」（様式264頁掲載）により毎年6月30日までに管轄公共職業安定所に提出し報告。
④多数離職の届出
　「同一事業所内」で「同時期」に「45歳以上の者」が「5人以上離職」する場合は「多数離職届」（様式253頁掲載）を管轄する公共職業安定所に提出。
（「再援助計画」の認定を受ける場合は前記第1章6.5③参照）

4.3　女性に関する事項

　男女雇用機会均等法（正式な法律名称「雇用分野における男女の均等な機会及び待遇の確保等に関する法律」）の定めにより、事業主は「女性に対する雇用環境の整備」及び「機会均等推進責任者」を選任し届出しなければならない。

①**女性の雇用環境の整備**
・募集、採用、配置、賃金、昇進、定年等性別を理由として差別してはならない。
・妊娠、出産を理由として不利益な取り扱いをしてはならない。
・セクシャルハラスメント対策として雇用管理上必要な措置を講ずる。
・妊娠中の女性労働者の保健指導・健康診査を受けるために必要な時間を次の通り確保しなければならない。

　　　妊娠23週まで　　　　　　4週間に1回
　　　妊娠24週から35週まで　　2週間に1回
　　　妊娠36週以後　　　　　　1週間に1回

・妊娠中及び出産後の労働者が医師等の指導を受けた場合、勤務時間の変更や勤務の軽減措置や必要時間の確保等を講じるようにしなければならない。

②**機会均等推進責任者の選任と役割**
　事業主は機会均等推進責任者を選任し性別にとらわれない人事管理を徹底させ、女性労働者の能力が発揮促進しやすい職場環境をつくる役割を担う。
　　届出　「機会均等推進責任者の選任届」（様式266頁掲載）により管轄都道府県労働局（雇用均等
　　　　　室）に届出。
　　職務
・前記①に関する事項の実施について事業主に促すこと。
・その他女性労働者が活躍しやすい職場環境をつくるポジティブ・アクション推進の方策について検討し、必要に応じ事業主等に対する進言、助言を行うとともに、その具体的取り組みが着実に実施されるよう促すこと。

・事業所において、女性労働者が能力を発揮しやすい職場環境の整備に関する関心と理解を喚起すること。

4.4　外国人に関する事項

　憲法及び労働基準法等の定めにより、国籍により雇用の差別をしてはならない定めになっている。従って外国人であっても雇用や賃金、労働条件、社会保険その他の処遇等について日本人と同様に扱わなければならない。

　しかしながら一方で不法滞在等による不法就労が社会問題になっているので、企業として外国人を雇用しようとするときは次の事項を留意して雇用をしなければならない。

①雇用するときの確認

　イ．就労が認められている外国人か否かの確認

　　A．在留資格があり、就労が認められている者

　・技能者（調理師や貴金属の加工職人等）や技術者等

　・永住者（法務大臣より永住の許可を受けた者）

　・定住者（日系3世等）

　・日本人の配偶者等

　・永住者の配偶者等

　・技能実習（雇用契約に基づく講習による知識習得と技能等習得活動　3年間）

　　B．在留資格があっても、就労が認められていない者

　・短期滞在（観光客等）

　・留学や就学（大学や高等学校・専修学校等の生徒）

　　但し、「留学」の在留資格者の場合は、1週28時間以内まで就労可能。

　　「就学」の在留資格の場合は1日4時間まで就労可能

　・研修（研修生）…労働者ではない。

　・家族滞在

　ロ．確認方法及びコピーの保管

　・パスポートに表示されている「在留期限」や「在留資格」欄を確認。或いは市町村が発行し外国人が所持している、「外国人登録証明書」を確認し就労可能者か否か確認。

　・パスポートや外国人登録証明書をコピーし会社で保管。

　・各地域の入国管理局（所在地390頁掲載）が発行する「就労資格証明書」を入手し、提出を求める。

　ハ．住まい等の確認

　　実際に住んでいる所在地の確認及び家族等の緊急連絡先等の把握。

②雇入れ、離職の届出

　パート社員や期間雇用社員で雇用保険の被保険者資格取得対象者でない外国人を雇入れた際、又

は離職の際は、その翌月末日までに「雇入れ、離職に係る外国人雇用状況通知書」（様式265頁掲載）によりその氏名等を管轄公共職業安定所に届出しなければならない。

又、常用労働者等雇用保険被保険者資格取得対象者の外国人の場合は、採用時公共職業安定所に提出する「雇用保険被保険者資格取得届」（様式226頁掲載）備考欄に在留資格・在留期間や国籍等を追記する。

③**適正な労働条件及び安全衛生の確保**

労働契約の締結にあたっては、外国人労働者が理解できるよう内容を明らかにした書面の交付及び機械設備や保護具の使用方法等、安全衛生についても外国人が確実に理解できるよう（母国語の説明表示等）留意すること。

④**雇用労務責任者の選任**

外国人労働者を常時10人以上雇用する事業主は安全確保等の管理をするため、「雇用労務責任者」を選任しなければならない。（届出の必要はない。）

第7章　人事評価・昇給・昇進・昇格・賞与

　企業の業種や業務、業態、職種構成、業績、今までの慣行、経営者の理念や経営目標によって人事評価の方法や昇給・賞与の水準、昇給・昇格の基準や手順及びその方法は千差万別であり、何が正しくて何が悪いのかは一概に言えない。
　例えば、
・コンピュータソフトを開発する専門の会社の場合。
・一般製造業の場合。
・外食産業などサービス業の場合。
　関わる業務や業態、扱う商品や素材や部材も違い、勤務形態や勤務実態も違うので、その業種や企業の実態に合わせて行わなければ正しい評価や査定はできない。
　人事評価の基準や方法、昇給のテーブル、あるいは昇進や昇格の基準は100社が100社違った方法や基準を持っているので本書では一般的な考え方や手順のみ掲載。
　但し、注意することは人事評価や、昇給、昇進、昇格は公正・公平に且つ客観的に評価し、適性に運用しなければ、社員のやる気を無くし、会社の業績向上に結びついていかない。
　人事評価、昇給、昇進、昇格は会社の存続、成長の根幹に関わる問題（企業は人なり）であり、自社の制度を見直す場合は、専門書を参考に他社の成功例や失敗例を把握し、自社の実態に照らし合わせた方法を研究し、時には専門化のアドバイスも聞いて運用する必要がある。

1. 運用の原則

1.1　定期的に行う（特別な場合を除いて、場当たり的、不定期には行わない。但し人事評価、昇給、昇進、昇格の時期はそれぞれ違っていてもよい。）

1.2　出来るだけ客観的な運用を行う（上司の主観や私情を入れない仕組み）

1.3　三者が納得する運用を行う

　①評価される社員自身が納得。
　②経営者や上司が納得。
　③他の先輩・後輩・同僚社員が納得。

1.4　方法や基準は、できるだけ公表し全社員に周知しておく（人事評価は非公表）

2. 人事評価（能力評価）

2.1 人事評価の目的

定期的に人事評価することにより、昇給や昇進・昇格に反映させ、社員への経済的優遇や処遇、権限等の拡大付与により、仕事の意欲とやる気を喚起させ責任を持たせ会社業績のアップを図る。

2.2 人事評価の反映と活用

　　①昇給に反映　　　　　　　　　　②昇進に反映
　　③昇格に反映（社内職能資格級）　④賞与に反映
　　⑤退職金がポイント制の場合、退職金に反映（或いは昇給の差により退職金に反映）
　　⑥人事異動や移動、人事配置の検討の資料

2.3 評価の手法

①評価者
次のAからEの評価手法の組み合わせが考えられる。
　　A．上司が部下を評価（全社内統一もしくは階層別、職能、職種別評価基準表により評価）
　　B．部下が上司を評価（全社内統一の評価基準表により評価）
　　C．社員自身が自己評価
　　D．業績や達成度、工数や生産数による評価或いは目標管理による達成度
　　E．ペーパー試験や技能試験による評価
　　F．各種免許や資格取得による評価

②評価の公正・公平性
評価する者が別の者でも、出来るだけ同じような評価になるようにする。
それには
　　A．評価する者に対し評価者訓練を行う。
　　B．評価は１人のみで行うのではなく複数で行う。（例、一次評価者課長、二次評価者部長等）
　　C．評価の基準となる評価基準表等の資料を作成し、評価の統一性や公平性を図る。
　　D．評価は出来るだけ数値化できるようにしておく。
　　E．各評価者の違いを調整するため、各部門の平均評価基準点数を設け、各部門の平均評価点数が基準点数になるよう調整する。
　　　（評価部門によって評価した平均評価点数が違う場合が多いため。…甘い評価者と厳しい評価者がいるため調整）

【例】
イ．各部門に与えた平均評価基準点数　　70点
ロ．実際にA部門のA部門長が評価した部下全員の評価点数の平均が80点
ハ．調整点数はマイナス10点となる。（イ．70点－ロ．80点）
　　A部門の某社員の評価点数が95点の場合
　　評価点数95点－ハ．10点＝85点が正式な評価点数となる。

3. 昇給

3.1　賃金体系

①**賃金体系の要素**

・基本給
- 年齢給　　　　　（年齢によって固定）
- 勤続給　　　　　（勤続年数によって固定）
- 社内職能資格給（社内職能資格級や習熟度によるもの。例えば社内職能資格級が昇格したときは昇給）
- 人事評価給（人事評価によってアップ額が変動、個別の人事評価や会社の業績によってアップさせないこともあり得る。）

・精勤・皆勤手当（1ヶ月遅刻・早退や欠勤がない場合等に支給）

・業務・職務手当（業務・職務の内容により支給）

・役職・専門職手当（部長、課長等役職や専門職の手当）

・業績給・成果給（業績や成果により毎月又は年度ごと等に増減）

・資格手当（税理士、司法書士、社会保険労務士、衛生管理者、宅地建物取引主任者、電気主任技術者、電気工事士、エネルギー管理士、危険物取扱主任者等、専門的・技術的資格や免許の取得者）

・家族手当（扶養家族等の有無や人数により変動）

・住宅手当（住宅費用の援助手当）

・通勤手当（通勤に要する実費弁償的手当）或いは通勤定期券の現物支給

・残業手当（残業を行った場合）

・休日出勤手当（休日出勤した場合）

・深夜手当（深夜労働した場合）

②**賃金テーブルとは**

縦軸と横軸などを升目により表化し、該当する升目により賃金を決定する。
例えば、基本給の勤続給と年齢給を表化すると次の通り

		年　　　齢				
		18歳	19歳	～	58歳	59歳
勤続年数	0年					
	1年					
	2年					
	～					
	39年					
	40年					

　　　　　　　　　　　　　　　　　　　　　　　　　　升目の金額は企業により異なる。

③テーブルの種類
　総合職と一般職（業務職）
　管理職と非管理職
　事務職・営業職と技術・技能職等

3.2　賃金の決定

該当する社員に対し賃金テーブルを当てはめ、賃金を決定する。

3.3　定昇とベア

　A．定昇（定期昇給）とは
　　　一般的には継続勤務することにより各社員の仕事の遂行能力や、勤続、年齢が上がるので毎年1年毎に基本給等を見直し昇給させていく。
　B．ベア（ベースアップ）とは
　　　物価が上がったり企業全体の生産性が上がったりする場合に、生活給の確保と労働者への利益配分を適正化するために賃金テーブルを見直し賃金テーブル全体を上げる。
　C．他社との比較
　　　賃金テーブルの作成やベアについては自社の業績結果や見通しを踏まえ、春闘等の動向や、昨年の他社の年齢別平均的賃金水準と自社の年齢別賃金水準とを比較しながら定昇やベアのテーブルを決定していく。
　　（賃金水準は次ぎの書籍等を参考にしても良い。
　　　㈱産労総合研究所編　タイトル　賃金・労働条件総覧）

3.4　労働組合との協議又は各社員への説明

①労働組合がある場合
　定昇、ベアについては、会社業績の実績や見通しを踏まえ労働組合と事前協議。
　（利益分配の比率）

A．人件費への配分比率。(給与・賞与のみならず退職金、社会保険料の会社負担分等の法定福利費や福利厚生費用も含めての人件費)
　　B．株主配当金への配分比率。
　　C．今後の設備投資等の為、及び非常時（経営環境悪化等）の為の内部留保積み金への配分。
②労働組合がない場合
　定昇、ベアの内容について、会社業績も踏まえて大筋の昇給率を経営者が直接説明するなり、経営者より幹部に説明し、幹部より一般社員に説明し各社員の理解を求める。

4. 昇進（役職）・昇格（社内職能資格級）

4.1　役職と社内職能資格級の違い

①**役職とは**
　どんな組織でも、組織としての目標達成に向け組織的に業務を遂行している。企業においても社員一人一人が勝手に業務や仕事をしているのではなく、数名から数百名の社員の組織体（部門）が企業の達成目標や目的の遂行業務を行うために、それぞれが役割を持ち行動している。その組織体（部門）の集合体が企業である。
　組織体（部門）を束ね、それぞれの社員に役割を与え、教育し指導し、叱咤激励し、管理するリーダーが役職者である。
　名称は部長、課長、店長、係長、グループリーダー、主任、掛長、班長等、その企業の業種や職種、組織等企業の実態に合わせ、又、対外的な認識、理解度、社会的認知度等を考慮し名称を決める。

②**社内職能資格級とは**
　企業が期待する職務遂行能力を段階を設けて設定し、職務遂行能力に応じた人事と役職、賃金等の処遇をする。
　社内職能資格級は
　・大企業の場合は総合職と一般職に区分している。
　・中小企業の場合は総合職と一般職に区分していない場合が多い。
　　但し、職種別に区分し企業が期待する人物像を段階的に設けて等級を決めている。

4.2　決定方法

　次の事を参考にして幹部会で決定。
　・人事評価の今までの実績
　・部門長の推薦
　・過去の業績、成果、実績、改善工夫（改善提案）、開発内容

- 社内昇格、昇進試験の結果（ペーパーや技能技術試験、面接による試験等）
- 指導力や管理能力、専門職の場合は専門分野の能力、知識、分析力や開発力
- 社外資格、免許等
- 昇進の場合は現在の社内職能資格級
- 昇進の場合は人事異動（移動・異動）による後任ポストや空席ポストの把握
- その他参考となる事柄

【役職とか資格の降格について】

　成果給とか業績給はその年度（或いは、ある期間）に限っての評価である。資格や役職は将来に亘って資格や役職に見合う職務遂行能力を期待するものである。しかしながら長い期間に亘って職務遂行能力や業績、成果が低い者は降格も時にはありえる制度にしておくべきである。…未来永劫降格しない制度は問題となる。

　（例えば、昇進、昇格後、著しく成果や業績が悪く、その資格や役職に見合う業務遂行性や指導性、管理能力等も発揮できなければ降格させなければ他の社員の不満に結びつく。

　但し、短期間に安易に降格すべきではない。降格が多ければ幹部の評価能力がないと見られ、社員も降格への不安感があるので、一方で安易な降格は避けるべきである。

4.3　対応

①辞令の交付

　昇進、昇格者への辞令の交付。

②公表

- 昇進については社内報や通達、社内メールその他で全社員に案内。
- 昇進により人事異動があれば、人事異動の通知を社内報や通達、社内メールその他で全社員に案内。
- 昇格については、ある程度上位以上（社内資格級が課長以上等の管理職水準の昇格）のレベルの資格昇格者についてのみ案内。

③昇進者への管理者教育

　役職昇進者については、昇進前或いは昇進後できるだけ早い時期に外部もしくは社内の集合教育で管理者教育を実施。

　（職務分掌、職務権限、リーダーのスタンスや管理者としての心得、部下の管理方法や部下のレベルアップ或いはコミュニケーションアップの手法、コンプライアンスやクレームによる改善対策や対処法等管理者全般教育。）

④昇進者等への権限等の付与

　昇進役職者別に

　・職務分掌の周知　　・職務権限の付与　　・予算執行権の付与

⑤昇進に伴う組織図（役職者配置図）の変更

⑥昇進者等の名刺・机（役職者専用仕様の机や椅子がある場合）等の手配

4.4 反映

①役職の昇進
　・役職手当の付与、増額　　　・昇給、賞与に反映
②社内職能資格級の昇格
　・昇給、賞与に反映　・出張旅費の宿泊費や日当に反映　・住宅手当への反映

5. 賞与

5.1 賞与の算出要素

賞与計算の基礎となる賞与計算体系の要素は次の事項が考えられる。
①基礎的要素
　　A．年齢要素　　　　　（年齢）
　　B．勤続要素　　　　　（勤続年数）
　　C．社内職能資格級要素（社内資格級）
基本給をそのまま用いる場合もある。
②人事評価要素
　　賞与額算定期間の人事評価。
③会社業績要素
　　今期の業績結果、今後の業績見通し。
④役職加算要素
　　役職によって加算。
⑤勤怠状況要素
　　賞与額算定期間中の欠勤・出勤・遅刻早退の状況。

5.2 計算式

各要素を取り入れた場合、次のような3種類の計算式が考えられる。
　A．【（①基礎的要素×②人事評価要素）＋④役職加算要素】×③会社業績要素×⑤勤怠状況要素
　B．【（①基礎的要素の内A．年齢要素＋B．勤続要素）×②人事評価要素＋④役職加算要素＋①基礎的要素の内C．社内職能資格級要素】×③会社業績要素×⑤勤怠状況要素
　C．【（①基礎的要素の内A．年齢要素＋B．勤続要素）×②人事評価要素×③会社業績要素＋④役職加算要素＋①基礎的要素の内C．社内職能資格級要素】×⑤勤怠状況要素

5.3 賞与テーブル

賞与計算の基準となるテーブルを事前に作成。
①基礎的要素の A．年令部分、B．勤続部分のテーブル
　　　　　　　　　　（給与計算の年令給、勤続給をそのまま用いてもよい。）
①基礎的要素の C．社内職能資格級部分のテーブル
　　　　　　　　　　（資格級別に設定。資格経過年数を加味してもよい。）
④役職加算要素のテーブル　　（役職別に設定。役職経過年数を加味してもよい。）

【例　役職別、役職経過年数のテーブルの場合】

		役　職　要　素			
		部長	課長	係長	主任
役職の経過年数	0年				
	1年				
	5年				
	6年				

　　　　　　　　　　　　　　　　　　　　　　　升目の金額、企業により異なる

5.4 計算

該当する社員に対し前記賞与テーブル等を当てはめ賞与計算。

5.5 他社との比較

自社の業績結果や今後の見通しを踏まえ、又、春闘等の動向や、昨年の他社の平均的賞与水準と自社の賞与水準とを比較しながら賞与を決定していく。

　　（賞与水準は次ぎの書籍等を参考にしても良い。　　　　　　　　）
　　　㈱産労総合研究所編　タイトル　賃金・労働条件総覧

5.6 労働組合との協議又は各社員への説明

①労働組合がある場合
　会社業績の実績や今後の見通しを踏まえ労働組合と協議。
　（利益分配の比率）
　　　A．人件費への配分比率（給与・賞与のみならず退職金、社会保険料の会社負担分等の法定福利費や福利厚生費用も含めての人件費）
　　　B．株主配当金への配分比率

Ｃ．今後の設備投資等の為、及び非常時（経営環境悪化等）の為の内部留保積み金への配分。
②労働組合がない場合
　賞与支給に当たって、会社業績、今後の見通しも踏まえて大筋の賞与水準を経営者が直接説明するなり、会社幹部に説明し会社幹部より一般社員に説明し各社員の理解を求める。

第8章　給与計算・賞与計算・年末調整

1. 給与計算

1.1　給与計算の準備

①給与所得者の扶養控除（異動）申告書の提出
- 毎年1月初旬に「給与所得者の扶養控除（異動）申告書」（様式338頁掲載）を全社員に配布し、必要事項記入させて会社に提出させる。
  （対象者　正社員、期間雇用社員、パート社員、アルバイト等全社員）
- 新たに採用した社員についても、入社時提出させる。
- 提出しない時は他に主たる所得があると看做され、給与所得の源泉徴収税額表の「乙欄」を適用し、高い料率の源泉所得税を天引きしなければならない。
  【提出されておれば給与所得の源泉徴収税額表の「甲欄」を適用し安い税率となる。】

②賃金台帳兼源泉徴収簿の作成
　「給与所得者の扶養控除（異動）申告書」等により作成。人事マスターにより給与計算や人事管理をコンピュータで管理している場合は必要項目新規入力。

③毎月出勤カードを作成し所定の場所に掲出
　賃金締切日の前日に出勤カードボックスに挿入。

④毎月の異動変更事項等の確認
　次の事項について異動変更した場合は「賃金台帳兼源泉徴収簿」や「家族手当台帳」を加筆修正、もしくは、人事マスターにより給与計算や人事管理をコンピュータで管理している場合は変更入力。

　A．扶養家族の異動（増減）
　　社員の扶養家族が出産や結婚により増えたり、子供が就職等により扶養家族の対象にならなくなった場合
　　- 「給与所得者の扶養控除（異動）申告書」（様式338頁掲載）を提出させ修正。
　　- 社内の家族手当支給規定で手当の増減に該当する場合は、「家族手当支給申請書」を提出させ修正。

　B．氏名変更、住所変更
　　「給与所得者の扶養控除（異動）申告書」（様式338頁掲載）を提出させ修正。
　　又、住所変更の場合は「住所・通勤経路届」（書式見本366頁掲載）により通勤手当等の変更の必要があれば変更。

　C．給与振込先の銀行口座変更

振込承諾書（書式見本370頁掲載）を提出させ、「給与振込等銀行口座管理帳」に加筆修正又はコンピュータに修正入力。

　D．健康保険・厚生年金保険料天引変更（標準報酬月額変更等）

　　　全国健康保険協会・年金事務所より健康保険・厚生年金保険標準報酬月額変更通知書が届いたとき。

　E．定昇、ベア、昇進、降格等により給与の一部が変更になったとき。

　F．地方税の特別徴収（給与より天引）について市町村より通知（変更）があったとき。

　G．その他異動変動項目

　　　健康保険料、厚生年金保険料、雇用保険料、源泉所得税の料率や税率が変更になったとき。

⑤**出勤カードの回収、集計**

　出勤カードや欠勤・休暇届等により残業時間・休日出勤、深夜労働時間、欠勤日数、遅刻早退、年次有給休暇使用日数等を集計し、「賃金台帳兼源泉徴収簿」に転記もしくはコンピュータに入力、変更。

1.2　給与計算及び給与支払い明細書の作成

①前記1.1を踏まえ給与計算し給与支払明細書を作成。

　コンピュータで給与計算していない場合は、「賃金台帳兼源泉徴収簿」により給与計算し給与支払明細書を作成。

②差し引き給与額を銀行振り込み手配、又は給与封筒に現金封入。

③給料支給日に各社員に給与封筒もしくは給与支払明細書配布。

2. 年次有給休暇の管理と法定付与日数

2.1　法定付与日数及び繰越年数

　企業により年間に年次有給休暇を付与する日数及び繰越できる年数は就業規則等の定めにより違いはあるものの、労働基準法では最低次の年次有給休暇を付与しなければならない定めになっている。

【短時間労働者（パート社員）について、短時間労働者の就業規則等がなく、年次有給休暇の付与日数を具体的に定めていない場合は、次の法定付与日数（後記①B）以上を付与しなければならない。】

①**法定付与日数**

　A．正社員の場合

　　　継続勤務した年数により1年毎に次ぎの通り付与しなければならない。但し、付与前1年間に8割以上勤務した者に限る。

継続勤務年数が6ヶ月経過	1年6ヶ月	2年6ヶ月	3年6ヶ月	4年6ヶ月	5年6ヶ月	6年6ヶ月以上
付与日数10日	11日	12日	14日	16日	18日	20日

B．短時間労働者（パート社員）の場合

週所定労働日数が4日以下で、労働時間が週30時間未満の者。

週所定労働日数	1年間の所定労働日数	継続勤務年数					
		0.5	1.5	2.5	3.5	4.5	5.5	6.5以上
4日	169〜216	7日	8	9	10	12	13	15日
3日	121〜168	5日	6	6	8	9	10	11日
2日	73〜120	3日	4	4	5	6	6	7日
1日	48〜72	1日	2	2	2	3	3	3日

②法定繰越年数

今年付与した年次有給休暇の未使用の年次有給休暇は、次年度まで繰り越さなければならない。（法定繰越年数は1年であるが、就業規則の定めにより2年又は3年繰り越すことができる企業もある。）

2.2　年次有給休暇の管理

①コンピュータ上で管理する場合

年次有給休暇を給与計算と同時にコンピュータで付与日数や残日数等を自動計算するシステムの場合、毎月配布する給与明細書に年次有給休暇の年度付与日数・繰越日数・使用日数・残日数を表示。

②コンピュータ上で管理しない場合。

次の2種類の管理の仕方がある。

A．「年次有給休暇管理台帳」を作成（年度付与日数・繰越日数の合計日数を表示）し、毎月出勤カードや欠勤・休暇届等により年次有給休暇使用日数等を記録管理する。

B．毎年1回、年次有給休暇付与更新者について、更新の都度年次有給休暇表（書式見本384頁掲載）を作成配布し、年次有給休暇を使用の都度、欠勤・休暇届の代わりに年次有給休暇表を提出させ、使用日の記録と残日数を労働者自身が自己管理させる。
（年次有給休暇表を各社員に配布し自己の年次有給休暇を自己管理。）

2.3　年次有給休暇と有給休暇（特別休暇）の違い

年次有給休暇は法定で最低前記2.1の通り与えなければならないが、有給休暇（特別休暇）は必ずしも与える必要はなく、就業規則に明記している場合に限り年次有給休暇と同様に所定労働時間

勤務したものとして有給として扱う。

有給休暇扱いの例（企業により付与条件や付与日数に違いはある。）

配偶者・子の死亡の場合	×日付与
父母の死亡の場合	×日付与
本人の結婚の場合	×日付与
勤続〇年以上経過した者	×日付与　　　　　等

（勤続功労の意味で付与）

3. 賞与計算

3.1　準備

①決算書、試算表等により自社の業績結果や見通しの把握。
②春闘等の動向や、昨年の他社の平均的賞与水準の調査。
③賞与計算期間中（半年）の勤怠状況のまとめ。（出勤日数・欠勤日数・遅刻早退等）
④人事評価のまとめ。

3.2　変更事項の確認

健康保険料、厚生年金保険料、雇用保険料、源泉所得税の料率等が変更になっているか否か確認。

3.3　賞与計算及び賞与支払い明細書の作成

前記3.1、3.2を踏まえ前記第7章5.により賞与計算し賞与支払明細書を作成。
・コンピュータで賞与計算していない場合は、賞与計算書により賞与計算。
・賞与計算書より「賃金台帳兼源泉徴収簿」に賞与支給額を転記。
・「賃金台帳兼源泉徴収簿」により源泉所得税、社会保険料額、差し引き支払額を計算し賞与支払明細書を作成。

3.4　差し引き賞与額を銀行振り込み手配、又は賞与封筒に現金封入

3.5　賞与支給日に各社員に賞与封筒もしくは賞与支払明細書配布

3.6　賞与支払届提出

管轄全国健康保険協会・年金事務所に次の書類を提出。
　・健康保険・厚生年金保険被保険者賞与支払届（様式333頁掲載）

・健康保険・厚生年金保険被保険者賞与支払届総括表（様式332頁掲載）
　提出期限　　賞与を支給した日から5日以内

4. 年末調整

4.1　社内案内

　年末調整の為の案内を12月の給料計算（賞与で年末調整する場合は賞与計算）の始まる1ヶ月半前までに全社員に通知。

①通知内容
・年末調整の内容や本年度の源泉所得税の改正点。
・提出頂く書類の種類と内容

②提出頂く書類と内容
・「給与所得者の扶養控除（異動）申告書」（様式338頁掲載）
　　（提出対象者）
　　年の途中で扶養家族が異動した者（例えば子供や妻が就職又は退職により所得税の扶養家族として増減した場合等）
・「給与所得者の保険料控除申告書兼給与所得者の配偶者特別控除申告書」（様式339頁掲載）
　　（提出対象者）
　　次のいずれかの者は提出。
　　　A．生命保険料、地震保険料、社会保険料（本人以外の社会保険料。例えば子供の国民年金保険料等）を支払っている者。
　　　　　添付書類　　保険会社等発行の保険料払込証明書
　　　B．配偶者の今年の年間給与収入が103万円を超え141万円未満の者等。
・「住宅借入金等特別控除申告書」
　　（提出対象者）
　　住宅購入の為、銀行等より借入している者で、税務署より本人宛住宅借入金等特別控除申告書が送付されてきた者。（借入の初年度は本人自身が税務署へ確定申告で特別控除申告をしなければならない。）
　　　添付書類　金融機関発行の住宅借入金の借入金残高証明書
・前勤務先の「給与所得の源泉徴収票」（様式343頁下段掲載）
　　今年中途で入社した者で、1月～入社日までの間に他社に勤務履歴があり給与所得を受けていた者。

③提出期限
　12月の給料計算（賞与で年末調整する場合は賞与計算）の始まる2週間前ぐらい。

(下記4.2の確認作業等をする必要がある為。)

4.2　確認

①前記4.1②により提出された書類（添付書類も含む）の記載内容等の確認。

②今年、年の途中で入社した者の給与所得の源泉徴収票提出有無と年末調整対象の可否の確認。
（勤務履歴があり前勤務先の源泉徴収票を提出しない者は年末調整をしない。）

4.3　年末調整計算及び給与所得の源泉徴収票の作成、配布等

①前記4.2.を踏まえ年末調整計算し給与所得の源泉徴収票（様式343頁下段掲載）を作成。

　コンピュータで給与計算していない場合は、「賃金台帳兼源泉徴収簿」により年末調整計算し「給与所得の源泉徴収票」を作成。

②12月又は1月の給料支給日までに各社員に給与所得の源泉徴収票を配布。

③給与所得の源泉徴収票を税務署に提出。

　給与等の支払い金額が年間250万円を超える者（但し、役員及び「給与所得者の扶養控除等（異動）申告書」を提出しない者は50万円を超える者）は給与所得の源泉徴収票を税務署に提出。

　添付書類　給与所得の源泉徴収票等の法定調書合計表（様式346頁掲載）

　提出期限　1月31日

④社員の住居地の全市町村に下記書類を提出。

・給与支払報告書（給与所得の源泉徴収票の複写上部部分）…（様式343頁上段掲載）
　（金額の多寡にかかわらず全社員分提出）

・給与支払報告書（総括表）…（様式344頁上段掲載）

　提出期限　1月31日

5.　その他法定調書の作成提出

　前記「給与所得の源泉徴収票」の他に、前年1年間に企業が次のものを支払っている場合は、毎年①～④の書類も作成し1月31日までに管轄税務署に提出。

①「退職所得の源泉徴収票・特別徴収票」（様式344頁下段掲載）

　退職した社員に退職金を支払った場合。

②「報酬、料金、契約金及び賞金の支払い調書」（様式345頁上段掲載）

　生命保険の外交員に支払った外交員報酬や税理士、社会保険労務士、技術士等の顧問料。

③「不動産の使用料等の支払い調書」（様式345頁下段掲載）

　会社が賃借した店舗や社宅、倉庫や駐車場等の家賃や月極め駐車料などを支払った場合。

④「給与所得の源泉徴収票等の法定調書合計票」（様式346頁掲載）

　給与所得の源泉徴収票の他に上記①～④他を集計し記載提出。

第9章　助成金・奨励金

　労働者の雇用に関連して事業主に対し、次ぎのような助成金や奨励金が支給される。詳細は管轄の官庁に確認すれば詳しく教えて頂ける。

1. 売上や生産量が急激に減少し労働者を休業させるとき

1.1　名称

（中小企業）中小企業緊急雇用安定助成金　　　（大企業）雇用調整助成金

1.2　要件

　次ぎの①又は②の要件を満たすこと。
①最近3ヶ月の売上高や生産量が、その直前3ヶ月又は前年同期と比較して5％以上減少した場合。
②最近3ヶ月の売上高や生産量が2年前の同じ時期に比べて10％以上減少し、直近の決算が赤字の企業。

1.3　休業単位

　1日又は半日ごと休業した場合。

1.4　助成率

　休業期間中に支払った賃金の大企業2／3・中小企業4／5を助成（但し、上限は雇用保険基本手当日額の最高額が限度。平成22年1月時点は1日一人7685円が限度）
　休業する半年間に解雇している者がいない中小企業は9／10を助成。

1.5　助成期間及び助成日数

　最大3年間、従業員一人当たり最大300日

1.6　手続

①手続期限、単位
　休業開始する1日前までに、1月単位で申請。それを毎月申請し繰り返す。
②手続先窓口・手順
　　手続窓口　　管轄公共職業安定所
　　申請手順　　・休業を開始する前に「雇用調整助成金・中小企業緊急雇用安定助成金・休業等実

施計画届」（様式270頁掲載）を提出し申請。
　　　（1月単位毎に申請）
・休業を終了した後「雇用調整助成金・中小企業緊急雇用安定助成金・（休業等）支給申請書（様式271頁掲載）を提出し申請。
　　（計画届を提出した1月単位毎に提出し申請。）

　上記計画届・支給申請する際には多数の添付書類が必要であるので詳しくは管轄公共職業安定所に事前に確認のこと。

2. 高齢者（60歳〜65歳未満）・障害者又は母子家庭の母を採用したとき

　公共職業安定所に求人申込みをし、公共職業安定所の紹介により高齢者（60歳〜65歳未満）・障害者又は母子家庭の母を採用したとき

2.1　名称

特定求職者雇用開発助成金

2.2　助成額

30万〜240万円
但し、大企業と中小企業或いは就職困難者の内容によりそれぞれ助成額が定められている。

2.3　手続先

管轄公共職業安定所

3. 労働者のキャリア形成促進の為の職業訓練等を実施するとき

3.1　名称　　キャリア形成促進助成金

3.2　要件

　労働者のキャリア形成の効果的な促進の為、雇用する労働者を対象として目標が明確化されていること。（労働者自らが職業生活に即し、職業訓練を通じ実践的な職業能力を形成）

3.3 助成の対象

①職業訓練の実施
②職業能力開発休暇の付与
③長期教育訓練休暇制度の導入
④職業能力評価の実施
⑤キャリアコンサルティングの機会の確保

3.4 助成額

・訓練実施時間に応じて支払った賃金の１／３ ｝ 中小企業のみ対象
・訓練に要した経費（教材や外部講師料）の１／３

契約社員やパート労働者の場合の賃金助成・経費助成は１／２（大企業１／３）
・その他助成対象の内容により定められている。

3.5 手続先

独立行政法人　雇用・能力開発機構各地域事務所

4. 障害者等を雇用しているとき

4.1 障害者雇用調整金（大企業）障害者雇用報奨金（中小企業）

給付の条件、内容等詳細は前記第6章4.1参照

4.2 障害者職業生活相談員の配置による助成金

①条件
知的障害者等を５人以上雇用し、障害者職業生活相談員を配置している場合。
（職業生活相談員は社員でも外部の者でも資格があれば選任可能。）
②助成額
障害者職業生活相談員配置者１人について毎月15万円限度助成。
③資格
独立行政法人高齢・障害者支援機構が実施する障害者職業生活相談員資格認定講習を終了していること。

4.3 障害者等に係るその他の助成金

障害者作業施設設置助成金等、障害者の働きやすい環境施設等の改善取り組み内容により多種類

の助成金制度がある。

4.4　手続先

独立行政法人高齢・障害者支援機構（窓口は各都道府県の障害者雇用促進協会・雇用開発協会）

5. 短時間労働者に対し正社員に近い待遇改善を行うとき

5.1　名称

短時間労働者均等待遇推進助成金

5.2　助成の対象

①正社員と共通の待遇制度や能力に応じた待遇制度の導入
②正社員への転換制度の導入
③短時間正社員制度の導入
④教育訓練制度の導入
⑤健康診断制度の導入

5.3　助成額

導入制度の内容により30万円～50万円

5.4　手続先

財団法人21世紀職業財団各地域事務所

6. その他の助成金・奨励金制度

・育児・介護雇用安定等雇用助成金（概要は前記第4章4.9参照）
・子育て中の短時間勤務支援助成金（概要は前記第4章6.2に参照）
・その他両立支援レベルアップ助成金（概要は前記第4章6.3④参照）
・若年者等正規雇用化特別奨励金
・定年引上等奨励金
・労働移動支援助成金
・派遣労働者雇用安定化特別奨励金（派遣受け入れ企業が対象）
・職場意識改善助成金
・試行雇用（トライアル雇用）報奨金

・事業所内保育施設設置・運営等助成金

第10章　その他の労務管理事項等

1. 会社車両・マイカー管理

1.1　交通事故による加害者（運転者）の責任

　加害交通事故を起こすと加害者自身次の４つの責任を負うことになる。
①刑事上の責任
　人に怪我をさせたり、死亡させたときは刑法や道路交通法等違反による刑事上の罰。（懲役、禁固、罰金の制裁）
②行政上の責任
　事故発生の起因となった、道路交通法違反による行政上の責任。（免許の取消・停止）
③民事上の責任
　交通事故によって被害を被った第三者の人的損害（死亡や怪我による治療費、慰謝料等）や物的損害（車や建物、施設等の損壊による補修費用）に対し損害賠償支払義務。（損害賠償義務）
④社会的責任・精神的苦痛
　交通事故を起こしたことによる、社会的な制裁や運転者自身の精神的苦痛。

1.2　交通事故や重大な違反事項の容認等による会社（使用者や安全運転管理者）の責任

①刑事上の責任
　使用者や安全運転管理者（前記第6章3.3参照）が社員である運転者に対し、社会的に危険性の高い次のような運転行為を命じたり容認した場合、両罰規定により運転者のみならず使用者や安全運転管理者も刑事罰を受けなければならない。
【社会的に危険性の高い運転行為】
　無免許運転や酒酔い運転、過労運転や過積載運転、スピード違反の命令や容認等したとき。
②行政上の責任
　次ぎの行為を命じたり容認した場合、一定期間、車両を使用禁止の処分を受けることになる。
　・前記①の社会的に危険性の高い運転行為を命じたり容認したとき。
　・車の放置行為をしたとき。
　　（違法な駐車をした場合において、運転者が車を離れ直ちに運転することができない状態…長時間違法駐車等）
③民事上の責任
　事業のために社員が車（会社の車両やその車を事業のために使用し運行支配した個人の車）を運

転し、交通事故を起こし第三者に損害を与えた時は、使用者責任（民法上）と運行供用者責任（自動車損害賠償補償法）により運転者と連帯して使用者にも損害を支払う責任を負わなければならない。

（例）次の何れの場合も会社に損害賠償責任が生じる。
- 会社の車を使って仕事中に加害交通事故を起こしたとき。
- 会社の車を社員が無断で使い、私用中に加害交通事故を起こした時。
- 会社の許可を得て、社員が個人で所有するマイカーで会社の仕事中に起こした加害交通事故はもちろんのこと、その車で私用中に加害交通事故を起こした時。
（個人の車でも、会社の仕事の為に使っていた車は私用中の事故でも、会社が運行支配、運行利益を上げている車と判断し会社に責任が生じる判例が多い。）

④社会的責任・信用の失墜

会社の車両が重大事故を起こしたり、社会的に危険性の高い運転を会社が命じたり容認し検挙され、新聞やテレビ等、マスコミで取り上げられれば、会社に対する信用や信頼を大きく損ない、ビジネスに多大な影響を与える。

1.3　会社車両・マイカーの管理

前記1.2を踏まえ安全運転管理者（詳細第6章3.3参照）を中心として、会社の車両や個人が所有するマイカーを管理徹底しなければならない。

①会社車両の管理
- 車検、法定定期点検の実施確認。
- 自動車損害賠償責任保険の契約更新確認。（原付自転車やフォークリフト等）
（自動車は車検と同時に自動車損害賠償責任保険を契約更新するが、原動機付自転車等は車検制度がないため自動車損害賠償責任保険の契約更新手続が忘れがちになり、無保険で事故を起こすことになりかねない。又、フォークリフトも同様。）
- 自動車任意保険の契約更新確認。
- 自動車の鍵の管理の徹底。（勝手に社員が会社の車を運転出来ないようにする。）
- 運転日誌・車両管理台帳等による車別の運転経路や走行距離の把握管理。
- 始業点検、定期点検等による車両整備の管理と徹底。
- 運転前心身の状況の把握。（出発時、朝礼等において）
- 過重積載有無等の把握確認。（出発時等において）
- 車の清掃（車内も含め）…車も会社の顔であり看板である。

②マイカーの管理

社員のマイカーを通勤に使用許可する場合。
- 社員のマイカーによる業務使用の厳禁徹底。
- 自動車任意保険の加入強制。（加入しない者はマイカー通勤を許可しない。）

その為に次の書類を会社に提出させる。
マイカー通勤許可申請書（書式見本367頁）を提出させ、車通勤者を限定させる。申請書には次ぎの書類を添付させる。
・自動車任意保険の保険証券のコピー
（自動車任意保険に加入していない車は許可しない。）
・車検証のコピー。

1.4　安全運転の啓蒙

会社の車両を運転する者のみならず、マイカー通勤者に対しても安全運転管理者や使用者が中心となって次ぎのような安全運転啓蒙活動を行う。
・安全運転講習会の実施。
・朝礼等における運転前、安全運転啓蒙。
（交通渋滞情報・事故多発地帯・風雨夜間の時の注意事項その他の安全運転注意情報等。）
・道路交通法改正内容の周知
・社外安全運転活動
・無事故、無違反運転者に対する社内表彰や安全運転管理者協会等からの外部表彰。

2.　交通事故を起こしたときの対応

2.1　運転者の対応

①負傷者等の応急措置と後続車による二重事故の恐れがある場合は安全な場所に車を移動。
②119番通報
　怪我をしている人が大丈夫と言っても先ず119番通報し救護。
③110番通報
　事故が物損程度で、相手より「内々（警察への届出しない等）に示談しよう」と申し出を受けても必ず警察に届出する。（示談屋や暴力団等につけこまれないために）
④事故状況や相手方の確認、記録
　次のような事項を確認し、手帳やメモ用紙に記録する。
・事故の状況、怪我の状況、車の損傷部分等の確認。
・事故現場周辺の道路標識や道路幅。
　（一旦停止や速度制限等の道路標識、信号の有無、道路幅等。）
・相手車両の車種とナンバープレート、車検証の内容。（所有者名や登録番号等）
・名刺の交換等により相手の氏名、年令、住所、電話番号、勤務先名、住所、電話番号等。
・相手車両、自動車任意保険の加入有無及び加入保険会社名。

・事故管轄警察署名、担当警察官名、その他警察等の実況見分内容。
・怪我による診療先の病院名、電話番号。
・会社車両で事故を起こした時は会社の事故担当者に電話連絡。
・その他参考となる事柄。

⑤過失割合や損害賠償額等については相手に対し具体的には明言しない。後日保険会社（会社の車であれば会社）と相談する旨伝える。

現場では相手方に対し、全て賠償するとか、過失割合が何対何かの明言や、それらを名刺などで書面化しないこと。（厳禁）名刺でも書面化したものは示談書と看做されるおそれがある。

又、一般的な示談書には下記のような権利放棄条項が記載されており、示談後は異議申し立て出来ないことになっているので示談する時は慎重に行わなければならない。

【示談書の権利放棄条項】
示談後どんな事情が生じても裁判上又は裁判外においても一切異議、請求申立てをしないことを誓約する。

示談書様式354頁掲載（示談書の下段に権利放棄条項が記載されている）

⑥社員のマイカーで業務外に事故を起こした時は、その車について社員が加入している自動車任意保険会社に連絡。

2.2 会社の対応（会社の車両やマイカーで業務上事故を起こしたとき）

①運転当事者への指示

運転していた社員より電話により事故発生の報告を受けたときは先ず、前記2.1を行うよう指示。（時には会社の担当者が現場に急行することも必要。）

②事故状況を記録

運転していた社員が帰社したときは、直ちに事故の状況を把握し記録する。

社員が帰社したら、直ぐに状況を報告させること。翌日には状況報告させない。犯罪の初動捜査と同様、最初の報告が重要であり、後日になると事実と違った報告になりがちになる。

（一般的な人間の心理として、ややもすると自己弁護や責任回避や歪曲の報告になりがちになるので、当初の電話報告の内容との違いや、或いは過失割合などは客観的な事実に基づき判断し記録する。…事実と違う把握をすると後日示談交渉等をするときに大きな問題となる。）

③保険会社へ一次報告

上記②により把握し記録した範囲で保険会社に事故状況を一報し、保険会社の担当者の氏名と事故受付番号を聞いておく。

④相手方に対し

A．加害事故であれば先ず電話で謝罪、時には会社の責任者が運転者と同行し菓子折りを持って被害者宅や病院に訪問し、見舞いと謝罪を行う。

（過失割合や損害賠償等については相手に対し具体的には明言しない。自動車任意保険に加

入している為、「保険会社より誠意を持ってお話をさせて頂く」旨伝える。
　　　又、当面の診療費等の支払い方法と今後どのようにさせて頂くかは、保険会社より連絡させて頂く旨伝える。
B．相手方の怪我の状況を把握。（医者の診断内容等。）
C．相手方より次の事項確認し記録する。
・今後の診療先病院名、診療科名、電話番号、住所等
・相手方の車が損傷している場合は、「修理予定日」、「修理する自動車整備会社名」「電話番号」「代車の必要性」等を確認しメモする。
・相手方にも過失があると思われる場合は、相手方の車が加入している保険会社名、自動車任意保険証券番号、加入期間、、電話番号、住所、保険会社事故担当者名、事故受付番号等。
D．次の事項について相手方に知らせる。
・今後会社として窓口となる担当者名、所属、電話番号等。
・会社等が加入している車の自動車任意保険証券番号、加入期間、保険会社名、電話番号、住所、事故担当者名、事故受付番号等。

⑤保険会社に二次報告

上記④により把握した結果を保険会社に詳しく報告し、今後の対応を保険会社と相談し、保険会社の指示により動く。

2.3　会社の社員が業務上交通事故で怪我や死亡したとき

第3章2.を参照

3. 支店、営業所を開設したとき

3.1　手続（原則…継続事業で一元適用事業の支店、営業所を開設したとき）

＊継続事業とは…倒産等が生じない限り継続して行われる事業。
　　　　　　　　（継続事業に対し有期事業とは…ビル建設や道路工事等一定の事業目的が達成したら終了する事業。）
＊一元適用事業とは…労災保険と雇用保険の保険関係を一つの保険関係として取扱い、保険料徴収事務を一元的に取り扱う。
　　　　　　　　（一元適用事業に対し、二元適用事業とは…労災保険と雇用保険の保険関係を別個の保険関係として取扱い、保険料徴収事務を二元的に取り扱う事業。例えば、農林水産事業とか、港湾運送を行う事業等に限られた事業。）

開設した支店や営業所が例え2～3人程度の社員数の小規模事業所であっても、次の書類を提出しなければならない。

①事業報告
　開設した支店、営業所を管轄する労働基準監督署に「適用事業報告」（様式190頁掲載）を提出。

②労災保険
　開設した支店、営業所を管轄する労働基準監督署に「労働保険保険関係成立届」（様式222頁掲載）を提出。

③雇用保険
　開設した支店、営業所を管轄する公共職業安定所に次のA．Bいずれかの書類を提出。

　A．雇用保険事務（労働保険料の申告・納付の事務は除く）を開設した支店、営業所で行う場合。

　　「雇用保険適用事業所設置届」（様式240頁掲載）を提出。
　　　添付書類　・商業登記簿謄本（支店、営業所の登記の場合）
　　　　　　　　・支店、営業所の開始を証明する書類（営業許可書、登録書等）
　　　　　　　　・労働者名簿（様式166頁掲載）
　　　　　　　　・賃金台帳（様式167頁掲載）
　　　　　　　　・給与所得・退職所得に対する源泉徴収簿（様式340～341頁掲載）
　　　　　　　　・出勤カード

　B．雇用保険事務を、開設した支店、営業所で行わず本社や上部部門（支社や統括事業所等）で行う場合。

　　「雇用保険事業所非該当承認申請書」（様式238頁掲載）を提出。
　　　添付書類　事業所非該当承認申請調査書（様式239頁掲載）

　上記A．B．の判断については人事、経理上の指揮、監督において開設した支店・営業所が採用可否判断の人事権を持ち独立した事業所と看做すか否かであり、その判断は開設した支店、営業所を管轄する公共職業安定所が判断する。

　（開設した支店、営業所が社員3人～4人程度で支店長や所長に人事権等がなければ、事業所非該当としてB．になるケースが多い。）

④労働保険の一括
　開設した支店、営業所の労災保険料と雇用保険料の申告・納付を本社や上部部門（支社や統括事業所等）が一括して行う場合は本社又は上部部門（支社や統括事業所等）を管轄する労働基準監督署を経由して都道府県労働局長に次の書類を提出。

　「労働保険継続事業一括認可申請書」（様式220頁掲載）を提出
　　添付書類　なし

⑤健康保険・厚生年金保険
　健康保険・厚生年金の被保険者取得・喪失手続や関連する手続は本社又は上部部門（支社や統括事業所等）で行うのが一般的。（事務の簡素化にもなり手続も不要。）

3.2 備付書類

　支店、営業所の規模の大小に関わらず、支店、営業所責任者の管理の下、少なくとも次の書類は備付けておく必要がある。
- 労働者名簿（様式166頁掲載）
- 定期健康診断書（血液型も含む）
- 本社又は上部部門長や人事担当者の緊急連絡先等。

4. 社長に代わって人事部長等の名前で手続するとき

　雇用保険や労災保険・健康保険や厚生年金保険の手続書類の「事業主欄」を社長の名前ではなく、人事部長や総務課長の名前で書類を作成するときは次の書類を提出。
　（届出、提出書類を事業主の代わりとして代理人の名前を使い書類作成し提出する場合）
　…例えば提出書類の事業主欄を、「人事部長　山田太郎　㊞」で記入捺印し作成。
- 労働保険代理人選任届（様式221頁掲載）…一部を管轄す労働基準監督署に提出
　（複写式）　　　　　　　　　　　　　　…一部を管轄する公共職業安定所に提出
- 健康保険厚生年金保険事業所関係変更届（様式334頁掲載）
　　　　　　　　　　　　　　　　　　　…管轄する全国健康保険協会・年金事務所に提出

5. 会社の所在地や名称が変更になったとき

次の書類を提出。
雇用保険事業主事業所各種変更届（様式241頁掲載）…管轄する公共職業安定所に提出
労働保険名称、所在地変更届（様式223頁掲載）　　…管轄する労働基準監督署に提出
健康保険厚生年金保険適用事業所所在地名称変更届（様式335頁掲載）
　　　　　　　　　　　　　　　　　　　　　…管轄する全国健康保険協会・年金事務所
　　　　　　　　　　　　　　　　　　　　　　に提出

6. 教育訓練・講習

　教育訓練や各種講習は何を取り入れ、目的や手法、受けさせる対象社員の選定など、社員のレベルアップの為の教育訓練やキャリアアップの各種講習の導入は、それぞれの企業の業態や社員の職種等により違ってくるので、次ぎのように分類されたものを、それぞれ効果的に組み合わせすることにより習得の効果や現場での実践に生かされるものと思われる。

6.1 目的別分類

目的別には次ぎのように分類される。

- 新入社員導入研修
- フォローアップ研修（例　新入社員の半年、1年後等におけるフォローアップ）
- 中堅社員研修（例、主任、係長、店長研修や勤続10年に達した者を中心とした研修等）
- 管理者研修（例　部長・課長研修等）
- スキルアップ研修（例　専門知識・技能・技術研修、話法やプレゼンテーション研修等）
- 商品・素材知識習得の講習
  （新商品や他社商品の特性、部材や材料等素材の物質や特性、特徴、用途等）
- キャリアアップ研修
  （労働者自らが職業生活に即し、職業訓練を通じ実践的な職業能力を形成しアップするための研修………参考　第9章3.参照）
- 自己啓発研修
- 各種資格、免許取得講習
- 安全衛生講習
  （労働安全衛生法上の各種作業主任者技能講習や特別教育、能力向上等の講習）
- OJT（ON THE JOB TRAINING　実務をしながらの実践訓練）
- QC活動リーダー養成研修
- ISO内部監査員養成講習
- 啓蒙活動推進講習（コンプライアンスの啓蒙講習、ISOやJISの認証取得・維持講習、改善提案手法や活動講習、安全衛生週間前の安全衛生再確認の一環等としての講習）
- テーマを与えたグループ討議、意見集約型
  （例、改善提案や安全衛生、作業効率化等についてのグループ討議等）
- 出向前講習（出向者に対する、出向前の基礎知識の再講習及び意識付け）
- 定年前講習（定年後における再就職や社会活動、年金等社会保険や生活基盤の説明、ライフワークや第二の人生や生き方への方向性の選択、意識のあり方等）

6.2 講習実施者の分類

①各種団体や公的機関、教育訓練専門の民間企業が主催し募集している講習会に参加させる。
【社外教育機関】
- 独立行政法人雇用・能力開発機構が運営し各地域の職業能力開発大学や職業能力促進センターが主催する各種講座
- 政令指定都市等の商工会議所が主催する各種講座
- 各県の社団法人、経営者協会が主催する各種講座

- 社団法人中部産業連盟が主催する各種講座
- 専門学校等が主催する社会人向け各種講座
- 各地域の労働基準協会（社団法人）が窓口となっている各種講座
  （労働安全衛生等に関連した資格・免許取得や各種作業主任者技能講習や特別教育、能力向上等の講習が中心）
- 中央労働災害防止協会が主催する各種講座
  （安全衛生に関するインストラクターやトレーナーの養成講座等が中心）
- 民間のコンサルタント会社が主催する各種講座
- 税理士、公認会計士、技術士等が主催する各種講座
- 教育、講習を主業とする民間企業が主催している各種講座や通信教育講座

②社内で独自にカリキュラムを組んだ講習

6.3　講師陣

・社外講師　　・社内講師（上司や専門職、熟練者等）

6.4　手法

- 座学　・実技　・グループ討議
- 体験型（例、工場現場実習や自衛隊等への体験実習等）
- ロールプレイング（仮想実演訓練）　　・通信教育

6.5　実施場所

・社内（社内研修施設等）　　・社外

6.6　教育訓練体系の構築と記録

　社員に対し、むやみに教育訓練や講習会に参加させても意味がない。それぞれ企業独自の教育訓練体系を構築し、その上で計画的に実施し、又、効果を確認し見直しや手直しをして作り上げていかなければならない。

　又、教育訓練を受けた内容或いは各種免許・資格は、社員個々に記録管理して、重複講習や漏れの防止をし、人事の再配置や移動、職務変更等、人事管理の一助にしていかなければならない。

6.7　勤怠の扱い

　会社が指示命令し教育訓練や講習会に参加させる場合は、参加期間中は通常勤務したものとして扱う。

7. 寄宿舎に関する事項

7.1　寄宿舎とは

事業の付属寄宿舎に労働者を寄宿させる場合。
・常態として相当人数労働者が宿泊し共同生活の実態を備えるもの。
・事業経営の必要上その一部として設けられているような、事業との関連をもつもの。

7.2　寄宿舎の自治

・労働者の自由を侵してはならない。
・寮長等役員の選任に干渉してはならない。

7.3　寄宿舎規則の作成

寄宿舎生活の秩序を維持するため次の5項目を決めた寄宿舎規則を作成。
①起床、就寝、外出及び外泊に関する事項　　②行事に関する事項
③食事に関する事項　　　　　　　　　　　　④安全衛生に関する事項
⑤建物及び設備の管理に関する事項

7.4　届出

管轄労働基準監督署に次の書類を提出し届出しなければならない
①寄宿舎を設置するとき
　寄宿舎設置の為に工事を行うときは、工事着工前に「寄宿舎設置届」（様式185頁掲載）を提出。
②寄宿舎規則を作成したとき
　「寄宿舎規則届」（様式186頁掲載）を提出。　　添付書類　・寄宿舎規則
　　　　　　　　　　　　　　　　　　　　　　　　　　　　・同意書（様式187頁掲載）

労働基準法・安全衛生法等の関係

1. 労働条件通知書（一般労働者用）

(一般労働者用；常用、有期雇用型)

労働条件通知書

年　月　日

　　　　　　　　　　殿

事業場名称・所在地
使　用　者　職　氏　名

契約期間	期間の定めなし、期間の定めあり（※）（　年　月　日～　年　月　日）
就業の場所	
従事すべき業務の内容	
始業、終業の時刻、休憩時間、就業時転換（(1)～(5)のうち該当するもの一つに○を付けること。）、所定時間外労働の有無に関する事項	1　始業・終業の時刻等 (1) 始業（　時　分）　終業（　時　分） 【以下のような制度が労働者に適用される場合】 (2) 変形労働時間制等；（　）単位の変形労働時間制・交替制として、次の勤務時間の組み合わせによる。 ┌始業（　時　分）終業（　時　分）（適用日　　　　） ├始業（　時　分）終業（　時　分）（適用日　　　　） └始業（　時　分）終業（　時　分）（適用日　　　　） (3) フレックスタイム制；始業及び終業の時刻は労働者の決定に委ねる。 　　　　　　　　（ただし、フレキシブルタイム（始業）　時　分から　時　分、 　　　　　　　　　　　　　　　　　　　　（終業）　時　分から　時　分、 　　　　　　　　　　　コアタイム　　　　時　分から　時　分） (4) 事業場外みなし労働時間制；始業（　時　分）終業（　時　分） (5) 裁量労働制；始業（　時　分）　終業（　時　分）を基本とし、労働者の決定に委ねる。 ○詳細は、就業規則第　条～第　条、第　条～第　条、第　条～第　条 2　休憩時間（　　）分 3　所定時間外労働の有無（　有　，　無　）
休　　日	・定例日；毎週　　曜日、国民の祝日、その他（　　　　　　　） ・非定例日；週・月当たり　　日、その他（　　　　　　　） ・1年単位の変形労働時間制の場合－年間　　日 ○詳細は、就業規則第　条～第　条、第　条～第　条
休　　暇	1　年次有給休暇　6か月継続勤務した場合→　　　　日 　　継続勤務6か月以内の年次有給休暇　（有・無） 　　→　　か月経過で　　日 2　その他の休暇　有給（　　　　　　　） 　　　　　　　　　無給（　　　　　　　） ○詳細は、就業規則第　条～第　条、第　条～第　条

(次頁に続く)

賃　　金	1　基本賃金　イ　月給（　　　　　円）、ロ　日給（　　　　　円） 　　　　　　ハ　時間給（　　　　　円）、 　　　　　　ニ　出来高給（基本単価　　　　円、保障給　　　　円） 　　　　　　ホ　その他（　　　　　円） 　　　　　　ヘ　就業規則に規定されている賃金等級等 　　　　　　　　┌──────────────────────┐ 　　　　　　　　└──────────────────────┘ 2　諸手当の額又は計算方法 　　イ（　　　手当　　　円　／計算方法：　　　　　　　） 　　ロ（　　　手当　　　円　／計算方法：　　　　　　　） 　　ハ（　　　手当　　　円　／計算方法：　　　　　　　） 　　ニ（　　　手当　　　円　／計算方法：　　　　　　　） 3　所定時間外、休日又は深夜労働に対して支払われる割増賃金率 　　イ　所定時間外、法定超（　）％、所定超（　）％、 　　ロ　休日　法定休日（　）％、法定外休日（　）％、 　　ハ　深夜（　）％ 4　賃金締切日（　　　）－毎月　日、（　　　）－毎月　日 5　賃金支払日（　　　）－毎月　日、（　　　）－毎月　日 6　賃金の支払方法（　　　　　　　　　） 7　労使協定に基づく賃金支払時の控除（無，有（　　　）） 8　昇給（時期等　　　　　　　　　　　　　　　　　） 9　賞与（有（時期、金額等　　　　　　　），無　） 10　退職金（有（時期、金額等　　　　　　），無　）
退職に関する事項	1　定年制　（有（　　歳），無　） 2　継続雇用制度（有（　　歳まで），無　） 3　自己都合退職の手続（退職する　　日以上前に届け出ること） 4　解雇の事由及び手続 　┌─────────────────────────────────┐ 　└─────────────────────────────────┘ ○詳細は、就業規則第　条～第　条、第　条～第　条
その他	・社会保険の加入状況（　厚生年金　健康保険　厚生年金基金　その他（　　　）） ・雇用保険の適用（　有　，　無　） ・その他　┌─────────────────────────────┐ 　　　　　└─────────────────────────────┘

※　「契約期間」について「期間の定めあり」とした場合に記入

更新の有無	1　契約の更新の有無 　［自動的に更新する・更新する場合があり得る・契約の更新はしない・その他（　　　）］ 2　契約の更新は次により判断する。 　┌─────────────────────────────────────┐ 　│・契約期間満了時の業務量　　・勤務成績、態度　　・能力　　　　　│ 　│・会社の経営状況　・従事している業務の進捗状況　　　　　　　　　│ 　│・その他（　　　　　　　　　　　　　　　　　　　　　　　　　　）│ 　└─────────────────────────────────────┘

※　以上のほかは、当社就業規則による。

2. 労働条件通知書（パート労働者、期間雇用労働者用）

労働条件通知書

年　　月　　日

_____殿

事業所名称・所在地
使用者職氏名

契約期間	期間の定めなし、期間の定めあり（　年　月　日～　年　月　日）※1
就業の場所	
従事すべき業務の内容	
始業、終業の時刻、休憩時間等	始業　時　分～終業　時　分（休憩時間　　分）※2
所定外労働	1　所定時間外労働の有無（有（1週　時間、1か月　時間、1年　時間）、無） 2　休日労働（　有（1か月　日、1年　日）、無　）
休　日	
休　暇	1　年次有給休暇　6か月継続勤務した場合→　　日 　　継続勤務6か月以内の年次有給休暇［有／無］→　か月経過で　日 2　育児休業　取得可能、一定の要件を満たさなければ取得不可能 3　介護休業　取得可能、一定の要件を満たさなければ取得不可能 4　子の看護休暇　年　日 5　その他の休暇　有給（　　　　）　無給（　　　　　　）
賃　金	1　基本賃金　イ　月給（　　　円）、ロ　日給（　　　円）、 　　　　　　ハ　時間給（　　　円）、ニ　その他（　　　）（　　円） 2　諸手当の額又は計算方法 　　イ（　　手当　　円／計算方法：　　　　） 　　ロ（　　手当　　円／計算方法：　　　　） 3　所定時間外、休日又は深夜労働に対して支払われる割増賃金率 　　イ　所定時間外、法定超（　　）％、所定超（　　）％、 　　ロ　休日　法定休日（　　）％、法定外休日（　　）％、 　　ハ　深夜（　　）％ 4　賃金締切日　毎月（　　）日　5　賃金支払日　毎月（　　）日 6　賃金支払方法（　　　　　　　） 7　昇給　[有（時期、金額等　　　　　　）／無] 8　賞与　[有（時期、金額等　　　　　　）／無] 9　退職金　[有（時期、金額等　　　　　）／無] 10　労使協定に基づく賃金支払時の控除　[有（　　　）／無]
退職に関する事項	1　定年制　[有（　　歳）／無] 2　継続雇用制度　[有（　　歳まで）／無] 3　自己都合退職の手続（退職する　　日以上前に届け出ること） 4　解雇の事由及び手続（　　　　　　　　　）
その他	・社会保険の加入状況（厚生年金　健康保険　その他（　　　）） ・雇用保険の適用　[有／無] ・その他（　　　　　　　　　　　　） ・具体的に適用される就業規則名（　　　　　　）

本通知書の交付は、労働基準法第15条に基づく労働条件の明示及び短時間労働者の雇用管理の改善等に関する法律第6条に基づく労働条件の明示を兼ねるものであること。

更新の有無 ※1 期間の定めありとした場合に記入	1　契約の更新の有無[自動的に更新する・更新する場合があり得る・契約の更新はしない] 2　契約の更新は、次により判断する 　・契約期間満了時の業務量　・勤務成績、態度　・能力　・会社の経営状況 　・従事している業務の進捗状況　・その他（　　　　　）

3. 嘱託再雇用労働契約書

嘱託再雇用労働契約書

　　株式会社（以下甲という）と　　　　　（以下乙と言う）とは、定年後再雇用の労働契約を次の通り締結したことを甲・乙とも承諾した。

1. 雇用期間
   平成　年　月　日より　1年間
   平成　年　月　日まで
   契約更新については事前に更新後の給与等労働条件について甲より乙に提示し乙が承諾した上で更新する。但し65歳以降は原則更新しない。

2. 勤務場所

3. 職務

4. 就業時間
   始業　午前　時　分　終業　午後　時　分まで
   休憩　午前　時より午前　時　分
   　　　午後0時00分より午後　時　分まで
   但し、業務の必要により所定時間以外に就業させることがある

5. 休日
   毎週日曜日、土曜日、国民の祝日、を基本とした当社の勤務カレンダーによる。

6. 賃金
   (イ) 基本給として月　　　　円
   (ロ) 　手当として月　　　　円
   (ハ) 通勤手当として月　　　　円
   上記(イ)(ロ)(ハ)について欠勤した場合、1日の欠勤に対し　％を減額する。又遅行早退した場合は1時間当たり　％を減額する。
   (ニ) 所定労働時間を超えて労働した場合、時間外、休日出勤手当及び深夜手当として労働基準法の定めにより計算し支払う。
   (ホ) 賃金計算の期間は当月　日より翌月　日までとし、月末に本人指定の口座に振込みをする。

7. 賞与
   会社業績等を勘案し、会社の基準により賞与を支給することがある。

8. 退職金
   嘱託再雇用後の退職金はなし。

9. 服務遵守事項
   (1) 職務を遂行するときは、管理責任者の指示を受け、特に安全管理に配慮すること。
   (2) やむを得ない事由により欠勤、遅刻するときは、前日に管理責任者に連絡し許可を受けること。
   (3) 早退したいときは、管理責任者の許可を受けること。
   (4) 勤務中はみだりに職場を離れたり、私用をしないこと。
   (5) 職務上で知り得た情報は管理責任者の許可なく他に口外しない。

10. その他
    年次有給休暇、慶弔慰休暇、等その他の事項等については定年前に適用していた就業規則及ぶ付属規定を適用する。但し、家族手当支給規定等正社員しか適用しない規定や規則は適用しない。

上記契約の証として本書2通を作成し、甲・乙1通宛保有する。

平成　年　月　日

　　　　　　　　　　　　甲

　　　　　　　　　乙　住　所

　　　　　　　　　　　氏　名

4. 退職証明書

退 職 証 明 書

　　　　　　　殿

以下の事由により、あなたは当社を　年　月　日に退職したことを証明します。

　　　　　　　　　　　　　　年　月　日

　　事業主氏名又は名称
　　使用者職氏名

① あなたの自己都合による退職（②を除く）
② 当社の勧奨による退職
③ 定年による退職
④ 契約期間の満了による退職
⑤ 移籍出向による退職
⑥ その他（具体的には　　　　　　　）による退職
⑦ 解雇（別紙の理由による）

※ 該当する番号に○を付けること。
※ 解雇された労働者が解雇の理由を請求しない場合には、⑦の「別紙の理由による」を二重線で消し、別紙は交付しないこと。

ア 天災事変その他のやむを得ない事由（具体的には、　　　　　　　　　　　　　　　　によって当社の事業の継続が不可能になったこと。）による解雇

イ 事業縮小など当社の都合（具体的には、当社が　　　　　　　　　　　　　　　　となったこと。）による解雇

ウ 職務命令に対する重大な違反行為（具体的には、あなたが　　　　　　　　　　　　　　　　したこと。）による解雇

エ 業務について不正な行為（具体的には、あなたが　　　　　　　　　　　　　　　　したこと。）による解雇

オ 相当長期間にわたる無断欠勤をしたことなど勤務不良であること（具体的には、あなたが　　　　　　　　　　　　　　　　したこと。）による解雇

カ その他（具体的には、　　　　　　　　　　　　　　　　）による解雇

※ 該当する番号に○を付け、具体的な退職理由等を（　）の中に記入すること。

5. 解雇理由証明書

解 雇 理 由 証 明 書

_____ 殿

　当社が、　　　年　　月　　日付けであなたに予告した解雇については、以下の理由によるものであることを証明します。

年　　月　　日

　　　　　事業主氏名又は名称
　　　　　使 用 者 職 氏 名

［解雇理由］※1、2

1　天災その他やむを得ない理由（具体的には、
　　　　　　によって当社の事業の継続が不可能となったこと。）による解雇

2　事業縮小等当社の都合（具体的には、当社が、
　　　　　　　　　　　　となったこと。）による解雇

3　職務命令に対する重大な違反行為（具体的には、あなたが
　　　　　　　　　　　　したこと。）による解雇

4　業務について不正な行為（具体的には、あなたが
　　　　　　　　　　　　したこと。）による解雇

5　勤務態度又は勤務成績が不良であること（具体的には、あなたが
　　　　　　　　　　　　したこと。）による解雇

6　その他（具体的には、
　　　　　　　　　　　　）による解雇

※1　該当するものに〇を付け、具体的な理由等を（　　　）の中に記入すること。
※2　就業規則の作成を義務付けられている事業場においては、上記解雇理由の記載例に関わらず、当該就業規則に記載された解雇の事由のうち、該当する解雇の事由を記載すること。

6. 労働者名簿

様式第十九号（第五十三条関係）

労働者名簿						
氏名	性別		退職	又は	死亡	履歴
生年月日			年月日	事由（退職の事由が解雇の場合にはあつて、その理由を含む。）		
住所	雇入れ年月日	従事する業務の種類				

7. 賃金台帳

様式第20号（第55条関係）

賃　金　台　帳　（常時使用される労働者に対するもの）

氏名	性別															
賃金計算期間	労働日数	労働時間数	休日労働時間数	早出残業時間数	深夜労働時間数	基本賃金	所定時間外割増賃金	手当			小計	臨時の給与	賞与	合計	控除金	実物給与

記載心得
一　氏名は当該事業場で使用する労働者番号をもつて代えることができる。
二　残業又は休日労働が深夜に及んだ場合には、深夜の部分の残業労働時間数を深夜労働時間数の欄にも記入すること。
三　実物給与の欄には、当該賃金計算期間において支給された実物給与の評価額をその種類ごとに記入すること。

8. 精神又は身体の障害者の最低賃金適用除外許可申請書

様式第1号（最低賃金法施行規則第5条）

精神又は身体の障害者の最低賃金適用除外許可申請書

事業の種類	事業場の名称	事業場の所在地

適用除外を受けようとする労働者	氏名	性別	生年月日	適用除外をうけようとする最低賃金	件名
精神又は身体の障害の状態				最低賃金額	金額
従事させようとする業務の種類				支払おうとする賃金	金額
労働能力に支障のある程度					上の金額を定めた基準

平成　　年　　月　　日

使用者　職名
　　　　氏名　　　　㊞

都道府県労働局長　殿

注意
1 「従事させようとする業務の種類」欄には、適用除外があった後において当該労働者に従事させようとする業務の種類を記入すること。
2 「支払おうとする賃金」欄には、適用除外の許可があった後において当該労働者に支払おうとする賃金について記入すること。
3 氏名を記載し、押印することに代えて、署名することができる。

9. 継続雇用制度の対象となる高年齢者に係る基準に関する労使協定

<u>継続雇用制度の対象となる高年齢者に係る基準に関する労使協定</u>

　　　　株式会社と　　　　株式会社の従業員代表は、高年齢者等の雇用の安定等に関する法律第9条2項に基づき、　　　株式会社における継続雇用制度の対象となる高年齢者に係る基準に関し、次の通り協定する。

(継続雇用制度の対象に係る基準)
第1条　次の各号に掲げる基準のいずれにも該当する者については、就業規則第　　条に基づく定年の到達後も、65歳まで継続雇用する。
　　　1．引続き勤務することを希望する者。
　　　2．過去5年間の出勤率が98％以上の者。
　　　3．直近の健康診断の結果、業務遂行上に問題がないこと。
　　　4．給与については定年前所定内給与の　　％以上とし、その額は会社が事前に提示し該当従業員が承諾した者。労働時間等については定年前従業員と同じ。

(身分及び更新)
第2条　身分は嘱託社員とし、期間は1年毎に契約を更新する。又、所定内給与の額については会社が1年毎に見直し、事前に提示し、該当社員が承諾した場合に契約を更新する。

(有効期間)
第3条　本協定の有効期間は平成　　年　　月　　日から平成　　年　　月　　日までとする。有効期間の3ヶ月前までに会社、従業員代表のいずれからも申出がないときは、更に3年間有効期限を延長するものとし、以降も同様とする。

平成　　年　　月　　日

　　　　　　　　　　　　　　○○株式会社　代表取締役

　　　　　　　　　　　　　　○○株式会社　従業員代表

10. 解雇予告除外認定申請書

様式第3号(第7条関係)

解雇予告除外認定申請書

事業の種類	事業の名称	事業の所在地

労働者の氏名	性別	雇入年月日	業務の種類	労働者の責に帰すべき事由
	男女	年　月　日		
	男女	年　月　日		
	男女	年　月　日		
	男女	年　月　日		

　　年　月　日

　　　　　　　　　　職名
　　　　　使用者
　　　　　　　　　　氏名　　　　㊞

労働基準監督署長　殿

労働基準法・安全衛生法等の関係

11. 労働者死傷病報告（死亡・休業の場合）

様式第23号（第97条関係）（表面）

労働者死傷病報告

労働保険番号（建設業の工事に従事する下請人の労働者が被災した場合、元請人の労働保険番号を記入すること。） 事業の種類

8 1 0 0 1

都道府県 / 所掌 / 管轄 / 基幹番号 / 枝番号 / 被一括事業場番号

事業場の名称（建設業にあつては工事名を併記のこと。）
- カナ
- 漢字

工事名

職員記入欄
- 派遣先の事業の労働保険番号
- 都道府県 / 所掌 / 管轄 / 基幹番号 / 枝番号 / 被一括事業場番号
- 派遣労働者が被災した場合は、派遣先の事業場の郵便番号

事業場の所在地　構内下請事業の場合は親事業場の名称、建設業の場合は元方事業場の名称　派遣労働者が被災した場合は、派遣先の事業場の名称　提出事業者の区分（派遣先／派遣元）

電話（　　）

郵便番号　労働者数　発生日時（時間は24時間表記とすること。）
人　7：平成　元号　年　月　日　時　分

被災労働者の氏名（姓と名の間は1文字空けること。）
- カナ
- 漢字

生年月日
1：明治 3：大正 5：昭和 7：平成
元号　年　月　日　（　）歳
性別　男／女

職種　経験期間　年　月　いずれかに○

休業見込期間又は死亡日時（死亡の場合は死亡欄に○）　傷病名　傷病部位　被災地の場所
休業見込（いずれかに○ 月 週 日）　死亡（死亡日時）

災害発生状況及び原因
①どのような場所で ②どのような作業をしているときに ③どのような物又は環境に ④どのような不安全な又は有害な状態があつて ⑤どのような災害が発生したかを詳細に記入すること。

略図（発生時の状況を図示すること。）

職員記入欄
- 起因物　店社コード　業種分類
- 事故の型　発注者種類　事業場等区分　業務上疾病（1：該当 2：非該当）　自由設定項目

報告書作成者　職氏名

年　月　日

事業者職氏名

労働基準監督署長殿

㊞

受付印

（物品番号 648006）22.3

171

12. 労働者死傷病報告（治療のみの場合）

様式第24号(第97条関係)

労働者死傷病報告

事業の種類	事業場の名称（建設業にあっては工事名を併記のこと。）	事業場の所在地 電話（　）	労働者数 年 月から 年 月まで

被災労働者の氏名	派遣労働者の場合は欄に○	性別	年齢	職種	災害発生状況（派遣労働者が被災した場合は、派遣先の事業場を併記のこと。）		
					発生月日	傷病名及び傷病の部位	休業日数
		男・女	才		月　日		日
		男・女	才		月　日		日
		男・女	才		月　日		日
		男・女	才		月　日		日
		男・女	才		月　日		日
		男・女	才		月　日		日

報告書作成者職氏名	

平成　年　月　日

備考　派遣労働者が被災した場合、派遣先及び派遣元の事業者は、それぞれ所轄労働基準監督署に提出すること。
　　　氏名を記載し、押印することに代えて、署名することができる。

　　　　　　　　　　　　　　　　　事業者職氏名　　　　　　　　　　㊞

労働基準監督署長　殿

13. 就業規則（変更）届

就業規則（変更）届

平成　年　月　日

労働基準監督署長殿

　今般、別添のとおり当社の就業規則を作成（変更）いたしましたので、従業員代表の意見書を添付のうえお届けします。

事業場の所在地
事業場の名称
使用者職氏名　　　　　　　　　　　　　㊞

14. 意見書

```
                        意見書
                              平成　年　月　日

              殿

平成　年　月　日付けをもって意見を求められた就業規則案につい
て、下記のとおり意見を提出します。


                         記


  1

  2













                  従業員代表　　　　　　　　　㊞
                 （選出の方法　　　　　　　　　　）
```

15. 時間外休日労働に関する協定届

様式第9号（第17条関係）

時間外労働 休日労働 に関する協定届

事業の種類	事業の名称	事業の所在地（電話番号）

時間外労働

	時間外労働をさせる必要のある具体的事由	業務の種類	労働者数（満18歳以上の者）	所定労働時間	延長することができる時間	
					1日（1日を超える一定の期間の起算日）	期間
① 下記②に該当しない労働者						
② 1年単位の変形労働時間制により労働する労働者						

休日労働

	休日労働をさせる必要のある具体的事由	業務の種類	労働者数（満18歳以上の者）	所定休日	労働させることができる休日並びに始業及び終業の時刻	期間

協定の成立年月日　　年　　月　　日

協定の当事者である労働組合の名称又は労働者の過半数を代表する者の職名
氏名

協定の当事者（労働者の過半数を代表する者の場合）の選出方法（　　　　）

年　　月　　日

使用者　職名
氏名　㊞

労働基準監督署長殿

記載心得

1 「業務の種類」の欄には、時間外労働又は休日労働をさせる必要のある業務を具体的に記入し、労働基準法第36条第1項ただし書の健康上特に有害な業務について協定をした場合には、当該業務を他の業務と区別して記入すること。
2 「延長することができる時間」の欄の記入に当たっては、次のとおりとすること。
(1) 「1日」の欄には、労働基準法第32条から第32条の5まで又は第40条の規定により労働させることができる最長の労働時間を超えて延長することができる時間であって、1日についての限度となる時間を記入すること。
(2) 「1日を超える一定の期間（起算日）」の欄には、労働基準法第32条から第32条の5まで又は第40条の規定により労働させることができる最長の労働時間を超えて延長することができる時間であって、同法第36条第1項の協定で定められた1日を超え3箇月以内の期間及び1年間についての限度となる時間を記入し、その下段に、当該協定期間についての起算日を記入すること。
3 ②の欄は、労働基準法第32条の4の規定による労働時間により労働する労働者（対象期間が3箇月を超える1年単位の変形労働時間制により労働する労働者に限る。）について記入すること。
4 「労働させることができる休日」の欄には、労働基準法第35条の規定による休日であって労働させることができる日並びに当該休日の労働の始業及び終業の時刻を記入すること。
5 「期間」の欄には、時間外労働又は休日労働をさせることができる日の属する期間を記入すること。

16. 事業場外労働に関する協定届

様式第12号（第24条の2第3項関係）

事業場外労働に関する協定届

事業の種類	事業の名称	事業の所在地（電話番号）	
業務の種類	該当労働者数	1日の所定労働時間	協定で定める時間	協定の有効期間
時間外労働に関する協定の届出年月日				

協定の成立年月日　　　　　年　　月　　日
協定の当事者である労働組合の名称
　　　　　又は労働者の過半数を代表する者の　職名
　　　　　　　　　　　　　　　　　　　　　　氏名
協定の当事者（労働者の過半数を代表する者の場合）の選出方法
　　（　　　　　　　　　　　　　　　　　　　　　　　　）
　　　　　年　　月　　日

　　　　　　　　　　　　　　　　　　　　　職名
　　　　　　　　　　　　　　　　　　使用者
　　　　　　　　　　　　　　　　　　　　　氏名　　　　　㊞

　　　労働基準監督署長殿
記載心得
　　「時間外労働に関する協定の届出年月日」の欄には、当該事業場における時間外労働に関する協定の届出の年月日（届出をしていない場合はその予定年月日）を記入すること。

17. 事業場外労働に関する協定書

<u>事業場外労働に関する協定書</u>

第1条　この協定は営業部に所属する従業員で、主として事業場外において商品の販売、取り付け等の業務に従事する者に適用する。

第2条　従業員が、労働時間の全部又は一部を事業場外において従事した場合であって、労働時間を算定しがたい日については、就業規則第　　条に定める1日の所定労働時間を超えて月間通算して　　時間時間外労働したものとみなす。

　　　　　　　　　　　↑
　　　　　　　企業の労働実態により設定

　2　休憩時間については、就業規則第　　条に定める休憩時間を適用するものとする。又、業務の都合により定められた休憩時間に休憩できないときは、別の時間帯に休憩するものとする。
　3　遅刻、早退その他明らかに業務に従事しなかった時間がある場合には、終業規則第　　条の定めにより賃金を減額する。

第3条　従業員は、特別の指示をした場合を除き、深夜労働及び、休日労働に従事しないものとする。

第4条　一定の育児又は介護を行う労働者の内、時間外労働の短いものとすることを申し出た者については4週に24時間、1年間につき150時間を超えて時間外労働に従事させることはない。

第5条　第2条の規定により所定労働時間を超えて労働したとみなされる時間に対しては、賃金規則第　　条の定めるところにより割増賃金を支払うものとする。

附則
　この協定の有効期限は平成　年　月　日から平成　年　月　日までとする。

平成　年　月　日

　　　　　　　　　　　　　　　　　　　　事業主

　　　　　　　　　　　　　　　　　　　　従業員代表

18. 断続的な宿直又は日直勤務許可申請書

様式第10号（第23条関係）

断続的な宿直又は日直勤務許可申請書

事業の種類	事業場の名称	事業場の所在地

宿直	就寝設備		
	総員数　　　　　人	1回の宿直員数　　　人	宿直勤務の開始及び終了時刻　時　分から　時　分まで	一定期間における1人の宿直回数	1回の宿直手当　　円

日直	勤務の態様		
	総員数　　　　　人	1回の日直員数　　　人	日直勤務の開始及び終了時刻　時　分から　時　分まで	一定期間における1人の日直回数	1回の日直手当　　円

　　年　　月　　日

使用者　職名
　　　　氏名　　　㊞

　　　　労働基準監督署長　殿

労働基準法・安全衛生法等の関係

19. 1年単位の変形労働時間制に関する協定届

様式第4号(第12条の4第6項関係)

1年単位の変形労働時間制に関する協定届

事業の種類	事業の名称	事業の所在地(電話番号)	常時使用する労働者数
			人

該当労働者数(満18歳未満の者)	対象期間及び特定期間(起算日)	対象期間中の各週の労働時間並びに所定休日 (別紙)	対象期間中の1週間の平均労働時間数	協定の有効期間
( )人			時間 分	

労働時間が最も長い日の労働時間数(満18歳未満の者)	労働時間が最も長い週の労働時間数(満18歳未満の者)	対象期間中の最も長い連続労働日数	対象期間中の総労働日数
時間 分 (時間 分)	時間 分 (時間 分)	日	日間

連続労働時間が48時間を超える週数	特定期間中の最も長い連続労働日数		
週	日間		

対象期間中の労働時間が48時間を超える週数			
週			

旧協定の対象期間中の労働時間が最も長い日の労働時間数	旧協定の対象期間中の労働時間が最も長い週の労働時間数	旧協定の対象期間中の総労働日数
時間 分	時間 分	日

協定の成立年月日　　年　月　日

協定の当事者である労働組合の名称又は労働者の過半数を代表する者の職名氏名

協定の当事者(労働者の過半数を代表する者の場合)の選出方法( )

　　年　月　日

　　　使用者　職名
　　　　　　　氏名　　　　　　㊞

労働基準監督署長　殿

記載心得
1　法第60条第3項第2号の規定に基づき満18歳未満の者に変形労働時間制を適用する場合には、「該当労働者数」、「労働時間数」の各欄のうち、対象期間及び特定期間の欄に括弧書きをすること。
2　「対象期間及び特定期間」の欄のうち、対象期間については当該変形労働時間制における時間通算の期間の単位を記入し、その起算日を括弧書きすること。
3　「対象期間中の各日及び各週の労働時間並びに所定休日」については、別紙に記載して添付すること。
4　「旧協定」とは、則第12条の4第3項に規定するものであること。

179

20. 1年単位の変形労働時間に関する労使協定書

1年単位の変形労働時間制に関する労使協定（例）

○○株式会社と○○労働組合は、1年単位の変形労働時間制に関し、下記のとおり協定する。

記

（勤務時間）
第1条　所定労働時間は、1年単位の変形労働時間制によるものとし、1年を平均して週40時間を超えないものとする。
　2　1日の所定労働時間、始業・終業の時刻、休憩時間は次のとおりとする。
　　① 特定期間（7月1日から7月31日まで）
　　　所定労働時間＝1日9時間00分（始業＝午前8時30分、終業＝午後6時30分、休憩＝正午～午後1時）
　　② 前記①以外の期間
　　　所定労働時間＝1日7時間30分（始業＝午前9時、終業＝午後5時30分、休憩＝正午～午後1時）

（起算日）
第2条　対象期間の起算日は平成○年4月1日とする。

（休　日）
第3条　休日は、別添年間カレンダーのとおりとする。

（対象となる従業員の範囲）
第4条　本協定による変形労働時間制は、次のいずれかに該当する従業員を除き、全従業員に適用する。
　① 18才未満の年少者
　② 妊娠中または産後1年を経過しない女性従業員のうち、本制度の適用免除を申し出た者
　③ 育児や介護を行う従業員、職業訓練または教育を受ける従業員その他特別の配慮を要する従業員に該当する者のうち、本制度の適用免除を申し出た者

（時間外労働）
第5条　所定労働時間を越える労働については、賃金規程第○○条の規定に基づき時間外割増賃金を払う。

（適用期間が協定期間に満たない者の取扱い）
第6条　対象期間の途中で採用された者、出向等で転入あるいは転出した者、退職する者等に対しては、その者が適用された期間を平均して1週あたり40時間を超えた労働時間分について労働基準法第32条の4の2の規定に基づく割増賃金を支払う。

（有効期間）
第7条　本協定の有効期間は起算日から1年間とする。

　平成○年3月○日
　　　　　　　　　　　○○工業株式会社　　代表取締役　○○○○　印
　　　　　　　　　　　○○労　働　組　合　　執行委員長　○○○○　印

21. 賃金控除・銀行振込・雇用保険給付に関する協定書

賃金控除・銀行振込・雇用保険給付に関する協定書

次ぎの事項について使用者と従業員代表との間で協定する。

1. 賃金控除

    毎月の賃金及び賞与の支払に際しては、次に掲げるものを控除して支払うことができる。
    - （1）旅行積立金
    - （2）互助会費
    - （3）寮費・社宅家賃個人負担分
    - （4）個人加入の生命保険料、傷害保険料、自動車保険料
    - （5）社員預金
    - （6）
    - （7）
    - （8）その他本人より控除申出のもの

2. 銀行振込

    「毎月支払う賃金」及び「賞与」・「退職金」は従業員の指定する銀行口座に振り込むことができる。
    振り込まれた給与・賞与は定められ期日には従業員が引き出しできるように使用者は銀行に振り込むこと。

3. 高年齢雇用継続給付、育児休業給付・介護休業給付支給申請

    雇用保険法に定める高年齢雇用継続給付、育児休業給付・介護休業給付支給申請を労働者に代わって事業主が支給申請手続きを行う。

3. 実施開始年月日　　平成　　年　　月　　日

　前記１．２．３．についての協定は当事者の一方が２ヶ月前に文書による破棄の通知をしない限り効力を有するものとする。

平成　　年　　月　　日

　　　　　　　　　　　　　　　使用者職氏名

　　　　　　　　　　　　　　　従業員代表

22. 貯蓄金管理に関する協定届

様式第1号(第6条関係)

貯蓄金管理に関する協定届

事業の種類	事業の名称	事業の所在地

協定の成立年月日	年　月　日	協定の当事者である労働組合の名称又は労働者代表の氏名	

預金者の範囲	預金者1人当たりの預金額の限度	預金の利率	預金の利子の計算方法

労働者による預貯金の受入れの場合	預金の受入れ及び払戻しの方法	預金の保全の方法	預金の運用の方法

貯蓄金の管理の方法による場合	管　理　の　方　法
その他の管理の方法による場合	

　年　　月　　日

　　　　　　　　　　　　　　使用者　職名
　　　　　　　　　　　　　　　　　　氏名　㊞

　　　　労働基準監督署長　殿

23. 貯蓄金管理協定書

貯 蓄 金 管 理 協 定 書

　　　　　　　　　　　（以下「甲」という。）と　　　　　　　　　（以下「乙」という。）とは、甲が労働基準法第18条第2項の規定に基づき、甲の従業員の預金を受入れ管理することにつき、次のとおり協定する。

第1条　この協定により甲に預金をすることができる者は、甲に常時使用される者とする。

第2条　甲は、従業員が　　　　　　　　　を退職するときは、この協定に基づき管理するその者の預金をすみやかに返還する。

第3条　各預金者の預金残高は　　　　万円を超えないこととし、甲は同額を超えて受け入れない。

第4条　預金は、賃金および賞与の範囲内で行わなければならない。

第5条　預金の払戻しは随時行う。

第6条　利率は年　　　とする。

第7条　利子は、預入れの月からつける。但し月の　　　日以後に預入れされた場合にはその預入れの月の利子をつけない。払戻し金に相当する預金には、その払戻しの月の利子をつけない。預入れの月において払い戻し金の払戻しがあったときも同様とする。

　　　　10円未満の預金の端数には利子をつけない。

　　　　利子の計算においては、円未満の端数は切り捨てる。

　　　　甲は毎年　　　月末に利息を計算し、　　月　　日をもって元金に繰り入れる。

第8条　甲は、預金者別の預金元帳を備えつけ、預金の受入れ、払戻し利子の受入れおよび預金残高を記録する。

第9条　甲は、預金者に対し、預金通帳を交付し、預金の受入れ、払い戻しの都度、その日付けおよび金額ならびに残高を記入する。預金者は預金を預入れまたは払戻しをしようとするときは、預金通帳を甲に提出する。

第10条　甲は、社内預金の保全のため、株式会社　　　銀行を連帯保証人とする。連帯保証人は各預金者の毎年3月31日現在における預金残高の全額に相当する額を極度額として保証する。この場合において乙の代表者が預金者の代理人となるものとする。

第11条　本協定の有効期間は、協定成立の日から　年間とする。但し、甲または乙が期間満了前　カ月前までに相手方に対し異説を唱えない時は、更に　年間更新されるものとする。

　　　　　年　　月　　日

　　　　　　　　　　　使用者職氏名　　　　　　　　　　　　印

　　　　　　　　　　　従業員代表氏名　　　　　　　　　　　印

24. 預金管理状況報告

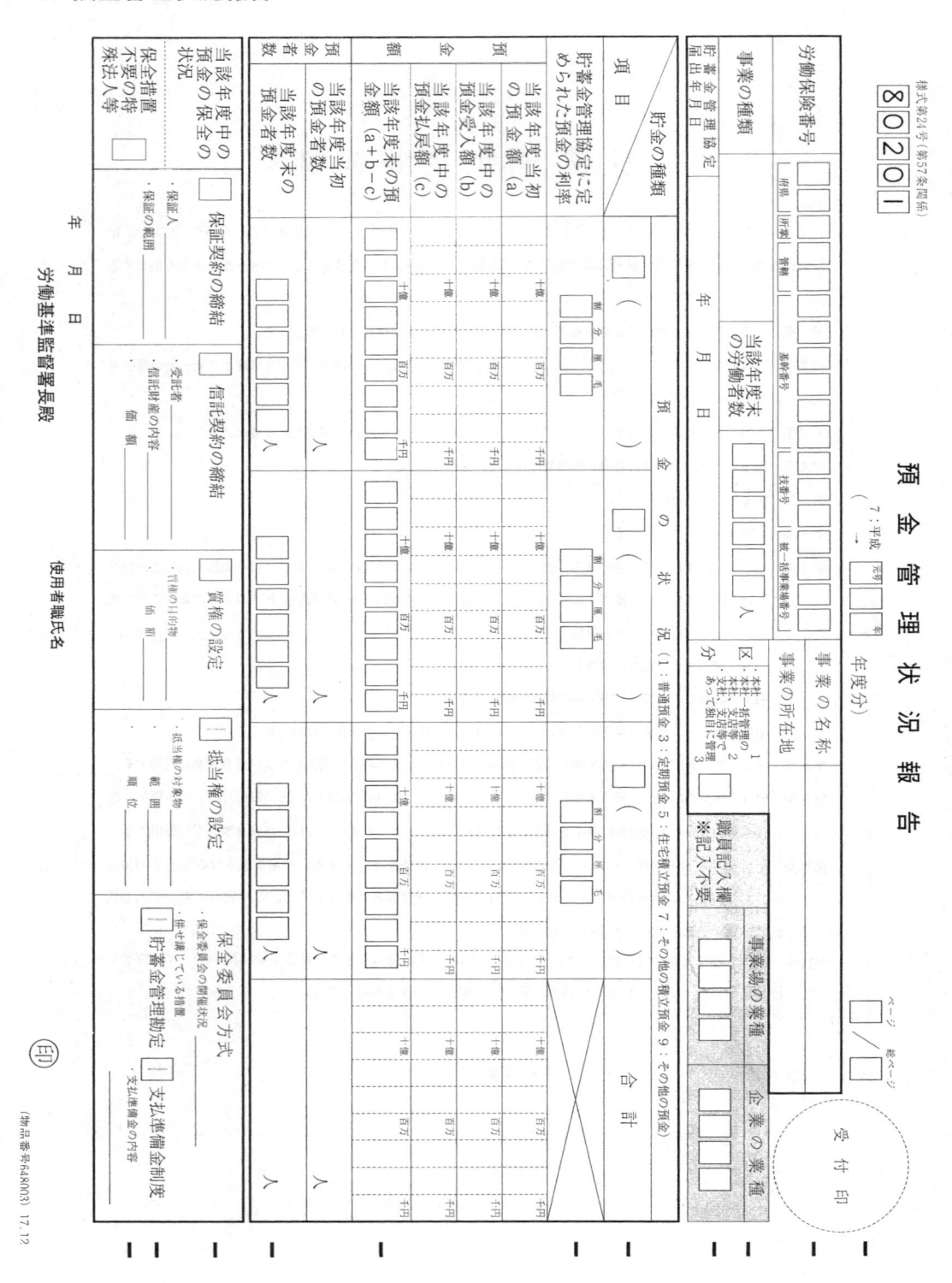

25. 寄宿舎設置移転変更届

様式第1号(第3条の2)

寄宿舎 　設　置
　　　　 　移　転　届
　　　　 　変　更

事　業　の　種　類	
事　業　の　名　称	
事　業　場　の　所　在　地	
常　時　使　用　す　る　労　働　者　数	名
事　業　の　開　始　予　定　期　日	事業の終了予定期日

寄宿舎	寄　宿　舎　設　置　地		
	収容能力及び収容実人員	(収容能力)　　　名，(収容実人員)　　　名	
	棟　　　　　　　　数		棟
	構　　　　　　　　造		
	延　居　住　面　積		m²
	施設	階　段　の　構　造	
		寝　　　　　　　室	
		食　　　　　　　堂	
		炊　　事　　場	
		便　　　　　　　所	
		洗面所及び洗たく場	
		浴　　　　　　　場	
		避　難　階　段	
		消　火　設　備	
	工事開始予定年月日		工事終了予定年月日

　　　年　　月　　日
　　　　　　　　　　　　　　　使用者　職　氏名　　　　　㊞

　　　　労働基準監督署長　殿

備考
1　表題の「設置」，「移転」及び「変更」のうち該当しない文字をまつ消すること。
2　「事業の種類」の欄には，製造業にあっては，日本標準産業分類(中分類)により，その他の事業にあっては，なるべく事業の内容を詳細に記入すること。
3　「事業の開始予定期日」及び「事業の終了予定期日」の欄には，事業の完了の時期が予定されるものについてのみ記入すること。
4　「構造」の欄には，鉄筋コンクリート造，木造等の別を記入すること。
5　「階段の構造」の欄には，踏面，蹴上，勾配，手すりの高さ，幅等を記入すること。
6　「寝室」の欄には，1人当たりの居住面積，天井の高さ，照明並びに採暖設備，病室等の有無を記入すること。
7　「食堂」の欄には，面積，1回の食事人員等を記入すること。
8　「炊事場」の欄には，床の構造及び給水施設(上水道，井戸等)を記入すること。
9　「便所」の欄には，大便所及び小便所の男女別の数並びに構造の大要(水洗式，くみ取り式等)を記入すること。
10　「洗面所及び洗たく場」の欄には，各設備の設置箇所及び設置数を記入すること。
11　「浴場」の欄には，設置箇所及び加温方式を記入すること。
12　「避難階段」の欄には，避難階段及び避難はしご等の避難のための設備の設置箇所及び設置数を記入すること。
13　「消火設備」の欄には，消火設備の設置箇所及び設置数を記入すること。

26. 寄宿舎規則（変更）届

寄宿舎規則（変更）届

　　　　　半　田　　労働基準監督署長殿

　　　　　　　　　　　　　　　　　年　　月　　日

　今回，別添のとおり当社の寄宿舎規則を作成（変更）いたしましたから，寄宿労働者代表の同意書を添付のうえお届けいたします。

事業の所在地

事 業 の 名 称

事 業 の 種 類

使用者の職名　　　　　　　　　　　　　　　　㊞
及 び 氏 名

27. 同意書

同　意　書

_____殿

　　　　　　　　　年　　月　　日

　　　　年　　月　　日付をもって提示された寄宿舎規則について同意します。

　　事業の名称

　　寄宿労働者
　　代表氏名　　　　　　　　㊞

28. 統括安全衛生管理者・安全管理者・衛生管理者・産業医選任報告

29. 定期健康診断結果報告書

30. 適用事業報告

様式第23号の2（第57条関係）

適用事業報告

事業の種類	事業の名称	事業の所在地（電話番号）
		電話（　）　番

種別		満18歳以上	満15歳以上満18歳未満	満15歳未満	計
労働者数	通勤 男	（　）	（　）	（　）	（　）
	女	（　）	（　）	（　）	（　）
	計	（　）	（　）	（　）	（　）
	寄宿 男	（　）	（　）	（　）	（　）
	女	（　）	（　）	（　）	（　）
	計	（　）	（　）	（　）	（　）
	総計	（　）	（　）	（　）	（　）
備考					
適用年月日		年　月　日			

　　　　　　　　　年　月　日

　　　　　　　　　　　　　　　　　使用者　職名
　　　　　　　　　　　　　　　　　　　　　氏名　　㊞

労働基準監督署長　殿

記載心得
1　坑内労働者を使用する場合は、労働者数の欄にその数を括弧して内書すること。
2　備考の欄には適用年月日を記入すること。

労働者災害補償保険法・労働保険徴収法関係

労働者災害補償保険法・労働保険徴収法関係

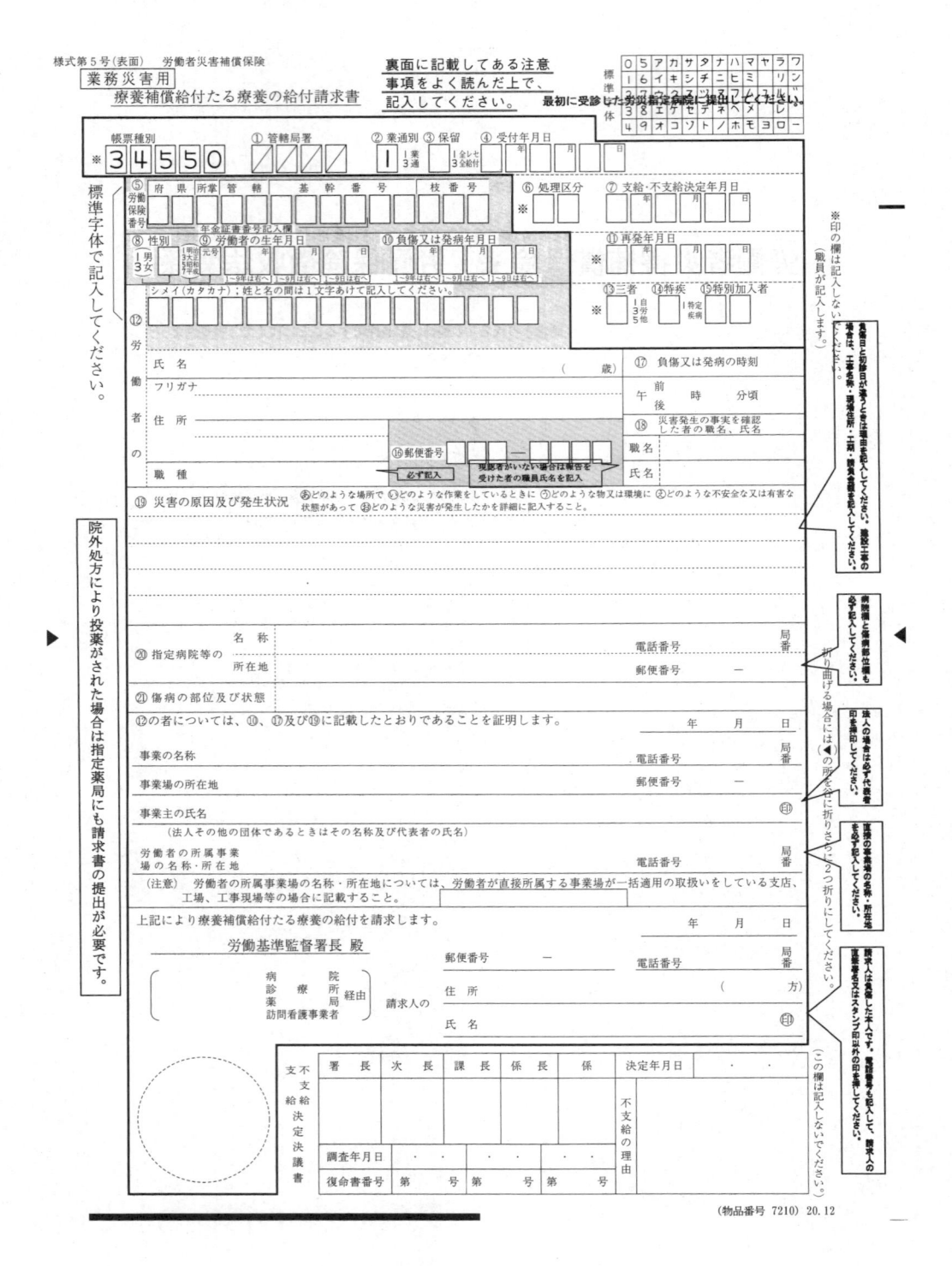

1. 療養補償給付たる療養の給付請求書

労働者災害補償保険法・労働保険徴収法関係

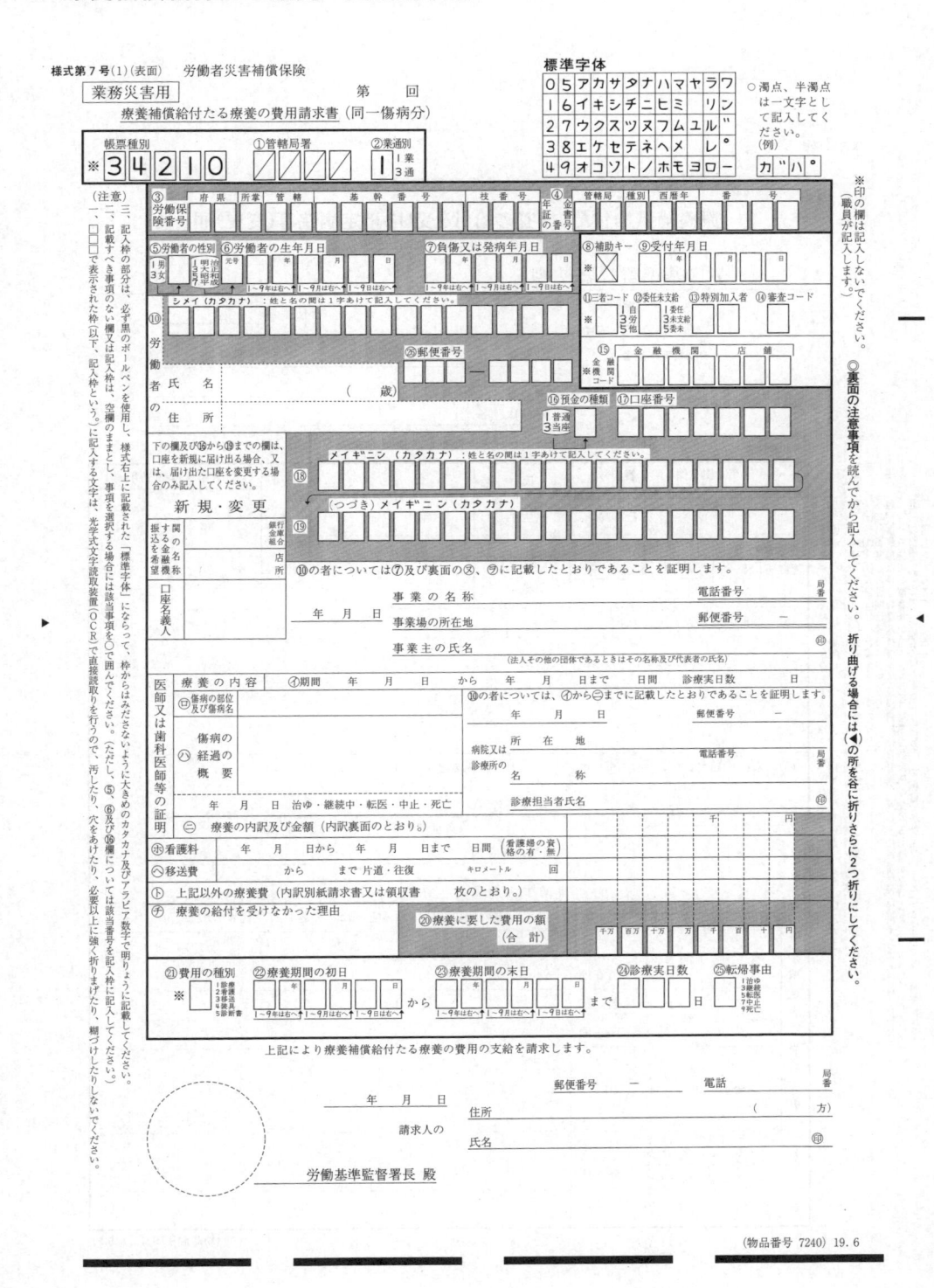

2. 療養補償給付たる療養の費用請求書

労働者災害補償保険法・労働保険徴収法関係

3. 療養補償給付たる療養の給付を受ける指定病院等（変更）届

様式第6号

労働者災害補償保険
療養補償給付たる療養の給付を受ける指定病院等(変更)届

労働基準監督署長 殿　　　　　　　　　　　年　月　日

（　病　　　院
　　診　療　所　経由
　　薬　　　局
　　訪問看護事業者　）

（郵便番号　　　－　　　）
住所　　　　　　　電話番号　　　局　番
届出人の　　　　　　　　　　　　　　方
氏名　　　　　　　　　　　　　　　　㊞

下記により療養補償給付たる療養の給付を受ける指定病院等を（変更するので）届けます。

〔注意〕

一、傷病補償年金の受給権者が当該傷病に係る療養に関しこの届書を提出するときは、②、④及び⑤の事項を記載する必要がないこと。
二、事項を選択する場合には該当する事項を丸で囲むこと。
三、⑤には、どのような場所でどのような作業をしているときにどのような物又は環境によってどのような災害が発生したかをわかりやすく記載すること。
四、㈠傷病補償年金の受給権者が離職後の療養に関し、この届書を提出する場合以外の場合で、「届出人の氏名」の欄及び「事業主の氏名」の欄は、記名押印することに代えて、自筆による署名をすることができる。

① 労働保険番号					③ 氏　名	（男・女）	④ 負傷又は発病年月日
府県	所掌	管轄	基幹番号	枝番号	労働者の		年　月　日
② 年金証書の番号					生年月日　年　月　日（　歳）		午前
管轄局	種別	西暦年	番　号		住所		午後　時　分頃
					職種		

⑤ 災害の原因及び発生状況

③の者については、④及び⑤に記載したとおりであることを証明します。

　　　年　月　日　　事業の名称
　　　　　　　　　　　　　郵便番号　　－
　　　　　　　　　　　事業場の所在地　　　　　　電話番号　　局　番
　　　　　　　　　　　事業主の氏名　　　　　　　　　　　　　　　㊞
　　　　　　　　　　　（法人その他の団体であるときはその名称及び代表者の氏名）

⑥ 指定病院等の変更	変更前の	名　称	（労災指定医番号　　　）
		所在地	
	変更後の	名　称	
		所在地	
	変更理由		
⑦ 傷病補償年金の支給を受けることとなった後に療養の給付を受けようとする指定病院等の		名　称	
		所在地	
⑧ 傷　病　名			

（物品番号　6213）19.12

労働者災害補償保険法・労働保険徴収法関係

4. 休業補償給付支給請求書・休業特別支給金支給申請書

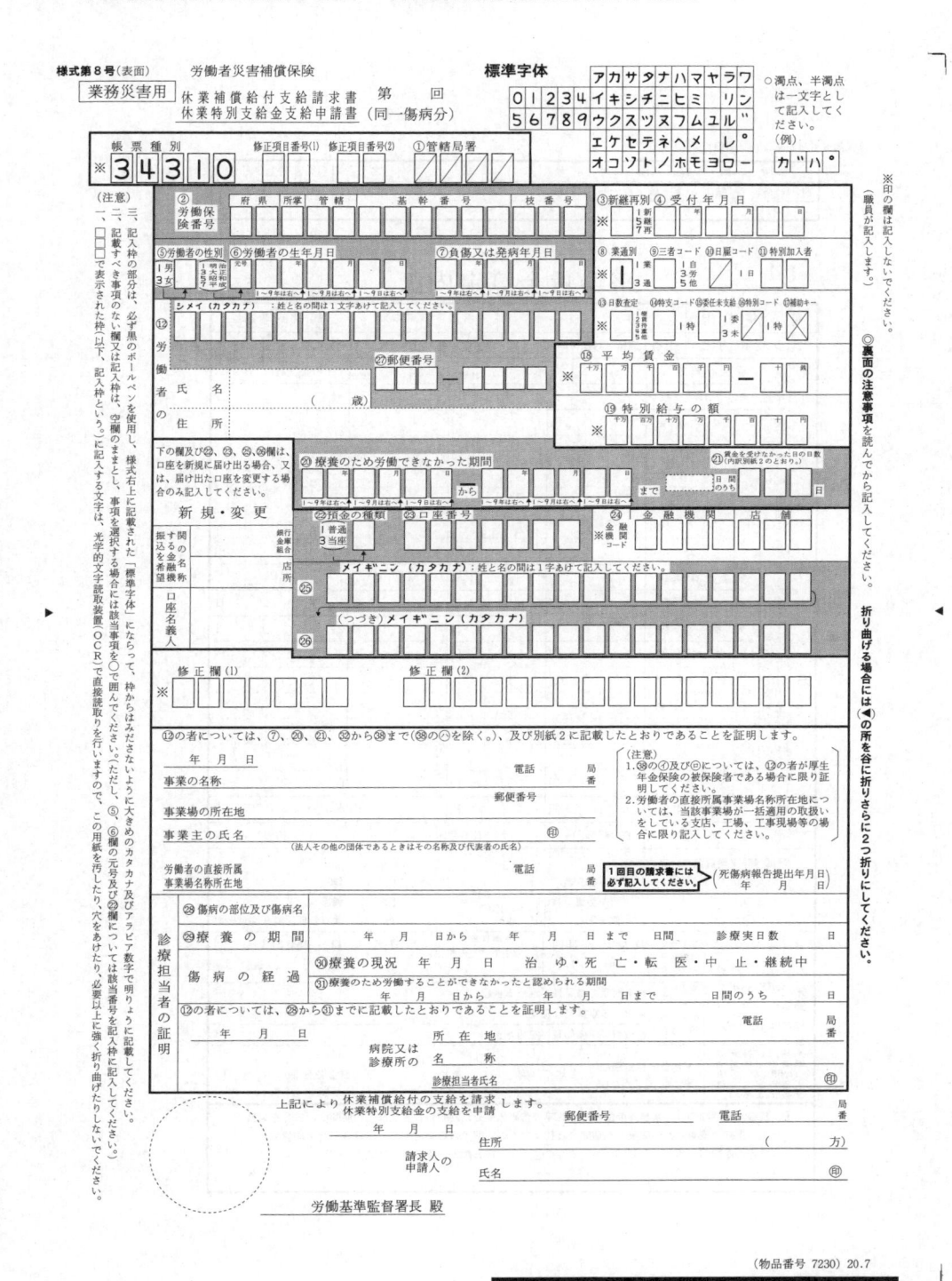

労働者災害補償保険法・労働保険徴収法関係

様式第8号（別紙1）（表面）

労　働　保　険　番　号					氏　　　名	災害発生年月日
府県	所掌	管轄	基幹番号	枝番号		年　月　日

平均賃金算定内訳

(労働基準法第12条参照のこと。)

雇入年月日			年　　月　　日		常用・日雇の別		常用・日雇	
賃金支給方法			月給・週給・日給・時間給・出来高払制・その他請負制			賃金締切日	毎月　　日	

		賃金計算期間	月　日から 月　日まで	月　日から 月　日まで	月　日から 月　日まで	計
A	月よって支払ったもの週その他一定の期間に	総　日　数	日	日	㋑　日	日
		賃　金　基本賃金	円	円	円	円
		手当				
		手当				
		計	円	円	円	円

		賃金計算期間	月　日から 月　日まで	月　日から 月　日まで	月　日から 月　日まで	計
B	他の請負制によって支払ったものその若しくは時間又は出来高払制	総　日　数	日	日	㋺　日	日
		労　働　日　数	日	日	㋩　日	日
		賃　金　基本賃金				
		手当				
		手当				
		計	円	円	円	円

総　　　　　計		円	円	㋥　円	㋭　円
平　均　賃　金	賃金総額㋭	円÷総日数㋑	＝	円　　銭	

最低保障平均賃金の計算方法
　　Aの㋺　　　　　円÷総日数㋑　　　　　＝　　　　　　円　　銭㋬
　　Bの㋥　　　　　円÷労働日数㋩　　×$\frac{60}{100}$＝　　　　　円　　銭㋣
　　㋬　　　　円　銭＋㋣　　　　円　銭＝　　　　円　銭（最低保障平均賃金）

日日雇い入れられる者の平均賃金（昭和38年労働省告示第52号による。）	第1号又は第2号の場合	賃金計算期間	労働日数又は労働総日数	㋠ 賃金総額	平均賃金（㋠÷㋠×$\frac{73}{100}$）
		月　日から 　　日まで		円	円　銭
	第3号の場合	都道府県労働局長が定める金額			円
	第4号の場合	従事する事業又は職業			
		都道府県労働局長が定めた金額			円

漁業及び林業労働者の平均賃金（昭和24年労働省告示第5号第2条による。）	平均賃金協定額の承認年月日	年　月　日	職種	平均賃金協定額	円

① 賃金計算期間のうち業務外の傷病の療養等のため休業した期間の日数及びその期間中の賃金を業務上の傷病の療養のため休業した期間の日数及びその期間中の賃金とみなして算定した平均賃金
　（賃金の総額㋭－休業した期間にかかる②の㋠）÷（総日数㋑－休業した期間②の㋠）
　（　　　　円－　　　　円）÷（　　　日－　　　日）＝　　　円　銭

様式第8号(別紙1)(裏面)

賃金計算期間	月　日から 月　日まで	月　日から 月　日まで	月　日から 月　日まで	計
業務外の傷病の療養等のため休業した期間の日数	日	日	日	㋐　日
業務外の傷病の療養等のため休業した期間中の賃金　基本賃金	円	円	円	円
手当				
手当				
計	円	円	円	㋑　円

② 業務外傷病の療養等のため休業した期間及びその期間中の賃金の内訳

| 休　業　の　事　由 | |

	支　払　年　月　日	支　払　額
③特別給与の額	年　月　日	円
	年　月　日	円
	年　月　日	円
	年　月　日	円
	年　月　日	円
	年　月　日	円
	年　月　日	円

〔注　意〕
　③欄には、負傷又は発病の日以前2年間(雇入後2年に満たない者については、雇入後の期間)に支払われた労働基準法第12条第4項の3箇月を超える期間ごとに支払われる賃金(特別給与)について記載してください。
　ただし、特別給与の支払時期の臨時的変更等の理由により負傷又は発病の日以前1年間に支払われた特別給与の総額を特別支給金の算定基礎とすることが適当でないと認められる場合以外は、負傷又は発病の日以前1年間に支払われた特別給与の総額を記載して差し支えありません。

労働者災害補償保険法・労働保険徴収法関係

様式第8号（裏面）

〔注　意〕

一、所定労働時間後に負傷した場合には、当該所定労働時間後に負傷した日を除いて記載してください。

二、㉝及び㉑欄については、当該負傷又は発病の原因の算定基礎期間中に業務外の傷病の療養のため休業した期間がある場合において、その期間の日数及びその期間中の賃金の支払を受けた日その期間中の賃金の額を別紙2に記載してください。この場合、㉞欄には、その算定期間及び賃金の額から控除した期間及び賃金の内訳により算定した平均賃金に相当する額を記載してください。なお、その控除する期間中の賃金の一部を支払われた場合は、その支払を受けた賃金の額をも記入してください。

三、㉞欄の「平均賃金」の算定基礎期間中に業務上の負傷又は疾病による療養のため所定労働時間のうちその一部分についてのみ労働した日（以下「一部休業日」という。）が含まれる場合には別紙1による平均賃金の算定内訳の⑮欄には一部休業日の日数及び賃金の額を算定の基礎から控除して算定した平均賃金に相当する額を記載してください。

四、請求人（申請人）が特別加入者であるときは、㉞欄については、その給付基礎日額を記載してください。この場合、㉝、㉟及び㊲欄並びに別紙1及び別紙2に記載する必要はありません。

五、㊲欄の⑦及び⑦の額については、その者の給付基礎日額を証明することができる書類その他の資料を添付してください。

六、㊳欄及び「事業主の氏名」の欄は、前回の請求又は申請の際に記載した事項に変更がない場合には記載する必要はありません。

七、㉝欄の（イ）の「平均賃金」（申請）が離職後に支給される場合（療養のため労働できなかった期間の全部又は一部が離職前にある場合を除く。）には、㊳欄は記載する必要はありません。

六、事業主の証明は受ける必要はありません。休業特別支給金の支給の申請のみを行う場合には、㊳欄は記載する必要はありません。

七、㊳欄の「病院又は診療所の診療担当者氏名」の欄及び「請求人（申請人）の氏名」の欄は、記名押印することに代えて、自筆による署名をすることができます。

㉜	労働者の職種	㉝	負傷又は発病の時刻	㉞	平均賃金（算定内訳別紙1のとおり）
			午前・午後　　時　　分頃		円　　　銭
㉟	所定労働時間	午前・午後　時　分から午前・午後　時　分まで		㊱	休業補償給付額、休業特別支給額の改定比率（平均給与額証明書のとおり）
㊲	災害の原因及び発生状況	㋐どのような場所で㋑どのような作業をしているときに㋒どのような物又は環境に㋓どのような不安全な又は有害な状態があって㋔どのような災害が発生したかを詳細に記入すること				

㊳ 厚生年金保険等の受給関係	㋑ 基礎年金番号		㋺ 被保険者資格の取得年月日		年　　月　　日
	㋩ 当該傷病に関して支給される年金の種類等	年金の種類	厚生年金保険法の	イ　障害年金　ロ　障害厚生年金	
			国民年金法の	ハ　障害年金　ニ　障害基礎年金	
			船員保険法の	ホ　障害年金	
		障害等級		級	
		支給される年金の額			円
		支給されることとなった年月日		年　　月　　日	
		基礎年金番号及び厚生年金等の年金証書の年金コード			
		所轄社会保険事務所等			

表面の記入枠を訂正したときの訂正印欄	削　　字　㊞
	加　　字

社会保険労務士記載欄	作成年月日・提出代行者・事務代理者の表示	氏　　　名	電話番号
		㊞	

労働者災害補償保険法・労働保険徴収法関係

5. 障害補償給付支給請求書

様式第10号（表面）

業務災害用

労働者災害補償保険
障害補償給付支給請求書
障害特別支給金
障害特別年金　支給申請書
障害特別一時金

(物品番号　6219) 20.7

199

労働者災害補償保険法・労働保険徴収法関係

様式第10号（裏面）

診 断 書

氏　　名		生年月日	明治 大正 昭和 平成	年　　月　　日	性別	男・女
傷　病　名		負傷発病年月日		年　　月　　日		
障害の部位		初診年月日		年　　月　　日		
既　往　歴		既存障害		治ゆ年月日	年　　月　　日	

療養の内容及び経過	

障害の状態の詳細	（図で示すことができるものは図解すること。）

関節運動範囲	部位	種類範囲		
			右	
			左	
			右	
			左	
			右	
			左	

上記のとおり診断します。

　　　年　　月　　日

郵便番号　　　　電話番号　　　　局番

所在地
名　称
診断担当者
氏　名　　　　　　　　　　　　㊞
（記名押印又は署名）

社会保険労務士記載欄	作成年月日・提出代行者・事務代理者の表示	氏　　名	電話番号
		㊞	

労働者災害補償保険法・労働保険徴収法関係

6. 葬祭料請求書

様式第16号（表面）

業務災害用

労働者災害補償保険
葬 祭 料 請 求 書

① 労働保険番号					③請求人	フリガナ 氏 名	
府県	所掌	管轄	基幹番号	枝番号		住 所	
② 年金証書の番号						死亡労働者との関係	
管轄局	種別	西暦年	番号				

④死亡労働者の	フリガナ 氏 名	（男・女）	⑤ 負傷又は発病年月日
	生年月日	年 月 日（ 歳）	年 月 日 午前・午後 時 分頃
	職 種		
	所属事業場 名称・所在地		⑦ 死 亡 年 月 日
⑥ 災害の原因及び発生状況			年 月 日
			⑧ 平 均 賃 金
			円 銭

④の者については、⑤、⑥及び⑧に記載したとおりであることを証明します。

　　　　　　　　　　　事業の名称　　　　　　　　　電話番号　　　局番
　　　　　　　　　　　　　　　　　　　　　　　　　郵便番号
　　年　月　日　　　事業場の所在地
　　　　　　　　　　事業主の氏名　　　　　　　　　　　　　　　　㊞
　　　　　　　　　　（法人その他の団体であるときはその名称及び代表者の氏名）

⑨ 添付する書類その他の資料名

上記により葬祭料の支給を請求します。

　　　　　　　　　　郵便番号　　　　　電話番号　　　局番
　　年　月　日　　　請求人の住　所
　　労働基準監督署長　殿　　氏　名　　　　　　　　　㊞

振込を希望する銀行等の名称（郵便貯金銀行の支店等を除く）		預金の種類及び口座番号	
	銀行・金庫 農協・漁協・信組	本店 支店 支所	普通・当座　第　　　号 名義人

（物品番号 62111）19.12

労働者災害補償保険法・労働保険徴収法関係

7. 遺族補償年金支給請求書

(様式第12号(表面)・業務災害用)

遺族補償年金支給請求書
遺族特別支給金
遺族特別年金 支給申請書
(年金新規報告書提出)

労働者災害補償保険

③の死亡労働者の所属事業場名称・所在地欄には、死亡労働者の直接所属する事業場が一括適用の取扱いをしている支店、工場、工場現場等の場合に記入して下さい。

① 労働保険番号（府県／所掌／管轄／基幹番号／枝番号）
② 年金証書の番号（管轄局／種別／西暦年／番号／枝番号）
③ 死亡労働者の フリガナ／氏名（男・女）／生年月日　年　月　日（　歳）／職種／所属事業所名称所在地
④ 負傷又は発病年月日　年　月　日　午前／午後　時　分頃
⑤ 死亡年月日　年　月　日
⑥ 災害の原因及び発生状況
⑦ 平均賃金　円　銭
⑧ 特別給与の総額（年額）　円
⑨ 厚生年金保険等の受給関係
　　死亡労働者の基礎年金番号及び厚生年金等の年金証書の年金コード
　　⑩ 死亡労働者の被保険者資格の取得年月日　年　月　日
　　① 当該死亡に関して支給される年金の種類
　　　厚生年金保険法の　イ 遺族年金　ロ 遺族厚生年金
　　　国民年金法の　イ 母子年金　ロ 準母子年金　ハ 遺児年金　ニ 寡婦年金　ホ 遺族基礎年金
　　　船員保険法の遺族年金
　　支給される年金の額　円／支給されることとなった年月日　年　月　日／基礎年金番号及び厚生年金等の年金証書の年金コード／所轄社会保険事務所等

③の者については、④、⑤から⑧まで並びに⑨の⑦及び⑩に記載したとおりであることを証明します。

　　　年　月　日
事業の名称　　　電話番号　　局　　番
事業場の所在地　郵便番号
事業主の氏名　　㊞
（法人その他の団体であるときはその名称及び代表者の氏名）

〔注意〕⑨の⑦及び⑩については、③の者が厚生年金保険の被保険者である場合に限り証明すること。

⑩ 請求人
	氏 フリガナ 名	生年月日	住 フリガナ 所	死亡労働者との関係	障害の有無	請求人（申請人）の代表者を選任しないときは、その理由
		・ ・			ある・ない	
		・ ・			ある・ない	
		・ ・			ある・ない	
		・ ・			ある・ない	

⑪ 請求人（申請人）以外の受けることができる遺族の遺族補償年金を
	氏 フリガナ 名	生年月日	住 フリガナ 所	死亡労働者との関係	障害の有無	請求人（申請人）と生計を同じくしているか
		・ ・			ある・ない	いる・いない
		・ ・			ある・ない	いる・いない
		・ ・			ある・ない	いる・いない

⑫ 添付する書類その他の資料名

⑬ 年金の払渡しを受けることを希望する金融機関又は郵便局
　金融機関：名称（※金融機関店舗コード）銀行・金庫・農協・漁協・信組／預金通帳の記号番号　第　号／支店等又は郵便貯金銀行の／フリガナ／名称／所在地　都道府県　市郡区／預金通帳の記号番号　第　号
　郵便局：※郵便局コード

上記により遺族補償年金の支給を請求します。
遺族特別支給金
遺族特別年金　の支給を申請します。

　　　年　月　日
　　　　労働基準監督署長　殿

請求人／申請人の（代表者）
郵便番号　電話番号　局　番
住所
氏名　㊞

特別支給金について口座振込を希望する銀行等の名称		預金の種類及び口座番号	
銀行・金庫／農協・漁協・信組	本店／支店／支所	普通・当座　第　号	名義人

(物品番号 6312) 20.9

労働者災害補償保険法・労働保険徴収法関係

8. 第三者行為災害届

(届その1)

第三者行為災害届（業務災害・通勤災害）
（交通事故・交通事故以外）

労働者災害補償保険法施行規則第22条の規定により届けます。

平成　　年　　月　　日

（署受付日付）

保険給付請求権者
住　所
　　　　　　　　　　郵便番号（　　－　　）
氏　名（フリガナ）　　　　　　　　㊞
電　話（　　－　　－　　）

　　　　労働基準監督署長　殿

1　第一当事者（被災者）
氏名（フリガナ）　　　　　（男・女）
生年月日　　年　月　日（　歳）
住所
職種

2　第一当事者（被災者）の所属事業場
労働保険番号

府県	所掌	管轄	基幹番号	枝番号

名称
所在地
郵便番号　　－　　　電話　　－　　－
代表者（役職）
　　　（氏名）
担当者（所属部課名）
　　　（氏名）

3　災害発生
日時　平成　　年　　月　　日
　　　午前・午後　　時　　分頃
場所

4　第二当事者（相手方）
氏名　　　　　　　　　　（　歳）
住所
郵便番号　　－　　電話　　－　　－
第二当事者（相手方）が業務中であった場合
所属事業場名称
所在地
郵便番号　　－　　電話　　－　　－
代表者（役職）
　　　（氏名）

5　災害調査を行った警察署又は派出所の名称
　　　　警察署　　　係（派出所）

6　災害発生の事実の確認者（5の災害調査を行った警察署又は派出所がない場合に記入してください）
氏名
住所
郵便番号　　－　　電話　　－　　－

7　あなたの運転していた車両（あなたが運転者の場合にのみ記入してください）

車種	大・普・特・自二・軽自・原付自	登録番号（車両番号）		
運転者の免許	有　免許の種類　免許証番号	資格取得　年　月　日	有効期限　年　月　日まで	免許の条件
	無			

(物品番号 6514) 18.12

労働者災害補償保険法・労働保険徴収法関係

(届その2)

8 事故現場の状況
　天　候　　　晴・曇・小雨・雨・小雪・雪・暴風雨・霧・濃霧
　見　透　し　　良い・悪い（障害物　　　　　　　　　　　　　　　　　　　　　　　　　　があった。）
　道路の状況　（あなた（被災者）が運転者であった場合に記入してください。）
　　　　　　　道路の幅（　　　　　　m）、舗装・非舗装、坂（上り・下り・緩・急）
　　　　　　　でこぼこ・砂利道・道路欠損・工事中・凍結・その他（　　　　　　　　　　　　　　）
　　　　　　（あなた（被災者）が歩行者であった場合に記入してください。）
　　　　　　　歩車道の区別が（ある・ない）道路、車の交通頻繁な道路、住宅地・商店街の道路
　　　　　　　歩行者用道路（車の通行　許・否）、その他の道路（　　　　　　　　　　　　　　　）
　標　　識　　速度制限（　　　　km/h）・追い越し禁止・一方通行・歩行者横断禁止（有・無）
　　　　　　　一時停止（有・無）・停止線（有・無）
　信　号　機　　無・有（　　　色で交差点で入った。）、信号機時間外（黄点滅・赤点滅）
　　　　　　　横断歩道上の信号機（有・無）
　交　通　量　　多い・少ない・中位

9 事故当時の行為、心身の状況及び車両の状況
　心身の状況　　正常・いねむり・疲労・わき見・病気（　　　　　　　　　　　　　）・飲酒
　あなたの行為　（あなた（被災者）が運転者であった場合に記入してください。）
　　　　　　　直前に警笛を（鳴らした・鳴らさない）、相手を発見したのは（　　　　　　）m手前
　　　　　　　ブレーキを（かけた（スリップ　　　　　m）・かけない）、方向指示灯（だした・ださない）
　　　　　　　停止線で一時停止（した・しない）、速度は約（　　　　　）km/h 相手は約（　　　　　）km/h
　　　　　　　（あなた（被災者）が歩行者であった場合に記入してください。）
　　　　　　　横断中の場合　横断場所（　　　　　　　）、信号機（　　　　　）色で横断歩道に入った。
　　　　　　　　　　　　　　左右の安全確認（した・しない）、車の直前・直後を横断（した・しない）
　　　　　　　通行中の場合　通行場所　（歩道・車道・歩車道の区別がない道路）
　　　　　　　　　　　　　　通行のしかた　（車と同方向・対面方向）

10 第二当事者（相手方）の自賠責保険（共済）及び任意の対人賠償保険（共済）に関すること

(1) 自賠責保険（共済）について
　証明書番号　第　　　　　　　　　　号
　保険（共済）（氏名）
　契約者　　　（住所）

　第二当事者（相手方）と契約者との関係
　保険会社の管轄店名
　管轄店所在地
　郵便
　番号　　　－　　　　電話　　　－　　　－

(2) 任意の対人賠償保険（共済）について
　証券番号　第　　　　　　　　　　号
　保険（共済）（氏名）
　契約者　　　（住所）

　保険金額　対人　　　　　万円
　第二当事者（相手方）と契約者との関係
　保険会社の管轄店名
　管轄店所在地
　郵便
　番号　　　－　　　　電話　　　－　　　－

(3) 保険金（損害賠償額）請求の有無　有・無
　有の場合の　イ　自賠責保険（共済）単独
　請求方法　　ロ　自賠責保険（共済）と任意の対人賠償
　　　　　　　　　保険（共済）との一括
　保険金（損害賠償額）の支払を受けている場合は、受けた者の氏名、金額及びその年月日
　氏名
　金額　　　　　　　　　　　　　　円
　受領年月日　　　年　　月　　日

11 運行供用者が第二当事者(相手方)以外の場合の運行供用者
　名称（氏名）
　所在地（住所）
　郵便
　番号　　　－　　　　電話　　　－　　　－
　運行供用者が法人である場合の代表者
　氏名
　役職

12 あなた（被災者）の人身傷害補償保険に関すること
　人身傷害補償保険に　　（加入している・していない）

　証券番号　第　　　　　　　　　　号
　保険（共済）（氏名）
　契約者　　　（住所）

　保険金額　　　　万円
　あなた（被災者）と契約者との関係

　保険会社の管轄店名
　管轄店所在地
　郵便
　番号　　　－　　　　電話　　　－　　　－
　人身傷害補償保険金の請求の有無　　有・無
　人身傷害補償保険金の支払を受けている場合は、受けた者の氏名、金額及びその年月日
　氏名
　金額　　　　　　　　　　　　　　円
　受領年月日　　　年　　月　　日

(物品番号 6515) 18.12

労働者災害補償保険法・労働保険徴収法関係

(届その3)

13 災害発生状況
第一当事者（被災者）・第二当事者（相手方）の行動、災害発生原因と状況をかわりやすく記入してください。

14 現場見取図
道路方面の地名（至○○方面）、道路幅、信号、横断歩道、区画線、道路標識、接触点等くわしく記入してください。

表示符号
- 自 車 / 相手車 / 進行方向
- 横断禁止 / 人間 / 自転車・オートバイ
- 信 号（赤、黄、青の表示） / 一時停止
- 横断歩道 / 接触点 ×

15 過失割合
私の過失割合は　　　　　％、
相手の過失割合は　　　　　％だと思います。
理由

16 示談について
- イ　示談が成立した。（　　年　月　日）
- ロ　交渉中
- ハ　示談はしない。
- ニ　示談をする予定（　　年　月　日頃予定）
- ホ　裁判の見込み（　　年　月　日頃提訴予定）

17 身体損傷及び診療機関

	私（被災者）側	相手側（わかっていることだけ記入してください。）
部位・傷病名		
程　　度		
診療機関名称		
所　在　地		

18 損害賠償金の受領

受領年月日	支払者	金額・品目	名目	受領年月日	支払者	金額・品目	名目

事業主の証明

1欄の者については、2欄から6欄、13欄及び14欄に記載したとおりであることを証明します。

平成　　年　　月　　日

事業場の名称　　　　　　　　　　　
事業主の氏名　　　　　　　　　㊞
（法人の場合は代表者の役職・氏名）

(物品番号 6516) 20.7

(届その4)

第三者行為災害届を記載するに当たっての注意事項

1 災害発生後、すみやかに提出してください。
　なお、不明な事項がある場合には、空欄とし、提出時に申し出てください。
2 業務災害・通勤災害及び交通事故・交通事故以外のいずれか該当するものに○をしてください。
　なお、例えば構内における移動式クレーンによる事故のような場合は交通事故に含まれ、自転車同士の衝突事故のような場合は交通事故には含まれません。
3 通勤災害の場合には、事業主の証明は必要ありません。
4 第一当事者（被災者）とは、労災保険給付を受ける原因となった業務災害又は通勤災害を被った者をいいます。
5 災害発生の場所は、○○町○丁目○○番地○○ストア前歩道のように具体的に記入してください。
6 第二当事者（相手方）が業務中であった場合には、「届その1」の4欄に必ず記入してください。
7 第二当事者（相手方）側と示談を行う場合には、あらかじめ所轄労働基準監督署に必ず御相談ください。
　示談の内容によっては、保険給付を受けられない場合があります。
8 交通事故以外の災害の場合には「届その2」を提出する必要はありません。
9 運行供用者とは、自己のために自動車の運行をさせる者をいいますが、一般的には自動車の所有者及び使用者等がこれに当たります。
10 「現場見取図」について、作業場における事故等で欄が不足し書ききれない場合にはこの用紙の下記記載欄を使用し、この「届その4」もあわせて提出してください。
　なお、「届その3」の14欄に記載した場合には「届その4」の提出は不要です。
11 損害賠償金を受領した場合には、第二当事者（相手方）又は保険会社等からを問わずすべて記入してください。
12 この届用紙に書ききれない場合には、適宜別紙に記載してあわせて提出してください。
13 この用紙は感圧紙（2部複写）になっていますので、2部とも提出してください。
　なお、この上でメモ等をしますと下に写りますので注意してください。
14 「保険給付請求権者の氏名」の欄及び「事業主の氏名」の欄は、記名押印することに代えて、自筆による署名をすることができます。

現 場 見 取 図

表示符号	自　車	■	横断禁止	⊗	信　号	◨◨◨	横断歩道	▭▭▭
	相手車	◇	人　間	○	（赤、黄、青の表示）		接触点	×
	進行方向	↑	自転車オートバイ	⌀	一時停止	▽		

(物品番号 6517) 19.12

労働者災害補償保険法・労働保険徴収法関係

9. 念書（兼同意書）

様式第1号

念　書　（兼　同　意　書）

災害発生年月日	平成　年　月　日	災害発生場所	
第一当事者(被災者)氏名		第二当事者(相手方)氏名	

1　上記災害に関して、労災保険給付を請求するに当たり以下の事項を尊守することを誓約します。
　(1)　相手方と示談を行おうとする場合は必ず前もって貴職に連絡します。
　(2)　相手方に白紙委任状を渡しません。
　(3)　相手方から金品を受けたときは、受領の年月日、内容、金額（評価額）を漏れなく、かつ遅滞なく貴職に連絡します。

2　上記災害に関して、私が相手方と行った示談の内容によっては、労災保険給付を受けられない場合があることについては承知しました。

3　上記災害に関して、私が労災保険給付を受けた場合には、私の有する損害賠償請求権及び保険会社等（相手方もしくは私が損害賠償請求できる者が加入する自動車保険・自賠責保険会社（共済）等をいう。以下同じ。）に対する被害者請求権を、政府が労災保険給付の価額の限度で取得し、損害賠償金を受領することについては承知しました。

4　上記災害に関して、私の個人情報及びこの念書（兼同意書）の取扱いにつき、以下の事項に同意します。
　(1)　貴職が、私の労災保険の請求、決定及び給付（その見込みを含む。）の状況等について、私が保険金請求権を有する人身傷害補償保険等取扱保険会社（共済）に対して提供すること。
　(2)　貴職が、私の労災保険の給付及び上記3の業務に関して必要な事項（保険会社等から受けた金品の有無及びその金額・内訳（その見込みを含む。）等）について、保険会社等から提供を受けること。
　(3)　貴職が、私の労災保険の給付及び上記3の業務に関して必要な事項（保険給付額の算出基礎となる資料等）について、保険会社等に対して提供すること。
　(4)　この念書（兼同意書）をもって(2)に掲げる事項に対応する保険会社等への同意を含むこと。
　(5)　この念書（兼同意書）を保険会社等へ提示すること。

平成　年　月　日

　　　　労働基準監督署長　殿

　　　　　　　　請求権者の住所　＿＿＿＿＿＿＿＿＿＿＿＿＿＿＿＿＿
　　　　　　　　　　　　氏名　＿＿＿＿＿＿＿＿＿＿＿＿㊞
　　　　　　　　　　　（※請求権者の氏名は請求権者が自署してください。）

(物品番号　6511)　19.6

10. 療養給付たる療養の給付請求書

労働者災害補償保険法・労働保険徴収法関係

様式16号の3（裏面）　　通勤災害に関する事項

㋑ 災害時の通勤の種別 （該当する記号を記入）	イ．住居から就業の場所への移動 ハ．就業の場所から他の就業の場所への移動 ニ．イに先行する住居間の移動	ロ．就業の場所から住居への移動 ホ．ロに後続する住居間の移動				
㋺ 負傷又は発病の年月日及び時刻		年	月	日	午前/午後 時	分頃
㋩ 災害発生の場所		就業の場所 ㊁（災害時の通勤の種別がハに該当する場合は移動の終点たる就業の場所）				
㋭ 就業開始の予定年月日及び時刻 （災害時の通勤の種別がイ、ハ又はニに該当する場合に記載してください）		年	月	日	午前/午後 時	分頃
㋬ 住居を離れた年月日及び時刻 （災害時の通勤の種別がイ、ニ又はホに該当する場合に記載してください）		年	月	日	午前/午後 時	分頃
㋣ 就業終了の年月日及び時刻 （災害時の通勤の種別がロ、ハ又はホに該当する場合に記載してください）		年	月	日	午前/午後 時	分頃
㋠ 就業の場所を離れた年月日及び時刻 （災害時の通勤の種別がロ又はハに該当する場合は記載してください）		年	月	日	午前/午後 時	分頃
㋷ 災害時の通勤の種別に関する移動の通常の経路、方法及び所要時間並びに災害発生の日に住居又は就業の場所から災害発生の場所に至った経路、方法、所要時間その他の状況	（通常の通勤所要時間　　時間　　分）					
㋦ 災害の原因及び発生状況						
㋸ 現認者の　住所／氏名		電話番号	局	番		
㋾ 転任の事実の有無 （災害時の通勤の種別がニ又はホに該当する場合）	有・無	㋾ 転任直前の住居に係る住所				

[項目記入にあたっての注意事項]
1　記入すべき事項のない欄又は記入枠は空欄のままとし、事項を選択する場合には当該事項を○で囲んでください。（ただし、⑧欄及び⑨欄の元号については該当番号を記入枠に記入してください。）
2　傷病年金の受給権者が当該傷病に係る療養の給付を請求する場合には、⑤労働保険番号欄に左詰で年金証書番号を記入してください。また、⑨及び⑭は記入しないでください。
3　⑱は、請求人が健康保険の日雇特例被保険者でない場合には記載する必要はありません。
4　㋭は、災害時の通勤の種別がハの場合には、移動の終点たる就業の場所における就業開始の予定年月日及び時刻を、ニの場合には、後続するイの移動の終点たる就業の場所における就業開始の予定年月日及び時刻を記載してください。
5　㋣は、災害時の通勤の種別がハの場合には、移動の起点たる就業の場所における就業終了の年月日及び時刻を、ホの場合には、先行するロの移動の起点たる就業の場所における就業終了の年月日及び時刻を記載してください。
6　㋠は、災害時の通勤の種別がハの場合には、移動の起点たる就業の場所を離れた年月日及び時刻を記載してください。
7　㋷は、通常の通勤の経路を図示し、災害発生の場所及び災害発生の日に住居又は就業の場所から災害発生の場所に至った経路を朱線等を用いてわかりやすく記載するとともに、その他の事項についてもできるだけ詳細に記載してください。
8　㋦は、どのような場所を、どのような方法で移動している際に、どのような物で又はどのような状況において、どのようにして災害が発生したかをわかりやすく記載してください。
9　「事業主の氏名」の欄及び「請求人の氏名」の欄は、記名押印することに代えて、自筆による署名をすることができます。

[標準字体記入にあたっての注意事項]
　　□□□で表示された記入枠に記入する文字は、光学式文字読取装置で直接読取りを行うので、以下の注意事項に従って、表面の右上に示す標準字体で記入してください。
1　筆記用具は黒ボールペンを使用し、記入枠からはみださないように書いてください。
2　「促音」「よう音」などは大きく書き、濁点、半濁点は1文字として書いてください。

（例）　キッテ → キツテ　　キョ → キヨ　　バ → ハ゛

3　シツソンは斜の弧を書きはじめるとき、小さくカギをつけてください。
4　Ｉはカギをつけないで垂直に、４の2本の縦線は上で閉じないで書いてください。

表面の記入枠を訂正したときの訂正印欄	削字／加字　㊞	社会保険労務士記載欄	作成年月日・提出代行者・事務代理者の表示	氏名 ㊞	電話番号

11. 休業給付支給請求書・休業特別支給金支給申請書

労働者災害補償保険法・労働保険徴収法関係

様式第16号の6（別紙1）（表面）

労働保険番号					氏　名	災害発生年月日
府県	所掌	管轄	基幹番号	枝番号		年　月　日

平均賃金算定内訳

（労働基準法第12条参照のこと。）

雇入年月日		年　月　日		常用・日雇の別		常用・日雇
賃金支給方法		月給・週給・日給・時間給・出来高払制・その他請負制			賃金締切日	毎月　　日

			賃金計算期間	月　日から 月　日まで	月　日から 月　日まで	月　日から 月　日まで	計
A	月によって支払ったもの・週その他一定の期間に		総　日　数	日	日	日 ㋑	日
		賃金	基本賃金	円	円	円	
			手当				
			手当				
			計	円	円	円 ㋺	円
			賃金計算期間	月　日から 月　日まで	月　日から 月　日まで	月　日から 月　日まで	計
B	他の請負制によって支払ったもの日若しくは時間又は出来高払制その		総　日　数	日	日	日 ㋩	日
			労働日数	日	日	日 ㋥	日
		賃金	基本賃金	円	円	円	
			手当				
			手当				
			計	円	円	円 ㋭	円
総　　　　計				円	円	円 ㋬	円
平　均　賃　金		賃金総額㋬	円÷総日数㋑	＝		円　　銭	

最低保障平均賃金の計算方法

Aの㋺　　　円÷総日数㋑　　　＝　　　　円　銭 ㋣
Bの㋭　　　円÷労働日数㋥　　×$\frac{60}{100}$＝　　円　銭 ㋠
㋣　　　円　銭＋㋠　　　円　銭　＝　　　円　銭（最低保障平均賃金）

日日雇い入れられる者の平均賃金（昭和38年労働省告示第52号による。）	第1号又は第2号の場合	賃金計算期間	㋷労働日数又は労働総日数	㋦賃金総額	平均賃金（㋦÷㋷×$\frac{73}{100}$）
		月　日から 月　日まで	日	円	円　銭
	第3号の場合	都道府県労働局長が定める金額			円
	第4号の場合	従事する事業又は職業			
		都道府県労働局長が定めた金額			円
漁業及び林業労働者の平均賃金（昭和24年労働省告示第5号第2条による。）	平均賃金協定額の承認年月日	年　月　日	職種	平均賃金協定額	円

① 賃金計算期間のうち業務外の傷病の療養等のため休業した期間の日数及びその期間中の賃金を業務上の傷病の療養のため休業した期間の日数及びその期間中の賃金とみなして算定した平均賃金
（賃金の総額㋬－休業した期間にかかる②の㋷）÷（総日数㋑－休業した期間②の㋦）
（　　　円－　　　円）÷（　　　日－　　　日）＝　　　円　銭

労働者災害補償保険法・労働保険徴収法関係

様式第16号の6（別紙1）（裏面）

② 業務外の傷病の療養等のため休業した期間及びその期間中の賃金の内訳					
賃 金 計 算 期 間	月　　日から 月　　日まで	月　　日から 月　　日まで	月　　日から 月　　日まで	計	
業務外の傷病の療養等のため休業した期間の日数	日	日	日	㋐ 日	
業務外の傷病の療養等のため休業した期間中の賃金	基 本 賃 金	円	円	円	円
	手　　当				
	手　　当				
	計	円	円	円	㋑ 円
休　業　の　事　由					

	支　払　年　月　日	支　払　額
③ 特 別 給 与 の 額	年　　月　　日	円
	年　　月　　日	円
	年　　月　　日	円
	年　　月　　日	円
	年　　月　　日	円
	年　　月　　日	円
	年　　月　　日	円

〔注　意〕
　③欄には、負傷又は発病の日以前2年間（雇入後2年に満たない者については、雇入後の期間）に支払われた労働基準法第12条第4項の3箇月を超える期間ごとに支払われる賃金（特別給与）について記載してください。
　ただし、特別給与の支払時期の臨時的変更等の理由により負傷又は発病の日以前1年間に支払われた特別給与の総額を特別支給金の算定基礎とすることが適当でないと認められる場合以外は、負傷又は発病の日以前1年間に支払われた特別給与の総額を記載して差し支えありません。

様式第16号の６（裏面）

㉜ 労働者の職種	㉝ 負傷又は発病の年月日及び時刻	㉞ 平均賃金（算定内訳別紙１のとおり）	
	年　月　日　午前後　時　分頃	円　銭	
㉟ 災害時の通勤の種別（該当する記号を記入）		イ．住居から就業の場所への移動 ハ．就業の場所から他の就業の場所への移動 ニ．イに先行する住居間の移動	ロ．就業の場所から住居への移動 ホ．ロに後続する住居間の移動
㊱ 災害発生の場所			
㊲ 就業の場所（災害時の通勤の種別がハに該当する場合は移動の終点たる就業の場所）			
㊳ 就業開始の予定年月日及び時刻（災害時の通勤の種別がイ、ハ又はニに該当する場合は記載してください）	年　月　日　午前後　時　分頃		
㊴ 住居を離れた年月日及び時刻（災害時の通勤の種別がイ、ニ又はホに該当する場合は記載してください）	年　月　日　午前後　時　分頃		
㊵ 就業終了の年月日及び時刻（災害時の通勤の種別がロ、ハ又はホに該当する場合は記載してください）	年　月　日　午前後　時　分頃		
㊶ 就業場所を離れた年月日及び時刻（災害時の通勤の種別がロ又はハに該当する場合は記載してください）	年　月　日　午前後　時　分頃		
㊷ 災害時の通勤の種別に関する移動の通常の経路、方法及び所要時間並びに災害発生の日に住居又は就業の場所から災害発生の場所に至った経路、方法、所要時間その他の状況	〔通常の通勤所要時間　時間　分〕		
㊸ 災害の原因及び発生状況			
㊹ 現認者の	住所	電話　局番	
	氏名		
㊺ 第三者行為災害	該当する・該当しない		
㊻ 健康保険日雇特例被保険者手帳の記号及び番号			
㊼ 転任の事実の有無（災害時の通勤の種別がニ又はホに該当する場合）	有・無	㊽ 転任直前の住居に係る住所	
㊾ 休業給付額・休業特別支給金額の改定比率	（平均給与額証明書のとおり）		

(50) 厚生年金保険等の受給関係	㋑ 基礎年金番号		㋺ 被保険者資格の取得年月日　年　月　日
	㋩ 当該傷病に関して支給される年金の種類等	年金の種類	厚生年金保険法の　イ 障害年金　ロ 障害厚生年金 国民年金法の　ハ 障害年金　ニ 障害基礎年金 船員保険法の　ホ 障害年金
		障害等級	級
		支給される年金の額	円
		支給されることとなった年月日	年　月　日
		基礎年金番号及び厚生年金等の年金証書の年金コード	
		所轄社会保険事務所等	

表面の記入枠を訂正したときの訂正印欄	削　字 加　字	㊞

社会保険労務士記載欄	作成年月日・提出代行者・事務代理者の表示	氏名	電話番号
		㊞	

〔注　　意〕

一、所定労働時間後に負傷した場合には、⑳及び㉑については、当該負傷した日を除いて記載してください。

二、別紙１①には、平均賃金の算定基礎期間中に業務外の傷病の療養等のために休業した期間があり、その期間及びその期間中に受けた賃金の額を算定基礎から控除して算定した平均賃金に相当する額が平均賃金の額をこえる場合に記載し、控除する期間及び賃金の内訳を別紙１②に記載してください。この場合は、㉞に、この算定方法による平均賃金に相当する額を記載してください。

三、別紙２は、㉑の「賃金を受けなかった日」のうち通勤による負傷又は疾病による療養のため所定労働時間のうちその一部分についてのみ労働した日（別紙２において「一部休業日」という。）が含まれる場合に限り添付してください。

四、請求人（申請人）が特別加入者であるときは、
㈠、㉞には、その者の給付基礎日額を記載してください。
㈡、⑦、⑳、㉑、㉝、㊱から㊸までの事項を証明することができる書類その他の資料を添付してください。
㈢、事業主の証明は受ける必要はありません。

五、第二回目以後の請求（申請）の場合には、
㈠、⑳、㉑、㉙及び㉛については、前回の請求又は申請後の分について記載してください。
㈡、㉜から㊺まで並びに㊼及び㊽は記載する必要はありません。
㈢、別紙１（平均賃金算定内訳）は付する必要はありません。
㈣、その請求（申請）が離職後である場合（療養のために労働できなかった期間の全部又は一部が離職前にある場合を除く。）には、事業主の証明は受ける必要はありません。

六、㊻は、請求人（申請人）が健康保険の日雇特例被保険者でない場合には記載する必要はありません。

七、休業特別支給金の支給の申請のみを行う場合には、(50)は記載する必要はありません。

八、「事業主の氏名」の欄、「病院又は診療所の診療担当者氏名」の欄及び「請求人（申請人）」の欄は、記名押印することに代えて、自筆による署名をすることができます。

労働者災害補償保険法・労働保険徴収法関係

12. 障害給付支給請求書

様式第16号の7（表面）

労働者災害補償保険
障害給付支給請求書
障害特別支給金
障害特別年金　**支給申請書**
障害特別一時金

通勤災害用

〔注意〕

一、事項を選択する場合には、該当する事項を○で囲むこと。
二、請求人（申請人）が障害年金を受けている者であるときは、⑨には、その者が支給を受けることとなった日以後の分について記載すること。
三、⑨については、「一般厚生」欄にそれぞれ記入すること。
四、事業主の証明は、休業した期間の全部又は一部が離職後であるときは、離職前の期間分に限って受ければよいこと。
五、⑩の「既存障害」欄には、今回の業務災害又は通勤災害以外の事由による障害で、現に存するものを記載すること。
六、請求人（申請人）が、負傷又は発病の日から一年を経過した日以後に請求をする場合にあっては、その請求の際、負傷又は発病の日以後の分（「様式第16号の7（別紙）」に記入）の支給事由に関する医師又は歯科医師の診断書その他の資料を添えること。
七、⑬については、請求人（申請人）が、振込によって支払いを受けることを希望する金融機関店舗（郵便局を除く）又は郵便局の名称及び所在地を記載すること。
八、事業主の「氏名」欄（事業主が法人その他の団体であるときはその名称及び代表者の氏名）については、記名押印することに代えて、自筆による署名をすることができます。

① 労働保険番号					フリガナ		④ 負傷又は発病年月日
府県	所掌	管轄	基幹番号	枝番号	③ 氏名	（男・女）	年　月　日
					労働者 生年月日	年　月　日（　歳）	午前・午後　時　分頃
② 年金証書の番号					フリガナ 住所		⑤ 傷病の治ゆした年月日
管轄局	種別	西暦年	番号		職種		年　月　日
					所属事業場 名称・所在地		⑥ 平均賃金 円　銭
⑧ 通勤災害に関する事項					別紙のとおり		⑦ 特別給与の総額（年額）円

⑨ 厚生年金保険等の受給関係

イ 厚年等の年金証書の基礎年金番号・年金コード		ロ 被保険者資格の取得年月日	年　月　日
ハ 当該傷病に関して支給される年金の種類等	年金の種類	厚生年金保険法の　イ 障害年金　ロ 障害厚生年金 国民年金法の　　　イ 障害年金　ロ 障害基礎年金 船員保険法の障害年金	
	障害等級		級
	支給される年金の額		円
	支給されることとなった年月日		年　月　日
	厚年等の年金証書の基礎年金番号・年金コード		
	所轄社会保険事務所等		

③の者については、⑥及び⑦並びに⑨の④及び⑥並びに別紙の⑥、⑦、⑥、⑨、⑨及び⑦（通常の通勤の径路及び方法に限る。）に記載したとおりであることを証明します。

年　月　日

事業の名称　　　　　　　　　　　　電話番号　　　局　　番
事業所の所在地　　　　　　　　　　郵便番号
事業主の氏名　　　　　　　　　　　　　　　　　　㊞
（法人その他の団体であるときは、その名称及び代表者の氏名）

〔注意〕　別紙の⑥及び⑦について知り得なかった場合には証明する必要がないので、知り得なかった事項の符号を消すこと。また、⑨の④及び⑥については、③の者が厚生年金保険の被保険者である場合に限り証明すること。

⑩ 障害部位及び状態	（診断書のとおり）	⑪ 既存障害がある場合にはその部位及び状態	
⑫ 添付する書類その他の資料名			

⑬ 年金の払渡しを受けることを希望する金融機関又は郵便局

金融機関	名称	※金融機関店舗コード 　　　　　　銀行・金庫　　　本店・支店 　　　　　　農協・漁業・信組　　支所
	預金通帳の記号番号	第　　　　　　号
郵便局		※郵便局コード
	フリガナ 名称	郵便局
	所在地	都道府県　　　市郡区
	郵便貯金通帳の記号番号	第　　　　　　号

上記により　障害給付の支給を請求します。
　　　　　　障害特別支給金
　　　　　　障害特別年金　　の支給を申請します。
　　　　　　障害特別一時金

郵便番号　　　電話番号　　局　　番

年　月　日

請求人 申請人 の 住所

労働基準監督署長　殿　　　　　　氏　名　　　　　　　㊞

振込を希望する銀行等の名称		預金の種類及び口座番号	
銀行・金庫 農協・漁業・信組	本店 支店 支所	普通・当座　第　　　　号 名義人	

（物品番号 6817）15.6

労働者災害補償保険法・労働保険徴収法関係

様式第16号の7（裏面）

診 断 書

氏　名		生年月日	明治 大正 昭和　年　月　日	性別	男・女
傷 病 名			負傷発病年月日	年　月　日	
障害の部位			初 診 年 月 日	年　月　日	
既 往 ・ 症		既存障害		治ゆ年月日	年　月　日

療養の内容及び経過	
障害の状態の詳細	

関節運動範囲	部位	種類範囲					
		右					
		左					
		右					
		左					
		右					
		左					

上記のとおり診断します。

　　　　年　月　日

病院又は診療所の

郵便番号　　　電話番号　　局　　番
所 在 地
名　　称
診療担当者
氏　　名　　　　　　　　　　　㊞

（記名押印又は署名）

社会保険労務士記載欄	作成年月日・提出代行者・事務代理者の表示	氏　　名	電話番号
		㊞	

13. 葬祭給付請求書

様式第16号の10（表面）

労働者災害補償保険
葬祭給付請求書

通勤災害用

① 労働保険番号					③ 請求人の	フリガナ 氏名	
府県	所掌	管轄	基幹番号	枝番号		住所	
② 年金証書の番号						死亡労働者との関係	
管轄局	種別	西暦年	番号				

死亡労働者の
- ④ 氏名（フリガナ）　（男・女）
- 生年月日　年　月　日（　歳）
- 職種
- 所属事業場 名称・所在地
- ⑤ 平均賃金　円　銭
- ⑥ 死亡年月日　年　月　日

⑦ 通勤災害に関する事項　　別紙のとおり

④の者については、⑤並びに別紙の㋺、㋩、㋥、㋭、㋬及び㋣（通常の通勤の径路及び方法に限る。）に記載したとおりであることを証明します。

　　　　年　　月　　日

事業の名称
電話番号　局　番
郵便番号
事業場の所在地
事業主の氏名　㊞
（法人その他の団体であるときはその名称及び代表者の氏名）

〔注意〕事業主は、別紙の㋩及び㋣については、知り得なかった場合には証明する必要がないので、知り得なかった事項の符号を消すこと。

⑧ 添付する書類その他の資料名

上記により葬祭給付の支給を請求します。

　　　　年　　月　　日

郵便番号　電話番号　局　番
請求人の住所
労働基準監督署長　殿　　氏名　㊞

振込を希望する銀行等の名称		預金の種類及び口座番号	
銀行・金庫 農協・漁協・信組	本店 支店 支所	普通・当座　第　号	
		名義人	

（物品番号 68110) 15.6

労働者災害補償保険法・労働保険徴収法関係

14. 通勤災害に関する事項

様式第16号（別紙）

通勤災害に関する事項

(イ)	労 働 者 の 氏 名			
(ロ)	災害時の通勤の種別 (該当する記号を記入)	イ．住居から就業の場所への移動 ハ．就業の場所から他の就業の場所への移動 ニ．イに先行する住居間の移動		ロ．就業の場所から住居への移動 ホ．ロに後続する住居間の移動
(ハ)	負傷又は発病の年月日及び時刻	年　　月　　日	午前・後	時　　分頃
(ニ)	災 害 発 生 の 場 所			
(ホ)	就 業 の 場 所 (災害時の通勤の種別がハに該当する場合は移動の終点たる就業の場所)			
(ヘ)	就業開始の予定年月日及び時刻 (災害時の通勤の種別がイ、又はニに該当する場合は記載すること)	年　　月　　日	午前・後	時　　分頃
(ト)	住居を離れた年月日及び時刻 (災害時の通勤の種別がイ、ニ又はホに該当する場合は記載すること)	年　　月　　日	午前・後	時　　分頃
(チ)	就業終了の年月日及び時刻 (災害時の通勤の種別がロ、ハ又はホに該当する場合は記載すること)	年　　月　　日	午前・後	時　　分頃
(リ)	就業の場所を離れた年月日及び時刻 (災害時の通勤の種別がロ又はハに該当する場合は記載すること)	年　　月　　日	午前・後	時　　分頃
(ヌ)	災害時の通勤の種別に関する移動の通常の経路、方法及び所要時間並びに災害発生の日に住居又は就業の場所から災害発生の場所に至った経路、方法、所用時間その他の状況	（通常の移動の所要時間　　　時間　　　分）		
(ル)	災害の原因及び発生状況			
(ヲ)	現認者の	住　所 氏　名	電話　　－　　－	
(ワ)	転任の事実の有無(災害時の通勤の種別がニ又はホに該当する場合)	有　・　無	(カ) 転任の直前の住居に係る住所	

〔注意〕
1 (ヘ)は、災害時の通勤の種別がハの場合には、移動の終点たる就業の場所における就業開始の予定年月日及び時刻を、ニの場合には、後続するイの移動の終点たる就業の場所における就業開始の予定の年月日及び時刻を記載すること。
2 (チ)は、災害時の通勤の種別がハの場合には、移動の起点たる就業の場所における就業終了の年月日及び時刻を、ホの場合には、先行するロの移動の起点たる就業の場所における就業終了の年月日及び時刻を記載すること。
3 (リ)は、災害時の通勤の種別がハの場合には、移動の起点たる就業の場所を離れた年月日及び時刻を記載すること。
4 (ヌ)は、通常の通勤の経路を図示し、災害発生の場所及び災害の発生の日に住居又は就業の場所から災害発生の場所に至った経路を朱線等を用いてわかりやすく記載するとともに、その他の事項についてもできるだけ詳細に記載すること。
5 (ル)は、どのような場所を、どのような方法で移動している際に、どのような物で又はどのような状況においてどのようにして災害が発生したかを簡明に記載すること。

(物品番号　68111)　20.12

労働者災害補償保険法・労働保険徴収法関係

15. 遺族年金支給請求書

様式第16号の8（表面）

労働者災害補償保険
遺 族 年 金 支 給 請 求 書
遺 族 特 別 支 給 金 支給申請書
遺 族 特 別 年 金

通勤災害用

〔注意〕
一括適用の取扱いをしている支店、工場、工事現場等の場合に記入して下さい。
③の死亡労働者の所属事業場名称・所在地欄には、死亡労働者の直接所属する事業場が

① 労働番号 ／ 府県 所掌 管轄 基幹番号 枝番号
フリガナ／氏名 （男・女）
③ 死亡労働者の 生年月日 年 月 日（ 歳）
④ 負傷又は発病年月日 年 月 日 午前・後 時 分頃
② 年金証書の番号 ／ 管轄局 種別 西暦年 番号 枝番号
職種
⑤ 死亡年月日 年 月 日
所属事業場名称・所在地
⑥ 平均賃金 円 銭
⑦ 特別給与の総額（年額） 円
⑧ 通勤災害に関する事項　別紙のとおり
⑨ 厚生年等の受給関係
㋑ 死亡労働者の厚生年等の年金証書の基礎年金番号・年金コード
㋺ 死亡労働者の被保険者の資格の取得年月日　年 月 日
㋩ 当該死亡に関して支給される年金の種類
厚生年金保険法の　イ遺族年金　ロ遺族厚生年金
国民年金法の　イ母子年金　ロ準母子年金　ハ遺児年金　ニ寡婦年金　ホ遺族基礎年金
船員保険法の遺族年金
支給される年金の額　円　支給されることとなった年月日　年 月 日　厚年等の年金証書の基礎年金番号・年金コード　所轄社会保険事務所等

③の者については、⑥及び⑦並びに⑨の㋑及び㋺並びに別紙の㋺、㋩、㋥、㋭、㋑及び㋥（通常の通勤の経路及び方法に限る。）に記載したとおりであることを証明します。

年　月　日　　　事業の名称　　　　　電話番号　　局　番
事業場の所在地　　　郵便番号
事業主の氏名　　　　　　　　　　　　　　　　　㊞
（法人その他の団体であるときはその名称及び代表者の氏名）

〔注意〕別紙の㋭及び㋥について知り得なかった場合には証明する必要がないのでその事項の符号を消すこと。また、⑨の㋑及び㋺については、③の者が厚生年金保険の被保険者である場合に限り証明すること。

⑩ 請求人
	氏フリガナ名	生年月日	住フリガナ所	死亡労働者との関係	障害の有無	請求人（申請人）の代表者を選任しないときは、その理由
		・・			ある・ない	
		・・			ある・ない	
		・・			ある・ない	
		・・			ある・ない	

⑪ 請求人（申請人）以外の受けることができる遺族
	氏フリガナ名	生年月日	住フリガナ所	死亡労働者との関係	障害の有無	請求人（申請人）と生計を同じくしているか
		・・			ある・ない	いる・いない
		・・			ある・ない	いる・いない
		・・			ある・ない	いる・いない

⑫ 添付する書類その他の資料名

⑬ 年金の払渡しを受けることを希望する金融機関又は郵便局
金融機関：名称／※金融機関店舗コード／銀行・金庫　農協・漁協・信組／本店 支店
預金通帳の記号番号　第　号
郵便局：※郵便局コード／フリガナ／名称／所在地　都道府県 市郡区／郵便局
郵便貯金通帳の記号番号　第　号

上記により　遺族年金の支給を請求します。
　　　　　遺族特別支給金の支給を申請します。
　　　　　遺族特別年金

年　月　日
労働基準監督署長　殿

請求人申請人の（代表者）
郵便番号　電話番号　局　番
住所
氏名　㊞

特別支給金について口座振込を希望する銀行等の名称	預金の種類及び口座番号
銀行・金庫　農協・漁協・信組　本店 支店 支所	普通・当座　第　号　名義人

(物品番号 6818) 15.6

労働者災害補償保険法・労働保険徴収法関係

16. 労働保険概算・確定保険料申告書

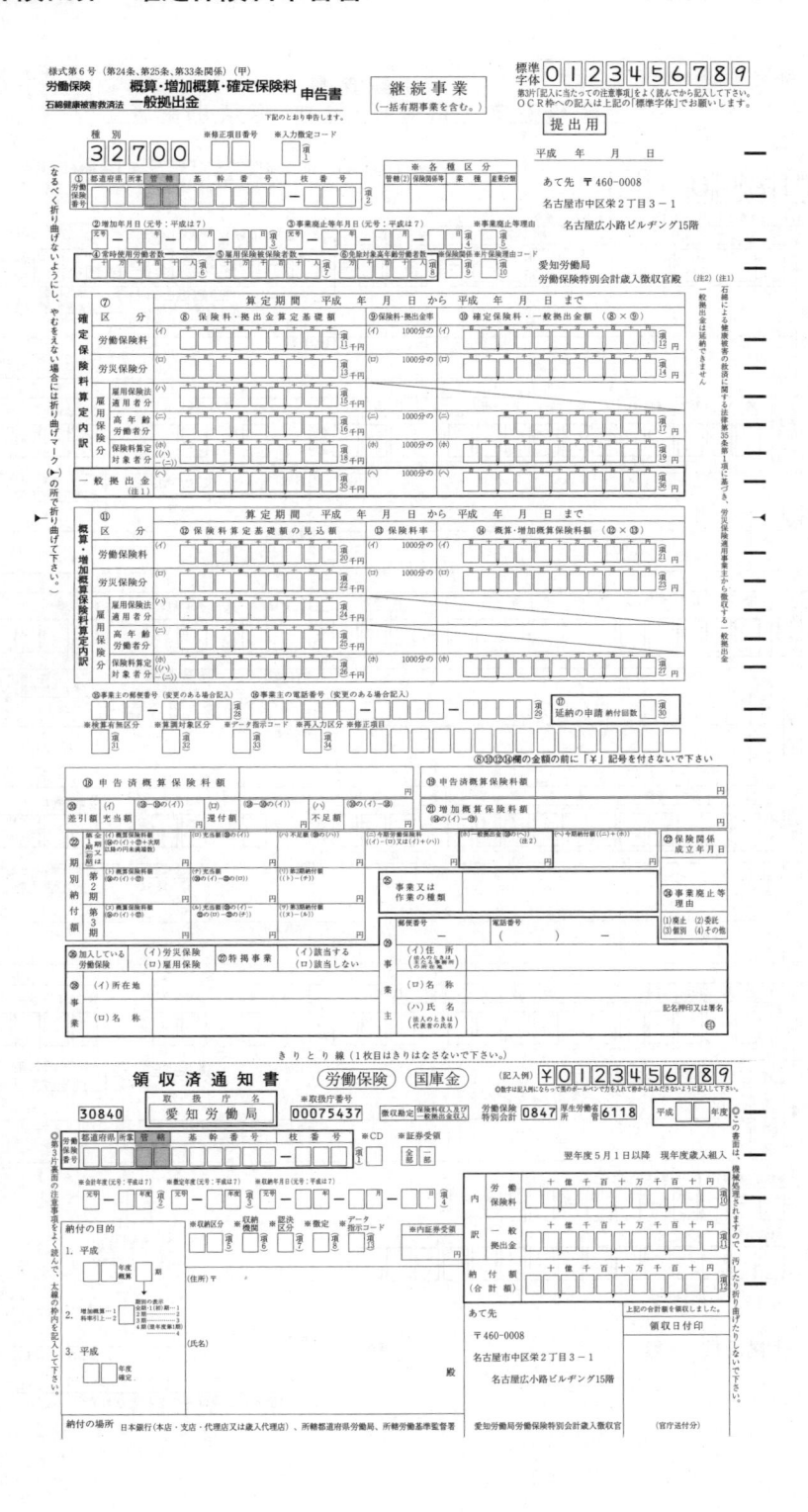

17. 労働保険継続事業一括認可・追加・取消申請書

労働者災害補償保険法・労働保険徴収法関係

18. 労働保険代理人選任・解任届
労働者災害補償保険代理人選任・解任届（労働基準監督署提出）
雇用保険被保険者関係届出事務等代理人選任・解任届（公共職業安定所提出）

様式第23号（第71条関係）

労働保険　　　　　代理人選任・解任届
一般拠出金　　　　代理人選任・解任届
労働者災害補償保険代理人選任・解任届
雇用保険被保険者関係届出事務等代理人選任・解任届

事業主控

事項	区分	選任代理人	解任代理人
①労働保険番号	府県／所掌／管轄／基幹番号／枝番号	②雇用保険事業所番号	
③職名			
④氏名			
⑤生年月日		明大昭　年　月　日	明大昭　年　月　日
⑥代理事項			
⑦選任又は解任の年月日		年　月　日	年　月　日
⑧選任代理人が使用する印鑑	⑨選任又は解任に係る事業場	所在地	
		名称	

上記のとおり代理人を選任・解任したので届けます。

　　　　年　月　日

労働基準監督署長　殿

住所
事業主　氏名　　　　　　　　㊞
　　　　　　　　　　記名押印又は署名
（法人のときはその名称及び代表者の氏名）

社会保険労務士記載欄	作成年月日・提出代行者・事務代理者の表示	氏名	電話番号
		㊞	

〔注意〕
1　記載すべき事項のない欄には斜線を引き、事項を選択する場合には該当事項を○で囲むこと。
2　⑥欄には、事業主の行うべき労働保険に関する事務の全部について処理される場合には、その旨を、事業主の行うべき事務の一部について処理される場合には、その範囲を具体的に記載すること。
3　選任代理人の職名、氏名、代理事項又は印鑑に変更があったときは、その旨を届け出ること。
4　社会保険労務士記載欄は、この届書を社会保険労務士が作成した場合のみ記載すること。
5　この様式は、労働保険／一般拠出金代理人選任・解任届、労働者災害補償保険代理人選任・解任届及び雇用保険被保険者関係届出事務等代理人選任・解任届を一括して記載できるようになっているので、届書を作成する必要がない届名は、横線を引き抹消すること。

(19.2)

19. 労働保険保険関係成立届

20. 労働保険名称、所在地等変更届

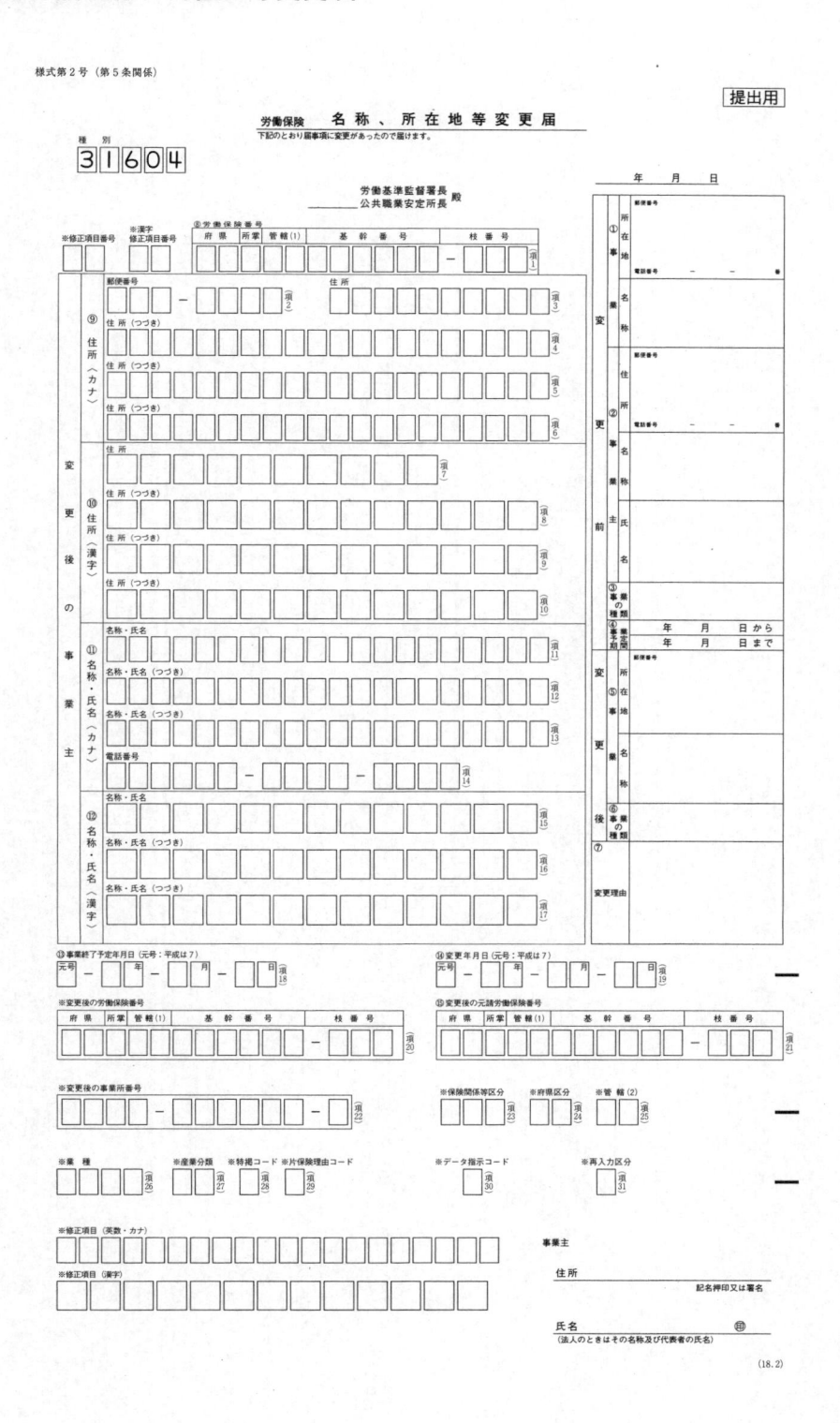

雇用保険法関係

雇用保険法関係

1. 雇用保険被保険者資格取得届

雇用保険法関係

2. 雇用保険被保険者資格喪失届・氏名変更届

3. 再就職手当支給申請書

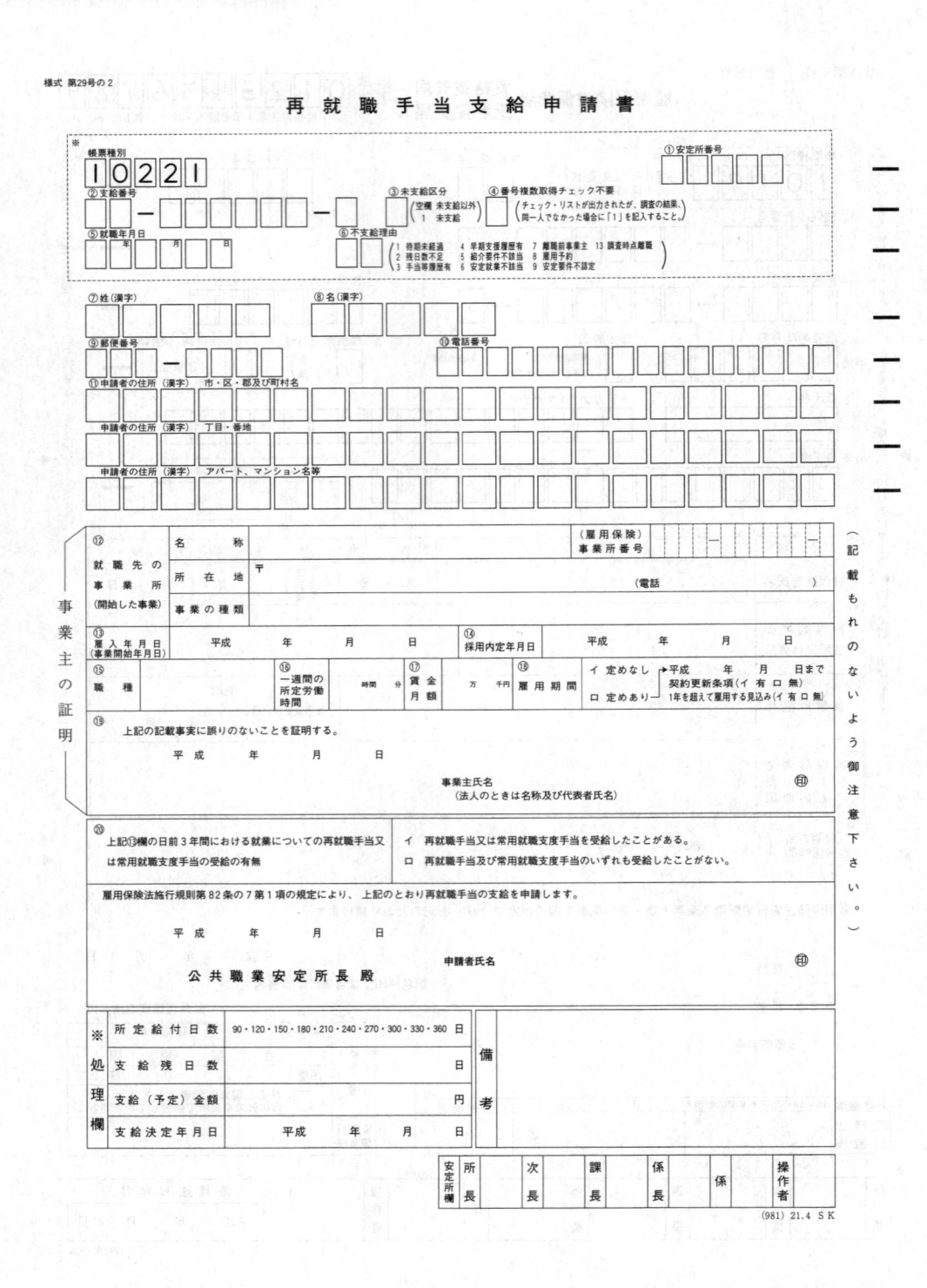

雇用保険法関係

4. 就職届

<h1 style="text-align:center">就 職 届</h1>

このたび下記証明のとおり就職することになりましたのでお届けします。

氏 名	㊞	支給番号	
住 所			

《事業主のみなさんへ》
　この証明書は、正しい雇入年月日を把握し、適正な失業給付を行うため事業主のみなさんに証明していただくものです。
　必ず、出勤簿、タイムカード、労働者名簿等の関係書類を確認のうえ証明してください。

<h1 style="text-align:center">証 明 書</h1>

事業主記載欄	雇入(予定)年月日	平成　　年　　月　　日		
	雇入年月日記入上の注意 　雇入年月日には、事業主と本人の間で契約した最初に出勤すべき日（臨時・パート・試用期間・研修期間・アルバイト等も含む）を記入してください。 　たとえば、1日から出勤することになっている場合に、1日が日曜・祭日等又は、本人が休んだため2日から出勤したときでも、雇入年月日は1日となります。			
	雇入年月日前の状況	雇入年月日より前に働いた日が　1 ある（　／　～　／　） 　　　　　　　　　　　　　　　　2 ない		
	雇用形態	1 常用 2 パート （1週間の所定労働時間　　時間） 3 臨時 （　／　～　／　） 4 その他 （自営・委任・請負・その他）	職　種	
			採用経路	1 安定所紹介 2 その他 (知人の紹介・情報誌) (新聞広告・その他)

上記のとおり相違ないことを証明する。

　　平成　　年　　月　　日

　　　　　　　　　　　　　　事業所　所在地
　　　　　　　　　　　　　　　　　　名　　称
　　　　　　　　　　　　　　　　　　代表者氏名　　　　　　　　　㊞
　　　　　　　　　　　　　　　　　　電話番号　（　　）

　　　　　　　　　　　　　　雇用保険適用
　　　　　　　　　　　　　　事業所番号　□□□□-□□□□□□-□

　　　公共職業安定所長　殿

※安定所欄	帳票種別　10214	
	② 支給番号	□□-□□□□□□-□
	⑨ 就職年月日－経路	□□□□□□-□

（注）この届出書は就職の前日又は就職後すみやかに必ず本人が受給資格者証・印かんを持参のうえ届出てください。

雇用保険法関係

5. 雇用保険被保険者離職証明書

雇用保険被保険者離職証明書（事業主控）

①被保険者番号		③フリガナ 離職者氏名	④離職 年月日	平成　年　月　日
②事業所番号				
⑤名称 事業所所在地 電話番号		⑥離職者の住所又は居所 〒 電話番号（　）　－		
事業主　住所　氏名		※離職票交付　平成　年　月　日 （交付番号　　　　番）		

離職の日以前の賃金支払状況等

⑧被保険者期間算定対象期間		⑨⑧の期間における賃金支払基礎日数	⑩賃金支払対象期間	⑪⑩の基礎日数	⑫賃金額			⑬備考
Ⓐ一般被保険者等 離職日の翌日　月　日	Ⓑ短期雇用特例被保険者 離職月　日				Ⓐ	Ⓑ	計	
月　日～離職日	離職月　日		月　日～離職日	日				
月　日～	月　日		月　日～　月　日	日				
月　日～	月　日		月　日～　月　日	日				
月　日～	月　日		月　日～　月　日	日				
月　日～	月　日		月　日～　月　日	日				
月　日～	月　日		月　日～　月　日	日				
月　日～	月　日		月　日～　月　日	日				
月　日～	月　日		月　日～　月　日	日				
月　日～	月　日		月　日～　月　日	日				
月　日～	月　日		月　日～　月　日	日				
月　日～	月　日		月　日～　月　日	日				

⑭賃金に関する特記事項	

事業主は、公共職業安定所からこの離職証明書（事業主控）の返付を受けたときは、これを4年間保管し、関係職員の要求があったときは提示すること。

社会保険労務士記載欄	作成年月日・提出代行者・事業代理者の表示	氏　名	電話番号
		印	

雇用保険法関係

⑦**離職理由欄**…事業主の方は、離職者の主たる離職理由が該当する理由を1つ選択し、左の事業主記入欄の□の中に○印を記入の上、下の具体的事情記載欄に具体的事情を記載してください。また、一般労働者派遣事業に雇用される派遣労働者のうち常時雇用される労働者以外の者を雇用する事業主であって、離職理由について2(3)①においてe(b)を選択した場合には、労働者の就業機会の確保に係る署名欄についても記載してください。
【離職理由は所定給付日数・給付制限の有無に影響を与える場合があり、適正に記載してください。】

事業主記入欄	離　職　理　由
	1　事業所の倒産等によるもの
□………	(1) 倒産手続開始、手形取引停止による離職
□………	(2) 事業所の廃止又は事業活動停止後事業再開の見込みがないため離職
	2　定年、労働契約期間満了等によるもの
□………	(1) 定年による離職（定年　　歳）
□………	(2) 採用又は定年後の再雇用時等にあらかじめ定められた雇用期限到来による離職
□………	(3) 労働契約期間満了による離職
	① 一般労働者派遣事業に雇用される派遣労働者のうち常時雇用される労働者以外の者
	（1回の契約期間　　箇月、通算契約期間　　箇月、契約更新回数　　回）
	（労働契約における契約の更新又は延長する旨の明示の　有　・　無　）
	a 労働者が以後同一の派遣元事業主における派遣就業を希望しない旨を明らかにした場合
	b 労働者が以後被保険者とならないような派遣就業のみを希望した場合
	c 事業主が以後派遣就業を指示しない旨を明らかにした場合
	d 事業主が以後被保険者とならないような派遣就業のみを指示することとした場合
	e 最後の雇用契約期間の終了日からおおむね1月以内に派遣労働者の適用基準に該当する次の派遣就業が開始されなかったとき
	(a) 労働者が、最後の派遣就業の終了日からおおむね1月以内に開始される派遣就業の指示を拒否したことによる場合
	(b) 事業主が、最後の雇用契約期間の終了日からおおむね1月以内に開始される派遣就業の指示を行わなかったことによる場合（指示した派遣就業が取りやめになったことによる場合を含む。）
	（a、b又はe(a)に該当する場合は、更に下記の4のうち、該当する主たる離職理由を更に1つ選択し、○印を記入してください。該当するものがない場合は下記の5に○印を記入した上、具体的な理由を記載してください。）
	② 上記①以外の労働者
	（1回の契約期間　　箇月、通算契約期間　　箇月、契約更新回数　　回）
	（労働契約における契約の更新又は延長する旨の明示の　有　・　無　）
	（事業主・労働者の意思により契約更新せず）
□………	(4) 早期退職優遇制度、選択定年制度等により離職
□………	(5) 移籍出向
	3　事業主からの働きかけによるもの
□………	(1) 解雇（重責解雇を除く。）
□………	(2) 重責解雇（労働者の責めに帰すべき重大な理由による解雇）
	(3) 希望退職の募集又は退職勧奨
□………	① 事業の縮小又は一部休廃止に伴う人員整理を行うためのもの
□………	② その他（理由を具体的に　　　　　　　　　　　　　　　　）
	4　労働者の判断によるもの
	(1) 職場における事情による離職
□………	① 労働条件に係る重大な問題（賃金低下、賃金遅配、過度な時間外労働、採用条件との相違等）があったと労働者が判断したため
□………	② 就業環境に係る重大な問題（故意の排斥、嫌がらせ等）があったと労働者が判断したため
□………	③ 事業所での大規模な人員整理があったことを考慮した離職
□………	④ 職種転換等に適応することが困難であったため（教育訓練の有・無）
□………	⑤ 事業所移転により通勤困難となった（なる）ため（旧(新)所在地：　　　　　　）
□………	⑥ その他（理由を具体的に
□………	(2) 労働者の個人的な事情による離職（一身上の都合、転職希望等）
□………	5　その他（1-4のいずれにも該当しない場合）
	（理由を具体的に　　　　　　　　　　　　　　　　　　　　　）

具体的事情記載欄（事業主用） 必ず記載してください。

労働者の就業機会の確保に係る署名欄（事業主用）
本離職証明書に係る離職者の就業機会の確保に努めたところであるが、前の雇用契約期間の終了後、おおむね1月以内に開始される派遣就業を指示できなかったものである。
（記名押印又は自筆による署名）　　　　　　　　　　　　　　㊞

注1　離職証明書の提出の際には、⑦欄の離職理由を確認できる資料をご持参ください。詳しくは「雇用保険被保険者離職証明書についての注意」をご覧ください。
注2　虚偽の離職理由を記載して、失業等給付を受けたり又は受けようとした場合には不正受給として処分されますので、適正に記載してください。事業主が不正行為をした場合にも、不正に受給した者と連帯して、同様に処分がされますのでご注意ください。

(915) 20.10 E

6. 雇用保険被保険者六十歳到達時等賃金証明書

雇用保険被保険者六十歳到達時等賃金証明書（事業主控）

① 被保険者番号			③ 60歳に達した者の氏名	フリガナ	
② 事業所番号					
④ 名称 事業所 所在地 電話番号			⑤ 60歳に達した者の住所又は居所	〒 電話番号（ ） －	
⑥ 60歳に達した日等の年月日 （被保険者区分変更年月日の前日）	平成　　年　　月　　日		⑦ 60歳に達した者の生年月日	昭和　　年　　月　　日	
事業主 住所 氏名					

60歳に達した日等以前（被保険者区分変更の日前）の賃金支払状況等

⑧ 60歳に達した日等に離職したとみなした場合の被保険者期間算定対象期間		⑨ ⑧の期間における賃金支払基礎日数	⑩ 賃金支払対象期間	⑪ ⑩の基礎日数	⑫ 賃金額			⑬ 備考
短時間以外・短時間					Ⓐ	Ⓑ	計	
60歳に達した日等の翌日（被保険者区分変更日）	60歳に達した日等（被保険者区分変更日の前日）		60歳に達した日等（被保険者区分変更日の前日）					
月　日～	月　日	日	月　日～ 月　日	日				
月　日～	月　日	日	月　日～ 月　日	日				
月　日～	月　日	日	月　日～ 月　日	日				
月　日～	月　日	日	月　日～ 月　日	日				
月　日～	月　日	日	月　日～ 月　日	日				
月　日～	月　日	日	月　日～ 月　日	日				
月　日～	月　日	日	月　日～ 月　日	日				
月　日～	月　日	日	月　日～ 月　日	日				
月　日～	月　日	日	月　日～ 月　日	日				
月　日～	月　日	日	月　日～ 月　日	日				

⑭ 賃金に関する特記事項

六十歳到達時等賃金証明書受理
平成　　年　　月　　日
（受理番号　　　　　番）

※公共職業安定所記載欄

注意
1　事業主は、公共職業安定所からこの六十歳到達時等賃金証明書（事業主控）の返付を受けたときは、これを7年間保管し、関係職員の要求があったときは提示すること。
2　六十歳到達時等賃金証明書の記載方法については、別紙「雇用保険被保険者六十歳到達時等賃金証明書についての注意」を参照すること。
3　「60歳に達した日等」とは、当該被保険者の60歳の誕生日の前日又は60歳に達した後に「被保険者であった期間」が通算して5年を満たした日である。

社会保険労務士記載欄	作成年月日・提出代行者・事務代理者の表示	氏　　名	電話番号
		㊞	

雇用保険法関係

7. 高年齢雇用継続受給資格確認票・（初回）高年齢雇用継続給付支給申請書

雇用保険法関係

8. 高齢雇用継続給付・育児休業給付・介護休業給付の支給申請に係る承諾書

高年齢雇用継続給付
育児休業給付・介護休業給付 の支給申請に係る承諾書

事業所の名称		事業所の所在地
		電話番号（　　）
承諾成立年月日	年　　月　　日	
承諾の当事者である労働組合の名称又は労働者代表の氏名		

A，Bいずれか該当するものに丸をつけてください。

| A | 事業主を通じて支給申請を行うことについて、労働者の過半数を代表する労働組合との間で書面による協定が結ばれています。 | B | 労働者の過半数を代表する労働組合がないが、労働者の過半数を代表する者との間で、事業主を通じて支給申請を行うことについて書面による協定が結ばれています。 |

平成　　　年　　　月　　　日

公共職業安定所長　殿

事業主氏名

1　この高年齢雇用継続給付（育児休業給付）の支給申請に係る承諾書は、原則として、最初の高年齢雇用継続給付（育児休業給付）に係る支給申請に貴事業所を管轄する公共職業安定所に提出してください。
2　高年齢雇用継続給付又は育児休業給付いずれか該当しない部分については、二本線で消してください。

雇用保険法関係

9. 雇用保険被保険者休業開始時賃金月額証明書

雇用保険被保険者 休業開始時賃金月額証明書（事業主控）　（育児・介護）
短縮措置等適用時賃金証明書

①被保険者番号	－	－	③フリガナ 休業等を開始した者の氏名	④休業等を開始した日	平成 年 月 日
②事業所番号	－	－			年 月 日

⑤ 名　称 事業所所在地 電話番号		⑥休業等を開始した者の住所又は居所	〒 電話番号（　）－

事業主	住所 氏名		

休業等を開始した日前の賃金支払状況等

⑦休業等を開始した日の前日に離職したとみなした場合の被保険者期間算定対象期間	⑧⑦の期間における賃金支払基礎日数	⑨賃金支払対象期間	⑩⑨の基礎日数	⑪賃金額			⑫備考
休業等を開始した日　月　日				Ⓐ	Ⓑ	計	
月　日～休業等を開始した日の前日	日	月　日～休業等を開始した日の前日	日				
月　日～　月　日	日	月　日～　月　日	日				
月　日～　月　日	日	月　日～　月　日	日				
月　日～　月　日	日	月　日～　月　日	日				
月　日～　月　日	日	月　日～　月　日	日				
月　日～　月　日	日	月　日～　月　日	日				
月　日～　月　日	日	月　日～　月　日	日				
月　日～　月　日	日	月　日～　月　日	日				
月　日～　月　日	日	月　日～　月　日	日				
月　日～　月　日	日	月　日～　月　日	日				
月　日～　月　日	日	月　日～　月　日	日				
月　日～　月　日	日	月　日～　月　日	日				

⑬賃金に関する特記事項		休業開始時賃金月額証明書 短縮措置等適用時賃金証明書 受理 平成　年　月　日 （受理番号　　　号）

⑭（休業開始時における）雇用期間	イ 定めなし　ロ 定めあり→平成　年　月　日まで（休業開始日を含めて　　年　カ月）

※公共職業安定所記載欄

注意
1　事業主は、公共職業安定所からこの休業開始時賃金月額証明書又は短縮措置等適用時賃金証明書（事業主控）（以下「休業開始時賃金月額証明書等」という。）の返付を受けたときは、これを4年間保管し、関係職員の要求があったときは提示すること。
2　休業開始時賃金月額証明書等の記載方法については、別紙「雇用保険被保険者休業開始時賃金月額証明書等についての注意」を参照すること。
3　「休業等を開始した日」とあるのは、当該被保険者が育児休業又は介護休業を開始した日及び当該被保険者が小学校就学の始期に達するまでの子を養育するため若しくは要介護状態にある対象家族を介護するための休業又は当該被保険者が就業しつつその子を養育すること若しくはその要介護状態にある対象家族を介護することを容易にするための勤務時間短縮措置の適用を開始した日のことである。
　　なお、被保険者が労働基準法の規定による産前・産後休業に引き続いて、育児休業又は小学校就学の始期に達するまでの子を養育するための休業を取得する場合は出産日から起算して58日目に当たる日が、又は当該被保険者が就業しつつその子を養育することを容易にするための勤務時間短縮措置を適用する場合は当該適用日が、「休業等を開始した日」となる。

社会保険労務士記載欄	作成年月日・提出代行者・事務代理者の表示	氏　名	電話番号
		㊞	

10. 育児休業給付受給資格確認票・（初回）育児休業基本給付金支給申請書

様式第33号の5

育児休業給付受給資格確認票・（初回）育児休業基本給付金支給申請書

帳票種別　10400

※① 安定所番号

② 被保険者番号

③ 被保険者となった年月日

④ 事業所番号

⑤ 育児休業開始日　平成　年　月　日

⑥ 出産日（元号一年月日）4：平成　4－

⑦ 被保険者の住所（郵便番号）

⑧ 被保険者の住所（カタカナ）

⑨ 被保険者の住所〔続き（カタカナ）〕

⑩ 被保険者の電話番号

⑪ 支給対象期間その1（初日一末日）平成　年　月　日 － 年　月　日

⑫ 全日休業日数

⑬ 支払われた賃金額（百万十万万千百十円）

⑭ 支給対象期間その2（初日一末日）平成

⑮ 全日休業日数

⑯ 支払われた賃金額

⑰ 職場復帰日　平成

⑱ 支給対象期間延長事由一期間

1 保育所における保育が実施されないこと
2 養育を予定していた配偶者の死亡
3 養育を予定していた配偶者の負傷・疾病等
4 養育を予定していた配偶者との婚姻の解消等による別居
5 養育を予定していた配偶者の産前産後休業等

※公共職業安定所記載欄

⑲ 期間雇用者の継続雇用の見込み（1　2）

⑳ 休業事由の消滅日

㉑ 延長否認

㉒ 産後休業表示（休業がある場合に「1」を記入）

㉓ 賃金月額（区分一日額又は総額）（千万百万十万万千百十円）（1 日額　2 総額）

㉔ 当初の育児休業開始日

㉕ 受給資格確認年月日

㉖ 受給資格否認（受給資格なしと判断した場合に「1」を記入）

㉗ 支給申請月（1 奇数月　2 偶数月）

㉘ 次回支給申請日

㉙ 支払区分

㉚ 金融機関・店舗コード

口座番号

㉛ 未支給区分（空白未支以外　1 未支給）

上記被保険者が育児休業を取得し、上記の記載事実に誤りがないことを証明します。
事業所名（所在地・電話番号）
平成　年　月　日　　事業主名　　㊞

上記のとおり育児休業給付の受給資格の確認を申請します。
雇用保険法施行規則第101条の13の規定により、上記のとおり育児休業基本給付金の支給を申請します。
平成　年　月　日　　公共職業安定所長　殿　　フリガナ　申請者氏名　㊞

払渡希望金融機関指定届

払渡希望金融機関	フリガナ 名　称	本店 支店	金融機関コード	店舗コード	金融機関確認印
	預金（貯金）通帳の記号（口座）番号	第　　号			

◆ 金融機関へのお願い
雇用保険の失業等給付を受給者の金融機関口座へ迅速かつ正確に振り込むため、次のことについて御協力をお願いします。
1. 上記の記載事項のうち「申請者氏名」欄及び「預金（貯金）通帳の記号（口座）番号」欄等を確認した上、「金融機関確認印」欄に貴金融機関確認印（店舗名の明示されたもの）を押印してください。
2. 金融機関コード及び店舗コードを記入してください。

備考	賃金締切日	日	通勤手当	有（毎月・3か月・6か月） 無	※処理欄	資格確認の可否	可・否
	賃金支払月	当月・翌月				資格確認年月日	平成　年　月　日
						通知年月日	平成　年　月　日

社会保険労務士記載欄	作成年月日・提出代行者・事務代理者の表示	氏名 ㊞	電話番号	※所長	次長	課長	係長	係	操作者

20.4 (951) SM

雇用保険法関係

11. 介護休業給付金支給申請書

12. 雇用保険事業所非該当承認申請書

雇用保険 事業所非該当承認申請書（安定所用）

1. 事業所非該当承認対象施設

①名　　称		⑦労働保険料の徴収の取扱い	労働保険の保険料の徴収等に関する法律施行規則上の事業場とされているか　　いる　・　いない
②所　在　地	〒　　　　電話（　　）	⑧労働保険番号	府県　所掌　管轄　　基幹番号　　枝番号
③施設の設置年　月　日	年　　月　　日	⑨社会保険の取扱い	健康保険法及び厚生年金保険の事業所とされているか　　いる　・　いない
④事業の種類		⑩各種帳簿の備付状況	労働者名簿　・　賃金台帳　・　出勤簿
⑤従業員数	（うち被保険者数　　　　）	⑪管轄公共職業安定所	公共職業安定所
⑥事業所番号	－　　　－	⑫雇用保険事務処理能力の有無	有　・　無
⑬申請理由			

2. 事業所

⑭事業所番号	－　　　－	⑱従業員数	（うち被保険者数　　　　）
⑮名　　称		⑲適用年月日	年　　月　　日
⑯所　在　地	〒　　　　電話（　　）	⑳管轄公共職業安定所	公共職業安定所
⑰事業の種類		㉑備　　考	

上記1の施設は、一の事業所として認められませんので承認されたく申請します。
　平成　　年　　月　　日
　　公共職業安定所長殿

　　　　　　　　　　　　　　　住　所
　　　　事業主（又は代理人）
　　　　　　　　　　　　　　　氏　名　　　　　　　　　　　　　　㊞

記名押印又は自筆による署名

（注）社会保険労務士記載欄は、この届書を社会保険労務士が作成した場合のみ記入する。

社会保険労務士記載欄	作成年月日・提出代行者の表示	氏　名　　　㊞	電話番号

※公共職業安定所記載欄

上記申請について協議してよろしいか。　　年　月　日	所長	次長	課長	係長	係
調査結果　・場所的な独立性　有・無　・事務処理能力　有・無　・経営上の独立性　有・無　・その他［　　］　・施設としての持続性　有・無					
協議先　主管課・　　　　安定所　協議年月日　　年　月　日					

下記のとおり決定してよろしいか。　　年　月　日	所長	次長	課長	係長	係
協議結果　適・否　　承認・不承認					
備考	決定年月日		年　月　日		
	事業主通知年月日		年　月　日		
	主管課報告年月日		年　月　日		
	関係公共職業安定所連絡年月日		年　月　日		

雇用保険法関係

13. 事業所非該当承認申請調査書

事業所非該当承認申請調査書

施設名称	
施設所在地	
場所的な状況	1. 主たる事業所から　　　独　立　・　独立していない 2. 他の施設とその取扱状況　　他の非該当施設　有・無 （　　　　　　　　　　　　　　　　　　　　　　　　　　　　　　）
業務上の組織	1. 本社の出先機関　2. 支社・支店の出先機関　3. その他
人事、経理、経営、労務の態様面における状況	人事採用：1. 本社（支社・支店）で選考し決定する（施設に権限なし） 2. 施設で選考し、本社（支社・支店）で決定する 3. 施設の権限で選考し決定する
	経営上の指揮監督、労働の態様面における独立性　　　有・無
	経理　賃金計算　1. 本社　2. 支社・支店　3 施設 　　　賃金支払方法　1. 銀行振込　2. 施設へ送金　3 その他
諸帳簿の備付	労働者名簿　・　出勤簿　・　賃金台帳
施設としての持続性	1. 無限　2. 有限（　　年　月　日〜　年　月　日　）
被保険者数	人（管理職　　人、営業　　人、事務　　人、その他　　人）
労働保険に関する取扱	本社（支社・支店）　・　施　設
社会保険に関する取扱	本社（支社・支店）　・　施　設
※　安定所記載欄	
調査者意見	
調査年月日	平成　　年　　月　　日　調査者氏名　　　　　　　　　印

雇用保険法関係

14. 雇用保険適用事業所設置届

雇用保険適用事業所設置届

（必ず裏面の注意事項を読んでから記載して下さい。）

※ 事業所番号

下記のとおり届けます。

公共職業安定所長殿

平成　年　月　日

帳票種別　10001

※① 安定所番号

② 事業所の名称（カタカナ）

事業所の名称〔つづき（カタカナ）〕

③ 事業所の名称（漢字）

事業所の名称〔つづき（漢字）〕

④ 郵便番号

⑤ 事業所の所在地（漢字）　市・区・郡及び町村名

事業所の所在地（漢字）　丁目・番地

事業所の所在地（漢字）　ビル、マンション名等

⑥ 事業所の電話番号

⑦ 設置年月日（元号一年月日）　元号（3:昭和　4:平成）

⑧ 労働保険番号　府県　所掌　管轄　基幹番号　枝番号

※ 公共職業安定所記載欄

⑨ 設置区分（1:当然　2:任意）

⑩ 事業所区分（1:個別　2:委託）

⑪ 産業分類

⑫ 保険率種別

⑬ 台帳保存区分（1:日雇被保険者のみの事業所）

⑭ 事業主
- （フリガナ）住所（法人のときは主たる事業所の所在地）
- （フリガナ）名称
- （フリガナ）氏名（法人のときは代表者の氏名）　記名押印又は自筆による署名　㊞

⑮ 事業の概要（漁業の場合は漁船の総トン数を記入すること）

⑯ 事業の開始年月日　平成　年　月　日

※⑰ 事業の廃止年月日　平成　年　月　日

⑱ 常時使用労働者数　人

⑲ 雇用保険被保険者数　一般　人／日雇　人

⑳ 賃金支払関係　賃金締切日　日　賃金支払日　当・翌月　日

㉑ 雇用保険担当課名　課　係

㉒ 社会保険加入状況　健康保険　厚生年金保険　労災保険

備考

※ 所長　次長　課長　係長　係　操作者

（この届出は、事業所を設置した日の翌日から起算して10日以内に提出して下さい。）

14.6(902) KY

（なるべく折り曲げないようにし、やむをえない場合には折り曲げマーク（◀）の所で折り曲げて下さい。この用紙は、このまま機械で処理しますので汚さないようにして下さい。）

15. 雇用保険事業主事業所各種変更届

雇用保険事業主事業所各種変更届

（必ず裏面の注意事項を読んでから記載して下さい。）

※事業所番号

帳票種別 10003
※①安定所番号
※②変更区分
③変更年月日（元号－年月日）　元号（3：昭和　4：平成）

④事業所番号
⑤設置年月日（元号－年月日）　元号（3：昭和　4：平成）

変更事項

⑥事業所の名称（カタカナ）
事業所の名称〔つづき（カタカナ）〕
⑦事業所の名称（漢字）
事業所の名称〔つづき（漢字）〕
⑧郵便番号
⑨事業所の所在地（漢字）　市・区・郡及び町村名
事業所の所在地（漢字）　丁目・番地
事業所の所在地（漢字）　ビル、マンション名等
⑩事業所の電話番号
⑪労働保険番号　府県　所掌　管轄　基幹番号　枝番号

※公共職業安定所記載欄
⑫設置区分（1：当然　2：任意）
⑬事業所区分（1：個別　2：委託）
⑭産業分類
⑮保険率種別

変更事業主
⑯住所（フリガナ）（法人のときは主たる事務所の所在地）
⑰名称（フリガナ）
⑱氏名（フリガナ）（法人のときは代表者の氏名）
⑲変更前の事業所の名称（フリガナ）
⑳変更前の事業所の所在地（フリガナ）
㉑事業の開始年月日　年　月　日
※㉒事業の廃止年月日　平成　年　月　日
㉓常時使用労働者数　人
㉔雇用保険担当課名　課　係
㉕社会保険加入状況　健康保険／厚生年金保険／労災保険
㉖雇用保険被保険者数　一般　人　日雇　人
㉗賃金支払関係　賃金締切日　日　賃金支払日　当・翌月　日

⑰変更後の事業の概要
⑱変更の理由
備考

※所長　次長　課長　係長　係　操作者

（この届出は、変更のあった日の翌日から起算して10日以内に提出して下さい。）

(909)14.6 SK

職業安定法関係

職業安定法関係

1. 求人申込書（一般労働者用）

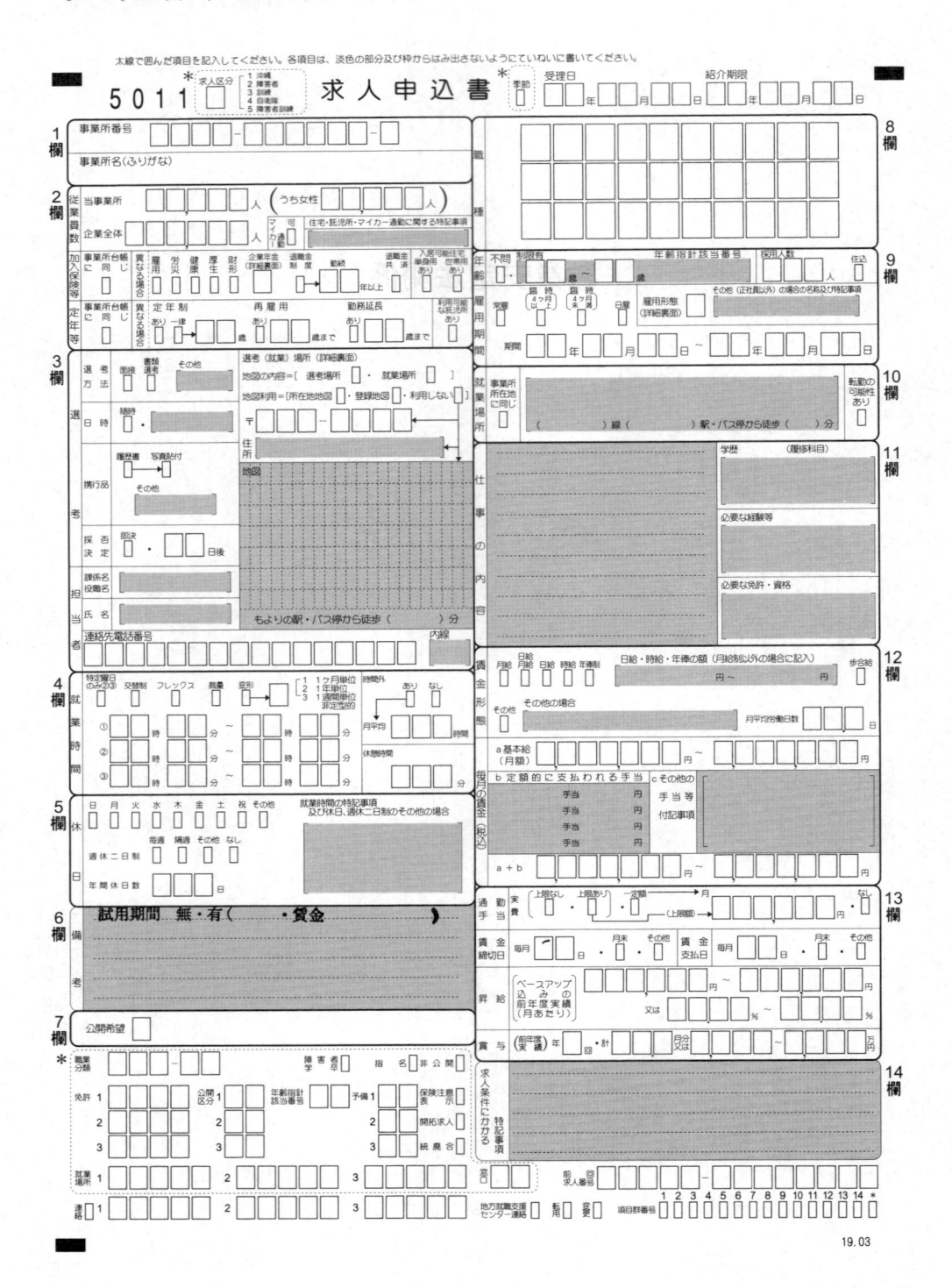

職業安定法関係

2. 求人申込書（パート労働者用）

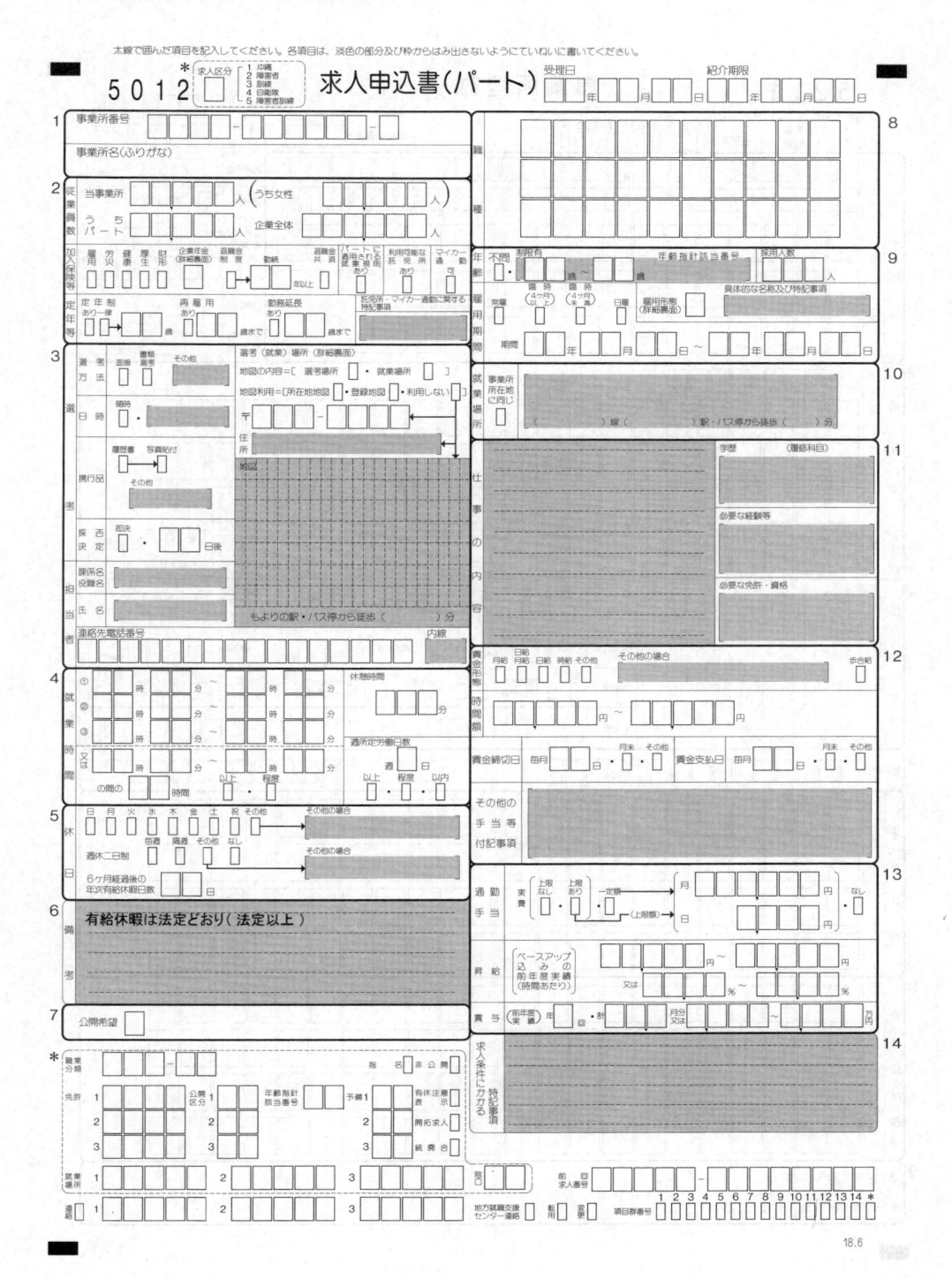

求人申込書（パート）

職業安定法関係

3. 事業所登録シート

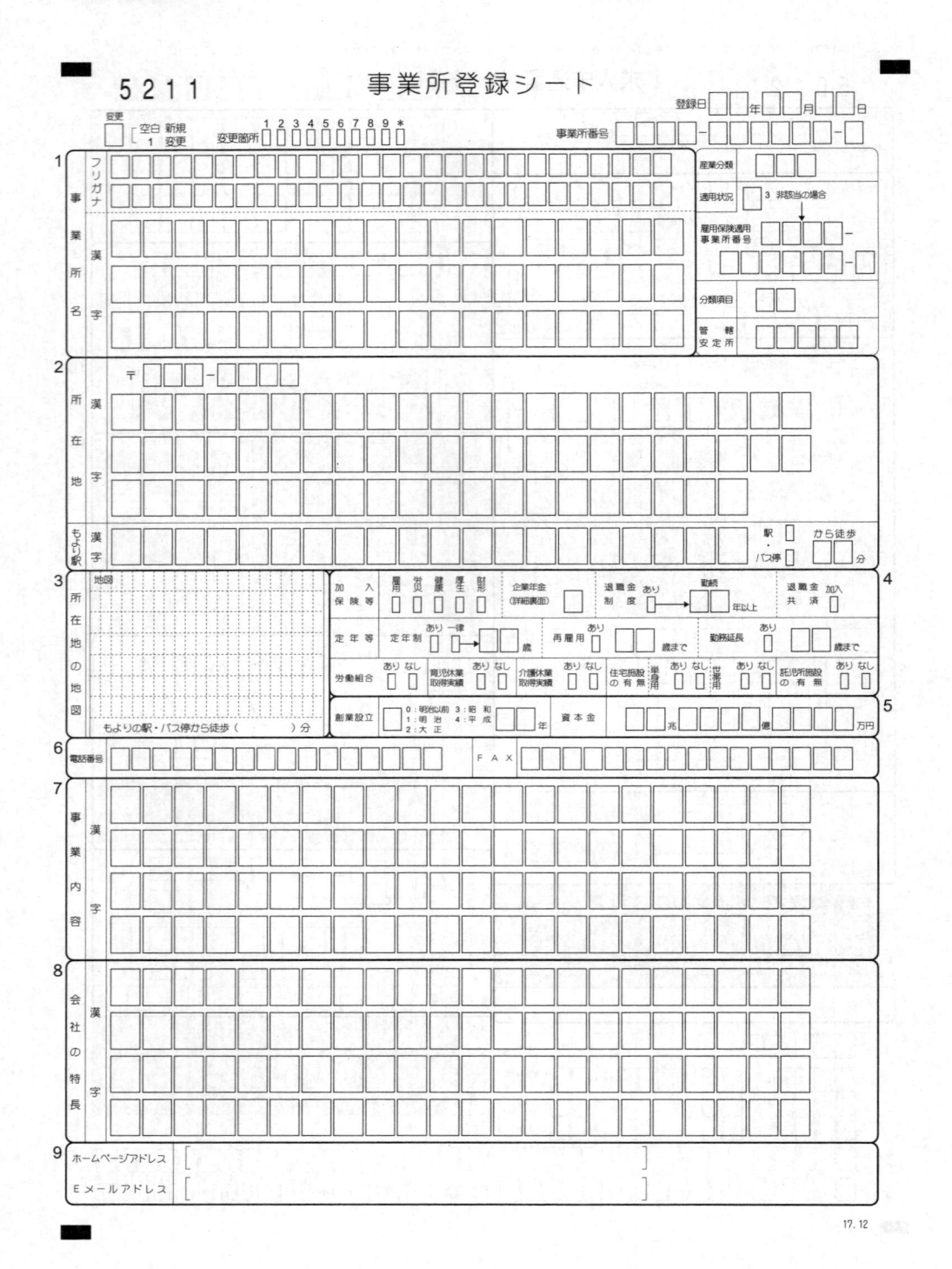

4. 高卒用求人票

職業安定法関係

5. 高卒求人連絡状況

高 卒 求 人 連 絡 状 況

事業所名						職種		
	県	安 定 所	求人連絡数	学 校	推薦人員	学 校	推薦人員

求人連絡・推薦数

| 求人連絡総数　　　　　　　　所　　　　　人 | 推薦依頼総数　（管内）　　　校　　　　人 |
| | （管外）　　　校　　　　人 |

■ 推薦依頼校以外への求人票の公開

全国の高校へ公開	（ 可 ・ 否 ）
愛知県内の高校へ公開	（ 可 ・ 否 ）

求　人受付番号	

　全国へ公開を「可」とした場合、インターネットにて全国の高校へ、愛知県内の高校へ公開を「可」とした場合は、愛知労働局が運営するホームページにて公開いたします。
　したがって推薦依頼されていない高等学校から応募者が出る場合もあります。
　応募の際には、事前に高等学校から応募が可能か否かの問い合わせがありますので、推薦依頼校ではないとの理由だけで拒否せずに、同様に選考対象としていただくようお願いします。

6. 応募前職場見学実施予定表

様式16

応募前職場見学実施予定表

事業所名 _____

担当部署 _____

担当者名 _____

電話番号 _____ FAX _____

1　7月～9月の実施予定日

○7月～9月までの実施予定日全てに○印をつけてください。

2009年		7	月			
日	月	火	水	木	金	土
			1	2	3	4
5	6	7	8	9	10	11
12	13	14	15	16	17	18
19	20	21	22	23	24	25
26	27	28	29	30	31	

2009年		8	月			
日	月	火	水	木	金	土
						1
2	3	4	5	6	7	8
9	10	11	12	13	14	15
16	17	18	19	20	21	22
23	24	25	26	27	28	29
30	31					

2009年		9	月			
日	月	火	水	木	金	土
		1	2	3	4	5
6	7	8	9	10	11	12
13	14	15	16	17	18	19
20	21	22	23	24	25	26
27	28	29	30			

2　10月以降の実施予定日

○該当する項目に印(レ)を入れ、特定予定日に実施する場合は特定予定日を記入してください。

◇　予定なし
◇　随　時
◇　特定予定日
　　　↓
　　(..)

※安定所記入欄：求人番号

職業安定法関係

7. 中卒用求人票

様式1

平成14年4月1日改定

中卒用求人票

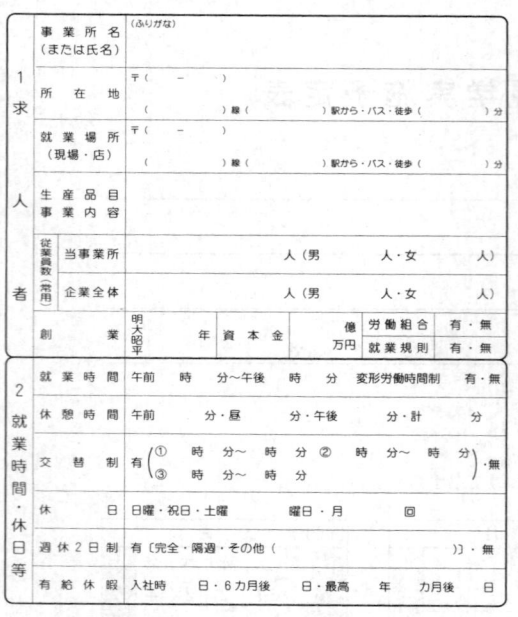

※応募にあたって提出する書類は「統一応募書類」に限られています。

（フォーム内容の詳細は省略）

8. 中卒求人連絡状況

中卒求人連絡状況

事業所名		職　種	

県　名	安定所名	連絡人員	備考	県　名	安定所名	連絡人員	備考

求　人受付番号	

9. 求人票（学生職業安定センター用）

10. 多数離職届

省令様式第1号

【高】

多　数　離　職　届

高年齢者等の雇用の安定等に関する法律第16条第1項の規定により、下記のとおり届けます。

公共職業安定所長　殿

平成　　年　　月　　日

事業主	氏名 [法人にあっては名称及び代表者の氏名]							印	
	住所 [法人にあっては主たる事務所の所在地]	〒（　　－　　）					電話番号（　　）		

① 多数離職に係る事業所	㋑ 名称				㋺ 事業の種類		
	㋩ 所在地						
	㋥ 労働者数	人	㋭ ㋥のうち45歳～64歳の者の数				人

② 届出の対象となる離職が生ずる年月日又は期間	年　月　日から 年　月　日まで	③ 離職者数	性別	45歳～54歳	55歳～59歳	60歳～64歳	計
			計	人	人	人	人
			男	人	人	人	人
			女	人	人	人	人

㋑ 氏名	㋺ 職種	㋩ 年齢	㋥ 性別	㋭ 離職年月日	㋬ 離職理由	㋣ 住所	㋠ 再就職の希望の有無	㋷ 再就職先予定の有無

記入担当者	所属部課		氏名		印

11. 再就職援助計画

（⑬様式第1号）

再 就 職 援 助 計 画 （正・副） 雇用対策法

	雇用保険適用事業所番号	□□□□-□□□□□□-□

雇用対策法（昭和41年法律132号）第24条第3項又は第25条第1項の規定に基づき、下記により、再就職援助計画の認定を申請します。

平成　年　月　日

事業主　住所
　　　　氏名

事業主が法人である場合には、主たる事業所の所在地、法人の名称及び代表者の氏名を記入すること。
氏名については、氏名押印又は自筆による署名で記入すること。

公共職業安定所長　殿

記

1	申請事業主の現状	(1)事業所数　　　　　　カ所	(2)常時雇用する労働者数　　　　人
2	再就職援助計画を作成する事業所の現状	(1)名称	(4)事業の種類
		(2)所在地	(5)再就職援助担当者　役職　　氏名
		(3)連絡先	(6)常時雇用する労働者数　　　　人
3	再就職援助計画作成に至る経緯		
4	計画対象労働者等	(1)計画対象労働者（離職を余儀なくされる者）　　　　人	
		(2)計画期間　　年　月　日～　　年　月　日	
5	再就職援助のための措置		□労働移動支援助成金受給を希望
6	労働組合等の意見	労働者代表者氏名	
	備　考		公共職業安定所受理印

注意　1．3欄については、事業規模の縮小等に関する資料（別紙1）を添付すること。
　　　2．4(1)欄については、計画対象労働者の氏名、生年月日、年齢、雇用保険被保険者番号、離職予定日、再就職援助希望のの有無及び雇用形態を含む事項を記載した計画対象労働者に関する一覧（別紙2）を添付すること。
　　　3．6欄については、労働組合等の同意の有無を明らかにすること。

※処理欄	認定番号	第　　　号	決　裁　欄				
			所長	部長・次長	課長・統括	上席・係長	担当
	認定年月日	年　月　日					

職業安定法関係

12. 事業規模の縮小等に関する資料

別　紙　1

事業規模の縮小等に関する資料

1．事業規模の縮小等を行う理由

2．事業規模の縮小等を行おうとする期間
　　　平成　　年　　月　　日（開始予定時期）～平成　　年　　月　　日（完了予定時期）

3．事業規模の縮小等の内容

(注意)
1．1については、事業規模の縮小等を行うに至った背景（事業所の事業を取り巻く国内外の競争の激化、需要構造の変化、為替相場の変動、国内経済の状況等の事情及びこれに伴う生産量、売上高等の現状）を含め具体的な理由を記述してください。
2．3については、事業規模の縮小については、縮小する部門等の名称、事業内容及び設備の廃棄、譲渡等の事業規模の縮小の内容、事業活動の縮小については、縮小する部門等の名称、事業内容及び事業の休止の内容、事業の転換については、縮小する部門等の名称、事業の内容及び新たに開始又は拡充しようとする事業の内容、事業の廃止については、廃止する事業内容を具体的に記述してください。

13. 計画対象労働者に関する一覧

別紙 2

計 画 対 象 労 働 者 に 関 す る 一 覧

総　計		うち４５歳以上６０歳未満	人
		うち雇用保険の被保険者数	人
		うち正規職員以外（下記注意参照）	人
	人	うち派遣労働者（下記注意参照）	人

番号	氏　名	生年月日	年齢	雇用保険被保険者番号	離職予定日	再就職援助希望の有無	雇用形態
		年　月　日	歳	－ －	平成　年　月　日		正規職員 正規職員以外 派遣労働者
		年　月　日	歳	－ －	平成　年　月　日		正規職員 正規職員以外 派遣労働者
		年　月　日	歳	－ －	平成　年　月　日		正規職員 正規職員以外 派遣労働者
		年　月　日	歳	－ －	平成　年　月　日		正規職員 正規職員以外 派遣労働者
		年　月　日	歳	－ －	平成　年　月　日		正規職員 正規職員以外 派遣労働者

（注意）
　「雇用形態」欄については、「正規職員」、「正規職員以外」又は「派遣労働者」のうち、該当するものに○印を付してください。
　「正規職員」・・・・・勤め先で一般職員又は正社員等と呼ばれている者（派遣労働者を除く）。
　「正規職員以外」・・・「正規職員」「派遣労働者」以外の者であって、勤め先でパート、アルバイト、契約社員、嘱託、期間工等の名称で呼ばれている者。
　「派遣労働者」・・・・労働者派遣事業所において雇用されている派遣労働者。

職業安定法関係

14. 求職活動支援基本計画書

様式第1号

求 職 活 動 支 援 基 本 計 画 書　　高年齢者雇用安定法

雇用保険適用事業所番号 □□□□－□□□□□□－□

雇用保険法施行規則第102条の5第2項第2号の規定により、下記のとおり提出します。

　　　　　　　　労働局　殿　　　　　　　　　平成　　年　　月　　日作成
　（　　　　公共職業安定所長　経由）

I 事業主	a 氏名（法人にあっては名称及び代表者の氏名）			
				印
	b 住所（法人にあっては主たる事務所の所在地）		c 電話番号	
			（　）	

II 求職活動支援基本計画を作成する事業所	a 名　　称		d 事業の種類	
	b 所 在 地			
	c 労働者数	～99人・100～299人・300～999人・1000～4999人・5000人～		

III 本 計 画 の 想 定 期 間	

IV 高年齢離職予定者の数	人	V 求職活動等のための休暇を付与する対象者数及びその延べ日数	人 日

VI 事業主が共通して講じようとする措置の具体的内容

（記入欄）

VII 再就職援助担当者	役職		氏名		電話番号	
VIII 本計画書の内容について、労働者の過半数で組織する労働組合（ない場合には労働者の過半数を代表する者）の同意	本計画書の内容について、同意します。 組合名 代表者				労働局受理印	

15. 求職活動支援書

<table>
<tr><td colspan="8" align="center">求 職 活 動 支 援 書 （様 式 例）</td></tr>
<tr><td colspan="2">雇用保険被保険者番号</td><td colspan="2">－　　　－</td><td>生年月日</td><td>作　成　日</td><td colspan="2">平成　年　月　日</td></tr>
<tr><td colspan="2">氏　　名</td><td>年　齢</td><td>性　別</td><td>年　月　日</td><td>離職予定日</td><td colspan="2">平成　年　月　日</td></tr>
<tr><td rowspan="2">（本人記載欄）</td><td colspan="7">希望する職種・条件等</td></tr>
<tr><td colspan="7">（希望職種）

（希望条件）

（その他特に希望すること）</td></tr>
<tr><td colspan="8">職務の経歴・業績等

（※会社概要）
　　（事業内容）
　　（資本金）
　　（従業員数）
　　（事業所数）
（※最終年収）</td></tr>
<tr><td colspan="8">資格、免許、受講した講習及び職業能力に関する事項
（資格・免許・受講した講習等）

（その他の技能、知識等）</td></tr>
</table>

（※）本求職活動支援書は、本人から聴取した事項及び事業主が知り得た事項を記載したものであり、その内容を証明する書類ではありません。

職業安定法関係

氏 名				
本人の希望等を踏まえて事業主が行う再就職援助措置	主な措置の種類		措置の具体的内容	時期・期間
	ア	再就職準備セミナー・講習会等の実施・受講あっせん		
	イ	カウンセリング等の実施・あっせん		
	ウ	教育訓練等の実施・受講あっせん		
	エ	求職活動のための休暇の付与		
	オ	求職活動に関する経済的な支援		
	カ	再就職支援会社への委託		
	キ	関連企業等への再就職のあっせん		
	ク	その他		
作 成 事 業 所	名 称			
	代表者氏名			
	所 在 地			
	雇用保険適用事業所番号			
再就職援助担当者	所 属 部 署		電話番号	

(求職者の方へ)
ハローワークで求職相談を行う場合に、この支援書を活用するときは、希望する職種・条件等の欄に記入の上、受付に提示してください。

16. 特定求職者雇用開発助成金支給申請書

職業安定法関係

17. 特定求職者雇用開発助成金支給決定通知書

平成　年　月　日

特定求職者雇用開発助成金（特定就職困難者雇用開発助成金）
第１期　支給決定通知書

株式会社
　　　　　　　　　　殿

労働局

　平成１８年　５月　２日付けで申請を受け付けた特定求職者雇用開発助成金（特定就職困難者雇用開発助成金）について、下記のとおり支給とすることに決定しましたので通知します。

記

1 氏　名		性別 女	昭和　年　月　日生（　歳）
被保険者番号	特開金番号		雇用年月日 平成　年　月　日
対象労働者の種別			
2 対象労働者雇用事業所　　　事業所番号			
賃金締切日 毎月　日　　助成率　　申請書事業所主の企業規模 中小企業			
3 支給対象となる期間	平成　年　月　日～平成　年　月　日		
4 支給対象期に係る基準賃金額 　　平均賃金額（半年額）　　　　　　　円 　　基準賃金額　　　　　　　　　　　円		5 支給決定金額	
6 振込先金融機関口座	金融機関名　　　　　　　銀行 預貯金種別　　　　預貯金口座番号 口座名義		
7 不支給決定金額 申請のあった助成金のうち（１）の額は（２）の理由により支給要件に該当しないため支給しません。	（１）　　　　　円 （２）		

1　支給決定された金額が、金融機関口座に振り込まれるまでにはある程度期間を要しますのでご了承下さい。
2　次の各号のいずれに該当する場合は、助成金の返還を求められることがあります。
　　(1)偽りその他不正の行為により助成金の支給を受けた場合
　　(2)対象労働者を雇用しなくなった場合（ただし、次のイからニまでのいずれかに該当する場合を除く）
　　　イ.対象労働者の責めに帰すべき理由により解雇した場合
　　　ロ.対象労働者が自己の都合により離職した場合
　　　ハ.対象労働者が死亡した場合
　　　ニ.天災その他やむを得ない理由により事業の継続が不可能となった場合
3　次回申請期間は、平成１８年１０月２１日から平成１８年１１月２０日までの期間です。

18. 障害者職業生活相談員選任報告書

(様式20)

障害者職業生活相談員選任報告書

①事業所	名　称						②事業の種類	
	所在地	〒　　　　　　　　　　　　　　　(TEL)						
③労働者数	人	④障害者数	イ 常用雇用身体障害者の数	ロ 常用雇用精神薄弱者の数	ハ 労働省令で定める障害者の数	ニ 重度身体障害者である短時間労働者の数	ホ 重度精神薄弱者である短時間労働者の数	イ～ホの合計人数
			人	人	人	人	人	人

障害者職業生活相談員	⑤ 氏　名		⑥ 生年月日	年　　月　　日
	⑦ 選任年月日	年　　月　　日		
	⑧ 職歴等			
	⑨ 権限及び職務区分			

⑩ 新任、改任の事由等	

障害者の雇用の促進等に関する法律施行規則第41条第2項の規定により、上記のとおり届けます。
　　　　　　　　　　　　　　　　　　　　　　　　年　　月　　日

半田　公共職業安定所長　殿

　　　　　　　　　　　　　　　　　事業所所在地
　　　　　　　　　　　　　　　　　事業所代表者氏名
　　　　　　　　　　　　　　　　　記名押印又は署名

〔注意〕
1　「②事業の種類」欄には、当該事業所の事業の種類を日本標準産業分類の中分類により記載すること。
2　「④障害者の数」のハ欄には精神分裂病、そううつ病若しくはてんかんにかかっている者又は精神保健及び精神障害者福祉に関する法律第45条第2項の規定により精神障害者保健福祉手帳の交付を受けている者であり症状が安定し就労が可能な状態にある者であって、職場適応訓練を修了した後当該職場適応訓練を委託された事業主に雇用されているものの数を記載すること。
3　「⑦選任年月日」欄には、障害者職業生活相談員の資格を有することを明らかにするため、それに必要な職歴、勤務年数、学歴等について記載すること。
4　「⑨権限及び職務区分」欄には、障害者職業生活相談員が2人以上いる場合に、この報告に係る障害者職業生活相談員が担当する職務区分、主任等の区分を記載すること。
5　事業主代表者氏名については、記名押印又は自筆による署名のいずれかとすること。

職業安定法関係

19. 障害者雇用状況報告書

様式第6号の2(2)（第4条関係）（表面）

□□□□-□□□□-□□

障害者雇用状況報告書 正
（法第45条の認定を受けた事業主用、グループ全体）

（日本工業規格A列4）

平成　年6月1日現在

A 親事業主	（ふりがな）			
	① 名称及び代表者の氏名	（　　　　　　）	② 主たる事務所の所在地	〒 （TEL　-　-　）

B 雇用の状況	区　分	合　計	C 事業所ごとの内訳
	③ 適用事業所番号		-　-　-　-　-
	④ 親事業主・特例子会社・関係会社の別		
	⑤ 名称及代表者の氏名		
	⑥ 主たる事務所の所在地		
	⑦ 常用雇用労働者の総数	人	人　人　人　人　人
	⑧ 法定雇用障害者数の算定の基礎となる労働者の数	人	人　人　人　人　人
	⑨ 常用雇用身体障害者、知的障害者及び精神障害者の数		
	（イ）重度身体障害者の数	人（　）	人（　）人（　）人（　）人（　）人（　）
	（ロ）重度身体障害者以外の身体障害者の数	人（　）	人（　）人（　）人（　）人（　）人（　）
	（ハ）身体障害者の数（（イ）×2＋（ロ））	人（　）	人（　）人（　）人（　）人（　）人（　）
	（ニ）重度知的障害者の数	人（　）	人（　）人（　）人（　）人（　）人（　）
	（ホ）重度知的障害者以外の知的障害者の数	人（　）	人（　）人（　）人（　）人（　）人（　）
	（ヘ）知的障害者の数（（ニ）×2＋（ホ））	人（　）	人（　）人（　）人（　）人（　）人（　）
	（ト）精神障害者の数	人（　）	人（　）人（　）人（　）人（　）人（　）
	⑩ 重度身体障害者である短時間労働者の数	人（　）	人（　）人（　）人（　）人（　）人（　）
	⑪ 重度知的障害者である短時間労働者の数	人（　）	人（　）人（　）人（　）人（　）人（　）
	⑫ 精神障害者である短時間労働者の数		
	（チ）精神障害者である短時間労働者の数	人（　）	人（　）人（　）人（　）人（　）人（　）
	（リ）（チ）×0.5	人（　）	人（　）人（　）人（　）人（　）人（　）
	⑬ 計 (⑨の(ハ)+⑨の(ヘ)+⑨の(ト)+⑩+⑪+⑫の(リ))	人（　）	人（　）人（　）人（　）人（　）人（　）
	⑭ 実雇用率（⑬／⑧×100）	％	
	⑮ 身体障害者、知的障害者又は精神障害者の不足数（⑧×法定雇用率－⑬）	人	

| D 障害者雇用推進者 | 役職名 | | 氏名 | | E 記入担当者 | 所属部課名 | | 氏名 | |

（記載上の留意事項は、裏面にあります。）

安定所処理欄

職業安定法関係

20. 高年齢者雇用状況報告書

様式第2号

公共職業安定所コード番号 ☐☐☐☐☐
（公共職業安定所で記入すること）

高年齢者雇用状況報告書　㊞

高年齢者等の雇用の安定等に関する法律施行規則第33条第1項の規定により、平成　年6月1日現在の状況を下記のとおり報告します。

厚生労働大臣　殿　　　　　　　　　　　　　　　　　　　　　平成　年　月　日

事業主	①	（フリガナ）名称(法人の場合)又は氏名(個人事業の場合)		②	（フリガナ）代表者氏名(法人の場合)	記名又は署名
	③	住　所 法人にあっては主たる事業所の所在地	〒(　　－　　)		電話番号　(　　) FAX番号　(　　)	

事業の種類	④産業分類番号 □ 具体的内容	⑤企業規模	□イ　～30人　□ホ　301～500人 □ロ　31～50人　□ヘ　501～1,000人 □ハ　51～100人　□ト　1,001～5,000人 □ニ　101～300人　□チ　5,001人～	⑥労働組合の有無	□イ あり　□ロ なし
				⑦雇用保険適用事業所番号	＿＿＿－＿＿＿＿＿＿－＿

定年に関する制度の状況	⑧ 定年	□イ　定年なし □ロ　定年あり→□(イ)　一律定年→年齢＿＿＿歳 　　　　　　　→□(ロ)　職種別定年→定年により離職することとなる最低年齢＿＿＿歳 　　　　　　　→□(ハ)　選択定年→選択可能な最高年齢＿＿＿歳
	⑨ 定年の改定予定等	□イ　改定予定あり(平成＿＿年＿＿月より＿＿歳) □ロ　廃止予定あり(平成＿＿年＿＿月に廃止) □ハ　改定又は廃止を検討中(□(イ) 社内検討中　□(ロ) 労使協議中) □ニ　改定・廃止予定なし

継続雇用制度の状況	⑩ 継続雇用制度	□イ　就業規則等で継続雇用制度を定めている 　→a 継続雇用先(□(イ) 自社　□(ロ) 子会社等　□(ハ) 自社及び子会社等) 　→b 対象 　　→□(イ)　希望者全員を対象(＿＿歳まで雇用。 　　　　　更に基準に該当する者を＿＿歳まで雇用。基準の根拠(□a)労使協定　□b)就業規則等)) 　　→□(ロ)　基準に該当する者を対象(＿＿歳まで雇用。基準の根拠(□a)労使協定　□b)就業規則等)) □ロ　制度として導入していない(運用により継続雇用を行う場合を含む)
	⑪ 継続雇用制度の導入・改定予定	□イ　導入・改定予定あり 　→a 平成＿＿年＿＿月より 　→b 継続雇用先(□(イ) 自社　□(ロ) 子会社等　□(ハ) 自社及び子会社等) 　→c 対象 　　→□(イ)　希望者全員を対象(＿＿歳まで雇用。 　　　　　更に基準に該当する者を＿＿歳まで雇用。基準の根拠(□a)労使協定　□b)就業規則等)) 　　→□(ロ)　基準に該当する者を対象(＿＿歳まで雇用。基準の根拠(□a)労使協定　□b)就業規則等)) □ロ　基準の根拠を就業規則等から労使協定に改定(平成＿＿年＿＿月より) □ハ　導入・改定を検討中(□(イ) 社内検討中　□(ロ) 労使協議中) □ニ　導入・改定予定なし

⑫ 定年年齢や継続雇用制度の対象年齢を65歳まで引上げるに当たっての課題（複数回答可）	□イ　職務内容の見直しが必要　　　　□ホ　賃金・退職金制度の見直しが必要 □ロ　作業環境の見直しが必要　　　　□ヘ　教育研修面での見直しが必要 □ハ　勤務時間・勤務形態の見直しが必要　□ト　制度の導入にあたってのノウハウがない □ニ　処遇等人事管理面の見直しが必要　□チ　その他（　　　　　　　　　　　）

⑬常用労働者数	総　数	～44歳	45～54歳	55～59歳	60～64歳	65歳～
	人	人	人	人	人	人

⑭ 過去1年間の離職者の状況	定年、継続雇用の終了又は解雇等による45歳以上65歳未満の離職者数　　　　人 うち求職活動支援書を作成した対象者数　　　　人(うち解雇等による45歳以上65歳未満の離職者数　　　　人)

⑮ 今後1年間の定年到達者等の見込み	(a)定年到達予定者の総数 ((b)+(c)+(d))	(b)定年による離職予定者数（継続雇用を希望しない者）	(c)継続雇用予定者数	(d)継続雇用を希望したが基準に該当しないことによる離職予定者数	(e)継続雇用の終了による離職予定者数
	人	人	人	人	人

高年齢者雇用推進者	役職	氏名	記入担当者	所属部課	氏名

21. 雇入れ離職に係る外国人雇用状況通知書

(日本工業規格A列4)

様式（表面）

雇　入　れ
離　　　職　　　に係る　外国人雇用状況通知書
平成19年10月1日時点で
現に雇い入れている者

フリガナ（カタカナ）			
①外国人の氏名 （ローマ字又は漢字）	姓	名	ミドルネーム
②①の者の在留資格		③①の者の在留期間 （期限） （西暦）	年　月　日 まで
④①の者の生年月日 （西暦）	年　月　日	⑤①の者の性別	1　男　・　2　女
⑥①の者の国籍		⑦①の者の資格外 活動許可の有無	1　有　・　2　無

雇入れ年月日 （西暦）	年　月　日	離職年月日 （西暦）	年　月　日
	年　月　日		年　月　日
	年　月　日		年　月　日

雇用対策法施行令第5条・整備政令附則第2条　の規定により上記のとおり通知する。

平成　　年　　月　　日

事業所の名称、所在 地、電話番号等	雇入れ又は離職に係る事業所	雇用保険適用事業所番号 □□□□－□□□□□－□
	（名称）	
	（所在地）	TEL
任命権者の官職名		印

公共職業安定所長　殿

職業安定法関係

22.「機会均等推進責任者」の選任・変更届

「機会均等推進責任者」の選任について

○「機会均等推進責任者」を選任ください

　厚生労働省では、男女雇用機会均等法に定める女性労働者の能力発揮促進のための事業主の積極的取組（ポジティブ・アクション）の推進を図るため、人事労務管理の方針の決定に携わる方を「**機会均等推進責任者**」として選任いただくようお願いしています。
　貴事業所におかれても、是非「機会均等推進責任者」を選任ください。
　「機会均等推進責任者」を新たに選任又は変更する場合は、下記の選任・変更届を**労働局雇用均等室**あてに郵送又はFAXにより提出ください。
　労働局雇用均等室では、選任いただいた「機会均等推進責任者」の方に、各種セミナーの開催案内をはじめ情報や資料の提供を行っています。

○機会均等推進責任者とは

　各事業所において、性別にとらわれない人事管理を徹底させ、女性が能力発揮しやすい職場環境をつくるという役割を担う方として、必要な取組を推進します。

機会均等推進責任者の職務はおおむね次のとおりです。

---
① 次のことに関し、関係法令の遵守のために必要な措置を検討し、実施するとともに、必要に応じ事業主等に対する進言、助言を行うこと。
　イ　男女雇用機会均等法に定める女性労働者に対する差別の禁止、職場におけるセクシュアルハラスメントの防止及び母性健康管理に関すること。
　ロ　労働基準法に基づく男女同一賃金の原則及び母性保護の規定に関すること。
② 女性労働者が活躍しやすい職場環境をつくるポジティブ・アクションの推進の方策について検討し、必要に応じ事業主等に対する進言、助言を行うとともに、その具体的取組が着実に実施されるよう促すこと。
③ 事業所において、女性労働者が能力発揮しやすい職場環境の整備に関する関心と理解を喚起すること。
④ ①～③までの職務について、労働局雇用均等室との連絡を行うこと。

「機会均等推進責任者」の選任・変更届

　　　　　　　　　　　　　　　　　　　　　　　平成　　年　　月　　日

○○○　労働局長殿
（都道府県）

　　　　　　　　　　　事　業　所　名
　　　　　　　　　　　所　在　地
　　　　　　　　　　　代表者職氏名
　　　　　　　　　　　主な事業内容
　　　　　　　　　　　常用労働者数　　　女　　　人　男　　　人
　　　　　　　　　　　　うち正社員数　　　女　　　人　男　　　人
　　　　　　　　　　　　うち短時間労働者数　女　　　人　男　　　人

　この度、当事業所では下記の者を機会均等推進責任者として選任・変更いたしますので、報告します。

記

○機会均等推進責任者（選任・変更）

所属部課 役職名	（TEL　　　　　　　）
氏　名	（男・女）

　機会均等推進責任者を選任・変更した場合は、この選任・変更届を労働局雇用均等室あて提出ください。（郵送又はFAXのほか、電話でも受け付けています。）

23. 一般事業主行動計画策定・変更届

様式第一号（第一条の二及び第二条関係）（第一面）

（日本工業規格Ａ列4）

一般事業主行動計画策定・変更届

届出年月日　平成　　年　　月　　日

都道府県労働局長　殿

　　　　　　　　　　　一般事業主の氏名又は名称
　　　　　　　　　　　（法人の場合）代表者の氏名　　　　　　　　　印
　　　　　　　　　　　　　　　住　　　　所
　　　　　　　　　　　　　　　電　話　番　号

　一般事業主行動計画を（策定・変更）したので、次世代育成支援対策推進法第12条（第1項・第4項）の規定に基づき、下記のとおり届け出ます。

記

1．常時雇用する労働者の数　　　　　　　　　　　　　　　　　　　　人

2．一般事業主行動計画を（策定・変更）した日　　　平成　　年　　月　　日

3．変更した場合の変更内容
　　① 一般事業主行動計画の計画期間
　　② 目標又は次世代育成支援対策の内容（既に都道府県労働局長に届け出た一般事業主行動計画策定・変更届の事項に変更を及ぼすような場合に限る。）
　　③ その他

4．一般事業主行動計画の計画期間　　平成　　年　　月　　日　～　平成　　年　　月　　日

5．目標
　　① 雇用環境の整備に関するものを定めている
　　② ①以外の次世代育成支援対策に関するものを定めている
　　③ ①と②の両方を定めている

6．一般事業主行動計画の公表の方法
　　① インターネットの利用（自社のホームページ・両立支援のひろば・その他
　　　（　　　　　））
　　② その他の公表方法
　　　（　　　　　　　　　　　　　　　　　　　　　　　　　　　　　　　）

7．一般事業主行動計画の労働者への周知の方法
　　① 事業所内の見やすい場所への掲示又は備え付け
　　② 書面による労働者への交付
　　③ 電子メールによる送信
　　④ その他の周知方法
　　　（　　　　　　　　　　　　　　　　　　　　　　　　　　　　　　　）

8．次世代育成支援対策の内容（第三面に記載すること）

9．次世代育成支援対策推進法第13条に基づく認定の申請をする予定（有・無・未定）

職業安定法関係

(第二面)

（記載要領）

1. 「届出年月日」欄は、都道府県労働局長に「一般事業主行動計画策定・変更届」（以下「届出書」という。）を提出する年月日を記載すること。

2. 「一般事業主の氏名又は名称、代表者の氏名、住所及び電話番号」欄は、申請を行う一般事業主の氏名又は名称、住所及び電話番号を記載すること。氏名については、記名押印又は自筆による署名のいずれかにより記載すること。一般事業主が法人の場合にあっては、法人の名称、主たる事務所の所在地及び代表者の氏名を記載すること。代表者の氏名については、記名押印又は自筆による署名のいずれかにより記載すること。電話番号については、主たる事務所の電話番号を記載すること。

3. 「一般事業主行動計画を（策定・変更）」欄は、該当する文字を○で囲むこと。「第12条（第1項・第4項）」欄は、常時雇用する労働者の数が301人（平成23年4月1日以降は、101人）以上の一般事業主は第1項の文字を○で、300人（平成23年4月1日以降は、100人）以下の一般事業主は第4項の文字を○で囲むこと。

4. 「1．常時雇用する労働者の数」欄は届出書を提出する日又は提出する日前の1か月以内のいずれかの日において常時雇用する労働者の数を記載すること。

5. 「2．一般事業主行動計画を（策定・変更）した日」欄は、該当する文字を○で囲むとともに、策定又は変更した日を記載すること。

6. 「3．変更した場合の変更内容」欄は、該当するものの番号を○で囲むこと。

7. 「4．一般事業主行動計画の計画期間」欄は、策定した一般事業主行動計画の計画期間の初日及び末日の年月日を記載すること。

8. 「5．目標」欄は、達成しようとする目標として一般事業主行動計画に定めたものに該当するものの番号を○で囲むこと。

9. 「6．一般事業主行動計画の公表の方法」欄は、該当するものの番号を○で囲み、①を囲んだ場合は、その方法を囲むか、記載すること。「②　その他の公表方法」の番号を○で囲んだ場合は、①以外の公表の方法を記載すること。なお、当該欄については、公表が義務である事業主については、必ず記載すること。また、努力義務である事業主については、公表を行っている場合に記載すること。

10. 「7．一般事業主行動計画の労働者への周知の方法」欄は、該当するものの番号を○で囲み、「④　その他の周知方法」を○で囲んだ場合は、①から③以外の周知の方法を記載すること。なお、当該欄については、周知が義務である事業主については、必ず記載すること。また、努力義務である事業主については、周知を行っている場合に記載すること。

11. 「8．次世代育成支援対策の内容」欄は、一般事業主行動計画の内容として定めた事項について、行動計画策定指針（平成15年国家公安委員会、文部科学省、厚生労働省、農林水産省、経済産業省、国土交通省、環境省告示第1号）において一般事業主行動計画に盛り込むことが望ましいとされている事項を定めた場合は、その記号（1の（1）のアからシ、1の（2）のアからオ、2の（1）から（5））を○で囲み、その他の項目を定めた場合は1の（1）の「その他」、1の（2）の「その他」又は2の「その他」にその概要を記載すること。変更届の場合は、変更後の一般事業主行動計画の内容として定められている項目のすべてについて○で囲み又は記載すること。

12. 「9．次世代育成支援対策推進法第13条に基づく認定の申請をする予定」欄は、該当する文字を○で囲むこと。

様式第一号(第一条の二及び第二条関係)　(第三面)

行動計画策定指針の事項			次世代育成支援対策の内容として定めた事項
1 雇用環境の整備に関する事項	(1) 雇用環境の整備 子育てを行う労働者等の職業生活と家庭生活との両立を支援するための雇用環境の整備	ア	妊娠中や出産後の女性労働者の健康の確保について、労働者に対する制度の周知や情報提供及び相談体制の整備の実施
		イ	子どもが生まれる際の父親の休暇の取得の促進
		ウ	育児・介護休業法の育児休業制度を上回る期間、回数等の休業制度の実施
		エ	育児休業を取得しやすく、職場復帰しやすい環境の整備として次のいずれか一つ以上の措置の実施 (ア) 男性の育児休業取得を促進するための措置の実施 (イ) 労働者の育児休業中における待遇及び育児休業後の労働条件に関する事項についての周知 (ウ) 育児休業期間中の代替要員の確保や業務内容、業務体制の見直し (エ) 育児休業をしている労働者の職業能力の開発及び向上のための情報提供 (オ) 育児休業後における原職又は原職相当職への復帰のための業務内容や業務体制の見直し
		オ	子どもを育てる労働者が利用できる次のいずれか一つ以上の措置の実施 (ア) 短時間勤務制度 (イ) フレックスタイム制度 (ウ) 始業・終業時刻を繰上げ又は繰下げる制度 (エ) 所定労働時間を超えて労働させない制度
		カ	子どもを育てる労働者が利用できる事業所内託児施設の設置及び運営
		キ	子どもを育てる労働者が子育てのためのサービスを利用する際に要する費用の援助の措置の実施
		ク	労働者が子どもの看護のための休暇を取得できる制度の導入
		ケ	希望する労働者に対する勤務地、担当業務の限定制度の実施
		コ	子育てを行う労働者の社宅への入居に関する配慮、子育てのために必要な費用の貸付けの実施など子育てをしながら働く労働者に配慮した措置の実施
		サ	育児・介護休業法に基づく育児休業や時間外労働・深夜業の制限、雇用保険法に基づく育児休業給付、労働基準法に基づく産前産後休業など諸制度の周知
		シ	出産や子育てによる退職者についての再雇用制度の実施
		その他	(概要を記載すること)
	(2) 働き方の見直しに資する多様な労働条件の整備	ア	所定外労働の削減のための措置の実施
		イ	年次有給休暇の取得の促進のための措置の実施
		ウ	短時間正社員制度の導入の促進
		エ	在宅勤務等の場所・時間にとらわれない働き方の導入
		オ	職場優先の意識や固定的な性別役割分担意識の是正のための情報提供・研修の実施
		その他	(概要を記載すること)
2 1以外の次世代育成支援対策に関する事項		(1)	託児室・授乳コーナーや乳幼児と一緒に利用できるトイレの設置等の整備や商店街の空き店舗等を活用した託児施設等各種の子育て支援サービスの場の提供
		(2)	地域において子どもの健全育成のための活動等を行うNPO等への労働者の参加を支援するなど、子ども・子育てに関する地域貢献活動の実施
		(3)	子どもが保護者である労働者の働いているところを実際に見ることができる「子ども参観日」の実施
		(4)	労働者が子どもとの交流の時間を確保し、家庭の教育力の向上を図るため、企業内において家庭教育講座等を地域の教育委員会等と連携して開設する等の取組の実施
		(5)	若年者に対するインターンシップ等の就業体験機会の提供、トライアル雇用等を通じた雇入れ又は職業訓練の推進
		その他	(概要を記載すること)

24. 雇用調整金・中小企業緊急雇用安定助成金休業等実施計画（変更）届

様式第1号(1)

［雇用調整助成金
中小企業緊急雇用安定助成金］　**休 業 等 実 施 計 画（変更）届**

※ 受付番号	※ 判定基礎期間

休業等（休業・教育訓練）の実施につき、次のとおり届けます。
なお、この計画届による休業等の状況の確認を安定所（労働局）が行う場合には協力します。

平成　　年　　月　　日　　　　事業主　住　所　〒
　　　　　　　　　　　　　　　又は　　名　称
　　　　　　　　　　　　　　　代理人　氏　名　　　　　　　　　　　　　　　　㊞

申請者が代理人の場合、上欄に代理人の記名押印等を、下欄に事業主の住所、名称及び氏名の記入（押印不要）を、申請者が社会保険労務士法施行規則第16条第2項に規定する提出代行者又は同令第16条の3に規定する事務代理者の場合、上欄に事業主の記名押印等を、下欄に申請者の押印等をして下さい。

　　　　　　　　　労働局長　殿　　　　事業主又は　　　　　住　所　〒
（　　　　　　　　公共職業安定所長経由）（提出代行者・事務代理者）名　称
　　　　　　　　　　　　　　　　　　　　社会保険労務士　　　氏　名　　　　　　　　　　㊞

①届出事業主	(1)資本の額又は出資の総額　　　　　　　　円	(2)主たる事業	※大・中小
	常時雇用する労働者の数　　　　　　　　　人	小売業・サービス業・飲食店・卸売業・その他	
	(3)対象期間　事業主が指定した日（始期）～（終期）　　平成　年　月　日～平成　年　月　日			

②休業等実施事業所	(1)名　称	(2)所在地　〒
	事業所番号	電話番号　　（　　　）
	(3)事務担当者職・氏名	(4)　a 賃金締切日　　　b その他（毎月　　日）
	(5)休業又は教育訓練を行うに至った具体的理由	

③休業内容	(1)休業予定日	
	(2)休業予定の被保険者実人員　　　　　　　人	(3)休業予定日数　　　　　　　日

④教育訓練内容	(1)教育訓練予定日	
	(2)教育訓練予定の被保険者実人員　　　　人	(3)教育訓練予定日数　　　　　　日
	(4)教育訓練の科目	(5)教育訓練実施予定施設
		名　称　　所在地　〒　　電話番号　（　　　）
		名　称　　所在地　〒　　電話番号　（　　　）
		名　称　　所在地　〒　　電話番号　（　　　）

※　届出内の②(1)以外の項目については、変更があった場合を除き、初回の計画届時のみ記入してください。

職業安定法関係

25. 雇用調整金・中小企業緊急雇用安定助成金（休業等）支給申請書

様式第5号(1)

〔雇用調整助成金　　　　　　　　　〕（休業等）支給申請書
〔中小企業緊急雇用安定助成金　　　〕

雇用調整助成金／中小企業緊急雇用安定助成金（休業・教育訓練）の支給を受けたいので、次のとおり申請します。

平成　年　月　日

事業主　住　所　〒
又は　　名　称
代理人　氏　名　　　　　　　　　　　　　　　　㊞

申請者が代理人の場合、上欄に代理人の記名押印等を、下欄に事業主の住所、名称及び氏名の記入（押印不要）を、申請者が社会保険労務士法施行規則第16条第2項に規定する提出代行者又は同令第16条の3に規定する事務代理者の場合、上欄に事業主の記名押印等を、下欄に申請者の押印等をして下さい。

※ 受付番号	※ 判定基礎期間
	～

労働局長　殿
（公共職業安定所経由）

事業主又は　　　　　住　所　〒
（提出代行者・事務代理者）
社会保険労務士　　　名　称
　　　　　　　　　　氏　名　　　　　　　　　　㊞

①休業等実施事業所	(1)名　称 事業所番号 労働保険番号	(2)所 在 地　〒 電話番号　　（　　　）	
	(3)事務担当者職氏名	(4)事業の種類 産業分類（中分類）	
	(5) a 賃金締切日　b その他 （毎月　日）	(6)対象被保険者数	

②休業・教育訓練の内容	(1)月間休業延日数 （様式第5号(2)の(7)の休業に係る日数） 人・日	(2)月間教育訓練延日数 （様式第5号(2)の(7)の教育訓練に係る日数） 人・日	(3)月間の助成金支給延日数 ［(1)＋(2)］
	(4)支給を受けようとする助成金額 （様式第5号(2)の(8)の休業に係る額） 円	(5)支給を受けようとする助成金額 （様式第5号(2)の(8)の教育訓練に係る額） 円	(6)合計額［(4)+(5)］ 円

③支払方法	国庫金振込（取引金融機関店舗名：　　　　　／支店名　　　　　　　） 口座名義（フリガナ）　　　　　口座の種類　　　　　口座番号

※安定所処理欄	区　分	[A]判定基礎期間休業等延日数	[B]判定基礎期間暦月末日対象被保険者数	[C] [A]／[B]	[D]前判定基礎期間後残日数	[E]残日数 [D]−[C]
	休業等助成金	人・日	人	日	日	日
	教育訓練分助成金	人・日				
	[F]支給判定金額	（休業）　　　　　円				
		（教育訓練）　　　円				
	安定所決裁欄	（所長）　（部長・次長）　（課長・統括）　（上席・係長）　（職業指導官）　（担当）				

※労働局処理欄	[J]労働保険料の滞納状況 （助成金システムから確認） （確定保険料申告書から確認）	[安定所]　　[局]	[K]過去の不正受給		
	●支給決定番号		●支給決定年月日		
	労働局決裁欄	（局長）　（部長・　）　（課長・　）　（係長・　）　（　）　（　）			

健康保険法・厚生年金法関係

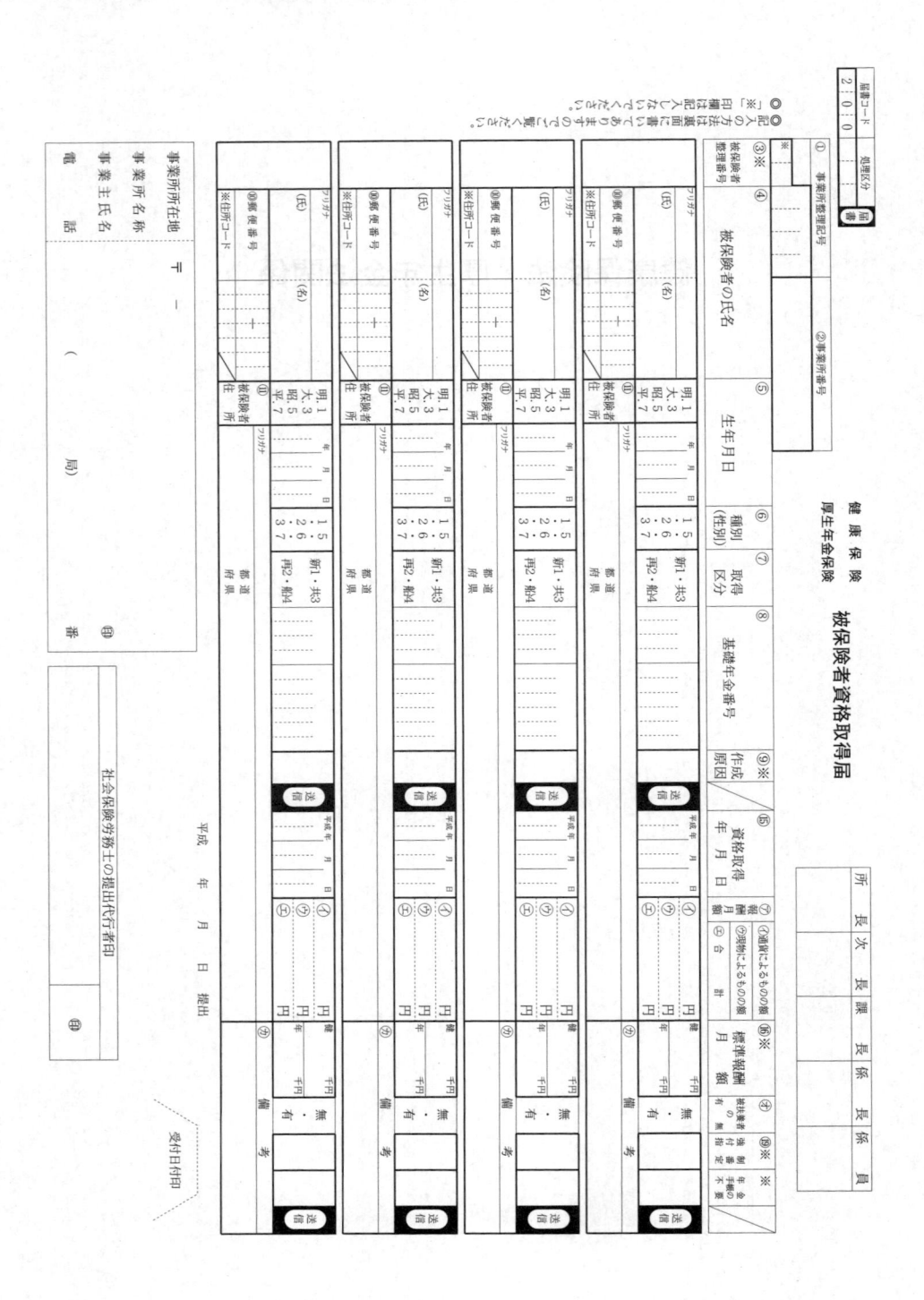

1. 健康保険・厚生年金保険被保険者資格取得届

2. 健康保険・厚生年金保険被保険者資格喪失届

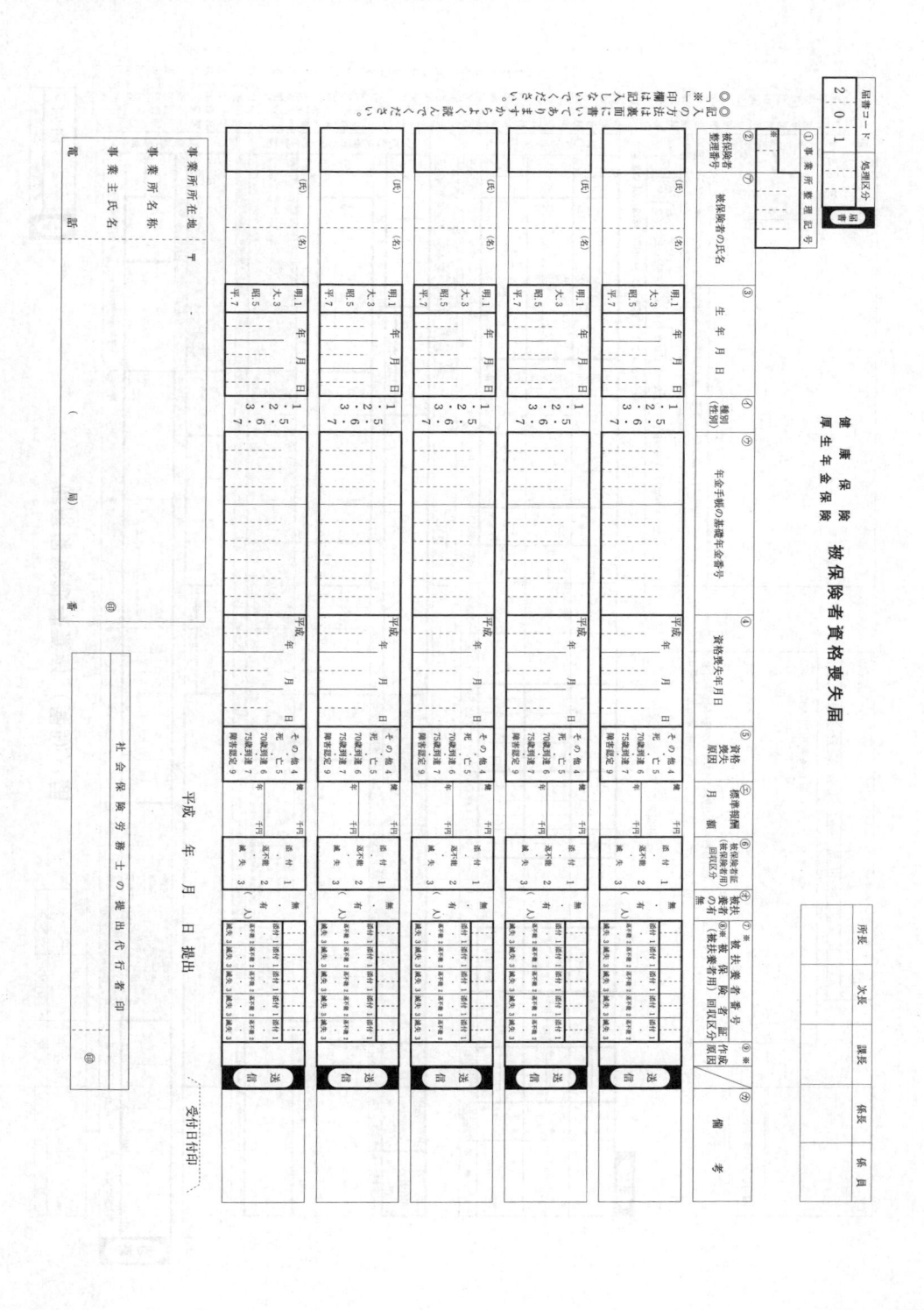

3. 健康保険被扶養者（異動）届

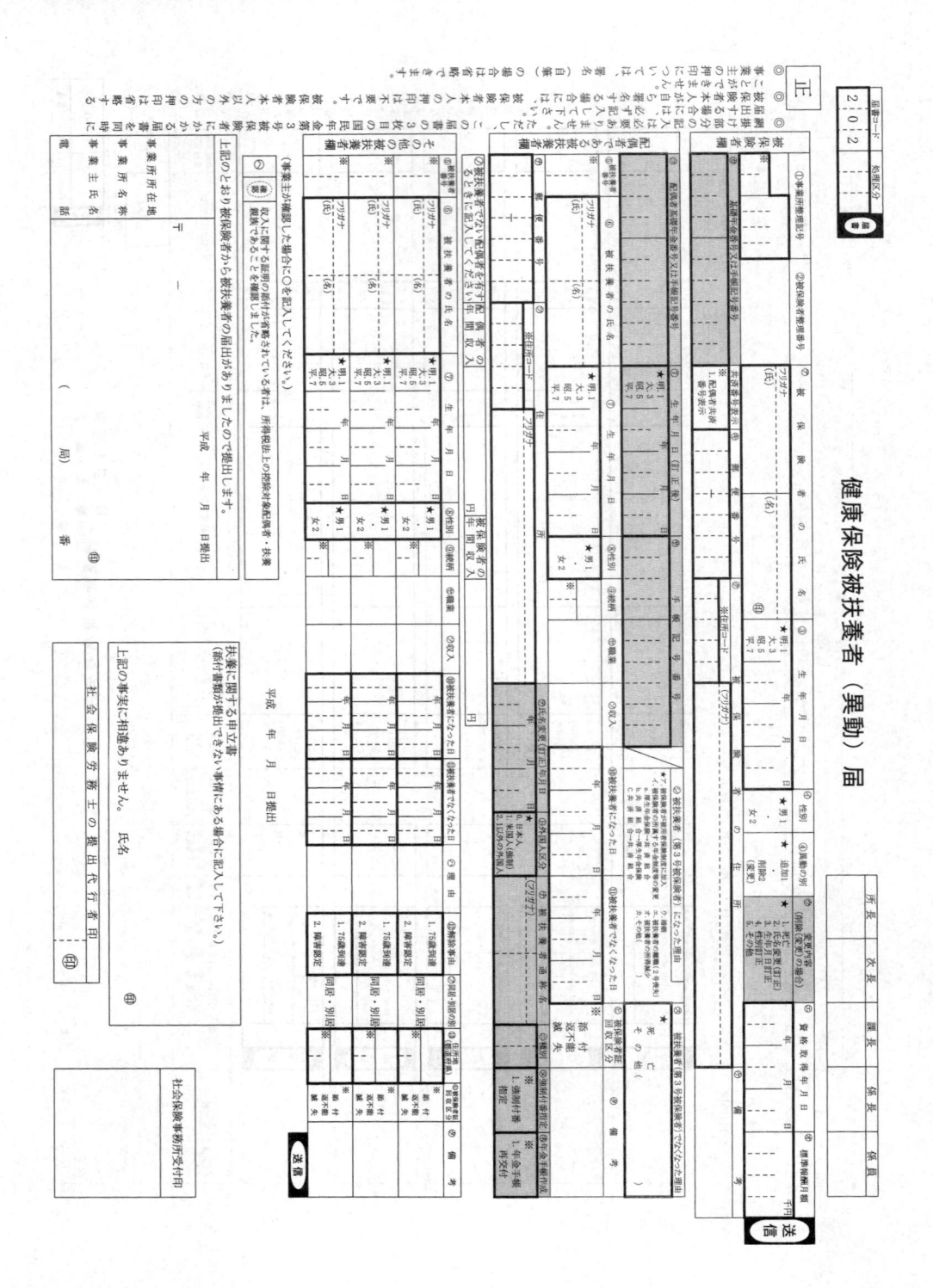

4. 健康保険・厚生年金保険被保険者報酬月額算定基礎届（総括表）

5. 健康保険・厚生年金保険被保険者報酬月額算定基礎届

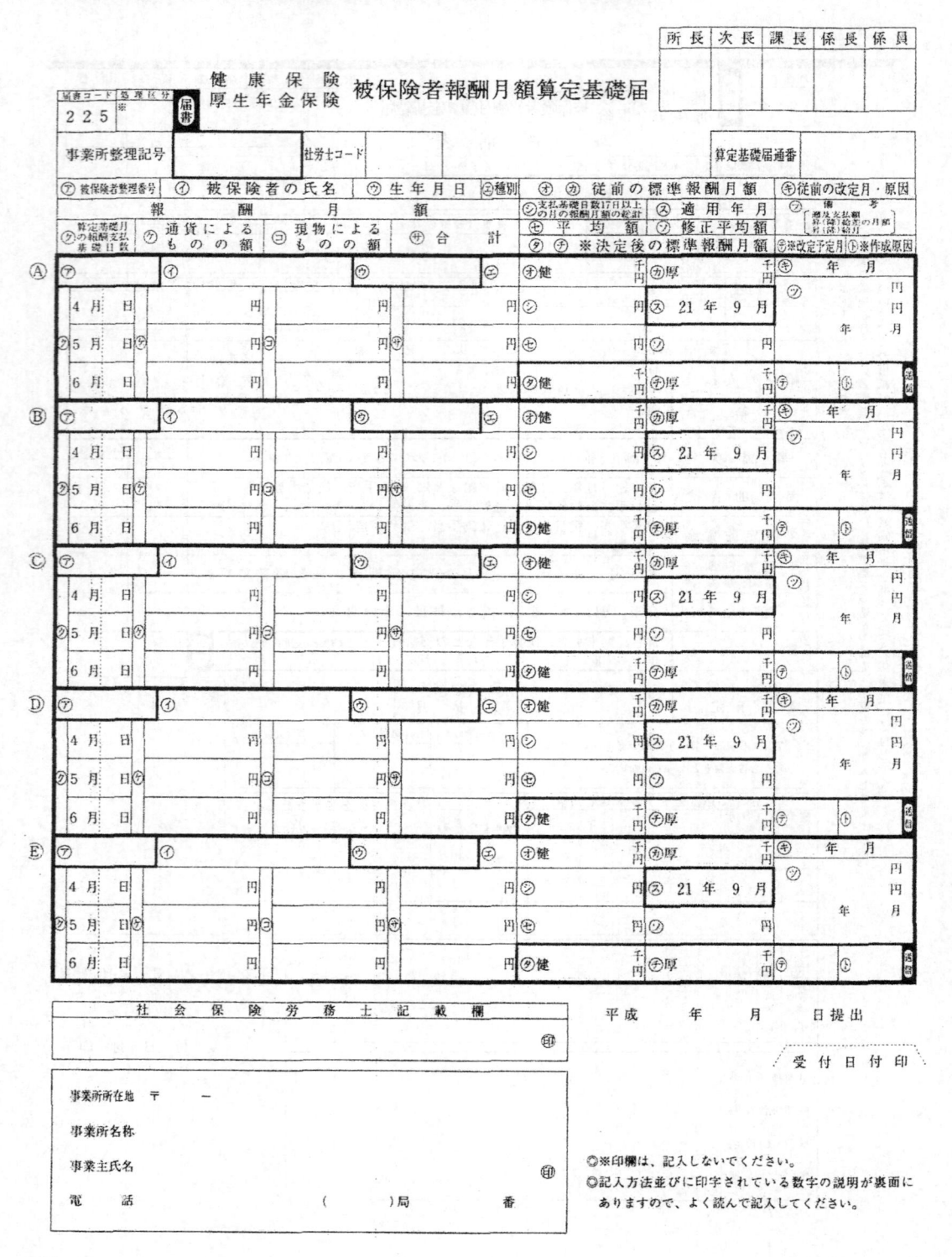

㊅ 8月に月額変更する予定者氏名		㊆ 9月に月額変更する予定者氏名	
健保証の番号 (厚年整理番号)	氏　　名	健保証の番号 (厚年整理番号)	氏　　名

6. 健康保険・厚生年金保険被保険者報酬月額変更届

健康保険・厚生年金保険 被保険者報酬月額変更届

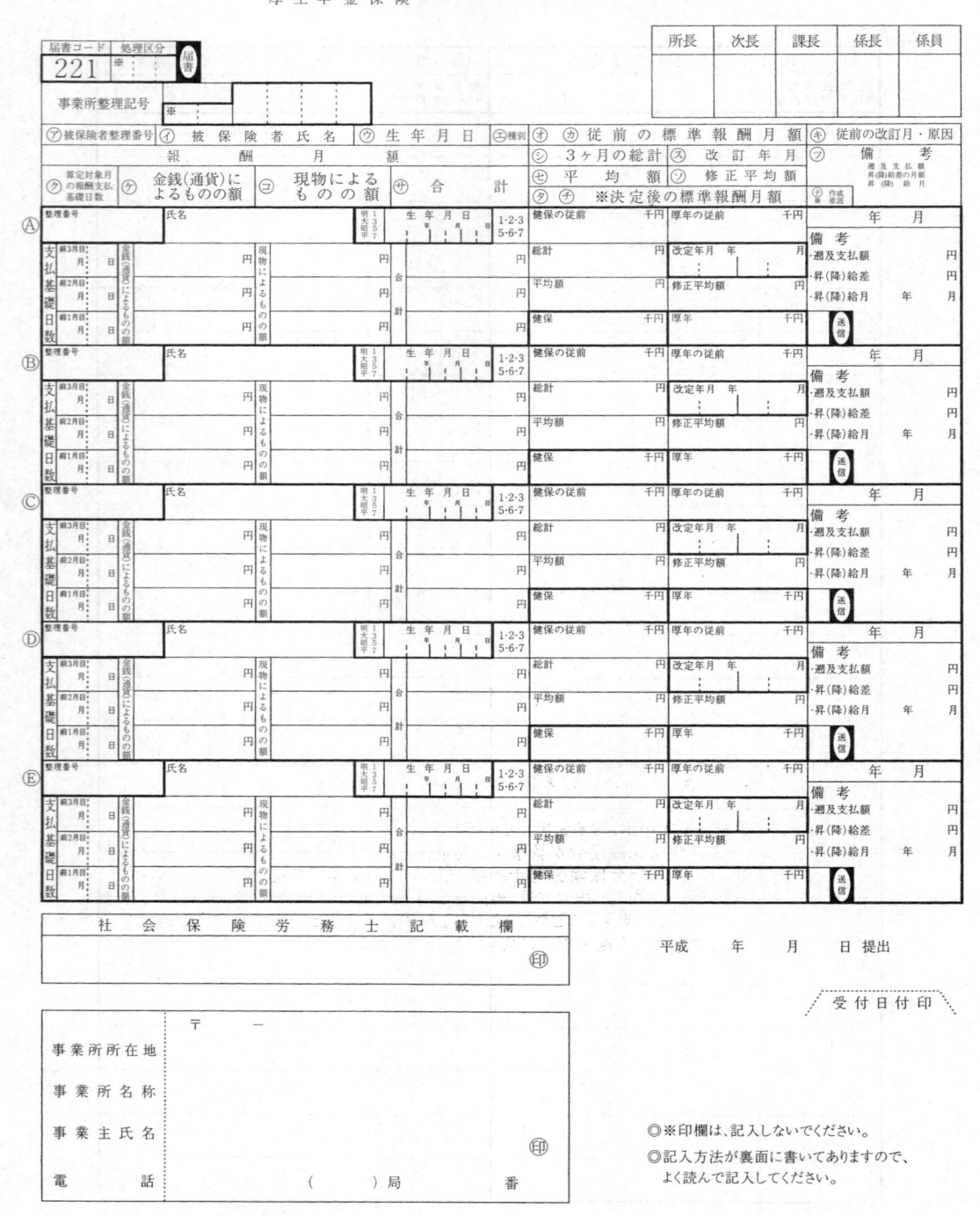

健康保険法・厚生年金法関係

7. 健康保険被保険者証回収不能・減失届

健康保険被保険者証回収不能・減失届

所長	次長	課長	係長	係員

※督促　年　月　日
※回収　年　月　日

	記号	番号
被保険者証の記号・番号		

	氏名	住所	高齢受給者証交付返納
被保険者であった者の氏名・住所			有・無

	氏名		生年月日	性別	続柄	被保険者証を返納できない理由
回収不能等の対象者	被保険者	(氏)　　(名)	明・大・昭・平　　年　月　日	男1. 女2.	本人	
	被扶養者	(氏)　　(名)	明・大・昭・平　　年　月　日	男1. 女2.		有・無
被扶養者番号 0 0	被扶養者	(氏)　　(名)	明・大・昭・平　　年　月　日	男1. 女2.		有・無
	被扶養者	(氏)　　(名)	明・大・昭・平　　年　月　日	男1. 女2.		有・無
	被扶養者	(氏)　　(名)	明・大・昭・平　　年　月　日	男1. 女2.		有・無

上記の者について、被保険者証(高齢受給者証)が回収不能であるため届出します。なお、被保険者証を回収したときは、ただちに返納します。

平成　年　月　日

事業所所在地
事業所名称
事業主氏名　　　　　㊞

※ この届は被保険者証を返納できない場合に提出します。
※ 事業主の押印については、署名(自署の場合は省略できます。

受付印

8. 健康保険被保険者証再交付申請書

届書コード: 2 4 2 0

健康保険　被保険者証　再交付申請書

被保険者欄
1. 被保険者証の記号及び番号　　左づめ　－　左づめ
2. 被保険者の生年月日　　昭和・平成　　年　月　日
3. 被保険者の氏名　（フリガナ）（氏）（名）㊞
4. 性別　　男・女
5. 被保険者の住所　　郵便番号　－　　電話　（　）　都道府県

被保険者証の再交付について、次のとおり申請いたします。

再交付対象者欄（該当記号「ア」「イ」に○印）

ア　被保険者（本人）分　　　9 再交付の原因　滅失・き損・その他　被保険者番号※記入不要 0 0

被扶養者（家族）分
※ 下記に被保険者証を再交付する被扶養者について記入してください。

イ
6 被扶養者の氏名（氏）（名）　7 被扶養者の生年月日　昭和・平成　年 月 日　8 性別 男・女　9 再交付の原因　滅失・き損・その他　被扶養者番号※記入不要
6 被扶養者の氏名（氏）（名）　7 被扶養者の生年月日　昭和・平成　年 月 日　8 性別 男・女　9 再交付の原因　滅失・き損・その他　被扶養者番号※記入不要
6 被扶養者の氏名（氏）（名）　7 被扶養者の生年月日　昭和・平成　年 月 日　8 性別 男・女　9 再交付の原因　滅失・き損・その他　被扶養者番号※記入不要

10 再交付の理由

任意継続被保険者の方は事業主欄の記入は不要です。

事業主欄
上記のとおり被保険者から再交付の申請がありましたので届出いたします。
事業所所在地　〒
事業所名称
事業主氏名　㊞
電話

受付日付印

11 社会保険労務士の提出代行者名記載欄　㊞

※協会使用欄　決裁　登録　審査

全国健康保険協会

9. 年金手帳再交付申請書

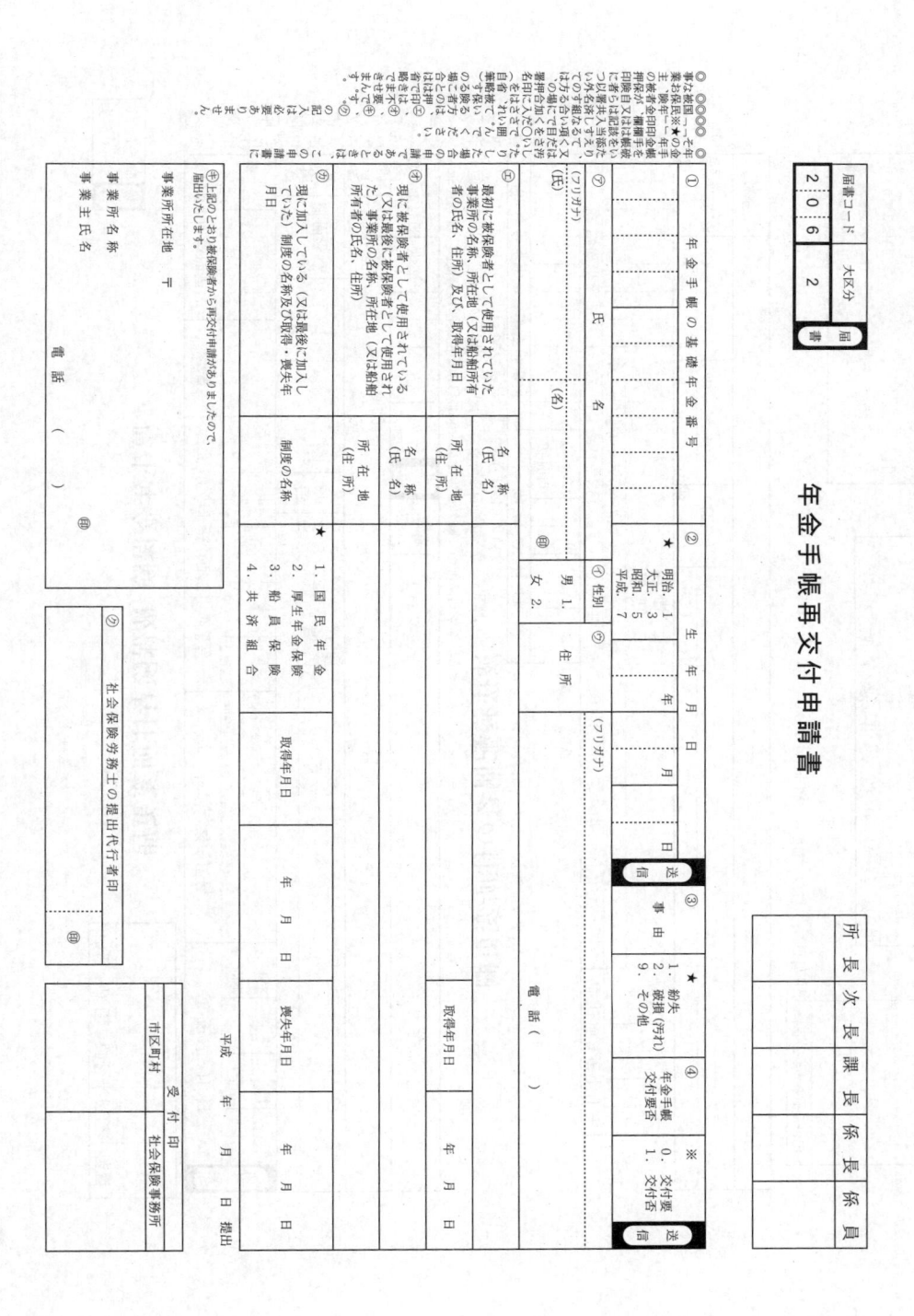

年金手帳再交付申請書

届書コード 2 0 6 2

大区分 届書

| 所長 | 次長 | 課長 | 係長 | 係員 |

※ 交付要否
0. 交付要
1. 交付否

① 年金手帳の基礎年金番号

② 氏名（フリガナ）（氏）（名）

⑤ 性別 1.男 2.女

生年月日 明治1 大正3 昭和5 平成7 年 月 日

⑥ 住所（フリガナ） 〒 電話（ ）

③ 事由
1. 紛失
2. 破損（汚れ）
9. その他

④ 年金手帳交付要否

⑦ 最初に被保険者として使用されていた（又は船舶所有者）事業所の名称、所在地（又は船舶所有者の氏名、住所）及び、取得年月日
名称
所在地（住所）（氏名）
取得年月日 年 月 日

⑧ 最後に被保険者として使用されていた（又は最後に被保険者として使用された）事業所の名称、所在地（又は船舶所有者の氏名、住所）
名称
所在地（住所）（氏名）
喪失年月日 年 月 日

⑨ 現に加入している（又は最後に加入していた）制度の名称及び取得・喪失年月日
1. 国民年金
2. 厚生年金保険
3. 船員保険
4. 共済組合
制度の名称
取得年月日
喪失年月日

⑩ 上記のとおり被保険者から再交付申請がありましたので、届出いたします。

事業所所在地 〒
事業所名称
事業主氏名 ㊞
電話（ ）

⑪ 社会保険労務士の提出代行者印 ㊞

受付印 市区町村 社会保険事務所

平成 年 月 日 提出

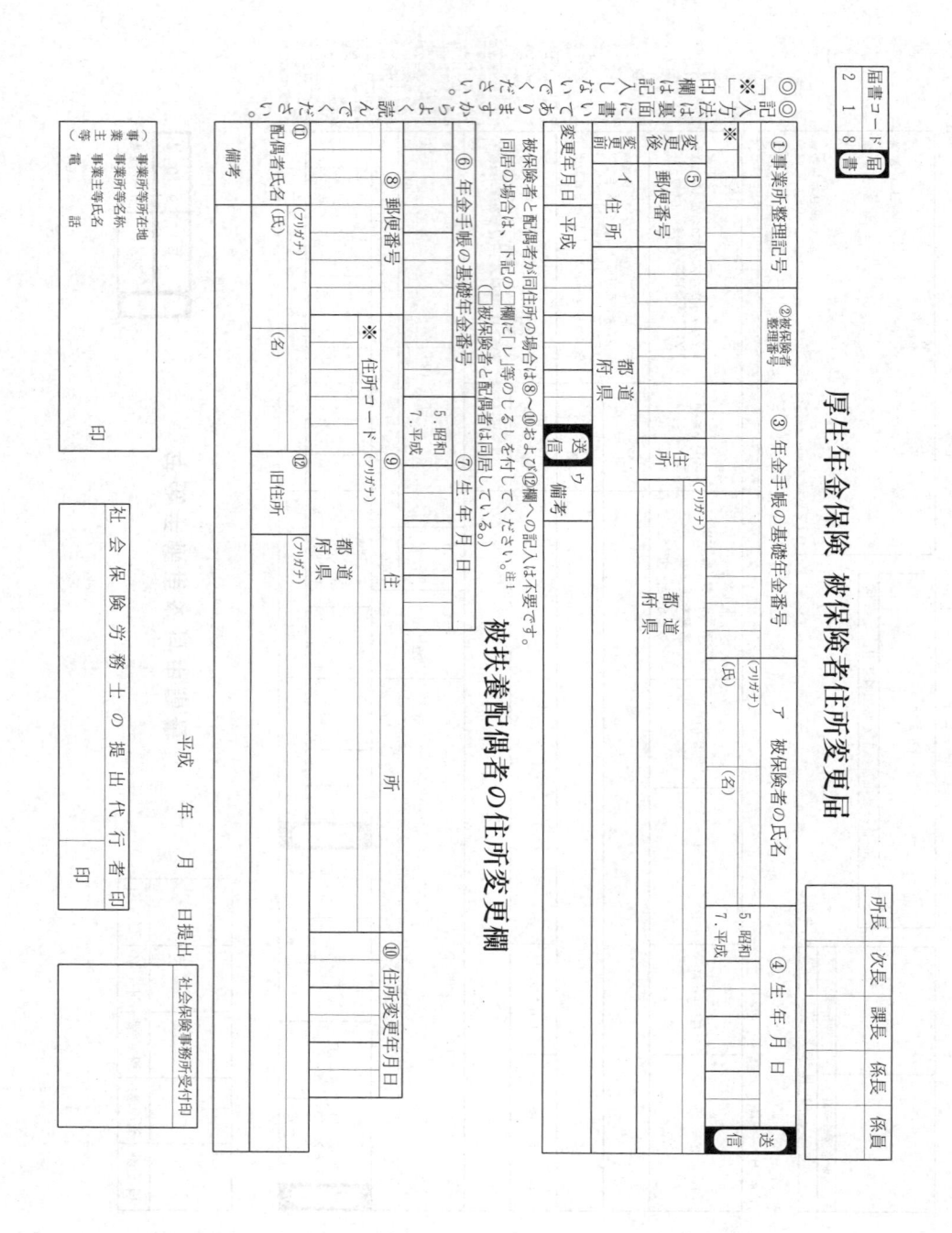

10. 厚生年金保険被保険者住所変更届

11. 健康保険・厚生年金保険被保険者氏名変更届

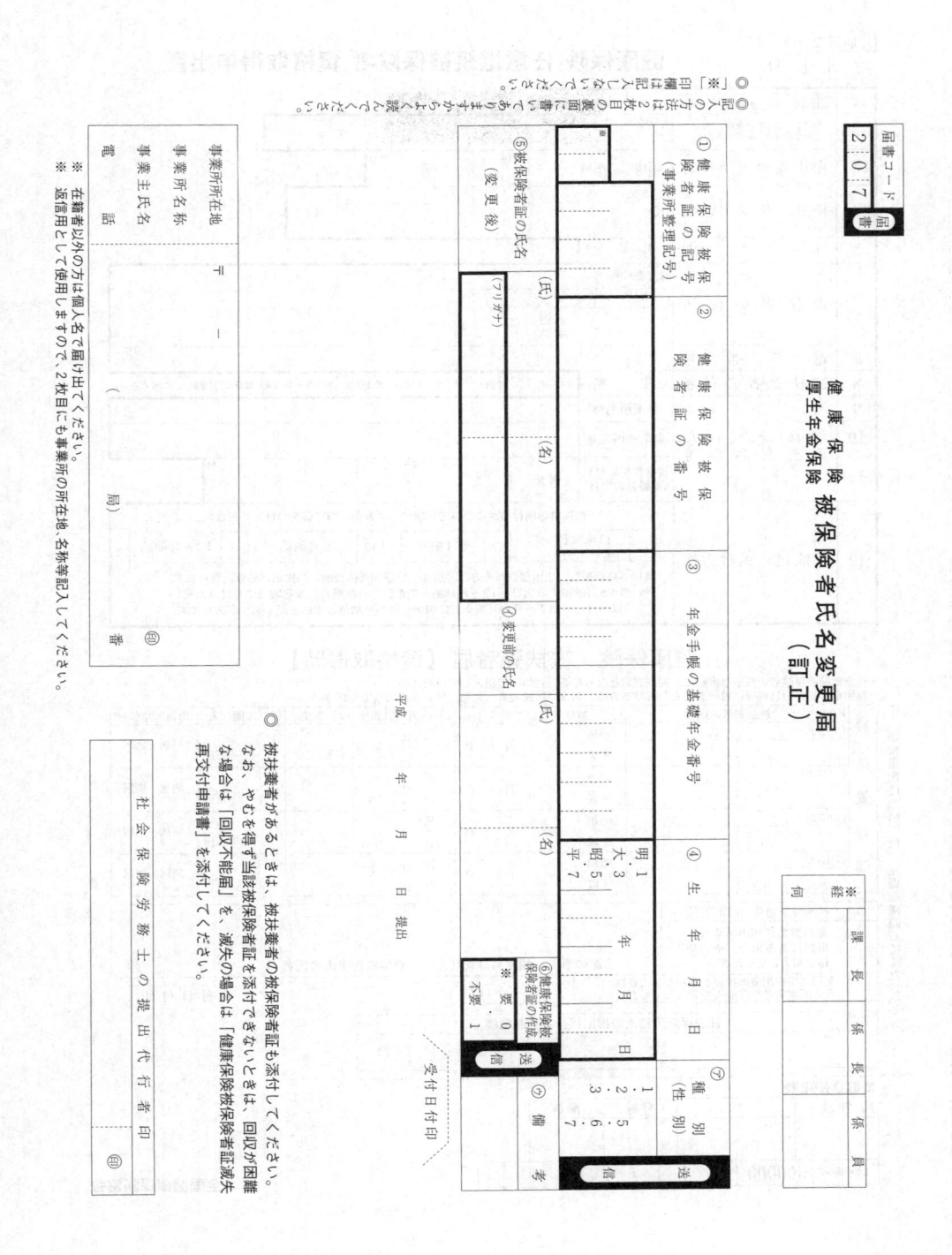

12. 健康保険任意継続被保険者資格取得申出書

健康保険法・厚生年金法関係

健康保険法・厚生年金法関係

13. 健康保険任意継続被保険者資格喪失届

|2|3|2|0|

決裁		登録	審査

健康保険　任意継続被保険者　資格喪失届

受付日付印

◎ 記入方法は裏面をご覧ください。

1	被保険者証の記号及び番号	左づめ 5 0	ー 右づめ	
2	生年月日	昭和　平成	年　　　月　　　日	
3	申請者の氏名	(氏)　　　　(名)	印	届出者本人が氏名を署名した場合、本人の押印は不要です。
4	郵便番号	ー		
5	住　所	都道府県		
6	電話番号	（　　　　）		

次のとおり届け出します。

7	資格喪失年月日	平成　　　年　　月　　日
8	資格喪失の事由	次の該当するものに○印を付け、被保険者証の記号番号等を記入してください。 ア　健康保険の被保険者資格を取得したため。 　(1)　再取得後の健康保険被保険者証の記号番号 　　　　（　　　　　　　　　　　　　　　） 　(2)　適用事業所の名称及び所在地 　　　　名　称（　　　　　　　　　　　　　） 　　　　所在地（　　　　　　　　　　　　　） 　(3)　資格取得年月日　（平成　　　年　　月　　日） イ　船員保険の被保険者資格を取得したため。 　(1)　再取得後の船員保険被保険者証の記号番号 　　　　（　　　　　　　　　　　　　　　） 　(2)　船舶所有者の名称及び所在地 　　　　名　称（　　　　　　　　　　　　　） 　　　　所在地（　　　　　　　　　　　　　） 　(3)　資格取得年月日　（平成　　　年　　月　　日） ウ　後期高齢者医療制度(長寿医療制度)の被保険者となったため。 　(1)　後期高齢者医療の被保険者証の被保険者番号 　　　　（　　　　　　　　　　　　　　　） 　(2)　都道府県後期高齢者医療広域連合の名称 　　　　（　　　　　　　　後期高齢者医療広域連合） 　(3)　資格取得年月日　（平成　　　年　　月　　日）
9	摘要欄	

10	社会保険労務士の提出代行者名記載欄	
		印

全国健康保険協会　届出用

14. 健康保険被保険者家族療養費支給申請書

健康保険法・厚生年金法関係

振込希望口座

支払区分	1 金融機関			
	金融機関コード ※	㊞	銀行 金庫 信組	店・本店 支店・出張所
			信連・信漁連 農協・漁協	本所・支所 本店・支店
	㊞ 預金種別 1:普通 4:通知 2:当座 5:貯蓄 3:別段	口座番号	口座名義	(フリガナ)

給付金に関する受領を代理人に委任する（申請者名義以外の口座に振込を希望される）場合に記入してください。

受取代理人の欄

本申請書に基づく給付金に関する受領を代理人に委任します。　　　　平成　　年　　月　　日

被保険者 (申請者)	住　所		
	氏　名	㊞	

受取人情報	代理人の 氏名と印	(フリガナ)　　　　　　　　　　　　　　　　㊞	委任者と 代理人 との関係	
	代理人の 住　所	(〒　　－　　　)	電話（　　）	

負傷原因記入欄　　初回申請時のみ記入してください。

㋬　負傷の原因について記入してください。（該当する□にチェック（☑）してください。）

被保険者が記入するところ

[負傷日時・場所等]

1. いつケガ（負傷）をしましたか。
　　平成　　年　　月　　日（　　曜日）
　　□午前・□午後　　時　　分頃

2. ケガ（負傷）をした日は次のうちどの日でしたか。
　　□出勤日・□休日（定休日・休暇含む）
　　□その他（　　　　　　　　　　　　　）

3. ケガ（負傷）をした時は次のうちの時間帯でしたか。
　　□勤務時間中・□通勤途中（□出勤・□退勤）
　　□出張中・□私用・□その他（　　　　　）

4. ケガ（負傷）をした場所はどこでしたか。
　　□会社内・□道路上・□自宅
　　□その他（　　　　　　　　　　　　　）

5. ケガをした原因で次にあてはまる場合がありますか。
　　□交通事故・□暴力（ケンカ）
　　□スポーツ中（□職場の行事・□職場の行事外）
　　□動物による負傷（飼い主 □有・□無）
　　□あてはまらない

6. 「上記5」にあてはまる原因がある場合、あなたは被害者ですか、加害者ですか。
　　相手　□有　→　□あなたは被害者
　　　　　　　　　　□あなたは加害者
　　　　　□無

※相手のいる負傷の場合は、「第三者の行為による傷病届」が必要となります。

[受診した医療機関]

7. 診療を受けた医療機関名とその期間等
　　医療機関名　　　　　　　　　　　　　　　　　　
　　平成　年　月～平成　年　月　□治癒・□治療中
　　医療機関名　　　　　　　　　　　　　　　　　　
　　平成　年　月～平成　年　月　□治癒・□治療中

8. 負傷したときの状況（原因）を具体的に記入してください。

9. 被保険者が代表取締役等役員の方の場合
　　労災保険に特別加入していますか。　□加入有・□加入無

社 会 保 険 労 務 士 の 提 出 代 行 者 印		㊞	平成　　年　　月　　日提出 受付日付印

健康保険法・厚生年金法関係

|医師が証明する欄|　　　　　　　　　　　　　　　　　立　替　払　用

領　収　（　診　療　）　明　細　書
【　医　科　入　院　】

| 患者氏名 | | | | 性別 | 男・女 | 生年月日 | 昭和・平成　　年　　月　　日 |

| 傷病名 | (1)
(2)
(3) | | 診療期間 | 平成　　年　　月　　日　から
　　　　年　　月　　日　まで
（診療実日数）　　　　　　日 |

（備考）すでに申請の対象となる費用について領収書を発行しているときは、「領収」の字句を消し、「診療明細書」として、所定の事項を記入してください。

	初　診	時間外・休日・深夜	回	点	公費分点数
医学管理				
在　宅				
投薬	内	服		単　位	
	屯	服		単　位	
	外	用		単　位	
	調	剤		日	
	麻	毒			
	調	基		日	
注射	皮下筋肉内		回		
	静　脈　内		回		
	そ　の　他		回		
処置			回		
	薬　　　剤				
手術麻酔			回		
	薬　　　剤				
検査			回		
	薬　　　剤				
画像診断			回		
	薬　　　剤				
その他					
	薬　　　剤				

入院	入院年月日			年　月　日	
	病　診	入院基本料・加算		点
		×　　　　　　日間		
		×　　　　　　日間		
		×　　　　　　日間		
		×　　　　　　日間		
		×　　　　　　日間		
	特定入院料・その他			

食事・生活	基準 特別 食事環境	円×回 円×回 円×日 円×日
基準（生）	円×回
特別（生）	円×回
減・免・猶 Ⅰ・Ⅱ・3月超
合計	円 減額　割（円）免除・支払猶予 （上記のうち公費負担額）　　円

上記のとおり領収（診療）いたしました。
　　　　　　　　　　　　　　　　　　　平成　　年　　月　　日
医療機関の所在地
医療機関の名称
医療機関の電話番号
医　師　氏　名　　　　　　　　　　　㊞

全国健康保険協会

健康保険法・厚生年金法関係

治療用装具用

医師が証明する欄

意見および装具装着証明書

患者氏名		生年月日 (該当する元号に☑)	□ 昭和 □ 平成	年　月　日生　　歳
傷病名			入院外来の別 (該当する方に☑)	□ 入　院 □ 外　来

上記傷病の治療のため 平成　　年　　月　　日に

_____ の装着の必要を認め

平成　　年　　月　　日に装着した。

以上証明いたします。

平成　　年　　月　　日

医療機関の所在地

医療機関の名称

医療機関の電話番号

医師名　　　　　　　　　　　　　　　　　㊞

15. 健康保険傷病手当金支給申請書

健康保険法・厚生年金法関係

振込希望口座

支払区分	1 金融機関			
	金融機関コード ※	ⓧ	銀行 金庫 信組	店・本店 支店・出張所
			信連・信漁連 農協・漁協	本所・支所 本店・支店
	ⓧ 預金種別	1:普通 4:通知 2:当座 5:貯蓄 3:別段	口座番号	口座名義 （フリガナ）

給付金に関する受領を代理人に委任する（申請者名義以外の口座に振込を希望される）場合に記入してください。

受取代理人の欄

本申請書に基づく給付金に関する受領を代理人に委任します。　　　平成　年　月　日

被保険者（申請者）　住所　　氏名　　㊞

受取人情報
- 代理人の氏名と印　（フリガナ）　　㊞　　委任者と代理人との関係
- 代理人の住所　（〒　　－　　）　　電話（　　）

負傷原因記入欄　初回申請時のみ記入してください。

⑦ 負傷の原因について記入してください。（該当する□にチェック（☑）してください。）

被保険者が記入するところ

[負傷日時・場所等]

1．いつケガ（負傷）をしましたか。
　平成　年　月　日（　曜日）
　□午前・□午後　　時　　分頃

2．ケガ（負傷）をした日は次のうちどの日でしたか。
　□出勤日　・□休日（定休日・休暇含む）
　□その他（　　　　　　　　　　　）

3．ケガ（負傷）をした時は次のうちの時間帯でしたか。
　□勤務時間中　・□通勤途中（□出勤・□退勤）
　□出張中　・□私用・□その他（　　　）

4．ケガ（負傷）をした場所はどこでしたか。
　□会社内　・□道路上　・□自宅
　□その他（　　　　　　　　　　　）

5．ケガをした原因で次にあてはまる場合がありますか。
　□交通事故　・□暴力（ケンカ）
　□スポーツ中　（□職場の行事・□職場の行事以外）
　□動物による負傷　（飼い主 □有・□無）
　□あてはまらない

6．「上記5」にあてはまる原因がある場合、あなたは被害者ですか、加害者ですか。
　相手　□有　→　□あなたは被害者
　　　　　　　　□あなたは加害者
　　　　□無
　※相手のいる負傷の場合は、「第三者の行為による傷病届」が必要となります。

[受診した医療機関]

7．診療を受けた医療機関名とその期間等
　医療機関名
　平成　年　月～平成　年　月　□治癒・□治療中
　医療機関名
　平成　年　月～平成　年　月　□治癒・□治療中

8．負傷したときの状況（原因）を具体的に記入してください。

9．被保険者が代表取締役等役員の方の場合
　労災保険に特別加入していますか。　□加入有・□加入無

社会保険労務士の提出代行者印　　㊞　　　　平成　年　月　日提出
　　　　　　　　　　　　　　　　　　　　　　受付日付印

裏面に事業主証明欄、療養担当者証明欄があります。

健康保険法・厚生年金法関係

労務に服することができなかった期間を含む賃金計算期間の勤務状況および賃金支払状況等を記入してください。

事業主が証明するところ

	勤務状況(出勤は○で、有給は△で、公休は公で、欠勤は／でそれぞれ表示してください。)	出勤	有給
年 月	1 2 3 4 5 6 7 8 9 10 11 12 13 14 15 16 17 18 19 20 21 22 23 24 25 26 27 28 29 30 31 計	日	日
年 月	1 2 3 4 5 6 7 8 9 10 11 12 13 14 15 16 17 18 19 20 21 22 23 24 25 26 27 28 29 30 31 計	日	日
年 月	1 2 3 4 5 6 7 8 9 10 11 12 13 14 15 16 17 18 19 20 21 22 23 24 25 26 27 28 29 30 31 計	日	日

労務に服することができなかった期間に対して、賃金を支給しました(します)か？　□はい・□いいえ

給与の種類(○で囲んでください)	賃金計算
月給　日給　日給月給	締日　日
時間給　歩合給　その他	支払日　当月／翌月　日

労務に服することができなかった期間を含む賃金計算期間の賃金支給状況を下欄に記入してください。

支給した(する)賃金内訳

期間／区分	単価	月　日～月　日　日分　支給額	月　日～月　日　日分　支給額	月　日～月　日　日分　支給額
基本給				
通勤手当				
住居手当				
扶養手当				
手当				
手当				
現物給与				
計				

●賃金計算方法(欠勤控除計算方法等)について記入してください。

上記のとおり相違ないことを証明します。　平成　年　月　日　　担当者氏名

事業所在地
事業所名称
事業主氏名　　　　　　　　　　　　　㊞　電話　（　　　）

「初回申請分」には、労務に服することができなかった期間を含む賃金計算期間とその期間前1ヵ月分の賃金台帳と出勤簿(タイムカード)の写しを添付してください。

療養担当者が意見を記入するところ

患者氏名				
傷病名	(1)	療養の給付開始年月日(初診日)	(1) 年　月　日	
	(2)		(2) 年　月　日	
	(3)		(3) 年　月　日	
発病または負傷の年月日	平成　年　月　日　発病／負傷	発病または負傷の原因		
労務不能と認めた期間	年　月　日から　年　月　日まで　日間	療養費用の別	健保　自費　公費（　　）その他	
㋑のうち入院期間	年　月　日から　年　月　日まで　日間入院	転帰	治癒　継続　中止　転医	
診療実日数	診療日を○で囲んでください	月 1 2 3 4 5 6 7 8 9 10 11 12 13 14 15 16 17 18 19 20 21 22 23 24 25 26 27 28 29 30 31		
		月 1 2 3 4 5 6 7 8 9 10 11 12 13 14 15 16 17 18 19 20 21 22 23 24 25 26 27 28 29 30 31		

手術年月日	平成　年　月　日
退院年月日	平成　年　月　日

㋑の期間中における「主たる症状および経過」「治療内容、検査結果、療養指導」等(詳しく)

症状経過からみて従来の職種について労務不能と認められた医学的な所見

人工透析を実施または人工臓器を装着したとき	人工透析を実施または人工臓器を装着した日	昭和・平成　年　月　日
	人工臓器等の種類	ア.人工肛門　イ.人工関節　ウ.人工骨頭　エ.心臓ペースメーカー　オ.人工透析　カ.その他（　　）

上記のとおり相違ありません。　平成　年　月　日

医療機関所在地
医療機関の名称
医師の氏名　　　　　　　　　　　　　㊞　電話　（　　　）

16. 健康保険被保険者・家族出産育児一時金支給申請書

健康保険法・厚生年金法関係

振込希望口座		1　金融機関				
		金融機関コード		銀行 金庫 信組		店・本店 支店・出張所
	㋐支払区分	※		信連・信漁連 農協・漁協		本所・支所 本店・支店
		㋑預金種別	1:普通 4:通知 2:当座 5:貯蓄 3:別段	口座番号	(フリガナ) 口座名義	

給付金に関する受領を代理人に委任する（申請者名義以外の口座に振込を希望される）場合に記入してください。

受取代理人の欄	本申請書に基づく給付金に関する受領を代理人に委任します。　　　　　平成　年　月　日				
	被保険者 (申請者)	住　所			
		氏　名		㊞	
	受取人情報	代理人の 氏名と印	(フリガナ)　　　　　　　　　　　　　　　　　㊞	委任者と 代理人 との関係	
		代理人の 住　所	(〒　　－　　　) 　　　　　　　　　　　　　　　　電話　（　　）		

社会保険労務士の 提出代行者印		㊞	平成　年　月　日提出
			受付日付印

17. 健康保険被保険者・家族出産育児一時金差額申請書

健康保険法・厚生年金法関係

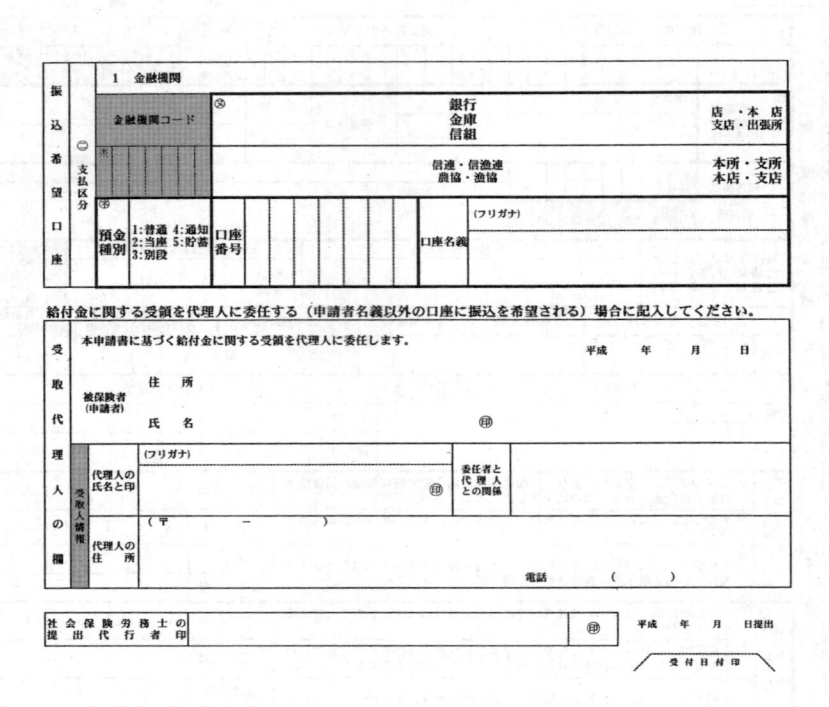

振込希望口座	① 支払区分	1 金融機関							
		㋺ 金融機関コード		㋩ 銀行 金庫 信組					店・本店 支店・出張所
				信連・信漁連 農協・漁協					本所・支所 本店・支店
		㋥ 預金 種別	1:普通 4:通知 2:当座 5:貯蓄 3:別段	㋭ 口座 番号				㋬ 口座名義	(フリガナ)

給付金に関する受領を代理人に委任する（申請者名義以外の口座に振込を希望される）場合に記入してください。

受取代理人の欄	受取人情報	本申請書に基づく給付金に関する受領を代理人に委任します。　　　　　平成　年　月　日		
		被保険者 (申請者)	住　所	
			氏　名　　　　　　　　　　　　　　㊞	
		代理人の 氏名と印	(フリガナ)　　　　　　　　　　　　　　㊞	委任者と 代理人 との関係
		代理人の 住　所	(〒　　－　　　)　　　　　　　　　　　電話（　　）	

社会保険労務士の 提出代行者印		㊞	平成　年　月　日提出
			受付日付印

健康保険法・厚生年金法関係

18. 各病院等の入院予約時などに妊婦と交す直接支払制度合意文書

　　　　各病院等の入院予約時などに妊婦と交わす直接支払制度合意文書の例（参考）

　当院では、できるだけ現金でお支払いいただかなくて済むよう、21年10月からはじまった「出産育児一時金等の医療機関等への直接支払制度」をご利用いただくことを原則としております。

〇　妊婦の方がご加入されている医療保険者に、当院が妊婦の方に代わって出産育児一時金（※）を請求いたします。手続きについて手数料はいただきません。
　　（※）　家族出産育児一時金、共済の出産費及び家族出産費を含みます。

〇　退院時に当院からご請求する費用について、原則42万円の一時金の範囲内で、現金等でお支払いいただく必要がなくなります。
　・出産費用が42万円を超えた場合は、不足額を窓口でお支払いいただきます。
　・出産費用が42万円未満で収まった場合は、その差額を医療保険者に請求することができます。
　※　当院が医療保険者から受け取った一時金の額の範囲で、妊婦の方へ一時金の支給があったものとして取り扱われます。

〇　帝王切開などの保険診療を行った場合、3割の窓口負担をいただきますが、一時金をこの3割負担のお支払いにも充てさせていただきます。

〇　この仕組みを利用なさらず、一時金を医療保険者から受け取りたい場合には、お申し出ください。その場合、出産費用の全額について退院時に現金等でお支払いいただくことになります。

＜妊婦の方へのお願い＞
① 入院時に保険証をご提示ください。また、入院後、保険証が変更された場合には、速やかに変更後の保険証をご提示下さい。
　※　退職後半年以内の方で、現在は国民健康保険など退職時とは別の医療保険にご加入の方は、在職時の医療保険から給付を受けることもできます。その際は、退職時に交付されている資格喪失証明書を保険証と併せ提示ください（詳細は以前のお勤め先にお問い合わせください。）

② 妊婦健診等により、帝王切開など高額な保険診療が必要とわかった方は、加入されている医療保険者に「限度額適用認定証」等を申請し、お会計の際にご提示下さい。ご提示いただければ、一般に3割の窓口負担が「¥80,100＋かかった医療費の1％」に据え置かれます（所得により異なります）。入院時にお持ちでない方は、退院時までにご入手ください。
　限度額適用認定証等をお持ちにならないと請求額が高額になることもありますので、忘れずにお持ち下さい。
～～～～～～～～～～～～～～～～～～～～～～～～～～～～～～～～～
　以上説明を受け、〇〇〇（保険者名）から支給される一時金について、直接支払制度を利用することに合意いたします。
　　　　　　　　　　　　　　　　　　平成　　　年　　　月　　　日
被保険者（世帯主）　　　　　　氏名　　　　　　　　　　　　

医療機関等使用欄
　　　　　　　　　　　　　　　　　　　　　　　　（出産予定日）　〇/〇
　　　　　　　　　　　　　　　　　　　　　　　　直接支払制度不活用　□

19. 健康保険出産手当金支給申請書

健康保険法・厚生年金法関係

振込希望口座	㋤支払区分	1 金融機関									
		金融機関コード	㋛				銀行 金庫 信組			店・本店 支店・出張所	
		※					信連・信漁連 農協・漁協			本所・支所 本店・支店	
		預金種別	1:普通 4:通知 2:当座 5:貯蓄 3:別段		口座番号				口座名義	(フリガナ)	

給付金に関する受領を代理人に委任する（申請者名義以外の口座に振込を希望される）場合に記入してください。

受取代理人の欄		本申請書に基づく給付金に関する受領を代理人に委任します。　　　　　　　　平成　　年　　月　　日		
	被保険者 （申請者）	住　所		
		氏　名	㊞	
	受取人情報	代理人の氏名と印	（フリガナ）　　　　　　　　　　　　　　　　　　　　　　　　　　　　㊞	委任者と代理人との関係
		代理人の住所	（〒　　－　　　） 　　　　　　　　　　　　　　　　　　　　　電話（　　　）	

労務に服することができなかった期間を含む賃金計算期間の勤務状況および賃金支払状況等を記入してください。

事業主が証明するところ	㋡勤務状況（出勤は○で、有給は△で、公休は公で、欠勤は／でそれぞれ表示してください。）			出　勤	有　給
	年　月	1 2 3 4 5 6 7 8 9 10 11 12 13 14 15 16 17 18 19 20 21 22 23 24 25 26 27 28 29 30 31	計	日	日
	年　月	1 2 3 4 5 6 7 8 9 10 11 12 13 14 15 16 17 18 19 20 21 22 23 24 25 26 27 28 29 30 31	計	日	日
	年　月	1 2 3 4 5 6 7 8 9 10 11 12 13 14 15 16 17 18 19 20 21 22 23 24 25 26 27 28 29 30 31	計	日	日
	年　月	1 2 3 4 5 6 7 8 9 10 11 12 13 14 15 16 17 18 19 20 21 22 23 24 25 26 27 28 29 30 31	計	日	日

㋣　労務に服することができなかった期間に対して、賃金を支給しました（します）か？　　□はい・□いいえ

給与の種類 （○で囲んでください）	賃　金　計　算
月給　　日給　　日給月給	締　日　　　　　　日
時間給　　歩合給　　その他	支払日　当月 　　　　翌月

㋠　労務に服することができなかった期間を含む賃金計算期間の賃金支給状況を下欄に記入してください。

支給した（する）賃金内訳	支給期間		月　　日 ～ 　　月　　日分	月　　日 ～ 　　月　　日分	月　　日 ～ 　　月　　日分	●賃金計算方法（欠勤控除計算方法等）について記入してください。
	区分	単価	支給額	支給額	支給額	
	基 本 給					
	通勤手当					
	住居手当					
	扶養手当					
	手当					
	手当					
	現物給与					
	計					

上記のとおり相違ないことを証明します。　　平成　　年　　月　　日　　　　　　　担当者氏名

事業所所在地
事業所名称
事業主氏名　　　　　　　　　　　　　　　㊞　　電話（　　　）

「初回申請分」には、労務に服することができなかった期間を含む賃金計算期間とその期間前1ヵ月分の賃金台帳と出勤簿（タイムカード）の写しを添付してください。

社会保険労務士の 提出代行者印	㊞

平成　　年　　月　　日提出
受付日付印

301

健康保険法・厚生年金法関係

20. 健康保険被保険者・家族埋葬料（費）支給申請書

健康保険法・厚生年金法関係

振込希望口座

支払区分	1 金融機関			
	金融機関コード		銀行・金庫・信組	店・本店 / 支店・出張所
			信連・信漁連 / 農協・漁協	本所・支所 / 本店・支店
	預金種別 1:普通 4:通知 2:当座 5:貯蓄 3:別段	口座番号	(フリガナ) 口座名義	

給付金に関する受領を代理人に委任する（申請者名義以外の口座に振込を希望される）場合に記入してください。

受取代理人の欄

本申請書に基づく給付金に関する受領を代理人に委任します。　　　　平成　　年　　月　　日

被保険者(申請者)	住所	
	氏名	㊞

受取人情報

代理人の氏名と印	(フリガナ) ㊞	委任者と代理人との関係
代理人の住所	(〒　　ー　　)	電話 (　　)

負傷原因記入欄

㋾　負傷の原因について記入してください。（該当する□にチェック(☑)してください。）

被保険者（申請者）が記入するところ

[負傷日時・場所等]

1. いつケガ（負傷）をしましたか。
   平成　年　月　日（　曜日）
   □午前・□午後　時　分頃

2. ケガ（負傷）をした日は次のうちどの日でしたか。
   □出勤日・□休日（定休日・休暇含む）
   □その他（　　　　　　　　　　）

3. ケガ（負傷）をした時は次のうちの時間帯でしたか。
   □勤務時間中・□通勤途中（□出勤・□退勤）
   □出張中・□私用・□その他（　　　　）

4. ケガ（負傷）をした場所はどこでしたか。
   □会社内・□道路上・□自宅
   □その他（　　　　　　　　　　）

5. ケガをした原因で次にあてはまる場合がありますか。
   □交通事故・□暴力（ケンカ）
   □スポーツ中（□職場の行事・□職場の行事外）
   □動物による負傷（飼い主 □有・□無）
   □あてはまらない

6. 「上記5」にあてはまる原因がある場合、あなたは被害者ですか、加害者ですか。
   相手　□有　→　□あなたは被害者
   　　　　　　　□あなたは加害者
   　　　□無
   ※相手のいる負傷の場合は、「第三者の行為による傷病届」が必要となります。

[受診した医療機関]

7. 診療を受けた医療機関名とその期間等
   医療機関名 ＿＿＿＿＿＿＿＿＿＿＿
   平成　年　月　～平成　年　月
   医療機関名 ＿＿＿＿＿＿＿＿＿＿＿
   平成　年　月　～平成　年　月

8. 負傷したときの状況（原因）を具体的に記入してください。

9. 亡くなった被保険者が代表取締役等役員の方の場合
   労災保険に特別加入していましたか。　□加入有・□加入無

社会保険労務士の 提出代行者印	㊞	平成　年　月　日提出
		受付日付印

21．交通事故、自損事故、第三者（他人）等の行為による傷病（事故）届

交通事故、自損事故、第三者(他人)等の行為による傷病(事故)届

届出者	被保険者証記号番号		被保険者氏名		㊞	職種	
	事業所名（勤め先）			所在地（勤め先）〒		TEL（　）	

被害者（受診者）	氏名		男・女　　才	続柄	住所 〒	TEL（　）
	事故内容	自動車事故・バイク事故・自転車事故・歩行中・殴打・刺傷・その他（　　　）				
	警察への届出有無	有：人身事故・物損事故　※注1（　　　警察署）　無：（理由　　）				

加害者（第三者）	氏名	男・女　　才	住所 〒	TEL（　）
	勤務先又は職業		所在地	TEL（　）

加害者が不明の理由	

事故発生	平成　年　月　日（曜）　前／後　時　分	発生場所	市郡　　町村

負傷者は何の用務中でしたか	仕事中・出勤途中・退社途中・帰宅後・出勤前・休日・休暇・休み時間中・出張中・その他

事故の相手の自動車保険加入状況

傷病が交通事故によるとき	自賠責保険	保険会社名		取扱店所在地 〒		TEL（　）	
		保険契約者名（名義人）		住所（所在地）		関係	保有者との／加害者との
		自動車の種別		府県名	登録番号	車台番号	
		自賠責証明書番号		保険期間	自　平成　年　月　日／至　平成　年　月　日		
		自動車の保有者名		住所（所在地）		加害者との関係	
	任意保険	保険会社名	火災海上㈱／農協	取扱店所在地　担当者名		TEL（　）	
		保険契約者名		住所（所在地）〒			
		契約証書番号		保険期間	自　平成　年　月　日／至　平成　年　月　日		
		保険契約期間	平成　年　月　日　～　平成　年　月　日	任意一括について　※注2　有・無			

※注1　物損事故で処理した場合　別途「人身事故証明入手不能届」の提出を求める場合があります。

※注2　任意一括とは、自賠責保険だけの対応ではなく、任意保険会社が対応している場合です。

この届に添付する書類等
1．事故発生状況報告書
2．念書
3．同意書
4．交通事故証明書（原本）

示談した場合　その示談書の写しを添付

受付日付印

健康保険法・厚生年金法関係

治療状況（接骨院等含む）（治療順）	①	名称		入院	年 月 日から 年 月 日まで	自費・加害者負担・自賠責・社会保険
		所在地		通院	年 月 日から 年 月 日まで	自費・加害者負担・自賠責・社会保険
	②	名称		入院	年 月 日から 年 月 日まで	自費・加害者負担・自賠責・社会保険
		所在地		通院	年 月 日から 年 月 日まで	自費・加害者負担・自賠責・社会保険
	③	名称		入院	年 月 日から 年 月 日まで	自費・加害者負担・自賠責・社会保険
		所在地		通院	年 月 日から 年 月 日まで	自費・加害者負担・自賠責・社会保険

治癒見込み（治療終了日）	年　月頃　　（　年　月　日　終了）	(注)治療費の支払区分を医療機関に確認して○で囲んでください。治療が終了しているときは、<u>最終受診日</u>をご記入ください。

休業補償	休業（治療）中の休業補償の方法（記号に○をつける） ア　加害者が負担　　　　イ　職場から支給　　　　ウ　自賠責へ請求 エ　社会保険へ傷病手当金　　オ　その他　（被害者加入の人身傷害保険へ請求など） 　の請求予定

示談損害賠償の支払状況	示談又は和解（該当に○をつける）　　※示談している場合は、示談書の写しを添付すること 　　した　・　交渉中　・　しない（理由）_____ 加害者や損害保険会社からの仮渡金・治療費・付添料などもらった場合や示談・話合いの状況を具体的に記入すること。 【受領日・金額】　　　　　　　　　　【受領したものの名目】 　　　　月　　日　　　　　　円　　（　　　　　　　　　　　　　　　　） 　　　　月　　日　　　　　　円　　（　　　　　　　　　　　　　　　　） 　　　　月　　日　　　　　　円　　（　　　　　　　　　　　　　　　　）

<u>交通事故以外</u>の被害行為（飼犬等の咬傷を含む）の場合は、事故発生状況を下欄に具体的に記入して下さい。　※交通事故の場合はこの欄に記入せず、事故状況発生報告書に記入ください。

（事故発生状況）

健康保険法・厚生年金法関係

22. 事故発生状況報告書

事故発生状況報告書

相手方	自賠責保険の証明書番号		当事者	甲(相手方)	氏名 (電話)		
	自動車の番号			乙(被保険者等)	氏名 (電話)		運転・同乗 歩行・その他

天候	晴・曇・雨・雪・霧	交通状況	混雑・普通・閑散	明暗	昼間・夜間・明け方・夕方

道路状況	舗装 してある してない	歩道(両・片) ある ない	直線・カーブ
	平坦・坂	見通し 良い 悪い	積雪路・凍結路

信号又は標識	信号 ある ない	自車側信号(青・赤・) 相手側信号(青・赤・)	駐停車禁止 されている されていない	その他の標識

速度	甲車両 km/h (制限速度 km/h) 乙車両 km/h (制限速度 km/h)

事故現場における自動車と被害者との状況を図示してください

事故発生状況略図（道路幅をｍで記入してください）

相手車 ⌂ (甲)
自　車 ■ (乙)
進行方向 ↑
信　号 ○○○ (色も表示)
一時停止 ▽
人　間 ♀
自転車
オートバイ

上記図の説明を書いてください

別添交通事故証明書に補足して上記のとおり報告します。

　　平成　　　年　　　月　　　日
　　　　　報告者　　　　　　　　　　　　　　　　㊞
　　　　　　（当事者との関係：　　　　　　　　　）

23. 念書（被保険者用）

様式第６号の１（被保険者用）

念　　　書

　　平成　　年　　月　　日　(相手方氏名)　　　　　　　　　の行為により　(受診者氏名)　　　　　　　　　の被った保険事故について、健康保険法による保険給付を受けた場合は、私が加害者に対して有する損害賠償請求権を健康保険法第５７条第１項の規定によって全国健康保険協会　　　支部が保険給付の価額の限度において取得行使し、賠償金を受領されることに異議のないことを、ここに書面をもって申し立てます。

　　なお、保険事故が交通事故による場合は、全国健康保険協会　　　支部が代位取得した損害賠償に対して自動車損害賠償責任保険から全国健康保険協会支部が優先的に充当支払いを受けられることに異議ありません。

　　あわせて、次の事項を守ることを誓約します。

　1. 加害者と示談を行おうとする場合は必ず事前にその内容を申し出ること。

　2. 加害者に白紙委任状を渡さないこと。

　3. 加害者から金品を受けたときは、受領印、内容、金額をもれなく、すみやかに届出ること。

　　平成　　年　　月　　日
　　　　　　　　　被保険者
　　　　　　　　　　　住　所

　　　　　　　　　　　氏　名　　　　　　　　　㊞

全国健康保険協会　　　支部長　殿

健康保険法・厚生年金法関係

24. 念書（相手方用）

様式第6号の2（相手方用）

念　　　書

平成　年　月　日　　（受診者氏名）　　　　　　　に傷害を負わせましたが、この傷害に係る損害賠償請求権を保険給付価格の限度において、全国健康保険協会　　支部が代位取得し、全国健康保険協会　　支部から損害賠償金（保険給付）の請求を受けたときは、私の過失割合の範囲において納付することを確約しますので、保険給付してください。

　なお、傷害が交通事故による場合は、全国健康保険協会　　支部が代位取得した損害賠償に対して自動車損害賠償保険から、全国健康保険協会　　支部が優先的に充当支払いを受けられることに異議ありません。

　また、自動車賠償責任保険から支払われる損害賠償金額が不足した場合で、全国健康保険協会　　支部が私に請求したときは、損害賠償に応じることをあわせて確約します。

　　　　　　　　　　平成　年　月　日
　　　　　　　　　　　　住　所
　　　　　　　当事者甲
　　　　　　　　　　　　氏　名　　　　　　　　㊞

　　　　　　　　　　　　住　所
　　　　　　　連帯債務者
　　　　　　　　　　　　氏　名　　　　　　　　㊞
　　　　　　　　　　　　　（債務者との関係：　　　）

全国健康保険協会　　支部長　殿

25. 同意書

同　意　書

　私が自動車事故で被った傷病により受けた健康保険法による保険給付は、健康保険法第５７条の規定により、全国健康保険協会　　　支部が保険給付の価額の限度において、私が加害者に対して有する賠償請求権を取得することになります。

　つきましては、全国健康保険協会　　　支部が損害賠償額の支払の請求を加害者の加入する損害保険会社等に行う際、請求書一式に当該保険給付に係る診療報酬明細書の写しを添付することに同意します。

　なお、私が損害保険会社へ自動車損害賠償責任保険への請求をし、保険金等を受領したときは、全国健康保険協会　　　支部は受領金額並びにその内訳等の各種情報について照会を行い、損害保険会社からその照会内容について情報提供を受けることに同意します。

　　　平成　　年　　月　　日

　　　　　　　　受診者　住　所　_____

　　　　　　　　　　　　氏　名　_____㊞

　　　　　　　　　　　　（親権者）_____㊞

　　　　　　　　　　　　※受診者が扶養家族で未成年の場合、記入してください。

全国健康保険協会　　　支部長　殿

※　診療報酬明細書
　医療機関が健康保険の保険者に医療費を請求するための請求書のことで、カルテから作成され、入院・外来別に一ヵ月ごとに一枚提出があります。
※　現金給付の明細書
　傷病手当金・高額療養費・療養費・埋葬費等の支給明細書

健康保険法・厚生年金法関係

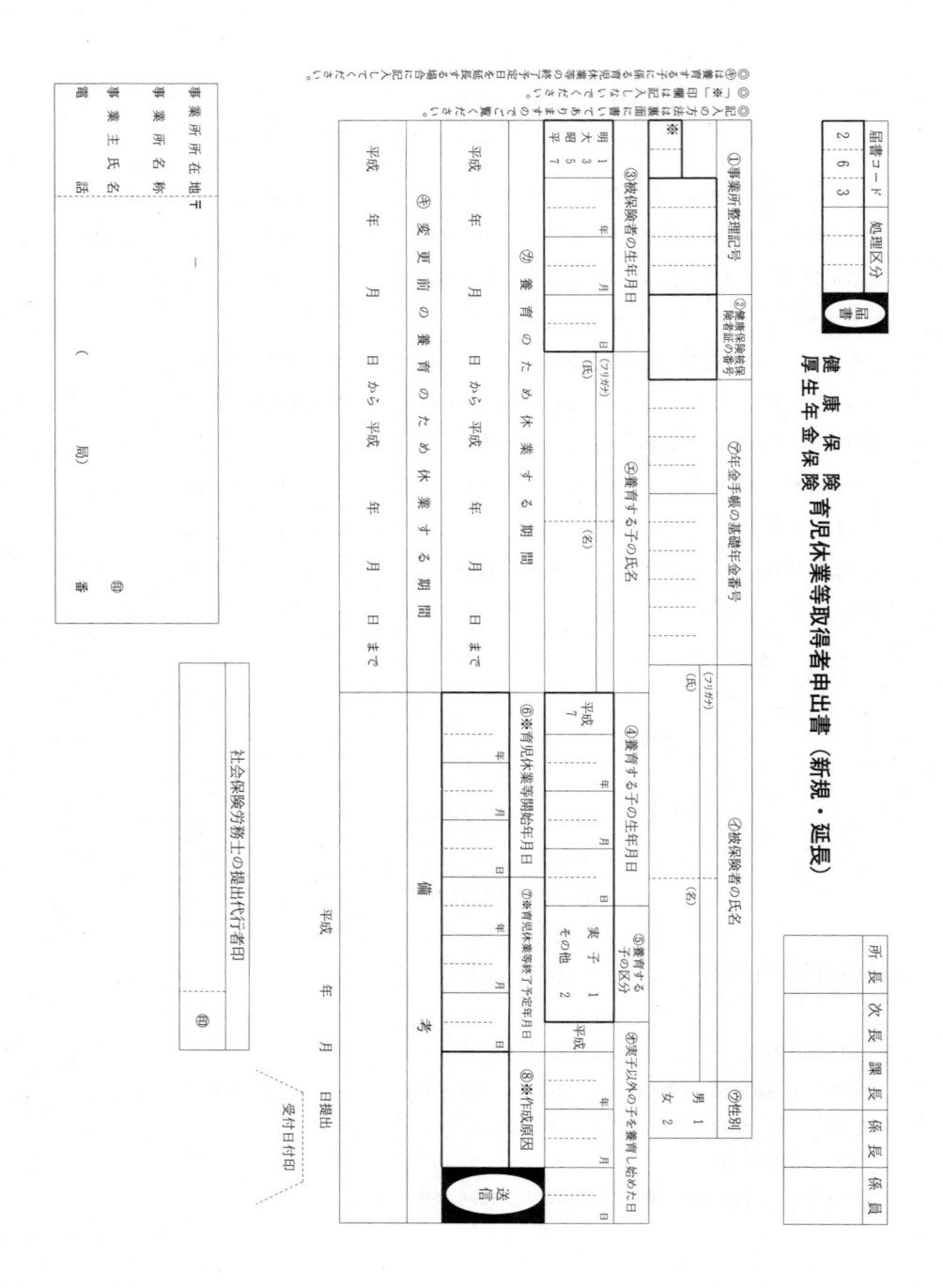

26. 健康保険・厚生年金保険育児休業取得者申出書（新規・延長）

27. 健康保険・厚生年金保険育児休業等取得者終了届

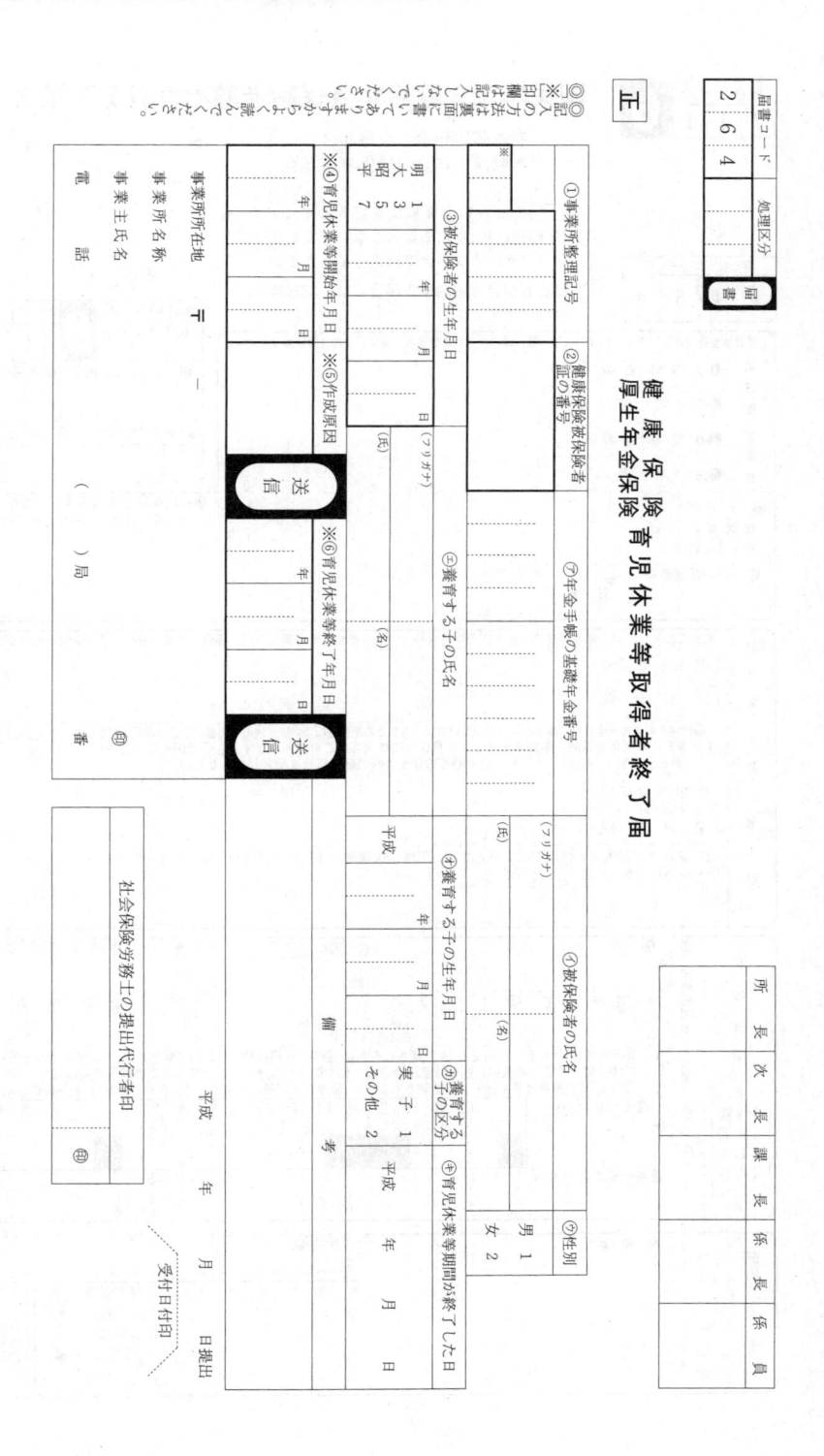

28. 国民年金・厚生年金保険老齢給付裁定請求書

健康保険法・厚生年金法関係

⑨ あなたの配偶者は、公的年金制度等(表1参照)から老齢・退職または障害の年金を受けていますか。○で囲んでください。

1 老齢・退職の年金を受けている	2 障害の年金を受けている	3 いずれも受けていない	4 請求中	制度名(共済組合名等)	年金の種類

受けていると答えた方は下欄に必要事項を記入してください(年月日は支給を受けることになった年月日を記入してください)。

制度名(共済組合名等)	年金の種類	年 月 日	年金証書の年金コードまたは記号番号等
		． ．	
		． ．	
		． ．	

年金コードまたは共済組合コード・年金種別
1
2
3

「年金の種類」とは、老齢または退職、障害をいいます。

⑩ あなたは、現在、公的年金制度等(表1参照)から年金を受けていますか。○で囲んでください。

1 受けている	2 受けていない	3 請 求 中	制度名(共済組合名等)	年金の種類

受けていると答えた方は下欄に必要事項を記入してください(年月日は支給を受けることになった年月日を記入してください)。

制度名(共済組合名等)	年金の種類	年 月 日	年金証書の年金コードまたは記号番号等

年金コードまたは共済組合コード・年金種別
1
2
3
他 年 金 種 別

「年金の種類」とは、老齢または退職、障害、遺族をいいます。

上・外	初診年月日	障害認定日	(外)傷病名コード	(上)傷病名コード	診断書
上・外 1 2	年 月 日	年 月 日			

(外)等級	(上)等	有	有年	三	差引

基礎

受給権発生年月日	停止事由	停 止 期 間	条 文
		年 月 〜 年 月	

失権事由	失権年月日
	年 月 日

厚年

受給権発生年月日	停止事由	停 止 期 間	条 文
		年 月 〜 年 月	

失権事由	失権年月日
	年 月 日

船保上

受給権発生年月日	停止事由	停 止 期 間	条 文
		年 月 〜 年 月	

失権事由	失権年月日	船舶所有者符号	最 終 記 録
	年 月 日		

共済コード	共済記録 1	2
	年 月	年 月
3		4
5		6

健康保険法・厚生年金法関係

⑪ 次の年金制度の被保険者または組合員となったことがあるときは、その番号を○で囲んでください。
　1．国民年金法　　　　　　2．厚生年金保険法　　　　3．船員保険法（61年4月以後を除く）
　4．国家公務員共済組合法　　5．地方公務員等共済組合法　6．私立学校教職員共済法
　7．農林漁業団体職員共済組合法　8．旧市町村職員共済組合法　9．地方公務員の退職年金に関する条例　10．恩給法

⑫ 履　　歴（公的年金制度加入経過）　　　自宅の電話番号（　　）-（　　）-（　　）
　※できるだけくわしく、正確に記入してください。　勤務先の電話番号（　　）-（　　）-（　　）

	(1) 事業所(船舶所有者)の名称および船員であったときは、その船舶名	(2) 事業所(船舶所有者)の所在地または国民年金加入時の住所	(3) 勤務期間または国民年金の加入期間	(4) 加入していた年金制度の種類	(5) 備　考
最初			・・　から ・・　まで	1.国民年金 2.厚生年金保険 3.厚生年金(船員)保険 4.共済組合等	
2			・・　から ・・　まで	1.国民年金 2.厚生年金保険 3.厚生年金(船員)保険 4.共済組合等	
3			・・　から ・・　まで	1.国民年金 2.厚生年金保険 3.厚生年金(船員)保険 4.共済組合等	
4			・・　から ・・　まで	1.国民年金 2.厚生年金保険 3.厚生年金(船員)保険 4.共済組合等	
5			・・　から ・・　まで	1.国民年金 2.厚生年金保険 3.厚生年金(船員)保険 4.共済組合等	
6			・・　から ・・　まで	1.国民年金 2.厚生年金保険 3.厚生年金(船員)保険 4.共済組合等	
7			・・　から ・・　まで	1.国民年金 2.厚生年金保険 3.厚生年金(船員)保険 4.共済組合等	
8			・・　から ・・　まで	1.国民年金 2.厚生年金保険 3.厚生年金(船員)保険 4.共済組合等	
9			・・　から ・・　まで	1.国民年金 2.厚生年金保険 3.厚生年金(船員)保険 4.共済組合等	
10			・・　から ・・　まで	1.国民年金 2.厚生年金保険 3.厚生年金(船員)保険 4.共済組合等	

(6) 最後に勤務した事業所または現在勤務している事業所について記入してください。
　(1) 事業所(船舶所有者)の名称を記入してください。　(1)名称
　(2) 健康保険(船員保険)の被保険者証の記号番号がわかれば記入してください。　(2) 記号　　番号

⑬ 個人で保険料を納める第四種被保険者、船員保険の年金任意継続被保険者となったことがありますか。　　1．は　い　・　2．いいえ

「はい」と答えた人は、保険料を納めた社会保険事務局、社会保険事務所または社会保険事務局の事務所の名称を記入してください。

その保険料を納めた期間を記入してください。　昭和／平成　年　月　日から　昭和／平成　年　月　日

第四種被保険者(船員年金任意継続被保険者)の整理記号番号を記入してください。　(記号)　(番号)

⑭ 障害の原因は第三者の行為によりますか。　　1．は　い　・　2．いいえ

障害の原因が第三者の行為により発生したものであるときは、その者の氏名および住所を記入　　氏名　　住所

㋭ 現在、次の年金または恩給のいずれかを受けることができる人は、その番号を○で囲んでください。
　1 地方公務員の恩給　　　2 恩給法（改正前の執行官法附則第13条において、その例による場合を含む。）による普通恩給
　3 日本製鉄八幡共済組合の老齢年金または養老年金　　4 旧外地関係または旧陸海軍関係共済組合の退職年金給付
㋬ ㋐欄の昭和61年3月までの期間において国民年金に任意加入しなかった期間が、次に該当するときはその番号を○で囲んでください。
　1 配偶者が㋺欄（国民年金を除く。）に示す制度の被保険者、組合員または加入者であった期間
　2 配偶者が㋺または㋭欄に示す制度の老齢年金または退職年金を受けることができた期間
　3 本人または配偶者が㋺欄（国民年金を除く。）に示す制度の老齢年金または退職年金の受給資格期間を満たしていた期間
　4 本人または配偶者が㋺欄（国民年金を除く。）または㋭欄に示す制度から障害年金を受けることができた期間
　5 本人または配偶者が戦傷病者戦没者遺族等援護法の障害年金を受けることができた期間
　6 本人が㋺欄（国民年金を除く。）または㋭欄に示す制度から遺族に対する年金を受けることができた期間
　7 本人が戦傷病者戦没者遺族等援護法の遺族年金または未帰還者留守家族手当もしくは特別手当を受けることができた期間
　8 本人または配偶者が都道府県議会、市町村議会の議員および特別区の議会の議員ならびに国会議員であった期間
　9 本人が都道府県知事の承認を受けて国民年金の被保険者とされなかった期間
㋣ ㋐欄の国民年金に任意加入しなかった期間が、上に示す期間以外で次に該当するときはその番号を○で囲んでください。
　1 本人が日本国内に住所を有さなかった期間
　2 本人が日本国内に住所を有した期間であって日本国籍を有さなかったため国民年金の被保険者とされなかった期間
　3 本人が学校教育法に規定する高等学校の生徒または大学の学生等であった期間
　4 本人が昭和61年4月以後の期間で下に示す制度の老齢または退職を事由とする年金給付を受けることができた期間
　　ただし、ウからコに示す制度等の退職を事由とする年金給付であって年齢を理由として停止されている期間は除く。
　ア 厚生年金保険法　　　　　　　イ 恩給法　　　　　　　　　ウ 国家公務員共済組合法
　エ 地方公務員等共済組合法（クを除く）　オ 私立学校教職員共済法　　カ 農林漁業団体職員共済組合法　　キ 国会議員互助年金法
　ク 地方議会議員共済法　　　　　ケ 地方公務員の退職年金に関する条例　　コ 改正前の執行官法附則第13条

㋠ 国民年金、厚生年金保険または共済組合等の障害給付の受給権者で国民年金の任意加入をした方は、その期間について特別一時金を受けたことがありますか。	1 は い ・ 2 いいえ	
㋷ 国民年金法に定める障害等級に該当する程度の障害の状態にありますか。	1 は い ・ 2 いいえ	
㋦ 昭和36年4月1日から昭和47年5月14日までの間に沖縄に住んでいたことがありますか。	1 は い ・ 2 いいえ	
㋸ 旧陸海軍等の旧共済組合の組合員であったことがありますか。	1 は い ・ 2 いいえ	

㋥　　　　　　　　生　計　維　持　証　明

生計同一関係

右の者は、請求者と生計を同じくしていたことを申し立てる。
　　　　　　　　　　　　　　　　　　　　（証明する。）
　　平成　　年　　月　　日
　　　請求者　住　所
　　　（証明者）
　　　　　　　氏　名　　　　　　　　　　　㊞
　　　　　（請求者との関係）

	氏　　名	続柄
配偶者および子		

（注）1　この申立は、民生委員、町内会長、事業主、社会保険委員、家主などの第三者の証明に代えることができます。
　　　2　この申立（証明）には、それぞれの住民票の写しを添えてください。

収入関係

		※確認印	＊社会保険事務所等の確認事項
1　請求者によって生計維持していた者について記入してください。			
（1）配偶者について年収は、850万円未満(注)ですか。	は い・いいえ	（　）印	ア 健保等被扶養者(第三号被保険者)
（2）子（名：　　　）について年収は、850万円未満(注)ですか。	は い・いいえ	（　）印	イ 加算額または加給年金額対象者
（3）子（名：　　　）について年収は、850万円未満(注)ですか。	は い・いいえ	（　）印	ウ 国民年金保険料免除世帯
（4）子（名：　　　）について年収は、850万円未満(注)ですか。	は い・いいえ	（　）印	エ 義務教育終了前
2　配偶者によって生計維持していた請求者について記入してください。			オ 高等学校等在学中
年収は、850万円未満(注)ですか。	は い・いいえ	（　）印	カ 源泉徴収票・非課税証明等
3　上記1および2で「いいえ」と答えた者のうち、その者の収入がこの年金の受給権発生当時以降おおむね5年以内に850万円未満(注)となる見込みがありますか。	は い・いいえ		

（注）平成6年11月8日までに受給権が発生している方は、「600万円未満」となります。　　平成　　、年　　月　　日提出
※　請求者が申立てを行う際に自ら署名する場合は、請求者の押印は不要です。

健康保険法・厚生年金法関係

◆社会保険事務所等記入欄

平成　年　月　日受付
請求書受付社会保険事務所等の名称

課所符号　　　　　　　裁定請求書の進達番号

社会保険事務局
社会保険事務所
事　務　所

裁定予定年月日
平成　年　月　日予定

―――― 公的年金等の受給者の扶養親族等申告書 ――――　1150

1. ご本人の氏名、基礎年金番号、生年月日、住所等をご記入のうえ、**必ず押印**してください。

氏名	(フリガナ) 　　　　　　　　　　㊞	基礎年金番号	生年月日 明・大・昭 1 3 5　年　月　日
住所	〒　　―		
電話番号	―　　―		
提出日	平成　年　月　日		

◆扶養親族等の内訳

（※この欄には記入しないでください。）

扶養親族等の種類	扶養親族			本人
	①控除対象配偶者	障害なし ②特定 老人を除く者 ③特老人	普通障害者 ④特定 老人を除く者 ⑤特老人 ⑥特定人	特別障害者 ⑦特定 老人を除く者 ⑧特老人 ⑨特定人 ⑩老人	⑪障害者

年分

2. 裁定請求書を提出する日の属する年の扶養親族等の状況についてご記入ください。
（ご本人に控除対象配偶者や扶養親族等がなく、ご本人自身が障害者に該当しない場合は、下記事項を記入する必要はありません。）

区分	氏　名	続柄	生年月日	同居・別居の区分 う	障　害 え	所得の種類・金額 お
あ 控除対象配偶者		老人 夫妻	明大昭平　年　月　日	同居 別居	普・特	万円
い 扶養親族		特定 老人	明大昭平　年　月　日	同居 別居	普・特	万円
		特定 老人	明大昭平　年　月　日	同居 別居	普・特	万円
		特定 老人	明大昭平　年　月　日	同居 別居	普・特	万円
う え 摘　要				本人障害	普・特 え	

（年金の支払者）　官署支出官　社会保険庁総務部経理課長

公的年金等の受給者の扶養親族等申告書の記入方法

○老齢年金は、所得税法の規定により、その支払を受ける際に源泉徴収が行われます。
　請求される年金の支払いを受ける際には、原則として、右ページの「公的年金等の受給者の扶養親族等申告書」（以下「申告書」といいます。）を提出する必要がありますので、氏名、基礎年金番号、生年月日、住所等をご記入のうえ、**必ず押印**し、以下の説明事項を読んで、必要事項をご記入ください。
　この申告書に記入した扶養親族等の状況に応じて所得控除を行い、源泉徴収税額の計算を行うことになります。
　なお、国民年金の老齢基礎年金のみの裁定請求をされる方は、源泉徴収等を要しない年金額のため記入する必要はありません。

○老齢年金から源泉徴収された所得税については、給与所得のように年末調整が行われないことから、その年に納付すべき税額との差額は確定申告により精算する必要があります。
　例えば、老齢年金以外に給与等の所得がある方については、その給与等の支払者に提出した「給与所得者の扶養控除等（異動）申告書」に記入した扶養親族等と同一の扶養親族等をこの申告書に記入した場合には、双方の所得について重複して所得控除が行われることになるため、確定申告により所得税額を納付することになる場合があります。

記入上の注意事項

あ　控除対象配偶者が「老人控除対象配偶者」に該当する場合は、『老人』を○で囲んでください。
　該当する方は、本年12月31日現在で70歳以上の方です。

> 『控除対象配偶者』とは、請求者本人と生計を同じくする配偶者で、合計所得金額が38万円以下の方のことをいいます。婚姻届を提出していない方は控除対象配偶者にはなりませんのでご注意ください。

い　扶養親族が「特定扶養親族」に該当する場合は、『特定』を○で囲んでください。
　該当する方は、扶養親族のうち本年12月31日現在で16歳以上23歳未満の方です。

　扶養親族が「老人扶養親族」に該当する場合には、『老人』を○で囲んでください。
　該当する方は、扶養親族のうち本年12月31日現在で70歳以上の方です。

> 『扶養親族』とは、請求者本人と生計を同じくする配偶者以外の親族で、合計所得金額が38万円以下の方のことをいいます。

う　扶養親族等の対象者で別居している方がいる場合は、区分の『別居』を○で囲み、「摘要」欄に、その方の氏名と住所を記入してください。また、扶養親族等の対象者と同居している場合は、区分の『同居』を○で囲んでください。

え　「障害」欄および「本人障害」欄は、普通障害者の場合は『普』、特別障害者の場合は『特』を○で囲んでください。また、障害者に該当する方がいる場合は、「摘要」欄に、その方の氏名、身体障害者手帳等の種類と交付年月日、障害の程度（等級など）をご記入ください。

> 障害とは、特別障害（身体障害者等級が1級または2級に該当するか重度の精神障害等）または普通障害（特別障害以外の障害）をいいます。

> 「摘要」欄の記入例
> **う・え**　摘要　○○　○○は、身体障害者手帳の1級（平成18年4月1日交付）
> 　　　　　　　　○○　○○の住所は東京都○○市△△　○丁目○番○号

お　「所得の種類・金額」欄は、本年中の所得の種類と金額（見積額）をご記入ください。

29. 国民年金・厚生年金保険・船員保険遺族給付裁定請求書

⑦ あなたは、現在、公的年金制度等（表１参照）から年金を受けていますか。○で囲んでください。

1 受けている	2 受けていない	3 請 求 中	制度名(共済組合名等)	年金の種類

受けていると答えた方は下欄に必要事項を記入してください（年月日は支給を受けることになった年月日を記入してください）。

制度名(共済組合名等)	年金の種類	年 月 日	年金証書の年金コードまたは記号番号等

「年金の種類」とは、老齢または退職、障害、遺族をいいます。

㉝年金コードまたは共済組合等コード・年金種別

1	
2	
3	

㉞ 他 年 金 種 別

㉟ 上 外	㊱ (外)傷病名	(上) 傷 病 名	㊲ 診 断 書	㊲有年数	㊲ 有 年	㊳ 三
上 ・ 外 1 ・ 2					元号	

遺基

㊴受給権発生年月日	㊵停止事由	㊵ 停 止 期 間	㊶ 条 文	失権事由	失 権 年 月 日
元号 年 月 日		元号 年 月 元号 年 月	0 1 3 7 0 0 1		元号 年 月 日

遺厚

㊷受給権発生年月日	㊸停止事由	㊸ 停 止 期 間	㊹ 条 文	失権事由	失 権 年 月 日
元号 年 月 日		元号 年 月 元号 年 月	0 1 5 8 0 0 1		元号 年 月 日

船保遺族

受給権発生年月日	停止事由	停 止 期 間	条 文	失権事由	失 権 年 月 日
元号 年 月 日		元号 年 月 元号 年 月			元号 年 月 日
船 舶 所 有 者 符 号		最 終 記 録			

㊺ 他 制 度 満 了	㊻ 合 算 対 象 記 録 1	2	3
元号 年 月	元号 年 月 元号 年 月	元号 年 月 元号 年 月	元号 年 月 元号 年 月

4	5	6	7
元号 年 月 元号 年 月		㊼	

8	9	10	11 ㊽

12	13	14	15

㊾ 共 済 コ ー ド 共 済 記 録 1	2
元号 年 月 日 元号 年 月 日	元号 年 月 日 元号 年 月 日

3	4 ㊿

5	6

51 7	8

9	

52摘要	53追加区分	54請求者の住民票コード	送信

注）請求者が２名以上のときは、そのうちの１人についてこの請求書に記入してください。その他の人については、別紙の裁定請求書（様式第106号）に記入し、この裁定請求書に添えてください。

健康保険法・厚生年金法関係

記入上の注意　・国民年金・厚生年金保険の遺族給付を請求する人は④および㋺欄を記入してください。
　　　　　　　・船員保険の遺族給付を請求する人は④および㋥欄を記入してください。

④ 必ず記入してください。

(1) 死亡した人の生年月日、住所　　　年　月　日　住所

(2) 死亡年月日　　　年　月　日
(3) 死亡の原因である疾病または負傷の名称
(4) 疾病または負傷の発生した日　　年　月　日

(5) 疾病または負傷の初診日　　年　月　日
(6) 死亡の原因である疾病または負傷の発生原因
(7) 死亡の原因は第三者の行為によりますか。　1　はい・2　いいえ

(8) 死亡の原因が第三者の行為により発生したものであるときは、その者の氏名および住所　　氏名　　住所

(9) 請求する人は、死亡した人の相続人になれますか。　1　はい・2　いいえ

(10) 死亡した人は次の年金制度の被保険者、組合員または加入者となったことがありますか。あるときは番号を○で囲んでください。
　1　国民年金法　　　　　　　　2　厚生年金保険法　　　　　　3　船員保険法（昭和61年4月以後を除く）
　4　国家公務員共済組合法　　　5　地方公務員等共済組合法　　6　私立学校教職員共済法
　7　農林漁業団体職員共済組合法　8　旧市町村職員共済組合法　　9　地方公務員の退職年金に関する条例　　10　恩給法

(11) 死亡した人は、(10)欄に示す年金制度から年金を受けていましたか。　1　はい　2　いいえ
受けていたときは、その制度名と年金証書の基礎年金番号および年金コード等を記入してください。
制度名　　年金証書の基礎年金番号および年金コード等

㋺ 国民年金・厚生年金保険の遺族給付を請求するときに記入してください。

(1) 死亡した人が次の年金または恩給のいずれかを受けることができたときは、その番号を○で囲んでください。
　1　地方公務員の恩給　　　2　恩給法（改正前の執行官法附則第13条において、その例による場合を含む。）による普通恩給
　3　日本製鉄八幡共済組合の老齢年金または養老年金　　4　旧外地関係または旧陸海軍関係共済組合の退職年金給付

(2) 死亡した人が昭和61年3月までの期間において国民年金に任意加入しなかった期間が、次に該当するときはその番号を○で囲んでください。
　1　死亡した人の配偶者が④の(10)欄（国民年金を除く。）に示す制度の被保険者、組合員または加入者であった期間
　2　死亡した人の配偶者が④の(10)欄（国民年金を除く。）および(1)欄に示す制度の老齢年金または退職年金を受けることができた期間
　3　死亡した人または配偶者が④の(10)欄（国民年金を除く。）の老齢年金または退職年金の受給資格期間を満たしていた期間
　4　死亡した人または配偶者が④の(10)欄（国民年金を除く。）および(1)欄に示す制度から障害年金を受けることができた期間
　5　死亡した人または配偶者が戦傷病者戦没者遺族等援護法の障害年金を受けることができた期間
　6　死亡した人が④の(10)欄（国民年金を除く。）および(1)欄に示す制度から遺族に対する年金を受けることができた期間
　7　死亡した人が戦傷病者戦没者遺族等援護法の遺族年金または未帰還者留守家族手当もしくは特別手当を受けることができた期間
　8　死亡した人または配偶者が都道府県議会、市町村議会の議員および特別区の議会の議員ならびに国会議員であった期間
　9　死亡した人が都道府県知事の承認を受けて国民年金の被保険者とされなかった期間

(3) 死亡した人が国民年金に任意加入しなかった期間が、上に示す期間以外で次に該当するときはその番号を○で囲んでください。
　1　死亡した人が日本国内に住所を有さなかった期間
　2　死亡した人が日本国内に住所を有していた期間であって日本国籍を有さなかったため国民年金の被保険者とされなかった期間
　3　死亡した人が学校教育法に規定する高等学校の生徒または大学の学生等であった期間
　4　死亡した人が昭和61年4月以後の期間において下に示す制度の老齢または退職を事由とする年金給付を受けることができた期間
　　ただし、エからサに示す制度の退職を事由とする年金給付であって年齢を理由として停止されている期間は除く。
　　ア　厚生年金保険法　　イ　船員保険法（昭和61年4月以後を除く）　ウ　恩給法　　エ　国家公務員共済組合法
　　オ　地方公務員等共済組合法（ケを除く）　カ　私立学校教職員共済法　キ　農林漁業団体職員共済組合法　ク　国会議員互助年金法
　　ケ　地方議会議員共済法　　コ　地方公務員の退職年金に関する条例　　サ　改正前の執行官法附則第13条

(4) 死亡した人は国民年金に任意加入した期間について特別一時金を受けたことがありますか。　1　はい・2　いいえ
(5) 昭和36年4月1日から昭和47年5月14日までの間に沖縄に住んでいたことがありますか。　1　はい・2　いいえ
(6) 旧陸海軍等の旧共済組合の組合員であったことがありますか。　1　はい・2　いいえ
(7) 死亡の原因は業務上ですか。　1　はい・2　いいえ
(8) 労災保険から給付が受けられますか。　1　はい・2　いいえ
(9) 労働基準法による遺族補償が受けられますか。　1　はい・2　いいえ

健康保険法・厚生年金法関係

			選んだ記号を記入してください。
(10)	遺族厚生年金を請求する人は、下の欄の質問に答えてください。その結果、アからエのいずれかに「はい」と答えた人で、オまたはカについても「はい」と答えた人は、そのうち1つを選んでください。それにより裁定します。		
	ア 死亡したとき死亡した人は、厚生年金保険の被保険者でしたか。	1 は い・2 いいえ	
	イ 死亡の原因となった疾病または負傷が昭和61年3月31日以前の発生であるとき ○死亡した人が厚生年金保険(船員保険)の被保険者の資格を喪失した後に死亡したときであって、厚生年金保険(船員保険)の被保険者であった間に発した疾病または負傷が原因で、その初診日から5年以内に死亡したものですか。	1 は い・2 いいえ	
	ウ 死亡の原因となった疾病または負傷が昭和61年4月1日以後の発生であるとき ○死亡した人が厚生年金保険の被保険者の資格を喪失した後に死亡したときであって、厚生年金保険の被保険者であった間に初診日のある疾病または負傷が原因で、その初診日から5年以内に死亡したものですか。	1 は い・2 いいえ	
	エ 死亡したとき死亡した人は障害厚生年金(2級以上)または旧厚生年金保険(旧船員保険)の障害年金(2級相当以上)を受けていましたか。	1 は い・2 いいえ	
	オ 死亡した人が大正15年4月1日以前の生まれのとき ○死亡した人は旧厚生年金保険(旧船員保険)の老齢年金・通算老齢年金の受給権者でしたか、または受給資格期間を満たしていましたか。	1 は い・2 いいえ	
	カ 死亡した人が大正15年4月2日以後の生まれのとき ○死亡した人は老齢厚生年金または旧厚生年金保険(旧船員保険)の老齢年金・通算老齢年金の受給権者でしたか、または受給資格期間を満たしていましたか。	1 は い・2 いいえ	
(11)	死亡した人が共済組合等に加入したことがあるときは、下の欄の質問に答えてください。		
	ア 死亡の当時は、共済組合等に加入していましたか。	1 は い・2 いいえ	
	イ 死亡の原因は、公務上の事由によりますか。	1 は い・2 いいえ	
	ウ 請求者は同一事由によって共済組合等から遺族給付を受けられますか。	1 は い・2 いいえ	

船員保険の遺族給付をしの請求するときに記入してください。

(1)	死亡した人の死亡の原因は次のいずれに該当しますか。番号を○で囲んでください。	1 職務上・2 通勤災害
(2)	船員保険から行方不明手当金の支給を受けられますか。	1 は い・2 いいえ
(3)	請求する人が、死亡した人の妻であって55歳未満で加給金対象者の子がなく、かつ、障害により労働能力がない状態にあるときは記入してください。	障害の状態に該当した年月日 　　年　　月　　日
(4)	死亡の当時、使用されていた船舶所有者について記入してください。	名称(氏名) 住所

生計維持・同一証明

生計同一関係

右の者は死亡者と生計を同じくしていたこと、および配偶者と子が生計を同じくしていたことを申し立てる。
　　　　(証明する。)
平成　　年　　月　　日
　　請求者・住所
　(証明者)　氏　名　　　　　　　　　　㊞
　　　　　(請求者との関係)

	氏　　　名	続柄
請求者		

(注) 1 この申立は、民生委員、町内会長、事業主、社会保険委員、家主などの第三者の証明に代えることができます。
　　 2 この申立(証明)には、それぞれの住民票の写しを添えてください。

収入関係

1 この年金を裁定請求する人は次に答えてください。		※確認印	*社会保険事務所等の確認事項
(1) 請求者(名:　　　)について年収は、850万円未満ですか。	は い・いいえ	(　)印	ア 健保等被扶養者(第三号被保険者)
(2) 請求者(名:　　　)について年収は、850万円未満ですか。	は い・いいえ	(　)印	イ 加算額または加給年金額対象者
(3) 請求者(名:　　　)について年収は、850万円未満ですか。	は い・いいえ	(　)印	ウ 国民年金保険料免除世帯
2 上記1で「いいえ」と答えた者のうち、その者の収入がこの年金の受給権発生当時以降おおむね5年以内に850万円未満となる見込がありますか。	は い・いいえ		エ 義務教育終了前 オ 高等学校等在学中 カ 源泉徴収票・非課税証明等

　　　　　　　　　　　　　　　　　　　　　　　　平成　　年　　月　　日提出

(注) 平成6年11月8日までに受給権が発生している方は「600万円未満」となります。
※ 請求者が申立てを行う際に自ら署名する場合は、請求者の押印は不要です。

(切り離して提出してください。)

16 ㉗欄の収入関係欄の1で「はい」と答えたときは、裁定請求する人についてそれぞれアからカまでのいずれかに該当することが確認できる書類。また、2で「はい」と答えたときは、源泉徴収票等とその収入が850万円未満となることを証明できる書類（例：会社等の就業規則など退職年齢を明らかにできる書類）
 (注) 平成6年11月8日までに受給権が発生している方は「600万円未満」となります。
17 船員保険の遺族年金を請求する人は、上記1、2、3、4、7、8および10によるほか次に掲げる書類
 ア 死亡と疾病または負傷との因果関係に関する医師または歯科医師の診断書
 イ ㉜の(1)欄に「1 職務上」と答えた人は、職務上事故証明書
 ウ ㉜の(1)欄に「2 通勤災害」と答えた人は、『通勤災害に関する事項』の用紙（この用紙は社会保険事務局、社会保険事務所または社会保険事務局の事務所にあります。）
 エ ㉜の(3)欄に答えた人は、障害の状態の程度に関する医師または歯科医師の診断書
 オ 請求する人が子または孫、60歳未満の夫・父母・祖父母または兄弟姉妹であって船員保険法施行令別表第一に定める1級から5級までの障害の状態にある人は、医師または歯科医師の診断書
 カ 加給金の対象者である子が、被保険者または被保険者であった者の死亡当時、障害の状態にあった場合は、医師または歯科医師の診断書
 キ 上記エ、オおよびカについてその傷病が表2に示すものであるときは、レントゲンフィルム

表1（公的年金制度等）

ア 国民年金法	イ 厚生年金保険法	ウ 船員保険法（昭和61年4月以後を除く）
エ 国家公務員共済組合法（昭和61年4月前の長期給付に関する施行法を含む。）		
オ 地方公務員等共済組合法（昭和61年4月前の長期給付に関する施行法を含む。）		
カ 私立学校教職員共済法	キ 農林漁業団体職員共済組合法	ク 恩給法
ケ 地方公務員の退職年金に関する条例	コ 八幡共済組合	サ 改正前の執行官法附則第13条
シ 旧令による共済組合等からの年金受給者のための特別措置法	ス 戦傷病者戦没者遺族等援護法	

表2（国民年金法施行規則別表、厚生年金保険法施行規則別表、船員保険法施行規則別表第一）

ア 呼吸器系結核	イ 肺化のう症	ウ けい肺（これに類似するじん肺症を含む。）
エ その他、認定又は診査に際し必要と認められるもの		

【裁定請求書の提出先】

① 亡くなった方が複数の制度に加入していたが、最後に加入していた制度が国民年金のときは、住所地を管轄する社会保険事務所または社会保険事務局の事務所に提出してください。
② 亡くなった方の最後に加入していた制度が厚生年金保険の方は、最後に勤務した事業所を管轄する社会保険事務所または社会保険事務局の事務所に提出してください。
  なお、最後に勤務した事業所が一括適用事業所の方は、実際の勤務地を管轄する社会保険事務所または社会保険事務局の事務所に提出してください。
 (注) 一括適用事業所とは、社会保険庁長官の承認を得て、例えば、大阪の支店や工場に勤務していたが、厚生年金保険は東京の本社で一括して適用されているような事業所のことです。
③ 老齢又は障害の年金（国民年金又は厚生年金保険）を受けていた方が亡くなったときは、住所地を管轄する社会保険事務所または社会保険事務局の事務所に提出してください。
  なお、亡くなった方が死亡当時厚生年金保険に加入していたときは、②と同じになります。
※ 裁定請求書の受付は、上記の提出先にかかわらず全国どこの社会保険事務所および年金相談センターでも承っております。
  また、提出は郵送していただいても結構です。（郵送の場合、添付書類が揃っていることをご確認ください。）

健康保険法・厚生年金法関係

㉑ 履　歴（公的年金制度加入経過）　　　　　　　　請求者の電話番号（　　）－（　　）－（　　）
　　※できるだけくわしく、正確に記入してください。

	(1) 事業所(船舶所有者)の名称および船員であったときはその船舶名	(2) 事業所(船舶所有者)の所在地または国民年金加入時の住所	(3) 勤務期間または国民年金の加入期間	(4) 加入していた年金制度の種類	(5) 備考
最初			・・から ・・まで	1 国民年金 2 厚生年金保険 3 厚生年金(船員)保険 4 共済組合等	
2			・・から ・・まで	1 国民年金 2 厚生年金保険 3 厚生年金(船員)保険 4 共済組合等	
3			・・から ・・まで	1 国民年金 2 厚生年金保険 3 厚生年金(船員)保険 4 共済組合等	
4			・・から ・・まで	1 国民年金 2 厚生年金保険 3 厚生年金(船員)保険 4 共済組合等	
5			・・から ・・まで	1 国民年金 2 厚生年金保険 3 厚生年金(船員)保険 4 共済組合等	
6			・・から ・・まで	1 国民年金 2 厚生年金保険 3 厚生年金(船員)保険 4 共済組合等	
7			・・から ・・まで	1 国民年金 2 厚生年金保険 3 厚生年金(船員)保険 4 共済組合等	
8			・・から ・・まで	1 国民年金 2 厚生年金保険 3 厚生年金(船員)保険 4 共済組合等	
9			・・から ・・まで	1 国民年金 2 厚生年金保険 3 厚生年金(船員)保険 4 共済組合等	
10			・・から ・・まで	1 国民年金 2 厚生年金保険 3 厚生年金(船員)保険 4 共済組合等	
11			・・から ・・まで	1 国民年金 2 厚生年金保険 3 厚生年金(船員)保険 4 共済組合等	
12			・・から ・・まで	1 国民年金 2 厚生年金保険 3 厚生年金(船員)保険 4 共済組合等	
13			・・から ・・まで	1 国民年金 2 厚生年金保険 3 厚生年金(船員)保険 4 共済組合等	

(6) 死亡した人が最後に勤務した事業所について記入してください。
　1　事業所(船舶所有者)の名称を記入してください。　　　　　　　名称　

　2　健康保険(船員保険)の被保険者証の記号番号がわかれば記入してください。　　記号　　　　　番号

㉒ 死亡した人が退職後、個人で保険料を納める第四種被保険者、船員保険の年金任意継続被保険者となったことがありますか。　　　　　1　は　い　・　2　いいえ

「はい」と答えたときは、その保険料を納めた社会保険事務局、社会保険事務所または社会保険事務所の事務所の名称を記入してください。

その保険料を納めた期間を記入してください。　　　昭和/平成　年　月　日から　昭和/平成　年　月　日

第四種被保険者(船員年金任意継続被保険者)の整理記号番号を記入してください。　(記号)　　　(番号)

[履歴欄の記入方法]

履歴は死亡した人がはじめて公的年金制度（表3）に加入したときから古い順に記入してください。
事業所等の名称変更や所在地の変更、転勤などがあったときは、そのことがわかるように、それぞれの事業所等毎に必要事項を記入してください。

《記入例》

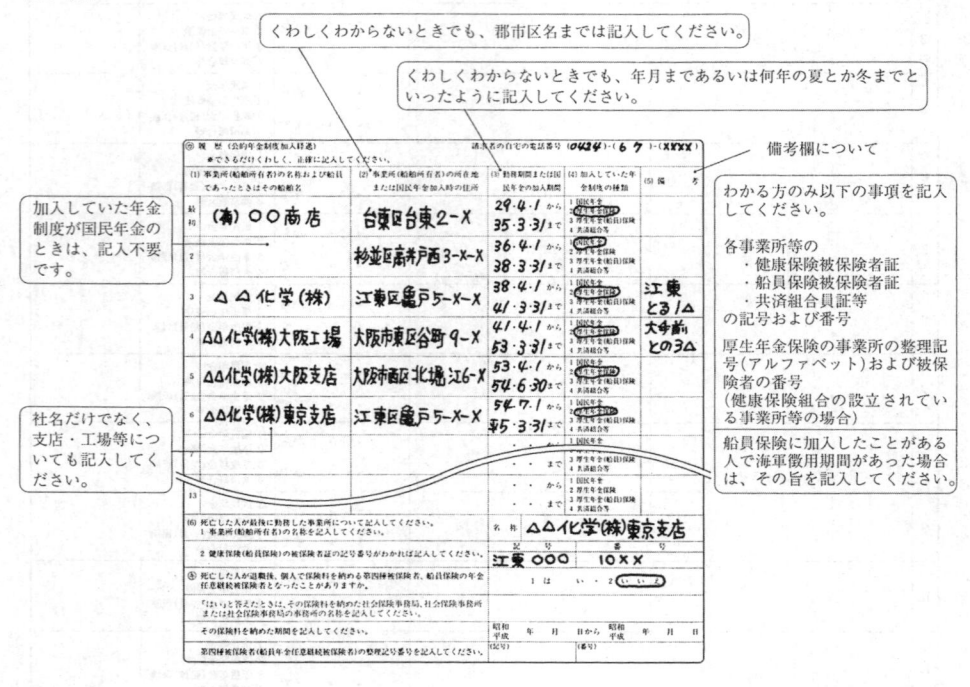

（記入例の様式画像。以下の注記が付されている）

- くわしくわからないときでも、郡市区名までは記入してください。
- くわしくわからないときでも、年月まであるいは何年の夏とか冬までといったように記入してください。
- 加入していた年金制度が国民年金のときは、記入不要です。
- 社名だけでなく、支店・工場等についても記入してください。
- 備考欄について
  わかる方のみ以下の事項を記入してください。
  各事業所等の
  ・健康保険被保険者証
  ・船員保険被保険者証
  ・共済組合員証等
  の記号および番号
  厚生年金保険の事業所の整理記号（アルファベット）および被保険者の番号
  （健康保険組合の設立されている事業所等の場合）
  船員保険に加入したことがある人で海軍徴用期間があった場合は、その旨を記入してください。

表3　公的年金制度：下の表に示す法律の年金制度をいいます。

ア　国民年金法	イ　厚生年金保険法	ウ　船員保険法（昭和61年4月以後を除く）
エ　国家公務員共済組合法	オ　地方公務員等共済組合法	カ　私立学校教職員共済法
キ　農林漁業団体職員共済組合法	ク　旧市町村職員共済組合法	ケ　地方公務員の退職年金に関する条例
コ　恩給法		

［留意事項］
◎すでに社会保険事務所等に加入期間の照会をして回答を受けたことがある人は、できるかぎり、その回答書の写しをこの請求書に添えてください。
◎米軍等の施設関係に勤めていたことがある人は、(1)欄に部隊名、施設名、職種をできるかぎり記入してください。

この請求書に添えなければならない書類等

1 死亡した人の**年金手帳、基礎年金番号通知書**または**被保険者証**（添えることができないときはその事由書）
2 請求する人および加算額の対象となる人と死亡した人との身分関係を明らかにすることのできる**戸籍の謄本**（戸籍の全部事項証明書）、**戸籍の抄本**（戸籍の個人事項証明書）、**戸籍の記載事項証明書**（戸籍の一部事項証明書）のうち、いずれかの書類
3 死亡診断書、死体検案書または検視調書等に書いてあることについての**市区町村長の証明書**またはそれに相当する書類
　(ｱ) 失踪宣告によって死亡したとみなされた人にかかる裁定の請求については失踪宣言を受けたことを明らかにすることができる書類
　(ｲ) 被保険者または被保険者であった人が船舶または航空機に乗っていて行方不明となっているときは行方不明となっている事実を、死亡の事実がわかっていて死亡日がわからないときは死亡した事実を、それぞれ明らかにすることができる書類
4 請求する人が婚姻の届出はしていないが、死亡した人と事実上婚姻関係と同様の事情にあった人であるときは、その事実を明らかにすることができる書類
5 請求する人が妻、60歳以上の夫・父母・祖父母以外の人で厚生年金保険法施行令に定める1級または2級の障害の状態にある人は、**医師または歯科医師の診断書**（この用紙は社会保険事務局、社会保険事務所または社会保険事務局の事務所にあります。）
6 障害の状態にある人で傷病が表2に示すものであるときは、**レントゲンフィルム**
7 ⑦欄で「1 受けている」と答えた方で、「表1　公的年金制度等」のうち、
　ア〜キ、ケ、シに該当する方は、**年金証書**
　ク、サに該当する方は、**恩給証書**
　コに該当する方は、**年金額裁定通知**
　スに該当する方は、**年金証書または遺族給与金証書**
　※　コピーでも差し支えありません。
8 ④の(7)欄に「1 はい」と答えた人は、**第三者行為事故状況届**（この用紙は社会保険事務局、社会保険事務所または社会保険事務局の事務所にあります。）
9 ⑦の(10)欄の4から10までの番号を○で囲んだ人は、その制度の管掌機関から交付された**年金加入期間確認通知書(共済用)**。ただし、船員保険の遺族給付のみを請求するときは必要ありません。
10 ⑦の(11)欄および⑦の(1)欄で受けていたと答えた人は、その制度の**年金証書、恩給証書またはこれらに準ずる書類の写し**
11 ⑦の(2)欄の期間のある人は、それぞれ次の書類
　ア　1、3の期間のある人……配偶者が被保険者にあっては**年金加入期間確認請求書**。また、組合員及び加入者にあっては**年金加入期間確認通知書（共済用）**
　イ　2 の 期 間 の あ る 人……配偶者が年金を受けることができたことを証する**年金証書の写し**
　ウ　4、5の期間のある人……死亡した人または配偶者が年金を受けることができたことを証する**年金証書の写し**
　エ　6、7の期間のある人……死亡した人が当該年金または手当を受けることができたことを証する**年金証書または恩給証書の写し**
　オ　8 の 期 間 の あ る 人……それぞれの在職期間を明らかにすることができる書類
　カ　9 の 期 間 の あ る 人……そのことを証する書類
　◎　上記ア、イ、ウに該当する者については、上記書類以外に配偶者との身分関係を明らかにすることができる**市区町村長の証明書または戸籍の抄本**
12 ⑦の(3)欄の期間のある人は、それぞれ次の書類
　ア　1の期間のある人…………海外在住期間を明らかにすることができる書類（中国残留孤児等であったときは戸籍の抄本）
　イ　2の期間のある人…………日本国内に住所を有していた期間を明らかにすることができる書類
　ウ　3の期間のある人…………在学期間を明らかにすることができる書類
　エ　4の期間のある人…………当該年金を受けることができたことを証する年金証書または恩給証書の写し、および年齢を理由として停止されているものにあってはそのことを証する書類
13 ⑦の(5)欄に「1 はい」と答えた人は、そのことを明らかにすることができる書類（戸籍の附票または住民票）
14 ⑦の(6)欄に「1 はい」と答えた人は、**履歴申立書**（3部、この用紙は社会保険事務局、社会保険事務所または社会保険事務局の事務所にあります。）
15 ⑦の(11)欄のウで「1 はい」と答えた人は、その**年金証書の写し**

健康保険法・厚生年金法関係

30. 国民年金・厚生年金保険・船員保険障害給付裁定請求書

健康保険法・厚生年金法関係

⑨ あなたの配偶者は、公的年金制度等(表1参照)から老齢・退職または障害の年金を受けていますか。○で囲んでください。

| 1 老齢・退職の年金を受けている | 2 障害の年金を受けている | 3 いずれも受けていない | 4 請求中 | 制度名(共済組合名等) | 年金の種類 |

受けていると答えた方は下欄に必要事項を記入してください(年月日は支給を受けることになった年月日を記入してください)。

制度名(共済組合名等)	年金の種類	年 月 日	年金証書の年金コードまたは記号番号等
		． ．	
		． ．	
		． ．	

年金コードまたは共済組合コード・年金種別
1
2
3

「年金の種類」とは、老齢または退職、障害をいいます。

⑩ あなたは、現在、公的年金制度等(表1参照)から年金を受けていますか。○で囲んでください。

| 1 受けている | 2 受けていない | 3 請求中 | 制度名(共済組合名等) | 年金の種類 |

受けていると答えた方は下欄に必要事項を記入してください(年月日は支給を受けることになった年月日を記入してください)。

制度名(共済組合名等)	年金の種類	年 月 日	年金証書の年金コードまたは記号番号等
		． ．	
		． ．	
		． ．	

年金コードまたは共済組合コード・年金種別
1
2
3
他年金種別

「年金の種類」とは、老齢または退職、障害、遺族をいいます。

| 上・外 | 初診年月日 | 障害認定日 | (外)傷病名コード | (上)傷病名コード | 診断書 |
| 上・外 1 2 | (外)等級 (上)等 有 有年 三 差引 | | | | |

基礎
| 受給権発生年月日 | 停止事由 | 停止期間 | 条文 |
| 失権事由 | 失権年月日 | | |

厚年
| 受給権発生年月日 | 停止事由 | 停止期間 | 条文 |
| 失権事由 | 失権年月日 | | |

船保上
| 受給権発生年月日 | 停止事由 | 停止期間 | 条文 |
| 失権事由 | 失権年月日 | 船舶所有者符号 | 最終記録 |

共済コード	共済記録 1	2
	3	4
	5	6

健康保険法・厚生年金法関係

⑪ 次の年金制度の被保険者または組合員となったことがあるときは、その番号を○で囲んでください。
　　1．国民年金法　　　　　　　　2．厚生年金保険法　　　　　3．船員保険法（61年4月以後を除く）
　　4．国家公務員共済組合法　　　　5．地方公務員等共済組合法　　6．私立学校教職員共済法
　　7．農林漁業団体職員共済組合法　8．旧市町村職員共済組合法　　9．地方公務員の退職年金に関する条例　10．恩給法

⑫ 履　歴（公的年金制度加入経過）　　　自宅の電話番号（　　）－（　　）－（　　）
　　※できるだけくわしく、正確に記入してください。　勤務先の電話番号（　　）－（　　）－（　　）

	(1) 事業所(船舶所有者)の名称および船員であったときは、その船舶名	(2) 事業所(船舶所有者)の所在地または国民年金加入時の住所	(3) 勤務期間または国民年金の加入期間	(4) 加入していた年金制度の種類	(5) 備考
最初			・・から ・・まで	1．国民年金 2．厚生年金保険 3．厚生年金(船員)保険 4．共済組合等	
2			・・から ・・まで	1．国民年金 2．厚生年金保険 3．厚生年金(船員)保険 4．共済組合等	
3			・・から ・・まで	1．国民年金 2．厚生年金保険 3．厚生年金(船員)保険 4．共済組合等	
4			・・から ・・まで	1．国民年金 2．厚生年金保険 3．厚生年金(船員)保険 4．共済組合等	
5			・・から ・・まで	1．国民年金 2．厚生年金保険 3．厚生年金(船員)保険 4．共済組合等	
6			・・から ・・まで	1．国民年金 2．厚生年金保険 3．厚生年金(船員)保険 4．共済組合等	
7			・・から ・・まで	1．国民年金 2．厚生年金保険 3．厚生年金(船員)保険 4．共済組合等	
8			・・から ・・まで	1．国民年金 2．厚生年金保険 3．厚生年金(船員)保険 4．共済組合等	
9			・・から ・・まで	1．国民年金 2．厚生年金保険 3．厚生年金(船員)保険 4．共済組合等	
10			・・から ・・まで	1．国民年金 2．厚生年金保険 3．厚生年金(船員)保険 4．共済組合等	

(6) 最後に勤務した事業所または現在勤務している事業所について記入してください。
　(1) 事業所(船舶所有者)の名称を記入してください。　　(1) 名称
　(2) 健康保険(船員保険)の被保険者証の記号番号がわかれば記入してください。　(2) 記号　　番号

⑬ 個人で保険料を納める第四種被保険者、船員保険の年金任意継続被保険者となったことがありますか。　　1．は い ・ 2．いいえ

「はい」と答えた人は、保険料を納めた社会保険事務局、社会保険事務所または社会保険事務局の事務所の名称を記入してください。

その保険料を納めた期間を記入してください。　　昭和／平成　年　月　日から　昭和／平成　年　月　日

第四種被保険者(船員年金任意継続被保険者)の整理記号番号を記入してください。　(記号)　　(番号)

⑭ 障害の原因は第三者の行為によりますか。　　1．は い ・ 2．いいえ

障害の原因が第三者の行為により発生したものであるときは、その者の氏名および住所を記入　　氏名　　住所

健康保険法・厚生年金法関係

⑮ 国民年金および厚生年金保険の障害給付を請求するときに記入してください。

(1) この請求は、左の頁にある「障害給付の請求事由」の1から3までのいずれに該当しますか。該当する番号を○で囲んでください。
　1. 障害認定日による請求　　2. 事後重症による請求
　3. 初めて障害等級の1級または2級に該当したことによる請求

「2」を○で囲んだときは右欄の該当する理由の番号を○で囲んでください。
　1. 初診日から1年6月目の状態で請求した結果、不支給となった。
　2. 初診日から1年6月目の症状は軽かったが、その後悪化して症状が重くなった。
　3. その他（理由　　　　　　　　　　　　　　　　　　　　　　　　　）

(2) 過去に障害給付を受けたことがありますか。　1. はい　2. いいえ
「1. はい」を○で囲んだときは、その障害給付の名称と年金証書の基礎年金番号・年金コード等を記入してください。
　名　称
　基礎年金番号・年金コード等

(3) 障害の原因である傷病について記入してください。

		1.	2.	3.
	傷　病　名			
	傷病の発生した日	昭和・平成　年　月　日	昭和・平成　年　月　日	昭和・平成　年　月　日
	初　診　日	昭和・平成　年　月　日	昭和・平成　年　月　日	昭和・平成　年　月　日
	初診日において加入していた年金制度	1. 国年　2. 厚年　3. 共済	1. 国年　2. 厚年　3. 共済	1. 国年　2. 厚年　3. 共済
	現在傷病はなおっていますか。	1. は　い・2. いいえ	1. は　い・2. いいえ	1. は　い・2. いいえ
	なおっているときは、なおった日	昭和・平成　年　月　日	昭和・平成　年　月　日	昭和・平成　年　月　日
	傷病の原因は業務上ですか。	1. は　い・2. いいえ		
	この傷病について右に示す制度から保険給付が受けられるときは、その番号を○で囲んでください。請求中のときも同様です。	1. 労働基準法　　　　　　　　　　　2. 労働者災害補償保険法 3. 船員保険法　　　　　　　　　　　4. 国家公務員災害補償法 5. 地方公務員災害補償法 6. 公立学校の学校医、学校歯科医および学校薬剤師の公務災害補償に関する法律		
	受けられるときは、その給付の種類の番号を○で囲み、支給の発生した日を記入	1. 障害補償給付（障害給付）　　　　2. 傷病補償給付（傷病年金） 昭和・平成　　年　　月　　日		

⑯ 船員保険の障害給付を請求するときに記入してください。障害の原因である傷病について記入してください。

	1.	2.	3.
傷　病　名			
傷病の発生した日・発生原因	昭和・平成　年　月　日	発生原因	
初　診　日	昭和・平成　年　月　日		
現在傷病はなおっていますか。	1. は　い（なおった日　昭和・平成　年　月　日）・2. いいえ		
傷病の原因は、職務上ですか。	1. 職　務　上・2. 通　勤　災　害		
この傷病により傷病手当金を受けていますか。	1. 受けている（受けていた）・2. 受けていない・3. 請求中		
傷病の発生当時、使用されていた船舶所有者の名称、住所を記入してください。	名称(氏名) 住　　所		

⑰ 生計同一関係

生　計　維　持　証　明

右の者は、請求者と生計を同じくしていたことを申し立てる。（証明する。）
　　　平成　　年　　月　　日
　　　請求者住所
　　　（証明者）
　　　　　氏　名
　　　（職　名）　　　　　　　　　　　㊞

	氏　名	続柄
配偶者		
および子		

(注) 1. この申立は、民生委員、町内会長、事業主、社会保険委員、家主などの第三者の証明にかえることができます。
　　 2. この申立（証明）には、それぞれの住民票を添えてください。

収入関係

1　請求者によって生計維持していた者について記入してください。

		※確認印	※社会保険事務所等の確認事項
(1) 配偶者について年収は、850万円未満ですか。	はい・いいえ	（　）印	ア．健保等被扶養者（第三号被保険者）
(2) 子（名：　　　）について年収は、850万円未満ですか。(注)	はい・いいえ	（　）印	イ．加算額または加給年金額対象者
(3) 子（名：　　　）について年収は、850万円未満ですか。(注)	はい・いいえ	（　）印	ウ．国民年金保険料免除世帯
(4) 子（名：　　　）について年収は、850万円未満ですか。(注)	はい・いいえ	（　）印	エ．義務教育終了前
			オ．高等学校等在学中
2　上記1で「いいえ」と答えた者のうち、その者の収入がこの年金の受給権発生当時以降おおむね5年以内に850万円未満となる見込みがありますか。	はい・いいえ		カ．源泉徴収票・非課税証明等

(注) 平成6年11月8日までに受給権が発生している方は「600万円未満」となります。
※請求者が申立てを行う際に自ら署名する場合は、請求者の押印は不要です。　　　平成　　年　　月　　日提出

31. 病歴・就労状況等申立書

病歴・就労状況等申立書

この申立書は裁定請求書の補足資料として大切なものですので、正確に記入してください。なお、請求傷病が複数ある場合は傷病ごとに別の用紙に記載してください。

病歴関係	傷病名	

この病歴関係の申立書には、障害の原因となった病気やケガについて、発病したときから現在までの経過を記入してください。

1	発病したときの状態と発病から初診までの間の状態について記入してください。	発病日　昭和・平成　　年　　月　　日	
		(発病したときの状態)	
		(発病から初診までの状態)	
2	初診時の医療機関の名称・所在地について記入してください。	初診日　昭和・平成　　年　　月　　日	
		医療機関　名称	
		所在地	

初診から現在までの経過を年月順に記入してください。
1. 受診していた期間は、通院期間及び受診回数・入院期間、治療の経過、医師から指示された事項、転医・受診中止の理由などを記入してください。
2. 受診していなかった期間は、その理由、自覚症状の程度、日常生活の状況などについて具体的に記入してください。

3	（該当するものを○で囲んでください。） 受診　した・していない 昭和・平成　年　月　日から 昭和・平成　年　月　日まで （受診していた場合は医療機関の名称）	左の期間の状況
4	（該当するものを○で囲んでください。） 受診　した・していない 昭和・平成　年　月　日から 昭和・平成　年　月　日まで （受診していた場合は医療機関の名称）	左の期間の状況
5	（該当するものを○で囲んでください。） 受診　した・していない 昭和・平成　年　月　日から 昭和・平成　年　月　日まで （受診していた場合は医療機関の名称）	左の期間の状況
6	（該当するものを○で囲んでください。） 受診　した・していない 昭和・平成　年　月　日から 昭和・平成　年　月　日まで （受診していた場合は医療機関の名称）	左の期間の状況

(注) 裏面も記入してください。

(10.4)

健康保険法・厚生年金法関係

就 労 状 況 等 関 係	この就労状況等関係の申立書には、障害認定日（初診日から1年6月目または、それ以前に治った場合は治った日）頃と現在の就労状況等について記入してください。

1．障害認定日（昭和・平成　　年　　月　　日）頃の状況を記入してください。

①就労していた場合	ア．通勤について記入してください。 　　通勤方法 　　通勤時間　　　　時間　　　　分	ウ．どんな仕事をしていたか具体的に記入してください。
	イ．出勤の状況を記入してください。 　　障害認定日の前月（　　　　　日） 　　障害認定日の前々月（　　　　　日）	エ．仕事中、仕事が終ったときの身体の調子がどんなであったか記入してください。
②就労していなかった場合	ア．仕事をしていなかったのは、どんな理由ですか。該当するものを○で囲んでください。 （ア）体力に自信がなかったから （イ）医師から働くことを止められていたから （ウ）働く意欲がなかったから （エ）働きたかったが適切な職場がなかったから （オ）その他 　　　　理由（　　　　　　　　　　　　　　）	イ．毎日どのように過していましたか。該当するものを○で囲んでください。 （ア）普通の日常生活ができた。 （イ）ほとんど家の中にいたが、時々散歩にでた。 （ウ）身のまわりのことができたが、1日中家にいた。 （エ）身のまわりのことはかろうじてできたが、1日中寝ていた。 （オ）身のまわりのこともできず、常に他人の介助が必要で、1日中寝ていた。
③	日常生活に不便を感じていたことがあれば記入してください。	

2．現在（請求日頃）の状況を記入してください。

①就労している場合	ア．通勤について記入してください。 　　通勤方法 　　通勤時間　　　　時間　　　　分	ウ．どんな仕事をしていたか具体的に記入してください。
	イ．出勤の状況を記入してください。 　　請求日の前月（　　　　　日） 　　請求日の前々月（　　　　　日）	エ．仕事中、仕事が終ったときの身体の調子について記入してください。
②就労していない場合	ア．仕事をしていないのはどんな理由ですか。該当するものを○で囲んでください。 （ア）体力に自信がないから （イ）医師から働くことを止められているから （ウ）働く意欲がないから （エ）働きたいが、適切な職場がないから （オ）その他 　　　　理由（　　　　　　　　　　　　　　）	イ．毎日どのように過していますか。該当するものを○で囲んでください。 （ア）普通の日常生活ができる。 （イ）ほとんど家の中にいるが時々散歩にでる。 （ウ）身のまわりのことはできるが、1日中家にいる。 （エ）身のまわりのことはかろうじてできるが、1日中寝ている。 （オ）身のまわりのこともできず、常に他人の介助が必要で、1日中寝ている。
③	日常生活に不便を感じていることがあれば記入してください。	④現在の受診状況について該当するものを○で囲んでください。 　ア．受診している 　　（最近の受診回数・今月　　回、前月　　回、前々月　　回） 　イ．受診していない

上記のとおり申し立てます。

　　　　平成　　年　　月　　日

郵便番号　□□□−□□□□
住　所
　　　　　　　　　（フリガナ）
申立人　氏　名　　　　　　　　　㊞
自宅の電話番号（　　　　）−（　　　　）−（　　　　）

32. 健康保険・厚生年金保険被保者賞与支払届、総括表

【記入上の注意】
1. ※印欄は、記入しないで下さい。
2. ④は、賞与の支給が有ったとき、支給「0」に丸印を付けて下さい。
   また、支給が無かったとき、不支給「1」に丸印を付けて下さい。
3. ⑦は、全被保険者の賞与支給額を集計した総額を記入して下さい。
4. ㋺は、賞与を支給した日現在の被保険者数を記入して下さい。
5. ④は、賞与、決算手当、期末手当のように支給した賞与の種類別にその名称を記入して下さい。
6. ⑤は、現在の賞与支払予定月が⑨の賞与支払予定月と異なるとき記入して下さい。
7. 賞与の支給が無い場合、④、⑦に記入しないで下さい。
8. 事業主の押印については、署名（自筆）の場合は要しないものであること。

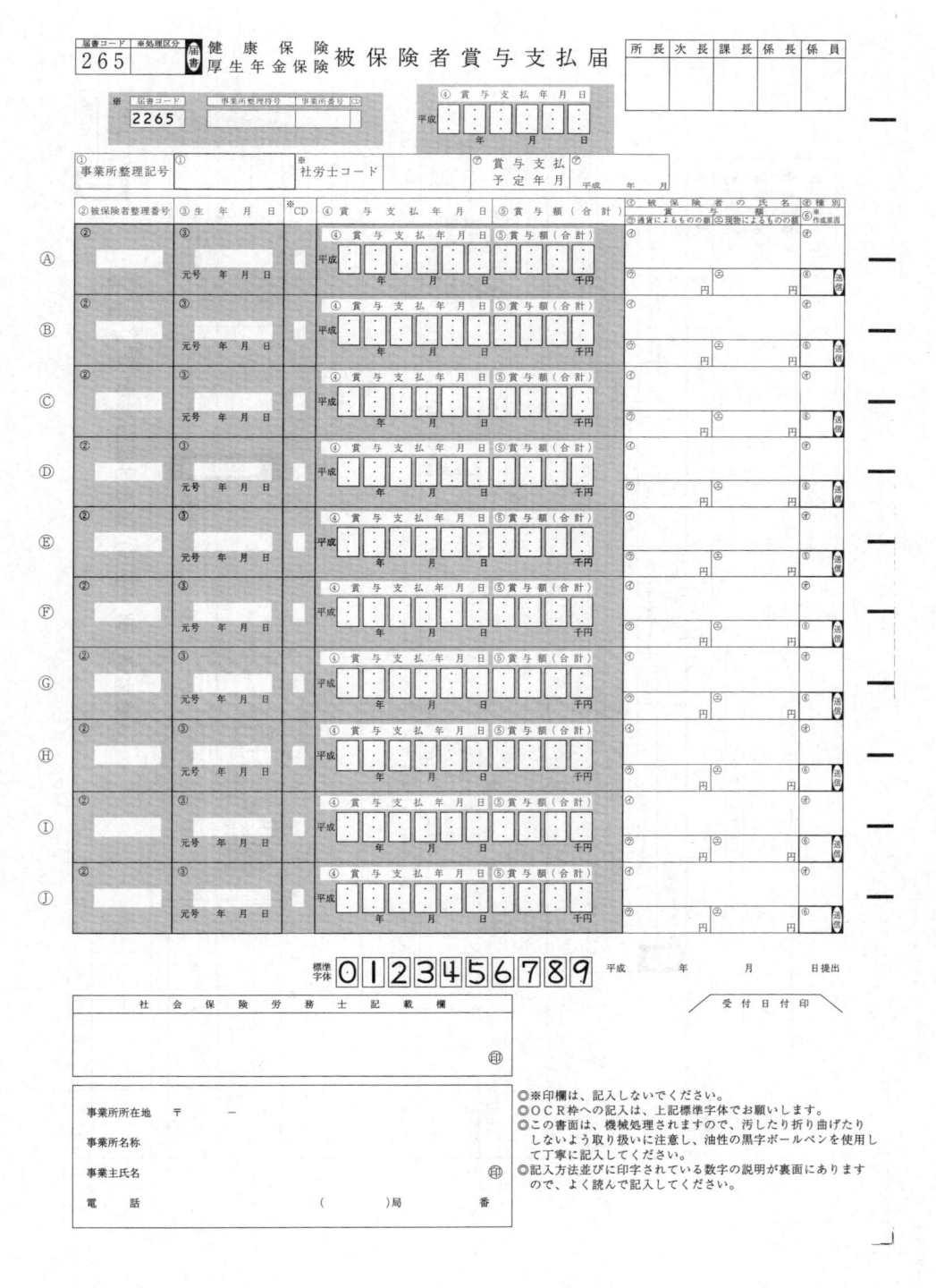

33. 健康保険・厚生年金保険被保者賞与支払届

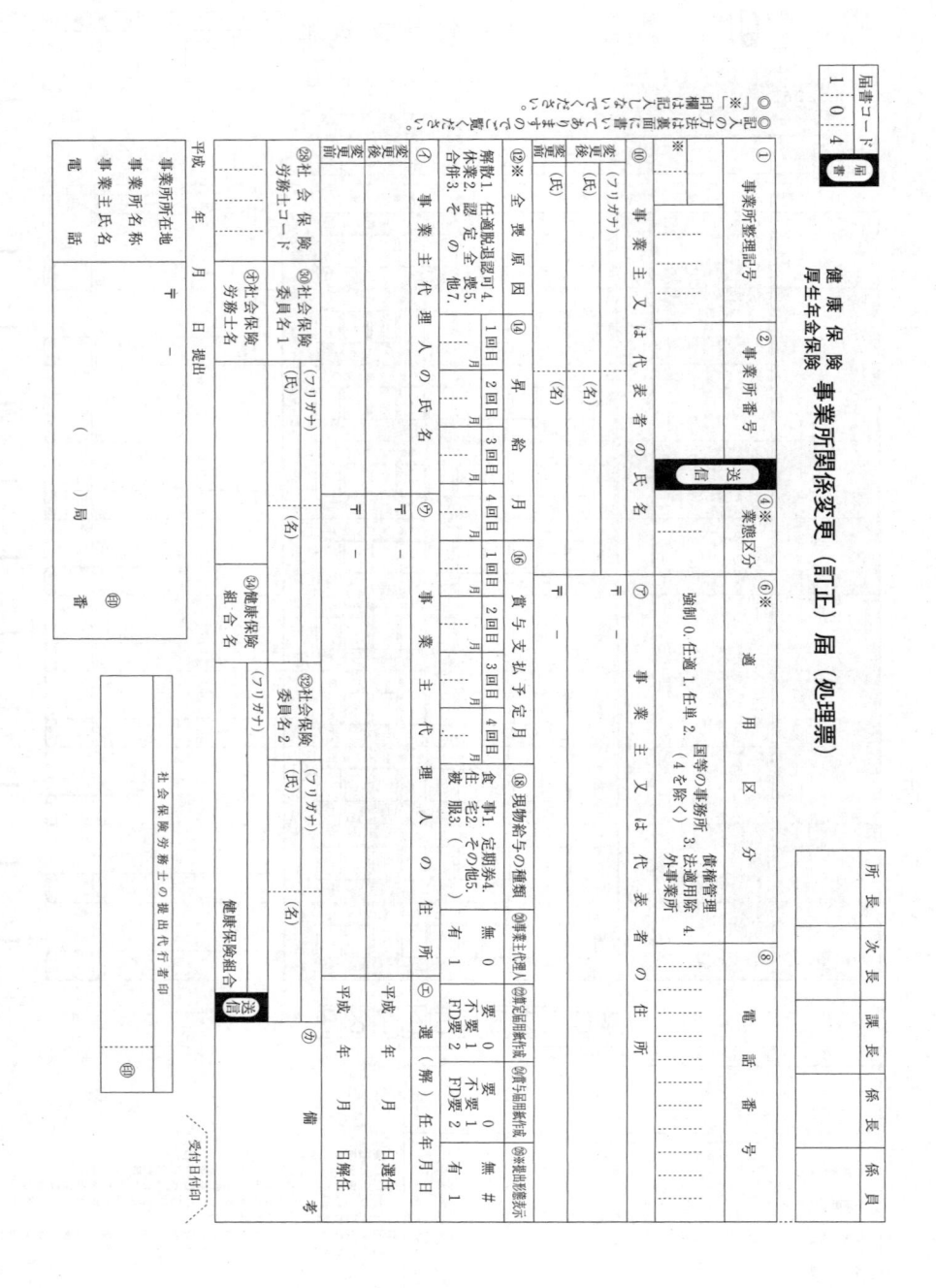

34. 健康保険・厚生年金保険事業所関係変更（訂正）届

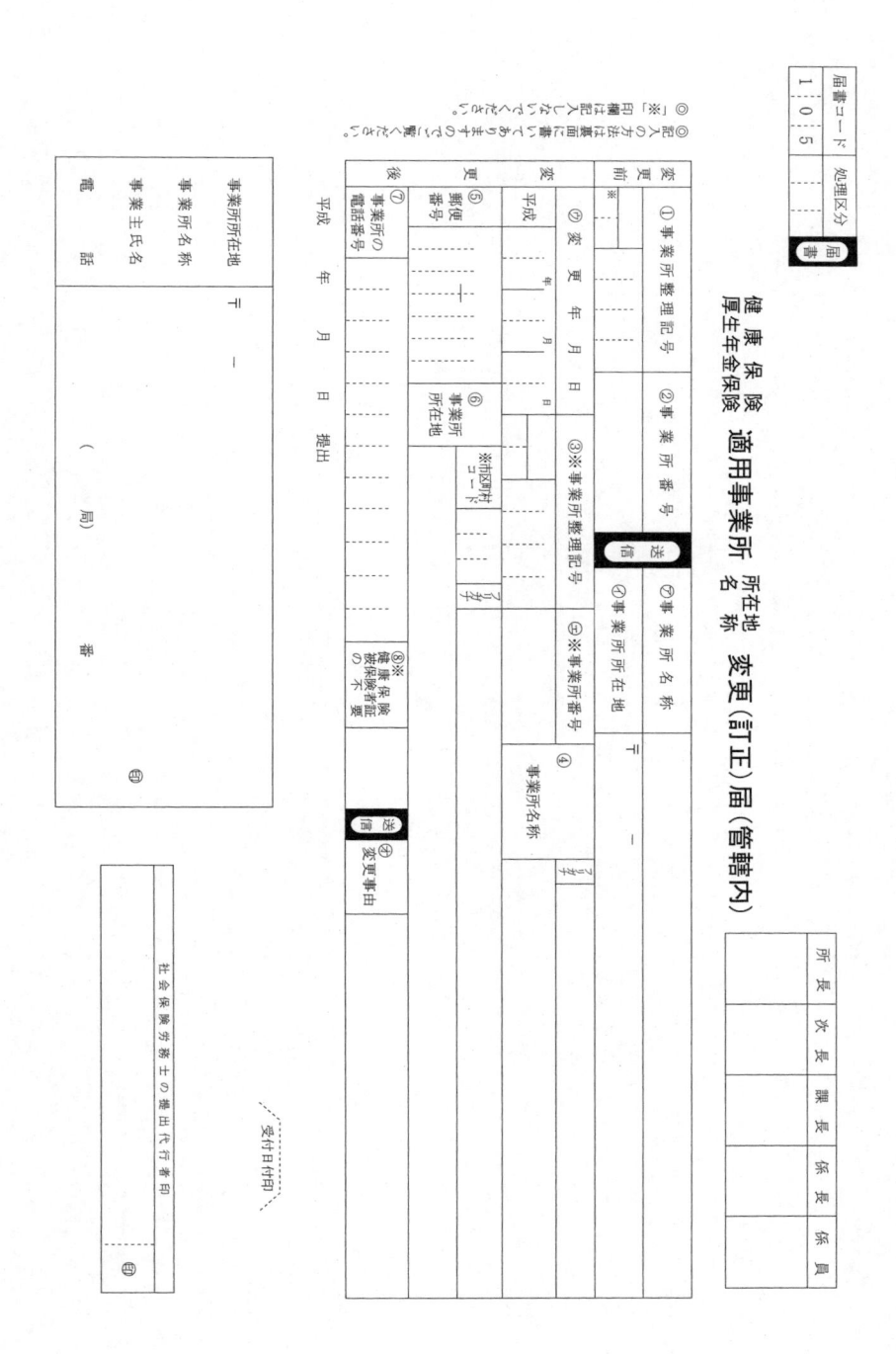

35. 健康保険・厚生年金保険適用事業所所在地名称変更（訂正）届

所得税・その他法令様式

1. 給与所得者の扶養控除等（異動）申告書

2. 給与所得者の保険料控除申告書兼給与所得者の配偶者特別控除申告書

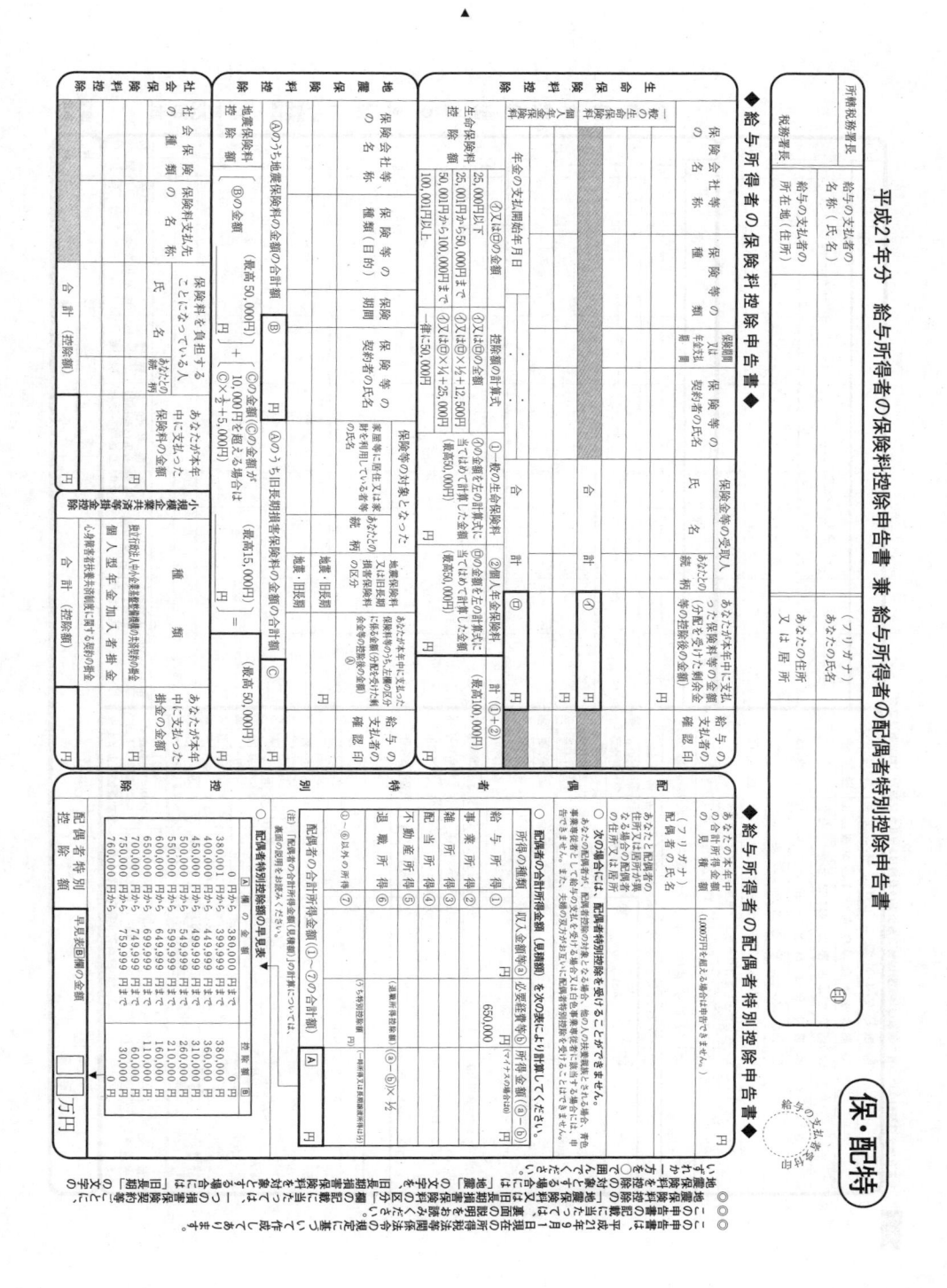

3. 給与所得・退職所得に対する所得税源泉徴収簿

所得税・その他法令様式

4. 退職所得の受給に関する申告書・退職所得申告書

所得税・その他法令様式

5. 給与支払報告書
6. 給与所得の源泉徴収票

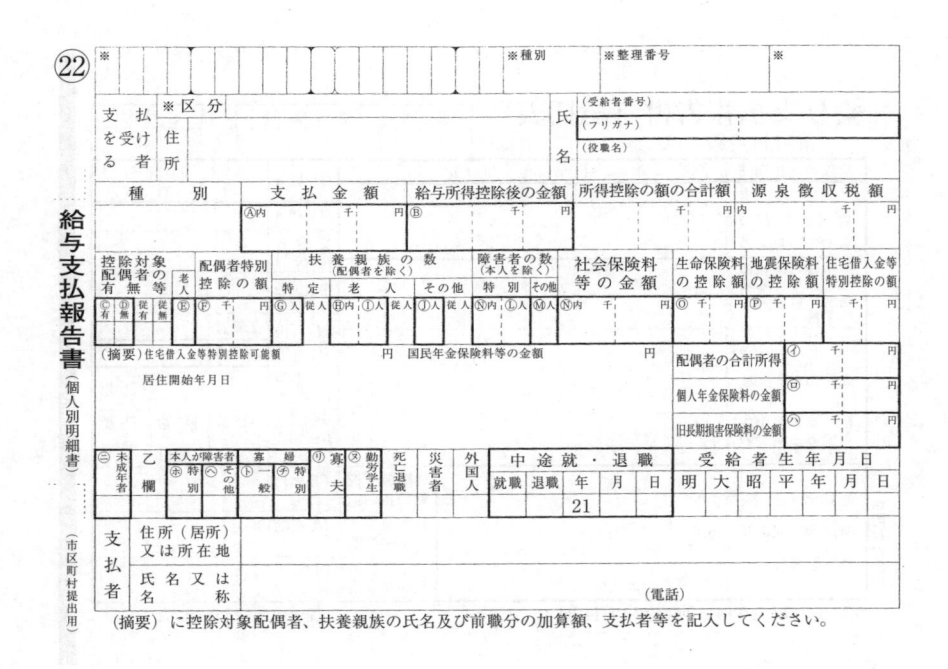

平成21年分　給与所得の源泉徴収票

7. 給与支払報告書（総括表）
8. 退職所得の源泉徴収票・特別徴収票

9. 報酬、料金、契約金及び賞金の支払調書
10. 不動産の使用料等の支払調書

平成　　年分　報酬、料金、契約金及び賞金の支払調書

支払を受ける者	住所(居所)又は所在地				
	氏名又は名称				
区分	細目	支払金額		源泉徴収税額	
		内　　　千　　円		内　　　千　　円	

(摘要)

支払者	住所(居所)又は所在地	
	氏名又は名称	(電話)

06　整理欄　①　　　　　　　　②

12.9　309－1

平成　　年分　不動産の使用料等の支払調書

支払を受ける者	住所(居所)又は所在地				
	氏名又は名称				
区分	物件の所在地	細目	計算の基礎	支払金額	
				千　　円	

(摘要)

あっせんをした者	住所(居所)又は所在地		支払確定年月日	あっせん手数料
	氏名又は名称		年　月　日	円
支払者	住所(居所)又は所在地			
	氏名又は名称	(電話)		

整理欄　①　　　　　　　　②

10.9　313

所得税・その他法令様式

11. 給与所得の源泉徴収票等の法定調書合計表

所得税・その他法令様式

12. 給与支払事務所等の開設、移転、廃止届出書（税務署用）

給与支払事務所等の	開設・移転・廃止	届出書	※整理番号	

税務署受付印 平成　年　月　日 税務署長殿	給与支払事務所等	（フリガナ）		
		名　　称		
		所　在　地	〒 電話（　　）　－	
		（フリガナ）		
		代表者氏名		㊞

所得税法第230条の規定により下記のとおり届け出ます。

記

給与支払事務所等を開設・移転・廃止した年月日	平成　年　月　日		屋　号	
開設・廃止の内容	□法人設立　□法人成り □開　　業　□支店開設 □解　　散　□休　　業 □廃　　業　□支店閉鎖 □その他（　　　　　）		事務担当者の氏名及びその所属する係名	
住所又は本店の所在地	〒 電話（　　）　－	関与税理士	住　所	電話（　　）　－
事業種目			（フリガナ） 氏　名	
給与支払を開始する年月日	平成　年　月　日		移転前後の所在地	

従業員数及び給与支払の状況

区　分	役　員	事務職員	営業・工員	その他	計
従事員数	人	人	人	人	人
給与の定め方					
税額の有無	有・無	有・無	有・無	有・無	

（その他参考事項）

税理士署名押印								㊞
※税務署処理欄	部門	決算期	業種番号	入力	名簿等	通信日付印	年　月　日	確認印

18.06改正　　　　　　　　　　　　　　　　　　　　　　　　　　　　　　（源0301）

13. 給与支払報告・特別徴収に係る給与所得者異動届出書

14. 安全運転管理者に関する届出書

様式第11

災整理番号 | 警察署No.

安全運転管理者に関する届出書

平成　年　月　日

公安委員会　殿

届出者　住　所
　　　　氏　名 〔法人にあっては名称
　　　　　　　及び代表者の氏名〕
　　　　電話番号
　　　　FAX番号

安全運転管理者を、{選任、解任、副安全運転管理者名を、変更}したのでお届けします。
届出事項

選任年月日	年　月　日			
安全運転管理者氏名	（ふりがな）	生年月日 （年齢）	年　月　日（　歳）	
職務上の地位		資格要件	1. 2年以上　2. 公安委員会の教習を終了者で1年以上　3. 公安委員会の認定	
安全運転管理者の勤務の態様	勤務　日勤　隔日・その他（　　）			
副安全運転管理者の有無	有り（　名）　無し			
運転免許	番号	第　　　　　号	ふりがな名称	
	交付年月日	・　・	有効期限	・　・	交付公安委員会	使用の本拠位置	〒
	免許の種類	第一種免許　二・小・原　その他	第二種免許	免許の条件	業種別	1.官公署 2.公社公団等 3.農業 4.林業 5.漁業 6.鉱業 7.建設業 8.製造業 9.卸小売業 10.不動産業 11.金融保険業 12.運輸業 13.電気ガス業 14.通信業 15.サービス業 16.その他
	免許証番号	大・中・普・大自二・小特 大特・け引・大自二・小特				

15. 自動車の運転管理経歴書

様式第13

自動車の運転管理経歴書

本籍又は国籍	
住　所	
ふりがな	
氏　名	

　　　　　　　　　　　　　　　　　　　年　　月　　日生

職　名	運転管理期間		管理内容
	年　月から 年　月まで	年　月間	
	年　月から 年　月まで	年　月間	
	年　月から 年　月まで	年　月間	
	年　月から 年　月まで	年　月間	

証　明　欄　（使用者の証明）

上記のとおり相違ないことを証明します。

　　平成　　　年　　　月　　　日

　　　　使用の本拠名称

　　　　使用者の氏名
　　　（法人にあっては代表者の氏名）

備　考
　この自動車の運転管理経歴書は次の場合に添付すること。
1　安全運転管理者に関する届出書の資格要件1又は2に該当する場合
2　副安全運転管理者に関する届出書の資格要件1に該当する場合
3　職名欄は部下に運転者がいた職名を営業部長、労務課長、人事部長のように記入すること。
4　管理内容は人事管理、労務管理、営業管理のように記入すること。

16. 履歴書

様式第1

履 歴 書

本　籍	
住　所	
ふりがな	
氏　名	
生年月日	
職務上の地位	

道路交通法令違反歴

適　用　法　条	有・無 （有る場合はその年月日）
法第74条の2第6項　（解任命令）	
法第117条　（ひき逃げ）	
法第117条の2　〔酒酔運転、麻薬等運転、　酒酔運転／麻薬等運転　の下命、容認〕	
法第117条の4第1号　（無免許運転）	
法第117条の4第4号から第6号　〔無免許運転／酒気帯び運転／過労運転　の下命、容認〕	
法第118条第1項第4号　〔最高速度違反／無資格運転　の下命、容認〕	
法第118条第1項第5号　（積載重量制限違反の下命、容認）	
法第119条第1項第11号　（積載制限（重量を除く）違反の下命、容認）	
法第119条第1項第12号　（自動車の使用禁止命令違反）	
法第119条の2第1項第3号　（放置行為の下命、容認）	
法第117条の2の2第1号　（酒気帯び運転）	
法第117条の2第2号、同法2の2第2号　（車両提供）	
法第117条の2の2第3号、同法3の2第1号　（酒酔い等運転者へ酒類提供）	
法第117条の2の2第4号、同法3の2第2号　（酒酔い等運転者へ依頼同乗）	

上記のとおり相違ありません。

　　　平成　　　年　　　月　　　日

　　　　氏　名

17. 運転経歴証明書申し込み用紙

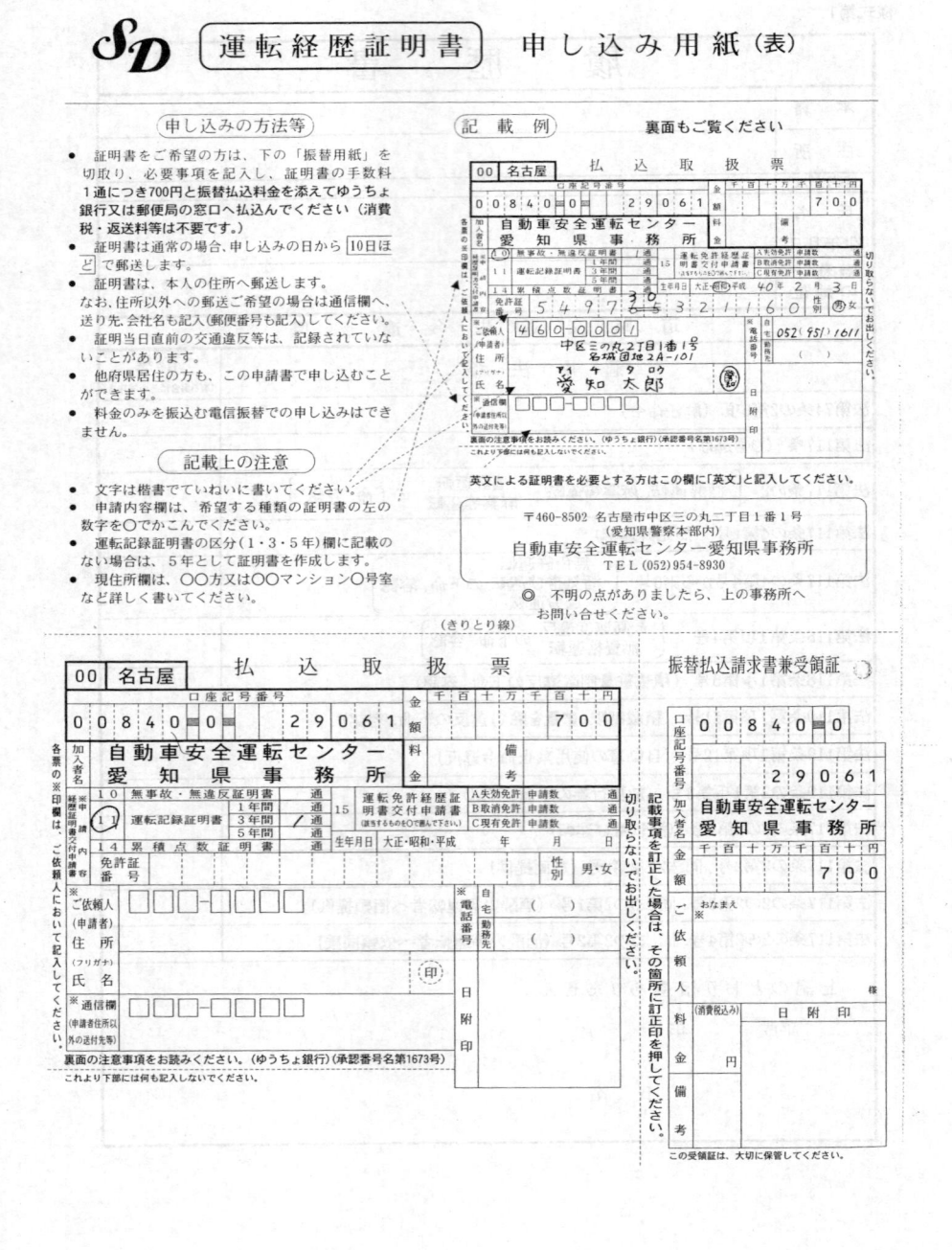

18. 身体障害者手帳

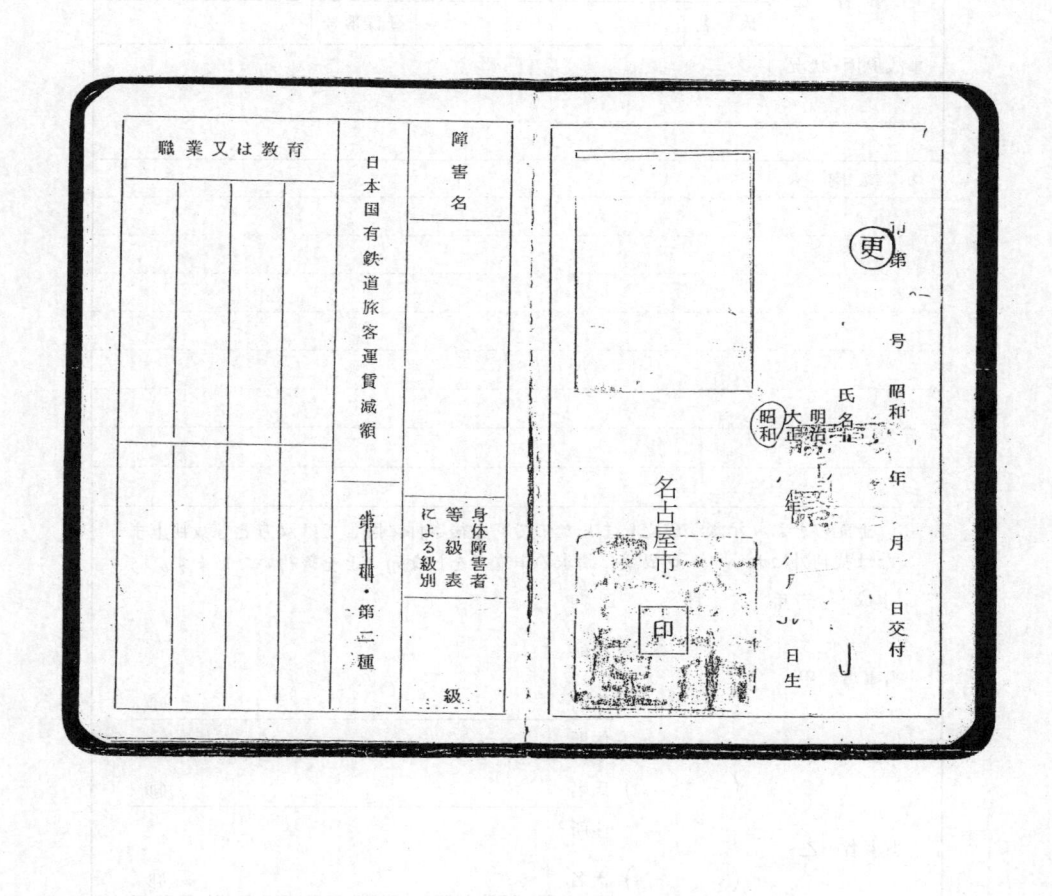

19. 示談書

示 談 書

事故発生日時	年　月　日　午前・午後　時　分頃		
事故発生場所			
当事者甲	住　所		
	氏　名		登録番号
当事者乙	住　所		
	氏　名		登録番号
事故原因・状況			

示談内容

　上記のとおり示談が成立しましたので、今後本件に関しては双方とも裁判上または裁判外において一切異議、請求の申立をしないことを誓約いたします。

　　平成　　年　　月　　日

当事者　甲
（　　）
- 住所
- 氏名　　　　　　　　　　　㊞

（　　）
- 住所
- 氏名　　　　　　　　　　　㊞

当事者　乙
（　　）
- 住所
- 氏名　　　　　　　　　　　㊞

（　　）
- 住所
- 氏名　　　　　　　　　　　㊞

（注）① 自賠責保険で加害者請求を行う場合は、領収証を添付してください。
　　　② 当事者（　）欄について、甲には保有者、運転者、乙には親権者、代理人等、捺印者の立場をご記入ください。

(自賠調15号様式) 20.4. (L1014)

20. 防火管理者選任（解任）届出書

別記様式第1号の2の2（第4条関係）

防火管理者選任（解任）届出書

					年　　月　　日	
（あて先）　　市消防長						
			届出者			
			住所			
			氏名			㊞
			（法人の場合は、名称及び代表者氏名）			

下記のとおり防火管理者選任（解任）したので届け出ます。

防火対象物	所在地					
	名　称			電話（　　　）		
	用　途		令別表第1（　）項	収容人員		
	種　別	甲種・乙種	管理権原	単一権原・複数権原		
	区　分		名　称	用　途	収容人員	
	※消防法施行令第2条を適用するもの					
	※消防法施行令第3条第3項を適用するもの					
防火管理者	選任	氏名・生年月日		年　　月　　日生		
		住　　　　　所				
		選任年月日		年　　月　　日		
		職務上の地位				
		資格	講習	講習機関		
				種　別	甲種（新規講習・再講習）・乙種	
				修了年月日	年　　月　　日	
			その他	令第3条第1項第　号（　　　）		
				規則第2条第　号（　　　）		
	解任	氏名・生年月日		年　　月　　日生		
		住　　　　　所				
		解任年月日		年　　月　　日		
		解任理由				
その他必要事項						
※※　受付欄			※※　経過欄			

備考　1　この用紙の大きさは、日本工業規格A4とすること。
　　　2　※印の欄は、消防法施行令第2条を適用するものにあっては同一敷地にある同令第1条の2の防火対象物ごとに、消防法施行令第3条第3項を適用するものにあっては管理権原に属する部分ごとに記入すること。
　　　3　消防法施行令第1条の2第3項第2号及び第3号の防火対象物にあってはその他必要な事項の欄に工事が完了した際の防火対象物の規模を記入すること。
　　　4　消防法施行令第3条第2項を適用するものにあっては、その他必要な事項の欄に管理的又は監督的な地位にある者のいずれもが防火管理上必要な業務を適切に遂行することが出来ない理由を記入すること。
　　　5　※※印の欄は、記入しないこと。

各種書式見本（法定様式以外）

1. 企業訪問受付票

<u>企業訪問受付表</u>

					訪問年月日　平成　　年　　月　　日			
氏名				性別	男・女	生年月日		
連絡先	現住所	〒						
	電話番号				携帯電話番号			
	携帯アドレス				ＰＣアドレス			
	実家の住所			県　　　　市まで記入		電話番号		
大学名				学部・学科名				
通勤時間	本社まで	時間　　分	勤務希望予定事業所まで			時間　　分	入寮希望	有・無
1．当社に企業訪問した理由、動機、関心事等								
2．在学中力点をおいたこと								
3．ゼミ・サークル・部活動（大学・高校等）								
4．アルバイトの職歴								
5．アルバイトをして勉強になったことや感じたこと								
6．自己診断								
	・長所							
	・短所							
	・自己PR							
7．資格、免許								
8．希望職種・希望勤務地								
9．入社意志の方向								
補足事項								

2. 健康保険被保険者資格取得証明書

健康保険被保険者資格取得証明書

氏　　名
住　　所
生年月日
健康保険被保険者記号番号　　　記号　　　　番号
管掌　　　全国健康保険協会（　　都道府県）
保険者番号

上記の者は現在健康保険の被保険者であることに相違ありません。

平成　　年　　月　　日

　　　　　　　　　　　　　　　　　証明者　　住所
　　　　　　　　　　　　　　　　　　　　　　会社名
　　　　　　　　　　　　　　　　　　　　　　代表取締役
　　　　　　　　　　　　　　　　　　　　　　人事課長　　　　　　　　　　印

3. 健康保険被保険者資格喪失証明書

健康保険被保険者資格喪失証明書

氏　　名
住　　所
生年月日
健康保険被保険者記号番号　　　記号　　　　番号
管掌　　　全国健康保険協会（　　都道府県）
保険者番号

上記の者は弊社を平成　　年　　月　　日に退職し、平成　　年　　月　　日に健康保険被保険者の資格を喪失したことを証明します。

平成　年　月　日

　　　　　　　　　　　　　　　　　　証明者　　住所
　　　　　　　　　　　　　　　　　　　　　　　会社名
　　　　　　　　　　　　　　　　　　　　　　　代表取締役
　　　　　　　　　　　　　　　　　　　　　　　人事課長　　　　　　　　　　印

4. 応募者宛採用内定通知書面（大学・短大生用）

平成　年　月　日

　　　　　　　　様
　　　　　　　　　住所
　　　　　　　　　会社名　　　株式会社

採用内定通知の件

　前略　今回は当社社員募集に際しては、早速ご応募頂き有難うございました。
　種々検討しました結果、あなたを採用内定することに決定しましたのでお知らせ致します。
　同封致しました採用内定承諾書をご熟読いただきましたら、平成　年　月　日（　）までに当社宛ご送付頂きます様お願い申し上げます。
　当社としてもあなたの入社後のご活躍を期待し、待ち望んでおります。
　現在の心境を推察しますと期待と不安が入り混じり、複雑な気持ちと存じますが、学生生活最後の年であり、余すところ少ない学生生活を有意義に過していただくと共に、社会人としての準備運動も心がけて頂きますようお願い致します。
　今後、随時会社の近況とか連絡事項等をお知らせ致しますが、あなたより会社に照会事項や連絡事項等がありましたら遠慮なく下記担当までご一報下さい。
　入社までお体に留意され、元気な姿で入社日を迎えられる事を祈念申し上げます。

　　　　　　　　　　　　　　　　　　　　　　　　　　　敬具

今後の連絡先
　　人事部　担当者
　　ＴＥＬ　　　　　　ＰＣメールアドレス
同封
　　採用内定承諾書　　１部

5. 採用内定承諾書（大学・短大生用）

〇〇株式会社殿

採用内定承諾書

このたび貴社より採用内定のご通知を受けました。つきましては下記事項を了承し採用内定を承諾いたします。

記

1　住所の移転その他一身上の重要な事項に変更がありました場合は、直ちに貴社に連絡いたします。
2　採用内定承諾後は正当な理由なく入社を拒否することはありません。
4　次ぎのような場合は採用内定を取り消しをされても貴社に一切異議申し立てしません。
　(1)　入社前に健康その他勤務に支障があると認められる場合。
　(2)　犯罪行為等社会的に許されない行為をしたとき。
　(3)　経歴詐称等一身上の重大な虚偽や詐称があったとき。
　(4)　応募時の学校を入社日までに卒業していないとき。

平成　　年　　月　　日

住　　所
氏　　名
　　　　　　　　　　　　　　　　印
連絡先電話番号

6. 応募者宛不採用通知書面（大学・短大生用）

平成　年　月　日

　　　　　様

住所
会社名

採用選考結果お知らせの件

　前略　今回当社の職員募集に際し、早速ご応募頂き有難うございました。
　数多くある会社の中から、わざわざ当社をお選び頂きまして心から感謝申し上げます。又、先日は企業説明会、第一次試験、面接と３日に亘ってお越し頂きましてお手数をお掛け致しました。
　さて、あなたの当社就職のご希望につきまして、いろいろな観点から慎重に検討致しましたが、残念ながら今回はご希望に沿うことが出来ませんでした。
　今回は応募者多数の中で、採用人員枠が　人でしたので、あなたのような優秀な方も採用を見送らざるを得ないことになりました。
　貴重な時間を、わざわざ当社のために割いて頂きましたにも拘わらず、誠に申し訳なく存じます。
　あなたのお力ならば必ず道は拓け、ご活躍されると信じております。どうか、今後ますますご健闘、ご健勝の程、祈念申し上げます。

草々

7. 学校宛採用内定通知書面（高校・中学生用）

平成　年　月　日

　　　　高等学校
　　進路指導主事
　　　　　先生殿

　　　　　　　　　　　　　　　　住所
　　　　　　　　　　　　　　　　会社名
　　　　　　　　　　　　　　　　　人事部長

　　　　　　　　　採用内定のお知らせ

拝啓　御高ますますご清栄のこととお慶び申しあげます。
　平素は弊社求人につきまして格別のご配慮を賜り、誠に有り難く厚く御礼申し上げます。
　今般御高下記の方につきまして、厳正な選考の結果，採用内定と決定しましたのでお知らせ申し上げます。
　入社式は来年4月1日を予定しておりますので、その旨お知らせ願います。
　勝手ながら,今後とも弊社求人等につきまして格別のご配慮を賜りますようお願い申し上げます。

　　先ずはお知らせ旁々、御礼まで

　　　　　　　　　　　　　　　　　　　　　　　　　　　敬具
　　　　　　　　　　　　　　　記

　　学　科　　　　科
　　生徒氏名　　　　　　　　様
　　　　　　　　　　　　　　　　　　　　　　　　　　　以上

8. 学校宛不採用通知書面（高校・中学生用）

平成　年　月　日

　　　　　高等学校
　　進路指導主事

　　　　　先生殿

　　　　　　　　　　　　　　　　　住所
　　　　　　　　　　　　　　　　　会社名
　　　　　　　　　　　　　　　　　人事部長

採用試験選外のお知らせ

拝啓　御高ますますご清栄のこととお慶び申しあげます。
　平素は弊社求人につきまして格別のご配慮を賜り、誠に有り難く厚く御礼申し上げます。
　今般御高下記の方につきまして、厳正な選考の結果，弊社採用内定の人員枠より不本意ながら選外対象になりましたのでお知らせ申し上げます。
　本年は弊社の事情で、採用内定人員を　人に絞込みをせざるを得ず、又、一方、他の学校よりの応募者もあり、折角優秀な生徒さんをご推薦いただきましたにもかかわらず、選外をせざるを得ませんでした。
　弊社の事情、状況をご賢察いただきまして、何卒ご容赦頂きますようお願い申し上げます。
　勝手ながら,今後とも弊社求人等につきまして格別のご配慮を賜りますようお願い申し上げます。

先ずはお知らせ旁、御礼まで

　　　　　　　　　　　　　　　　　　　　　　　　　　　敬具

　　　　　　　　　　　　　　記

　　　学　科　　　　　　科
　　　生徒氏名　　　　　　　　様

　　　　　　　　　　　　　　　　　　　　　　　　　　　以上

9. 住所・通勤経路届

住所・通勤経路届

　　　　　　　　　　　　　　　　　　平成　年　月　日

　　　　　　　　　　　　　所　属　_____
　　　　　　　　　　　　　氏　名　_____㊞
　　　　　　　　　　　　　電　話　_____

郵便番号
現住所　_____

自宅から最寄り駅までの略図		
（マイカー通勤者は自宅から会社までの略図）		
マイカー通勤者の場合自宅から会社までの距離（片道　　　ｋｍ）		
公共交通機関利用者１ヶ月の定期券代		
駅～	駅	円
駅～	駅	円
駅～	駅	円
	合計	円

10. マイカー通勤許可申請書

マイカー通勤許可申請書

平成　年　月　日

社　長	人事部長	所属長

所　属　_____
申請者　_____

私のマイカーについて通勤使用許可を申請します。

住　所				
申請理由				
通勤距離	片道　　　ｋｍ		予定通勤手当	円
経　路				
所要時間	時間　　分			
車　両	車名		登録番号	
免許証	種類		免許証No.	
免許取得年月日				

上記申請について許可を頂き、マイカーを通勤に使用しますときは次ぎの事項について誓約します。

1. 交通諸法令、規則を守り安全運転に努めます。
2. 貴社の仕事をする上で私のマイカーは一切使用しません。
3. 万一事故を起こし貴社に損害を与えた時は私の責任でその全額を弁済します。

自動車損害賠償責任保険及び自動車任意保険の証書のコピーを添付します。

11. 身元保証書

身元保証書

現住所
氏　名
生年月日　平成　年　月　日

右の者より所属、業務内容の説明を受けましたので私どもは右の身元引受人となり次ぎの事項を引き受けることを誓約いたします。

記

第一条　右の者が貴社との労働契約に違反し、又、故意もしくは重大な過失により貴社の金銭やその他の資産あるいは社会的に許されない行為により貴社を信用失墜させ貴社に損害を与えたときは身元保証人は直ちに右の者と連帯して貴社に対してその損害額を賠償します。

第二条　身元保証引き受けの有効期間は本身元引き受けをした日から5年間有効とする。

平成　年　月　日

　　　　　身元保証人　現住所
　　　　　　　　　　　氏　名　　　　　　　　　㊞
　　　　　　　　　　　（本人との関係）

　　　　　身元保証人　現住所
　　　　　　　　　　　氏　名　　　　　　　　　㊞
　　　　　　　　　　　（本人との続柄）

株式会社殿

12. 誓約書

誓　約　書

本籍地（都道府県名のみ）
現住所
氏　名
生年月日　　平成　　年　　月　　日

この度貴社社員として入社の上は、左記の事項を厳守し履行することを誓約いたします。

記

一、貴社の就業規則及び付属規定及び服務・業務・安全衛生についての諸規定を誠実に守り勤務すること。
二、履歴事項、職務経歴等の記載事項に相違ないこと。
三、貴社社員として社会的に許されない行為をしないこと。
四、故意又は重大な過失により貴社に損害を与えたときはその責任を負うこと。

平成　　年　　月　　日

　　　　株式会社殿

㊞

13. 振込承諾書

振込承諾書

　私は、　　株式会社からの賃金、賞与の支払いに関し、労働基準法における、賃金支払方法の定めにかかわらず、会社の銀行振込制度により私が指定する私自身の下記銀行口座に振り込みされることを承諾します。

　　　　平成　　年　　月　　日

　　　　　　　　住　所
　　　　　　　　氏　名　　　　　　　印

記

　　　　　　　　銀行番号　　　　　　支店番号
　　振込銀行名　　　　　　銀行　　　　　　支店

　　振込口座番号　　　　普通預金 No

　　口座名義人

14. 出向に関する覚書

出向に関する覚書

　　　　　　株式会社（以下甲という）の従業員が　　　　　　株式会社（以下乙という）へ出向した場合には下記の通り取り扱うものとする。

記

1．目的
　　甲・乙の信頼関係の中、相互援助を図るものとする。

2．期間
　　出向者の出向期間は　　年以内を基準とし、その後については出向期間満了2ヶ月前に甲・乙協議の上別途取り決めをするものとする。

3．労働条件
　　出向者は乙の従業員として勤務に服し、その服務規律・労働時間・休日等の労働条件及び安全衛生については、次に定めるものを除き乙の就業規則及びその付属規定、関連規定等に従うものとする。
　　　・給与　　・賞与　　・退職金　　・昇給　　・昇格昇進　　・年次有給休暇
　　　・有給休暇（慶弔等による休暇）　　・慶弔による祝い金や弔慰金　　・懲戒処分

4．費用の負担
　4.1 乙は甲の従業員を出向期間中、甲に対して毎月「出向料」を支払う。
　　　出向料は「出向者の前年度の年収×　　％÷12」とする。（千円未満四捨五入）とし、毎月末日までに甲の指定講座に振り込むものとする。

　4.2 健康保険・厚生年金保険・雇用保険・児童手当拠出金は甲にて適用し、保険料又は拠出金の事業主負担分は乙の負担とする。
　　　但し、労働者災害補償保険（以下労災保険という）は乙で適用し、労災保険料は甲にて支払う給与、賞与等の賃金総額を乙が支払ったものと看做して労災保険料を算出し、その労災保険料は乙が負担し、乙が支払うものとする。

　4.3 出向期間中に業務上の災害で負傷、疾病、死亡した場合には甲、乙協議するものの原則乙の負担で行うものとする。

　4.3 出張旅費は乙の基準で乙が支払うものとする。

　4.4 通勤交通費は甲の基準で乙が支払うものとする

4.4 出向により社宅を必要とする場合は甲の基準で乙が提供する。

尚、上記について及びその他の事項の具体的な取扱いについては甲の「出向者の支給基準及び費用負担方法の取扱い」に基づき、その都度甲・乙協議のうえ取り決めをする。

5．給与及び賞与の支給
　　出向者に対する給与・賞与の支給については甲の基準により計算した額を甲が支払うものとし、社会保険料及び所得税・地方税は甲が徴収し納付する。

6．出向期間の途中解除
　　出向期間の途中で万一出向解除するときは2ヶ月前に甲が乙に、もしくは乙が甲に申出をし、その事情背景を説明した上で甲・乙協議し誠実な解決をするものとする。

7．その他
　　本覚書に取り決めなき事項及び本覚書締結後社会情勢の変化により本覚書が適切でないと思われる事項については甲・乙協議し誠実に決定する。

甲・乙の証として本書2通を作成し、各自記名捺印の上各1通を各々保有するものとする。

平成　　年　　月　　日

　　　　　　　　　　　　甲

　　　　　　　　　　　　乙

各種書式見本（法定様式以外）

細　　　則

「出向に関する覚書」に基づく細則について、次ぎの通り定める。

記

1．出向者氏名

2．出向期間
　　　　平成　　年　　月　　日～平成　　年　　月　　日

3．出向料
　　　　月額　　　　　　　　円
　　　（参考　給与所得の源泉徴収票添付）

4．費用負担・事務取扱い
　　　別紙・「出向者の支給基準及び費用負担方法の取扱い」
　　　　　・「出向者の就業関係の事務取扱い」
　　　による。

以上

15. 出向者の支給基準及び費用負担方法の取扱い

出向者の支給基準及び費用負担方法の取扱い

出向先会社名　　　　　　　　　　　

項　目	出向者に対する支給額	基　準	取り決めの費用負担方法
給　与	当社「賃金規定」に基づき計算	出向者の前年度年収×　％÷12＝を「毎月の出向費」として出向会社が負担し当社に支払う。 ・月の中途で出向した場合は日割り計算とする。 ・出向者が欠勤した場合も日割り額を「出向費」より減額をする。 ・出向費は毎月　日で締め切り翌月　日までに当社の指定口座に支払う。	出向会社との打ち合わせ合意内容
賞　与	当社の「賞与支給基準」基づき計算		
退 職 金	出向期間中の勤続年数増加分による退職金は当社退職金規定により計算		
会社負担の法定福利費		健康保険料、厚生年金保険料、雇用保険料、労災保険料は出向先会社の負担	
通　勤　費	当社「賃金規定」による	出向先会社負担	
出向期間中の出張旅費	出向先会社の「旅費規定」による	出向先会社負担	
転勤の場合の転勤旅費・赴任費	当社の「旅費規定」による	出向時　出向先会社負担 復帰時　出向先会社負担	
転勤により社宅貸与をした場合の賃料・仲介料・礼金等	当社「社宅取扱い基準」による	出向先会社負担	

平成　　年　　月　　日

各種書式見本（法定様式以外）

16. 出向者の就業関係の事務取扱い

出向者の就業関係の事務取扱い

NO.1

NO	項目	基準	就業関係の事務取扱い
1	出勤カード	原則当社の出勤カードを使用 出向先会社の出勤カードを使用する場合は、当社の締切り期間（日〜翌月　日）の該当分のコピーを当社に送付 （送付方法） 毎月　　日に締切り出向先会社人事部 　　　　　　　　　→　　当社の人事部 までに郵送もしくはFAXで送付 出向先会社の責任者の捺印をし毎月　日までに郵送もしくはFAXで送付	出向先会社との打ち合わせ合意による取扱い
2	時間外労働命令記録書	残業もしくは休日出勤命令記録書のコピーと一緒に当社人事部に送付	
3	年次有給休暇等	年次有給休暇もしくは有給を取得した時は出勤カードに「年休」もしくは「有給」と記入	
4	通勤費	全額出向先当社の負担とし、出向先会社で定期券を購入又は定期券相当額を本人に支払う。定期券の金額は出勤カードのコピーした余白欄に記入し当社に報告	
5	給与・賞与	出向者も当社の基準により、当社より支払	
6	退職金	出向期間中に退職した場合は当社の基準により、当社で支払	
7	出張旅費	出向先会社の出張規程の基準で、出向先会社が負担	
8	転勤旅費	出向時、又は復帰時に転勤、転居が伴なう場合は、当社の旅費規程（交通費・荷造り運搬料、日当、宿泊費、赴任費等）により出向先会社が負担	
9	社宅	出向に伴ない社宅を必要とする場合は当社の社宅取扱規定により取扱い、貸料その他の費用は出向先会社で負担（光熱水道料は出向者本人の負担）	

375

出向者の就業関係の事務取扱い

NO	項　目	基　準	就業関係の事務取扱い	出向先会社との打ち合わせ合意による取扱い
10	慶弔見舞金	結婚祝い金、出産祝い金、家族死亡等によるご香典、供花等は当社の慶弔慰規程の基準により出向先会社で負担		
11	社員旅行等	出向先会社の基準で出向先会社の負担		
12	健康保険・厚生年金・雇用保険	当社で継続して加入		
13	定期・特殊健康診断・成人病検診等	出向先会社で実施		
14	業務上交通事故	事故対応、被害者との示談交渉等の賠償対応は全て出向先会社対応		
15	労災・通勤途上災害	出向先会社で労災に加入し労災保険料を負担し支払う。災害対応及び事務手続、労働基準監督署との対応も全て出向先会社で行う。		
16	安全衛生、安全運転の啓蒙教育	出向先会社の社員と同様の教育、訓練、啓蒙活動を全て出向先会社で実施		
17	その他			

その他例外事項、特殊事項、上記に定めのない事項については、出向先会社と誠意をもって別途協議

17. 出向先会社の会社概要・労働条件等

出向先会社の会社概要・労働条件等

1. 会社概要（企業全体）　　出向先会社名

資本金				円	年間売上		億	千万円
業種・業務内容								
従業員数		企業全体			勤務地事業所				
		正社員	パート社員	合計	正社員	パート社員	合計	
		人	人	人	人	人	人	
所在地	本社							
	勤務地事業所							

詳しくは別紙会社概要の通り

2. 出向者の労働条件等

項目		出向先労働条件等	備考
年間所定労働時間		出向先会社A　　　時間	当社B　　　時間
当社と出向先との年間労働差額時間		出向先会社A　時間－当社B	時間＝労働時間の差　時間
1日の所定労働時間		C　　時間　　分－D	時間　　分＝所定労働時間
1日の勤務形態	始業・終了時刻	始業　　時　　分 〜 終了　　時　　分	拘束時間 C　　時間　　分
	休憩時間	時　　分〜　　時　　分 時　　分〜　　時　　分	休憩時間合計 D　　時間
年間休日日数		年間　　　日	
休日の曜日等			
旅費交通費		A地域	B地域
	日当	円	円
	宿泊料	円	円
	交通費	実費	実費
出向者の予定勤務部門			
出向先での予定業務内容			出向手当
			ランク1 | ランク2 | ランク3 | ランク4
			円 | 円 | 円 | 円
出向予定人数		人	
出向予定期間		平成　年　月　日〜平成　年　月　日まで	
その他補足事項			

18. 出向予定者の個人情報

<u>出向予定者の個人情報</u>

	フリガナ		所属部門	現勤務地	業務種別	役職
氏　名						
生年月日	年　　月　　日		性別　男・女	最終学歴		
現住所						
入社前職歴			転勤状況	単身・家族	社宅貸与	有・無
年　月～　年　月			続柄	氏　名	年令	職業
会社名						
年　月～　年　月		家族状況				
会社名						
年　月～　年　月						
会社名						
社内資格級　　　級			介護者の有無	有無（続柄）		
前年年収　　　　万円			能　力			
従事担当業務			免許・資格			
年月	所属	業務種別	特　技			
年　月			性　格			
年　月			人間関係			
年　月			趣　味			
年　月			健　康			
補足特記事項						

19. 介護休業申出書

介護休業申出書

人事部長　　　　　　　　殿

[申出日]　平成　　年　　月　　日
[申出者]　　　　部　　　　課
　　　　　氏　名

私は、「育児・介護休業等に関する規則」第　条に基づき、下記のとおり介護休業の申出をします。

記

1 休業に係る家族の状況	（1）氏名	
	（2）本人との続柄	
	（3）家族が祖父母、兄弟姉妹、孫である場合、同居、扶養の状況	同居し扶養を 　　している　・　していない
	（4）介護を必要とする理由	
2 休業の期間	平成　年　月　日から　　年　月　日まで	
3 申出に係る状況	（1）休業開始予定日の2週間前に申し出て	いる・いない→申出が遅れた理由 〔　　　　　　　　　　　　　　〕
	（2）1の家族の同一の要介護状態について介護休業をしたことが	ない・ある→平成　年　月　日から 　　　　　　　　　　年　月　日まで 再度の休業の理由 〔　　　　　　　　　　　　　　〕
	（3）1の家族の同一の要介護状態について介護休業の申出を撤回したことが	ない・ある→再度申出の理由 〔　　　　　　　　　　　　　　〕
	（4）1の家族についてのこれまでの介護休業及び介護短時間勤務の日数	日

（注）期間契約従業員が「育児・介護休業等に関する規則」第　条第　項なお書きの申出をする場合は、2のみの記入で足ります。

20. 育児休業申出書

育児休業申出書

人事部長　　　　　　　殿

　　　　　　　　　　　　　　　　　　［申出日］　平成　　年　　月　　日
　　　　　　　　　　　　　　　　　　［申出者］　　　　　部　　　　　課
　　　　　　　　　　　　　　　　　　　氏　名

私は、「育児・介護休業等に関する規則」第　条に基づき、下記のとおり育児休業の申出をします。

記

1 休業に係る子の状況	（1）氏名	
	（2）生年月日	
	（3）本人との続柄	
	（4）養子の場合、縁組成立年月日	平成　年　月　日
2　1の子が生まれていない場合の出産予定者の状況	（1）氏名	
	（2）出産予定日	
	（3）本人との続柄	
3　休業の期間	平成　年　月　日から　　年　月　日まで	
4　申出に係る状況	（1）1歳までの育児休業の場合は休業開始予定日の1か月前、1歳を超えての休業の場合は2週間前に申し出て	いる・いない　→　申出が遅れた理由〔　　　　　〕
	（2）1の子について育児休業の申出を撤回したことが	ない・ある　→　再度申出の理由〔　　　　　〕
	（3）1の子について育児休業をしたことが ※ 1歳を超えての休業の場合は記入の必要はありません	ない・ある　→　平成　年　月　日から　　　　　　　　　　年　月　日まで 再度の休業の理由〔　　　　　〕
	（4）1歳を超えての休業の申出の場合	休業が必要な理由〔　　　　　〕
	（5）1歳を超えての育児休業の申出の場合で申出者が育児休業中でない場合	配偶者が休業　している・していない

（注）期間契約従業員が「育児・介護休業等に関する規則」第　条第　項なお書きの申出をする場合は、3のみの記入で足ります。

21. 子の看護休暇申出書
22. 介護休暇申出書

申出日　平成　年　月　日

子の看護休暇申出書

所　属 _____
氏　名 _____

子の看護のため下記期間休暇を申出します。

1. 看護対象者
   - 氏　名 _____
   - 生年月日 _____
   - 看護を必要とする理由

2. 申出休暇期間　平成　年　月　日から平成　年　月　日　日間

3. 日数
年間付与日数	日
取得済日数	日
今回休暇日数	日
残日数	日

   （計算期間：平成　年　月　日から平成　年　月　日）

申出日　平成　年　月　日

介護休暇申出書

所　属 _____
氏　名 _____

家族介護のため下記期間休暇を申出します。

1. 家族介護対象者
   - 氏　名 _____
   - 生年月日 _____
   - 介護を必要とする理由

2. 申出休暇期間　平成　年　月　日から平成　年　月　日　日間

3. 日数
年間付与日数	日
取得済日数	日
今回休暇日数	日
残日数	日

   （計算期間：平成　年　月　日から平成　年　月　日）

23. 育児・介護休業期間変更申出書

〔育児・介護〕休業期間変更申出書

人事部長　　　　　　　殿

[変更申出日]　平成　　年　　月　　日
[変更申出者]　　　　　部　　　　課
　　　　　　　氏　名

　私は、「育児・介護休業等に関する規則」〔第　条・第　条〕に基づき、平成　年　月　日に行った〔育児・介護〕休業の申出における休業期間を下記のとおり変更します。

記

1	当初の申出における休業期間	平成　年　月　日から 平成　年　月　日まで
2	当初の申出に対する会社の対応	休業開始予定日の指定 ・有　→　指定後の休業開始予定日 　　　　　　平成　年　月　日 ・無
3	変更の内容	（1）休業〔開始・終了〕予定日の変更 （2）変更後の休業〔開始・終了〕予定日 　　　平成　年　月　日
4	変更の理由 （休業開始予定日の変更の場合のみ）	

（注）1歳以降の育児休業及び介護休業に関しては休業開始予定日の変更はできません。

各種書式見本（法定様式以外）

24. 営業マン・管理・監督職勤務管理票

<h3 style="text-align:center">営業マン・管理・監督職勤務管理票</h3>

所属 _____　　氏名 _____

年　月カレンダー	出勤＝出	休日＝／	欠勤＝欠	年次有休休暇＝年休	お弁当　　　　個
	出張＝張	慶弔有休休暇＝有休		無断欠勤＝無欠	
	振替出勤＝振出	振替休日＝振休		休日出勤＝休出	早退・遅刻＝早・遅

日	曜日	記号記入	出張等の場合は行先、欠勤・遅刻・早退・有休等の時はその理由を具体的に記入　　休日出勤は振替休日日を記入	本人印	管理者印
21	水				
22	木				
23	金				
24	土				
25	日				
26	月				
27	火				
28	水				
29	木				
30	金				
31	土				
1	日				
2	月				
3	火				
4	水				
5	木				
6	金				
7	土				
8	日				
9	月				
10	火				
11	水				
12	木				
13	金				
14	土				
15	日				
16	月				
17	火				
18	水				
19	木				
20	金				

※休日出勤の場合は勤務時間を記入してください。　　締切確認欄

月末集計

出＝　日	休日＝　日	張＝　日	年休＝　日	欠勤＝　日	早・遅　　回	本人印	管理者印
有休＝　日	振出＝　日	振休＝　日	休出＝　日	無欠＝　日	合計　　日		

（実働　時間　分）

25. 年次有給休暇表

年次有給休暇表（表）

氏名	繰越日数 + 今年給付日数 = 合計	有効期間　年月日～年月日	届出月日	休暇月日	日数	具体的理由	印

年次有給休暇表（裏）

氏名	届出月日	休暇月日	日数	具体的理由	印

各種一覧表・参考資料

各種一覧表・参考資料

1. 全国健康保険協会（協会けんぽ）の被保険者の方の保険料額表（愛知県）

全国健康保険協会（協会けんぽ）の被保険者の方の保険料額
（平成22年3月分（4月納付分）～）

（愛知県） (単位：円)

標準報酬			報酬月額		健康保険料			
					介護保険第2号被保険者に該当しない場合 9.33%		介護保険第2号被保険者に該当する場合 10.83%	
等級	月額	日額			全額	折半額	全額	折半額
			円以上	円未満				
1	58,000	1,930	～	63,000	5,411.4	2,705.7	6,281.4	3,140.7
2	68,000	2,270	63,000 ～	73,000	6,344.4	3,172.2	7,364.4	3,682.2
3	78,000	2,600	73,000 ～	83,000	7,277.4	3,638.7	8,447.4	4,223.7
4	88,000	2,930	83,000 ～	93,000	8,210.4	4,105.2	9,530.4	4,765.2
5	98,000	3,270	93,000 ～	101,000	9,143.4	4,571.7	10,613.4	5,306.7
6	104,000	3,470	101,000 ～	107,000	9,703.2	4,851.6	11,263.2	5,631.6
7	110,000	3,670	107,000 ～	114,000	10,263.0	5,131.5	11,913.0	5,956.5
8	118,000	3,930	114,000 ～	122,000	11,009.4	5,504.7	12,779.4	6,389.7
9	126,000	4,200	122,000 ～	130,000	11,755.8	5,877.9	13,645.8	6,822.9
10	134,000	4,470	130,000 ～	138,000	12,502.2	6,251.1	14,512.2	7,256.1
11	142,000	4,730	138,000 ～	146,000	13,248.6	6,624.3	15,378.6	7,689.3
12	150,000	5,000	146,000 ～	155,000	13,995.0	6,997.5	16,245.0	8,122.5
13	160,000	5,330	155,000 ～	165,000	14,928.0	7,464.0	17,328.0	8,664.0
14	170,000	5,670	165,000 ～	175,000	15,861.0	7,930.5	18,411.0	9,205.5
15	180,000	6,000	175,000 ～	185,000	16,794.0	8,397.0	19,494.0	9,747.0
16	190,000	6,330	185,000 ～	195,000	17,727.0	8,863.5	20,577.0	10,288.5
17	200,000	6,670	195,000 ～	210,000	18,660.0	9,330.0	21,660.0	10,830.0
18	220,000	7,330	210,000 ～	230,000	20,526.0	10,263.0	23,826.0	11,913.0
19	240,000	8,000	230,000 ～	250,000	22,392.0	11,196.0	25,992.0	12,996.0
20	260,000	8,670	250,000 ～	270,000	24,258.0	12,129.0	28,158.0	14,079.0
21	280,000	9,330	270,000 ～	290,000	26,124.0	13,062.0	30,324.0	15,162.0
22	300,000	10,000	290,000 ～	310,000	27,990.0	13,995.0	32,490.0	16,245.0
23	320,000	10,670	310,000 ～	330,000	29,856.0	14,928.0	34,656.0	17,328.0
24	340,000	11,330	330,000 ～	350,000	31,722.0	15,861.0	36,822.0	18,411.0
25	360,000	12,000	350,000 ～	370,000	33,588.0	16,794.0	38,988.0	19,494.0
26	380,000	12,670	370,000 ～	395,000	35,454.0	17,727.0	41,154.0	20,577.0
27	410,000	13,670	395,000 ～	425,000	38,253.0	19,126.5	44,403.0	22,201.5
28	440,000	14,670	425,000 ～	455,000	41,052.0	20,526.0	47,652.0	23,826.0
29	470,000	15,670	455,000 ～	485,000	43,851.0	21,925.5	50,901.0	25,450.5
30	500,000	16,670	485,000 ～	515,000	46,650.0	23,325.0	54,150.0	27,075.0
31	530,000	17,670	515,000 ～	545,000	49,449.0	24,724.5	57,399.0	28,699.5
32	560,000	18,670	545,000 ～	575,000	52,248.0	26,124.0	60,648.0	30,324.0
33	590,000	19,670	575,000 ～	605,000	55,047.0	27,523.5	63,897.0	31,948.5
34	620,000	20,670	605,000 ～	635,000	57,846.0	28,923.0	67,146.0	33,573.0
35	650,000	21,670	635,000 ～	665,000	60,645.0	30,322.5	70,395.0	35,197.5
36	680,000	22,670	665,000 ～	695,000	63,444.0	31,722.0	73,644.0	36,822.0
37	710,000	23,670	695,000 ～	730,000	66,243.0	33,121.5	76,893.0	38,446.5
38	750,000	25,000	730,000 ～	770,000	69,975.0	34,987.5	81,225.0	40,612.5
39	790,000	26,330	770,000 ～	810,000	73,707.0	36,853.5	85,557.0	42,778.5
40	830,000	27,670	810,000 ～	855,000	77,439.0	38,719.5	89,889.0	44,944.5
41	880,000	29,330	855,000 ～	905,000	82,104.0	41,052.0	95,304.0	47,652.0
42	930,000	31,000	905,000 ～	955,000	86,769.0	43,384.5	100,719.0	50,359.5
43	980,000	32,670	955,000 ～	1,005,000	91,434.0	45,717.0	106,134.0	53,067.0
44	1,030,000	34,330	1,005,000 ～	1,055,000	96,099.0	48,049.5	111,549.0	55,774.5
45	1,090,000	36,330	1,055,000 ～	1,115,000	101,697.0	50,848.5	118,047.0	59,023.5
46	1,150,000	38,330	1,115,000 ～	1,175,000	107,295.0	53,647.5	124,545.0	62,272.5
47	1,210,000	40,330	1,175,000 ～		112,893.0	56,446.5	131,043.0	65,521.5

◆介護保険第2号被保険者は、40歳以上65歳未満の方であり、医療に係る保険料率（9.33%）に介護保険料率（1.50%）が加わります。

◆医療に係る保険料率（9.33%）のうち、5.83%は加入者の皆様のための給付等に充てられる基本保険料率となり、
　3.50%は後期高齢者医療制度への支援金等に充てられる特定保険料率となります。

◆被保険者負担分（表の折半額の欄）に円未満の端数がある場合
　①事業主が、給与から被保険者負担分を控除する場合、被保険者負担分の端数が50銭以下の場合は切り捨て、
　　50銭を超える場合は切り上げて1円となります。
　②被保険者が、被保険者負担分を事業主へ現金で支払う場合、被保険者負担分の端数が50銭未満の場合は切り捨て、
　　50銭以上の場合は切り上げて1円となります。
　（注）①、②にかかわらず、事業主と被保険者の間で特約がある場合には、特約に基づき端数処理をすることができます。

◆納入告知書の保険料額は、被保険者個々の保険料額を合算した金額になります。ただし、円未満の端数がある場合は、その端数を
　切り捨てた額となります。

◆賞与に係る保険料について
　賞与に係る保険料額は、賞与額の1,000円未満の端数を切り捨てた額（標準賞与額）に、保険料率を乗じた額になります。
　また、標準賞与額には、年間540万円（毎年4月1日から翌年3月31日までの累計額）の上限が定められます。

2. 平成21年9月からの厚生年金保険料額表

○平成２１年９月分からの厚生年金保険料額表
(単位：円)

標準報酬			報酬月額		一般 （厚生年金基金加入員を除く）		坑内員・船員 （厚生年金基金加入員を除く）	
等級	月額	日額			全額 15.704%	折半額 7.852%	全額 16.448%	折半額 8.224%
			円以上	円未満				
1	98,000	3,270	～	101,000	15,389.92	7,694.96	16,119.04	8,059.52
2	104,000	3,470	101,000 ～	107,000	16,332.16	8,166.08	17,105.92	8,552.96
3	110,000	3,670	107,000 ～	114,000	17,274.40	8,637.20	18,092.80	9,046.40
4	118,000	3,930	114,000 ～	122,000	18,530.72	9,265.36	19,408.64	9,704.32
5	126,000	4,200	122,000 ～	130,000	19,787.04	9,893.52	20,724.48	10,362.24
6	134,000	4,470	130,000 ～	138,000	21,043.36	10,521.68	22,040.32	11,020.16
7	142,000	4,730	138,000 ～	146,000	22,299.68	11,149.84	23,356.16	11,678.08
8	150,000	5,000	146,000 ～	155,000	23,556.00	11,778.00	24,672.00	12,336.00
9	160,000	5,330	155,000 ～	165,000	25,126.40	12,563.20	26,316.80	13,158.40
10	170,000	5,670	165,000 ～	175,000	26,696.80	13,348.40	27,961.60	13,980.80
11	180,000	6,000	175,000 ～	185,000	28,267.20	14,133.60	29,606.40	14,803.20
12	190,000	6,330	185,000 ～	195,000	29,837.60	14,918.80	31,251.20	15,625.60
13	200,000	6,670	195,000 ～	210,000	31,408.00	15,704.00	32,896.00	16,448.00
14	220,000	7,330	210,000 ～	230,000	34,548.80	17,274.40	36,185.60	18,092.80
15	240,000	8,000	230,000 ～	250,000	37,689.60	18,844.80	39,475.20	19,737.60
16	260,000	8,670	250,000 ～	270,000	40,830.40	20,415.20	42,764.80	21,382.40
17	280,000	9,330	270,000 ～	290,000	43,971.20	21,985.60	46,054.40	23,027.20
18	300,000	10,000	290,000 ～	310,000	47,112.00	23,556.00	49,344.00	24,672.00
19	320,000	10,670	310,000 ～	330,000	50,252.80	25,126.40	52,633.60	26,316.80
20	340,000	11,330	330,000 ～	350,000	53,393.60	26,696.80	55,923.20	27,961.60
21	360,000	12,000	350,000 ～	370,000	56,534.40	28,267.20	59,212.80	29,606.40
22	380,000	12,670	370,000 ～	395,000	59,675.20	29,837.60	62,502.40	31,251.20
23	410,000	13,670	395,000 ～	425,000	64,386.40	32,193.20	67,436.80	33,718.40
24	440,000	14,670	425,000 ～	455,000	69,097.60	34,548.80	72,371.20	36,185.60
25	470,000	15,670	455,000 ～	485,000	73,808.80	36,904.40	77,305.60	38,652.80
26	500,000	16,670	485,000 ～	515,000	78,520.00	39,260.00	82,240.00	41,120.00
27	530,000	17,670	515,000 ～	545,000	83,231.20	41,615.60	87,174.40	43,587.20
28	560,000	18,670	545,000 ～	575,000	87,942.40	43,971.20	92,108.80	46,054.40
29	590,000	19,670	575,000 ～	605,000	92,653.60	46,326.80	97,043.20	48,521.60
30	620,000	20,670	605,000 ～		97,364.80	48,682.40	101,977.60	50,988.80

○ 厚生年金保険料率（平成２１年９月１日～平成２２年８月３１日　適用）
　一般の被保険者等　　　…15.704%　（厚生年金基金加入員　…10.704%～13.304%）
　坑内員・船員の被保険者　…16.448%　（厚生年金基金加入員　…11.448%～14.048%）
○ 児童手当拠出金率　　　…0.13%
　※児童手当拠出金については事業主が全額負担することとなります。

● 被保険者負担分（厚生年金保険料額表の折半額）に円未満の端数がある場合
　①事業主が、給与から被保険者負担分を控除する場合、被保険者負担分の端数が５０銭以下の場合は切り捨て、５０銭を超える場合は切り上げて１円となります。
　②被保険者が、被保険者負担分を事業主へ現金で支払う場合、被保険者負担分の端数が５０銭未満の場合は切り捨て、５０銭以上の場合は切り上げて１円となります。
　（注）①、②にかかわらず、事業主と被保険者の間で特約がある場合には、特約に基づき端数処理をすることができます。

● 納入告知書の保険料額について
　納入告知書の保険料額は、被保険者個々の保険料額を合算した金額となります。ただし、その合算した金額に円未満の端数がある場合は、その端数を切り捨てた額となります。

● 賞与に係る保険料について
　賞与に係る保険料は、賞与額から１,０００円未満の端数を切り捨てた額（標準賞与額）に、保険料率を乗じた額になります。
　また、標準賞与額には上限が定められており、厚生年金保険と児童手当拠出金は１か月あたり150万円が上限となります。

● 児童手当拠出金について
　厚生年金保険の被保険者を使用する事業主の方は、児童手当等の支給に要する費用の一部として児童手当拠出金を全額負担いただくことになります。この児童手当拠出金の額は、被保険者個々の厚生年金保険の標準報酬月額及び標準賞与額に拠出金率（0.13%）を乗じて得た額の総額となります。

● 全国健康保険協会管掌健康保険の保険料率については、平成21年9月分から都道府県別に定められることとされていますので、全国健康保険協会の各都道府県支部にお問い合わせください。また、全国健康保険協会管掌健康保険の保険料率及び保険料額表は、全国健康保険協会からお示しされます。

● 健康保険組合における保険料額等については、加入する健康保険組合へお問い合わせください。

3. 地域別最低賃金一覧（47都道府県）

地域別最低賃金一覧（４７都道府県）

都道府県名	最低賃金額(円)	発効日
北海道	678	平成21年10月10日
青森	633	平成21年10月1日
岩手	631	平成21年10月4日
宮城	662	平成21年10月24日
秋田	632	平成21年10月1日
山形	631	平成21年10月18日
福島	644	平成21年10月18日
茨城	678	平成21年10月8日
栃木	685	平成21年10月1日
群馬	676	平成21年10月4日
埼玉	735	平成21年10月17日
千葉	728	平成21年10月3日
東京	791	平成21年10月1日
神奈川	789	平成21年10月25日
新潟	669	平成20年10月26日
富山	679	平成21年10月18日
石川	674	平成21年10月10日
福井	671	平成21年10月1日
山梨	677	平成21年10月1日
長野	681	平成21年10月1日
岐阜	696	平成20年10月19日
静岡	713	平成21年10月26日
愛知	732	平成21年10月11日
三重	702	平成21年10月1日

都道府県名	最低賃金額(円)	発効日
滋賀	693	平成21年10月1日
京都	729	平成21年10月17日
大阪	762	平成21年9月30日
兵庫	721	平成21年10月8日
奈良	679	平成21年10月17日
和歌山	674	平成21年10月31日
鳥取	630	平成21年10月8日
島根	630	平成21年10月4日
岡山	670	平成21年10月8日
広島	692	平成21年10月8日
山口	669	平成21年10月4日
徳島	633	平成21年10月1日
香川	652	平成21年10月1日
愛媛	632	平成21年10月1日
高知	631	平成21年10月1日
福岡	680	平成21年10月16日
佐賀	629	平成21年10月1日
長崎	629	平成21年10月10日
熊本	630	平成21年10月18日
大分	631	平成21年10月1日
宮崎	629	平成21年10月14日
鹿児島	630	平成21年10月14日
沖縄	629	平成21年10月18日
全国加重平均額	713	

最低賃金に関するお問い合せは
都道府県労働局又は最寄りの労働基準監督署へ
なお、厚生労働省ホームページ
（http://www.mhlw.go.jp）でも
最低賃金に関する情報をご覧になれます。

ウェブで最低賃金がチェックできます。

最低賃金制度　検索

最低賃金に関する特設サイト
http://www.saiteichingin.info/

必ずチェック
最低賃金は、暮らしの支えです。
最低賃金
使用者も、労働者も。

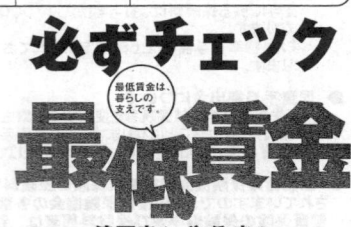

(H21.10)

4．（財）産業雇用安定センター地方事務所所在地

（財）産業雇用安定センター地方事務所（雇用再生本部）所在地

（18年12月現在）

事務所	〒	住所	電話	FAX
北海道	060-0001	札幌市中央区北1条西2-1 札幌時計台ビル8階	011-232-3853	011-232-1138
青森	030-0801	青森市新町2-2-4 青森新町二丁目ビルディング5階	017-777-8702	017-777-8688
岩手	020-0021	盛岡市中央通三丁目3番2号 菱和ビル9階	019-625-0434	019-621-8087
宮城	980-0014	仙台市青葉区本町1-1-1 三井生命仙台本町ビル9階	022-726-1826	022-216-7700
秋田	010-0951	秋田市山王三丁目1番7号 東カン秋田ビル2階	018-823-7024	018-883-4215
山形	990-0025	山形市あこや町2丁目3番1号 錦産業会館4階	023-624-8404	023-624-8518
福島	960-8031	福島市栄町6-6 NBFユニックスビル10階	024-523-4520	024-523-4521
茨城	310-0803	水戸市城南1-1-6 サザン水戸ビル4階	029-231-6044	029-233-3602
栃木	320-0033	宇都宮市本町4-15 宇都宮NIビル8階	028-623-6181	028-650-4143
群馬	371-0846	前橋市元総社町175-2 U・A・P Fujiビル1階	027-255-2586	027-280-3402
埼玉	330-0844	さいたま市大宮区仲町3-13-1 住友生命大宮第二ビル2階	048-642-1121	048-646-4915
千葉	260-0015	千葉市中央区富士見2丁目7-5 富士見ハイネスビル4階	043-225-4855	043-225-3815
東京	110-0016	台東区台東2-27-3 NSKビル3階	03-5818-3250	03-5818-3506
神奈川	220-0004	横浜市西区北幸1丁目11番15号 横浜STビル14階	045-290-3010	045-290-7095
新潟	950-0088	新潟市万代4-1-6 新潟あおば生命ビル7階	025-245-3520	025-242-3181
富山	930-0857	富山市奥田新町8-1 ボルファートとやま9階	076-442-6900	076-439-2860
石川	920-0918	金沢市尾山町3番10号 金沢南町ビル4階	076-261-6047	076-234-7651
福井	910-0005	福井市大手2-7-15 明治安田生命福井ビル4階	0776-24-9025	0776-24-9045
山梨	400-0031	甲府市丸の内2-14-13 ダイタビル4階	055-235-6236	055-235-6252
長野	380-0921	長野市栗田源田窪1000-1 長栄長野東口ビル6階	026-229-0555	026-229-0333
岐阜	500-8073	岐阜市泉町41番地 富士火災岐阜ビル5階	058-264-7573	058-264-7574
静岡	420-0853	静岡市葵区追手町5番地4号 アーバンネット静岡追手町ビル1階	054-255-1343	054-652-3259
愛知	450-0003	名古屋市中村区名駅南2-14-19 住友生命名古屋ビル14階	052-583-8876	052-583-8886
三重	514-0009	津市羽所町375 百五・明治安田ビル7階	059-225-5449	052-221-6197
滋賀	520-0051	大津市梅林1丁目3番10号 滋賀ビル6階	077-526-3991	077-526-2761
京都	604-8162	京都市中京区烏丸通六角下ル七観音町623 第11長谷ビル9階	075-211-2331	075-253-3066
大阪	540-0011	大阪市中央区農人橋1-4-34 信金中央金庫ビル9階	06-6947-7663	06-6949-4487
兵庫	650-0025	神戸市中央区相生町1丁目2番1号 東成ビル4階	078-366-4252	078-366-1080
奈良	630-8115	奈良市大宮町1-1-15 ニッセイ奈良駅前ビル4階	0742-24-2015	0742-24-2017
和歌山	640-8317	和歌山市北出島1-5-46 和歌山県労働センター3階	073-432-4690	073-432-4731
鳥取	680-0835	鳥取市東品治町102 明治安田生命鳥取駅前ビル4階	0857-20-1500	0857-20-1502
島根	690-0007	松江市朝日町498番地6 松江駅前第一生命ビルディング8階	0852-27-1151	0852-27-1180
岡山	700-0826	岡山市磨屋町10-20 磨屋町ビル4階	086-233-3081	086-233-1227
広島	730-0013	広島市中区八丁堀16-11 日本生命広島第2ビル8階	082-223-4198	082-223-4178
山口	753-0074	山口市中央4丁目5-16 山口県商工会館2階	083-925-7338	083-925-7453
徳島	770-0841	徳島市八百屋町2-11 ニッセイ徳島ビル5階	088-626-9511	088-626-9512
香川	760-0023	高松市寿町2-4-20 高松センタービル8階	087-851-1011	087-851-1014
愛媛	790-0001	松山市1番町1-14-10 井手ビル4階	089-931-5494	089-913-7023
高知	780-0834	高知市堺町2-26 高知中央第一生命ビル5階	088-823-5005	088-823-4040
福岡	812-0011	福岡市博多区博多駅前2-1-1 福岡朝日ビル6階	092-475-6295	092-434-5272
佐賀	840-0816	佐賀市駅南本町6-4 佐賀中央第一生命ビル10階	0952-22-7163	0952-27-9163
長崎	850-0035	長崎市元船町14番10号 橋本商会ビル7階	095-826-5626	095-832-2211
熊本	860-0022	熊本市横紺屋町10 熊本商工会議所ビル5階	096-359-3526	096-319-1055
大分	870-0021	大分市府内町3-4-20 明治生命大分恒和ビル7階	097-583-0512	097-540-5420
宮崎	880-0805	宮崎市橘通東4-7-28 宮崎第一生命ビル6階	0985-38-7210	0985-38-7758
鹿児島	892-0838	鹿児島市新屋敷町16-401 鹿児島県住宅供給公社ビルC棟4階	099-239-3829	099-239-3847
沖縄	900-0014	那覇市松尾1-19-1 ベルザ沖縄ビル9階	098-860-0750	098-860-0760

http://www.mhlw.go.jp/general/seido/josei/kyufukin/f08.html   2009/07/08

5. 入国管理局地方事務所所在地一覧

		地方入国管理局	
札幌入国管理局	〒060-0042	北海道札幌市中央区大通西12 札幌第3合同庁舎	TEL (011) 261-7502 FAX (011) 281-0631
仙台入国管理局	〒983-0842	宮城県仙台市宮城野区五輪1-3-20 仙台第2法務合同庁舎	TEL (022) 256-6076 FAX (022) 298-9102
東京入国管理局	〒108-8255	東京都港区港南5-5-30	TEL (03) 5796-7111 FAX (03) 5796-7125
成田空港支局	〒282-0004	千葉県成田市古込字古込1-1	TEL (0476) 34-2222 FAX (0476) 30-1475
横浜支局	〒231-0023	神奈川県横浜市中区山下町37-9 横浜地方合同庁舎	TEL (045) 661-5110 FAX (045) 640-1800
名古屋入国管理局	〒460-0001	愛知県名古屋市中区三の丸4-3-1 名古屋法務合同庁舎	TEL (052) 951-2391～2 FAX (052) 968-2720
大阪入国管理局	〒540-0012	大阪府大阪市中央区谷町2-1-17 大阪第2法務合同庁舎	TEL (06) 6941-0771 FAX (06) 6910-3047
関西空港支局	〒549-0011	大阪府泉南郡田尻町泉州空港中1	TEL (0724) 55-1453 FAX (0724) 55-1465
神戸支局	〒650-0024	兵庫県神戸市中央区海岸通り29 神戸地方合同庁舎	TEL (078) 391-6377 FAX (078) 325-2097
広島入国管理局	〒730-0012	広島県広島市中区上八丁堀6-30 広島合同庁舎2号館	TEL (082) 221-4411 FAX (082) 502-3193
高松入国管理局	〒760-0033	香川県高松市丸の内1-1 高松法務合同庁舎	TEL (087) 822-5852 FAX (087) 826-1341
福岡入国管理局	〒812-0003	福岡県福岡市博多区下臼井778-1 福岡空港国内線第3ターミナルビル内	TEL (092) 623-2400 FAX (092) 626-5204
那覇支局	〒900-0022	沖縄県那覇市樋川1-15-15 那覇第1地方合同庁舎	TEL (098) 832-4185 FAX (098) 834-6411

6. コンピュータで人事管理するときの人事マスター項目（参考）

コンピュータで人事管理するときの人事マスター項目（参考）

下記の人事データ項目（人事マスター）をベースに毎月の給料計算・賞与計算・労働者名簿、賃金台帳・源泉徴収簿の作成・人事評価・昇給・昇進・昇格・教育訓練・人事配置・配置転換資料等の作成基礎データとして活用。例えば給料計算する時は下記人事マスター項目と給与計算プログラムをマッチングして処理し計算して給与支払明細書を作成。

			No.		1
	社員番号		フリガナ		
			氏名		

分類	項目		人事データ項目の内容							
不変項目	生年月日									
	性別									
	血液型									
	社会保険等	健康保険	被保険者番号		資格取得年月日					
		厚生年金保険	被保険者番号		資格取得年月日					
		雇用保険	被保険者番号		資格取得年月日					
		厚生年金基金	加入者番号		資格取得年月日					
		その他								
固定的項目	採用	区分	正社員	嘱託再雇用	パート社員	期間従業員	その他			
		採用年月日								
	学歴	区分	入社時最終学歴		入社時最終前の学歴		入社後の学歴			
		学校名・学科名								
		卒業年次								
	総合職・一般職区分		総合職年月日			一般職年月日				
	障害者等		障害部位等		等級		認定年月日			
	改善提案・発明	内容								
		採用年月								
	賞罰	懲戒・制裁記録	内容		内容		内容		内容	
			発令年月日		発令年月日		発令年月日		発令年月日	
		社内表彰記録	内容		内容		内容		内容	
			表彰年月日		表彰年月日		表彰年月日		表彰年月日	
		社外表彰記録	内容		内容		内容		内容	
			表彰年月日		表彰年月日		表彰年月日		表彰年月日	
	自動車免許証		種類		免許証書番号		資格取得年月日			
	資格・免許・講習終了・語学等		名称	取得年月日	免許資格No.	名称	取得年月日	免許資格No.	名称	取得年月日	免許資格No.	名称	取得年月日	免許資格No.

											No.	2
氏名			現氏名	変更年月日	前氏名	変更年月	旧氏名	変更年月日				
	フリガナ											
	漢字											
住所	現住所	〒										
	前住所	〒										
	旧住所	〒										

異動・移動・変更項目

家族	氏名	性別	生年月日	続柄	同居の有無	健康保険被扶養者対象		所得税扶養控除対象			家族手当の支給対象有無		住宅手当の基準対象	
						有・無	異動年月日	有無	異動年月日	障害者控除有無	有無	異動年月日	有無	異動年月日
	フリガナ													
	漢字													
	フリガナ													
	漢字													
	フリガナ													
	漢字													

固定的給与の履歴	名称		履歴								
			現金額	変更年月日	前金額	変更年月日	旧金額	変更年月日	旧金額	変更年月日	旧金額	変更年月日
	基本給	年令給										
		勤続給										
		社内職能資格給										
		人事評価給										
	業務・職務手当											
	役職・専門職手当											
	社内職能資格級手当											
	通勤手当											
	家族手当											
	住宅手当											
	その他手当(社外資格手当等)											

役職・専門職履歴	現役職・専門職名	任命年月日	前役職・専門職名	任命年月日	旧役職・専門職名	任命年月日	旧役職・専門職名	任命年月日	旧役職・専門職名	任命年月日	旧役職・専門職名	任命年月日

各種一覧表・参考資料

											No. 3		
異動・移動・変更項目	社内職能資格等級履歴		現資格	異動年月日	前資格	異動年月日	旧資格	異動年月日	旧資格	異動年月日	旧資格	異動年月日	
	所属部門履歴		現所属	移動年月日	前所属	移動年月日	旧所属	移動年月日	旧所属	移動年月日	旧所属	移動年月日	
	職種履歴		現職種	異動年月日	前職種	異動年月日	旧職種	異動年月日	旧職種	異動年月日	旧職種	異動年月日	
給与控除の固定的項目	社会保険標準報酬月額等級履歴	区分	現等級	変更年月日	前等級	変更年月日	旧等級	変更年月日	旧等級	変更年月日	旧等級	変更年月日	
		健康保険											
		厚生年金保険											
	項目		現控除金額	変更年月日	前控除金額	変更年月日	旧控除金額	変更年月日	旧控除金額	変更年月日	旧控除金額	変更年月日	
	地方税												
	労働組合費												
	社員預金												
	財形貯蓄												
	持ち株会												
	互助会費												
	生命保険料												
	傷害保険料												
	その他控除項目												
給与・賞与の振込銀行口座			銀行名		支店名		預金の種類			口座No.			
長期連続欠勤記録（又は休職記録）													
人事評価点数履歴			直前		半年前		1年前		1年半前		2年前		
その他	健康診断履歴			要検査の内容				要観察の内容					
		直前の実施											
		前年の実施											
		2年前の実施											
	マイカー通勤許可車両		車名		登録No.		自賠責保険有効期限		任意保険会社名		保険証券No.		

	No.	4

前ページの項目の内、テーブルを作りコード管理しなければならないものがある。

（例）所属部門履歴のテーブルをコード化した場合

事業部門		部門名		課名	
名称	コードNo.	名称	コードNo.	名称	コードNo.
本社	100	人事部	110	人事課	111
				労務課	112
				福利厚生課	113
		総務部	120	株式課	121
				資産管理課	122
				営繕課	123
				庶務課	124
第一工場	200	品質管理部	210		
		第一製造部	220		
第二工場	300				

7. 人事・労務・総務年間業務

人事・労務・総務年間業務（除く 月間業務）

「作業月欄」の空白箇所はそれぞれの企業の現状や実態により違うため空白としている。又、項目は該当しない企業もある。それぞれの項目を見て該当する項目を「作業月」欄に作業月を記入し月別に並べ替えて年間業務計画の一助にしては如何でしょう。

No. 1

項　目		内　　容	作業月	本書参照項目
採用	新規学卒者の募集・選考・採用・教育訓練の日程（大学・高校・中学生別）	募集予定人員の決定		第1章1.1
		求人票の提出、求人活動（大学）	3月2日以降	3
		選考　　　　　　　　（大学）	定めなし	
		求人票の提出、求人活動（高校・中学）	7月1日以降	
		選考・採否決定通知　（高校）	9月16日以降	
		採用内定　　　　　　（大学）	10月1日以降	
		選考・採否決定通知　（中学）	1月1日以降	
		入社日	4月1日	
		教育訓練日程作成と実施		4
再雇用	定年退職予定者	リストアップ		5.1
		嘱託再雇用確認		
		嘱託再雇用契約書の取り交わし		
		社会保険資格取得・喪失手続		
		雇用保険被保険者60歳到達時等賃金月額証明書の提出		
	期間雇用者	契約更新リスアップ		5.2
		雇い止め通知（満了30日以上前）		
出向		出向期間満了予定者のリストアップと復帰後の配属先の検討		第2章2
		出向先会社定期訪問と出向者フォロー		
人材派遣		受入期間満了予定者の把握と人員配置についての今後の対応		3
育児・介護休業		育児介護休業終了予定者の把握		第4章4・7
		短時間勤務終了予定者の把握		6
		時間外労働勤務免除終了予定者の把握		
		雇用保険育児休業基本給付金支給申請書の提出	2ヶ月に1回	4.5
保険料の改定・申告・納付	健康保険料・厚生年金保険料	算定基礎届の提出（定時決定）	7月	
		定期昇給による随時改定届提出		第5章1.4
		ベースアップによる随時改定届提出		
		賞与支給時の賞与支払届けの提出		1.5
		厚生年金保険料率改定（毎年9月分保険料より変更）	9月	法定
		40歳到達予定者リストアップ、介護保険料追加（健康保険料変更徴収）		第5章1.2
	労働保険料（雇用保険料・労災保険料）	申告・納付（1期）	7月10日	第5章4
		分割納付（2期）	10月31日	
		分割納付（3期）	1月31日	
労使協定等		時間外・休日労働に関する協定届の提出		第6章1.2
		事業場外労働に関する協定届の提出		1.3
		一年単位の変形労働時間制に関する協定届の提出		1.5
		貯蓄金管理について金融機関と保証締結の更新		2.4
		貯蓄金管理状況報告の提出		
安全衛生・防災	健康診断	定期健康診断の実施		3.4
		特定業務従事者の健康診断実施		
		特定有害業務従事者の健康診断の実施		
		定期健康診断結果報告書の提出		

各種一覧表・参考資料

No.2

項　目		内　　容	作業月	本書参照項目
安全衛生・防災	安全運転	安全運転管理者講習会出席		第6章3.3
		運転者に対する安全運転講習会の実施		第10章1.4
		無事故、無違反者の社内外表彰		
		春の交通安全県民運動の参画と自社の取り組み		
		秋の交通安全県民運動の参画と自社の取り組み		
	会社車両の車検保険の更新確認	車検・法定定期点検の確認実施		1.3
		フォークリフト、原付自転車等の自賠責保険更新確認		
		自動車任意保険の更新、確認		
	労働災害	全国労働安全週間の参画と自社の取り組み	7月1日～7日	―
		全国労働衛生週間の参画と自社の取り組み	10月1日～7日	
		年末年始無災害運動の参画と自社の取り組み	12月～1月	
		労働者死傷病報告の提出	3月6月9月12月	第3章2.3
	火災予防等	全国春の火災予防運動の参画と自社の取り組み		―
		全国秋の火災予防運動の参画と自社の取り組み		
		消防用設備（消火器等）の自主点検		第6章3.6
		防災の日と自社の取り組み	9月1日	―
高齢・障害者		障害者雇用状況報告書の提出	6月	第6章4.1
		障害者雇用納付金の申告又は調整金・報奨金の申請	5月又は7月	
		高年齢者雇用状況報告書の提出	6月	4.2
		高年齢雇用継続給付支給申請書の提出	2ヶ月に1回	第1章5.1
人事評価・昇給		人事評価の実施		第7章
		会社業績の結果と見通し、他社の昇給状況の把握等		
		定期昇給の検討実施		
		ベースアップの検討実施		
		定期昇進・昇格の検討実施		
給与計算		給与所得者の扶養控除（異動）申告書の配布、回収と確認	1月	第8章1
		賃金台帳兼源泉徴収簿の作成	1月	
		地方税天引き変更（全社員）…前年所得分に対し課税変更	6月	法定
賞与計算		人事評価のまとめ		3
		賞与計算対象期間中の欠勤、出勤日数等勤怠状況のまとめ		
		会社業績の結果と見通し、他社の支給状況の把握等		
		賞与計算と賞与支給		
年末調整		年末調整の案内	11月	4
		各種申告書の回収と確認	12月	
		年末調整計算	12月	
		法定調書の作成と提出	1月	
		源泉徴収票の配布	1月	
		各市町村へ給与支払報告書の提出	1月	
教育訓練		年間教育訓練計画の作成（教育内容・日程・受講者のリスト等）		第10章6
会社カレンダー		来年度の会社休日・営業日等の会社カレンダーの原案作成。		―
		原案をベースに幹部会で検討承認		
		各社員、関係会社、取引先に通知		
決算		退職給与引当金基礎資料の作成		―
	固定資産・機械装置・車両運搬具・工具備品・印紙切手等小債権	棚卸を各部門に指示し報告させ取り纏め		
		減価償却の算出、除去物、廃棄物の抽出		
その他		夏用作業服・制服　衣替えによるサイズ取り纏めと発注	5月	―
		冬用作業服・制服　衣替えによるサイズ取り纏めと発注	9月	

8. 人事・労務・総務関係業務の各管理者・推進者の選任届出一覧

人事・労務・総務関係業務の各管理者・推進者の選任届出一覧

名　　　　称	本書参照項目
短時間雇用管理者の選任	第1章8.3
派遣受入責任者の選任	第2章3.8
職業家庭両立推進者の選任	第4章6.4
統括安全衛生管理者の選任・届出	第6章3.1
安全管理者の選任・届出	第6章3.1
衛生管理者の選任・届出	第6章3.1
産業医の選任・届出	第6章3.1
作業主任者の選任	第6章3.1
安全衛生推進者の選任	3.2
衛生推進者の選任	3.2
安全運転管理者の選任・届出	3.3
防火管理者の選任・届出	3.6
障害者雇用推進者の選任	4.1
障害者職業生活相談員の選任・届出	4.1
機会均等推進責任者の選任・届出	4.3
雇用労務責任者の選任	4.4

【引用、参考文献】
- タイトル　判例・命令からみた雇用調整の具体策
　　発行所　日本経営者団体連盟弘報部（現　日本経済団体連合会）
　　報　告　弁護士　今井　徹　　弁護士　狩野祐光
- 愛知県労働局　求人申込みから採用まで　２１年度新規学卒対象者
- 厚生労働省職業安定局監修　障害者雇用ガイドブック

【参考文献・冊子・パンフレット】
- 全国社会保険労務士会連合会が定期発行している月刊社会保険労務士
- 編者　全国社会保険労務士会連合会　社会保険労務六法
- 厚生労働省冊子　パートタイム労働法が変わります　２０年４月１日施行
- 厚生労働省冊子　労働時間法制の要点と労働時間の現状　２００８．３
- 厚生労働省パンフレット　時間外労働の限度に関する基準
- 厚生労働省パンフレット　有期労働契約の締結更新、雇い止めに関する基準
- 厚生労働省パンフレット　労働条件は書面を交付し明示しましょう
- 厚生労働省パンフレット　育児・介護休業法が改正されます　２１年８月
- 法務省入国管理局パンフレット　ルールを守って国際化　２００４年

その他関係官庁の配布している冊子・パンフレット・ホームページに掲載されている内容を参考にしました。

掲載した各種手続に必要な法定様式や指定用紙等は関係官庁等の無償の配布物より複写し掲載。

編者略歴
阿知波浩平（あちわこうへい）
・1944年生
・上場企業の出先支社人事総務課長や本社人事課長、1995年中小企業の総務部長として転職。長年に亘って人事、労務、総務関係の業務に従事。
　特に労働組合との団体交渉や労働問題訴訟等に従事。又、同和問題等の人権問題、特殊株主問題、暴力団の不当介入対策等、企業の潜在的問題事象の解消に従事。
・2007年に阿知波労務管理事務所を設立。

業務マニュアル全書

2010年8月14日　第1版第1刷発行

定価はカバーに表示してあります。

編　者　阿知波浩平
発行者　平　盛之

発　行　所

㈱産労総合研究所
出版部　経営書院

〒102-0093
東京都千代田区平河町2-4-7　清瀬会館
電話　03（3237）1601　振替00180-0-11361

落丁・乱丁はお取り替えします。
無断転載は禁止します。

印刷・製本　藤原印刷株式会社

ISBN978-4-86326-076-4